Almanack
CHARLES T. MUNGER

POOR CHARLIE'S ALMANACK

THE WIT AND WISDOM OF CHARLES T. MUNGER

窮查理的普通常識

巴菲特50年智慧合夥人 查理·蒙格的人生哲學

紀念典藏版

彼得·考夫曼
Peter D. Kaufman
編

查理·蒙格
Charles T. Munger
波克夏副董事長
著

李彔、李繼宏
編譯

窮查理與窮理查——蒙格與他的導師

對於智者而言，一字道天機。——窮理查

本書原英文書名為《*Poor Charlie's Almanack*》（上海人民出版社出版的簡體版書名譯為《窮查理寶典》），書名效仿的對象當然是班傑明·富蘭克林（Benjamin Franklin）的《窮理查年鑑》（*Poor Richard's Almanack*）。眾所周知，富蘭克林是個通才，他生於波士頓，除了是美國獨立戰爭的領袖之外，還是新聞記者、出版家、作家、慈善家、廢奴主義者、人民公僕、科學家、圖書館學家、外交家和投資家。

富蘭克林以「窮理查」為筆名，在一七三三年到一七五八年間出版《年鑑》，內容豐富多樣，不僅包括許多後來廣為人知的富蘭克林名言，還有日曆、天氣預報、天文資訊、占星資料等等。《年鑑》在殖民時代的美國極受歡迎，每年能賣出約十萬本。

《窮理查年鑑》中的格言無所不包，而且充滿幽默，像是：

「從來沒有國家因為貿易而衰落。」

「不把事管好，就要被事管。」

「人自愛，必無敵。」

「若有無愛之婚姻，必有無婚姻之愛。」

「講價最怕急時需。」

「三個人也能保守秘密，前提是其中兩個已經死掉。」

「沒有能小覷的敵人。」

「空麻袋立不起來。」

本書作者查理·蒙格（Charles T. Munger）在全書中，不斷提到富蘭克林，儼然視富蘭克林為人生的導師，其博學與智慧，正是蒙格一生追隨的軌跡。

獻給**查理．蒙格**

蒙格將會用他自己的語言來告訴讀者：
獲取普世的智慧，
並相對調整你的行為，
即使特立獨行讓你在人群中不受歡迎……
那就隨便他們吧。

查理．蒙格

一九二四年一月一日出生於美國內布拉斯加的奧馬哈，一九七八年起擔任波克夏．海瑟威公司副董事長，董事長為股神華倫．巴菲特。

蒙格於一九四八年取得哈佛法學博士後，在一九六五年之前自營事務所，擔任房地產律師。在巴菲特主張下，他放棄了法律的專職，專心致力於管理投資事業。

兩人在一九五九年相識以來，即成為親密的朋友和投資夥伴，並共同創造了波克夏公司的投資傳奇。

蒙格於二〇二三年十一月二十八日逝世，享年九十九歲。

目錄

4 附錄

繁體版編輯說明

本書英文版最初出版時間為二〇〇五年，故原著中所有與年份有關的計算，包括蒙格與巴菲特交往合作的年數（兩人於一九五九年相識，迄今逾五十年），與蒙格在演講現場所談及有關時間的計算，均因時間變化而有不同。唯為尊重原文原意，本書皆予以保留文字，不做修訂。

查理．蒙格一生鼓吹逆向思考，其語言風格亦具有許多反諷或雙重否定的語法，為盡量貼近其個人風格，本書諸多譯文因而刻意保留原有語法，請讀者反覆玩味與體會。

致謝

這是一本關於查理．蒙格的彙編，蒐集了有關蒙格的學習方法、決策過程、投資策略、演講和名言等諸多內容。出版這本書的動力來自許多人，多年來，在波克夏．海瑟威公司（Berkshire Hathaway）與威斯科金融公司（Wesco Financial Corporation）的股東大會、大小晚宴、網路論壇和各種場合，許多人士愈來愈強烈表達願望，希望有這樣一本書。聽到這種呼聲之後，本書編輯彼得．考夫曼（Peter D. Kaufman）向華倫．巴菲特（Warren Buffett）提出出版建議，巴菲特鼓勵他當仁不讓，於是就有了這本書。

插畫家和漫畫藝術家艾德．威克勒（Ed Wexler）為本書繪製幾十幅插圖，我們非常喜歡這些作品，希望讀者也一樣。另外要特別感謝如下幾位：整理蒙格主義那部分內容的惠特尼．提爾森（Whitney Tilson），為我們撰寫查理傳略的麥可．布洛基（Michael Broggie），以及卡羅．盧米斯（Carol Loomis），她編輯了本書的好幾個部分。

如果讀者在閱讀本書過程中，能夠有我們編撰時的一半快樂，我們就能自認甚為成功。本書的製作過程沒有遇到什麼波折，我們與查理及其家人、蒙格家族和眾多朋友同事的往來溝通尤其順利。

希望這本書能夠配得上這樣的主人：一位令人敬仰的好人。

波克夏．海瑟威

一九六二年華倫．巴菲特買下波克夏公司，總部位於美國內布拉斯加州奧馬哈（Omaha），為一多元控股公司，經營核心為保險事業。自一九六五年起，平均每年為股東創造二五％以上的價值成長，二〇一四年七月時股價逾十九萬美元。

威斯科金融公司

成立於一九五九年，總部位於加州帕薩迪納（Pasadena），經營核心為保險、鋼鐵服務業及家具租賃業。二〇一一年四月時股價約三百九十美元。原為波克夏持股八〇％公司，二〇一一年由波克夏完全收購。

序言　「我對他的感激，無以言表。」

華倫・巴菲特

從一七三三年到一七五八年，班傑明・富蘭克林藉由《窮理查年鑑》傳播了許多有用而永恆的建議，他讚揚的美德包括節儉、負責、勤奮和簡樸。

在隨後的兩個世紀裡，人們總是把班傑明的這些美德思想當成終極真理。然後查理・蒙格站出來了。

查理原本只是班傑明的信徒，但很快開闢了新境界。班傑明「建議」做的，到查理這兒變成「必須」做的；如果班傑明「建議」節省「幾分錢」，查理會「要求」節省「幾塊錢」；如果班傑明說要「及時」，查理會說要「提前」；和蒙格苛刻的要求相比，依照班傑明的建議來過日子顯然太容易了。

此外，查理還始終身體力行他所鼓吹的道理。（喔！瞧他多賣力！）在班傑明的遺囑中，他設立了兩個小型慈善基金，目的是要向人們傳授複利的魔力。查理很早就認定這是極重要的課題，絕不能等死後才來傳授。因此他選擇自己做複利的活教材，避免鋪張浪費，免得削弱了他做為榜樣的力量。也因此，查理的家人體會到坐長途巴士旅行的樂趣，而他那些被囚禁在私人飛機裡的有錢朋友，則錯過了豐富多彩的體驗。

當然，在某些領域，查理則無意改變班傑明的看法。例如班傑明那篇〈選擇情人的建議〉(Advice on the Choice of a Mistress)，就會讓查理吐出他在波克夏年會上的口頭禪：

我沒有什麼要補充的（I have nothing to add.）。

至於我自己，則想給大家提供幾條「如何選擇合夥人的建議」，請注意：

首先，要找比你更聰明、更有智慧的人。找到他之後，請他別炫耀他比你高明，這樣你就能夠因為許多源自他的想法和建議的成就而得到讚揚。你要找這樣的合夥人，在你犯下損失慘重的錯誤時，他既不會事後諸葛，也不會生你的氣。他還應該是個慷慨大方的人，會投入自己的錢並努力為你工作而不計報酬。最後，在結伴同行的漫漫長路上，這位夥伴還能不斷給你帶來快樂。

上述這些都是很「英明」的建議（在自我評價的測驗中，我從來沒有拿過A以下的成績）。事實上，這些建議是如此英明，乃至於我早在一九五九年就決定完全遵守，而全部符合我這些特殊要求的人只有一個，他就是查理。

在富蘭克林那篇著名的文章中，他說男人應該選擇年紀較大的情人，為此列舉八個非常好的理由，最關鍵的理由是：「……最終，她們會感激不盡。」

查理和我成為合夥人已經四十五個年頭。我不知道他是否緣於其他七個標準而選擇了我，但我絕對符合班傑明的第八個標準：我對他的感激，無以言表。

一位從不人云亦云、具備極強邏輯推理能力的合夥人，是你所能擁有的最佳機制之一。

——巴菲特

駁辭　蒙格談巴菲特

查理・蒙格

有些視我為華倫的偉大啟蒙者的看法，在我想來，有不少神話成分，他並不需要什麼啟蒙，我覺得我有點名不副實。華倫的確曾經因為在班傑明・葛拉漢（Benjamin Graham）手下工作而得到啟發，還賺了一大筆錢。要從如此成功的經驗中跳脫出來確實很難。但即便世上未曾有過查理・蒙格這個人，巴菲特的成就依然會像現在這麼亮麗。

很難相信他一年比一年做得更好，雖然不可能永遠持續，但華倫的境界的確一直在提升。這種情況是很罕見的：絕大多數人到古稀之年便停滯不前了，但華倫依然在進步。波克夏錢滿為患，我們擁有許多不斷製造現金的偉大企業。等到華倫離開時，波克夏的購併業務勢必受到影響，但應該也還過得去，其他部門將會運轉如常。

我想，到那時波克夏的最高領導人應該沒有華倫這麼聰明。屆時可不要愚蠢地抱怨：「天啊！給我華倫・巴菲特四十年之後，怎麼能給我一個比他差的混蛋呢？」

太過相似？

蒙格（圖右）對自己和巴菲特（圖左）兩個人太過相似的「擔心」，在 2005 年接受《基卜林格個人理財雜誌》（*Kiplinger Personal Finance Magazine*）的訪談中顯露無遺：

「華倫·巴菲特和你在投資及決策方面歧見多嗎？」

「不多。這正是問題所在：如果我們之中有一個人看好某件事，往往意味著兩個人都看好。」

追思　波克夏的建築師

華倫．巴菲特

查理．蒙格於十一月二十八日去世，離他百歲生日只有三十三天。

雖然查理在奧馬哈出生、成長，但他一生中有八成時間都住在其他地方。因此，直到一九五九年他三十五歲時，我才第一次見到他。一九六二年，查理決定要從事資金管理工作。

三年後，他告訴了我——沒錯！我買下波克夏公司的控股權是個愚蠢的決定。但是，查理向我保證，既然我已經買了，他會告訴我如何改正我的錯誤。

在我接下來要講的事情中，請記住，查理和他的家人沒有在我當時管理的小型投資合夥企業中投資一分錢，而我買波克夏也沒用他們的錢。此外，我們誰也沒想到查理未來會持有波克夏公司的股票。

縱然如此，查理還是在一九六五年及時建議我：「華倫，不要再想要買像波克夏這樣的公司。但既然你已經取得波克夏控制權，以後就買進股價合理的卓越公司，而不是以便宜價錢買進平庸公司。換句話說，放棄從你的偶像葛拉漢那裡學到的東西。那只在管理小規模資產時有效。」在多次猶豫後，我聽從了他的指導。

多年後，查理成為我在波克夏的合夥人，當我的舊習慣又浮現時，他不斷地把我拉回理智。直到他去世，他一直肩負著這個角色，我們一起，以及那些早期投資我們的人，最終取得了比查理和我夢寐以求還好得多的收益。

實際上，查理是現在波克夏的「建築師」，而我則是「總承包商」，為他的願景日復一日施工。

查理從未把自己看成創造者，將功勞攬在自己身上，而是讓我來領受榮譽。在某種程度上，他對我亦兄亦父。即使他知道自己是對的，也會把決策權交給我，當我犯錯時，他從不——從不——提醒是我的錯。

在現實世界中，偉大的建築與建築師緊密相連，而那些灌漿或安裝窗戶的人很快就會被遺忘。波克夏已經成為一家偉大的公司。雖然長期以來我一直負責帶領施工；但查理應該永遠被銘記為建築師。

（本文引自巴菲特二〇二四年給股東的信）

追思　紀念我的導師查理的傳奇人生

李彔

去年十一月在亞洲出差，我接到查理家人的電話，告訴我查理已經臨終。我立刻搭機去往加州，在起飛前，我透過查理女兒的電話，與查理通話。查理已經意識模糊，但我仍然能清楚地聽到他努力發出聲音來回應我。下機時，我得知查理在幾個小時前離世了。

我來到查理在聖塔巴巴拉的家，有機會與他的家人一起回憶查理的生前點滴。他家人告訴我，在幾天前的感恩節晚宴上，查理還是那麼迷人、幽默、充滿智慧。我又去了他家的圖書室。在整整二十年前，就是在這個圖書室，也是在感恩節的週末下午，經由我們共同朋友羅恩・奧爾森（Ron Olson）的介紹，我和查理長談了好幾小時。這開啟了我們持續二十年的投資夥伴關係。查理成為我的導師、夥伴、摯友，最重要的是，他成為我的終身榜樣。

我萬分感激查理的家人在隔天為我做了特別的安排，讓我向查理做一個正式又私密的道別。

在教堂中，查理閉目靜靜躺著，看起來在世時一樣，平靜、安詳，臉上帶著一抹不易察覺的微笑。他帶著一種寧靜的氣質。一時間，我想起了曾經在泰國佛寺裡看到的肉身佛。在佛教傳統中，真正開悟的得道高僧，透過終生的修煉，離世後可以保持肉身不腐。在那一刻，我就在查理身上看到這個情景，查理是一位得道高僧，擁有不腐的肉身，身上閃爍著永恆的光芒。

查理不是佛教徒，這景象永遠無法得到驗證。但毫無疑問的是，他的遺緒和影響將代代相傳。

在我們二十年的密切合作中，有一次經歷格外不同。大約在二〇〇六到二〇〇七年之間，我對美國當時過度、有時具欺詐性的房貸交易大感震驚也徹底厭惡。我發現一種特殊金融產品：信用違約交換（CDS）[1]，交易到最後，賣方的賠款似乎與收到的權利金不成比例。CDS的市場規模之大，以及看來錯誤定價的程度令我吃驚。當我和查理討論這個問題時，他的觀點不同。他說，假設你的分析是對的，當CDS的買方準備收取這麼大筆賠款時，整個金融體系可能已經崩潰了。賣方付不出錢來。這樣一來，要嘛你拿不到賠款，要嘛你的交易對手得到政府援助，那麼你基本上是收到政府的錢，也就是納稅人的錢。你願意從納稅人中的孤兒寡婦那裡拿到賠款嗎？當我思考這個問題時，我意識到查理是對的。

當然，我們沒有做那筆交易。後來事件的發展完全符合查理所料。他還說，以這種方式賺錢會讓你良心不安，或者，你將花費餘生找一些社會的大災難來求財。你既不是個快樂的人，對文明社會也沒什麼貢獻。他又再一次說對了。

查理有句名言：「只有當買賣立場互換，我也覺得心安理得時，才會做這筆交易。」很少有人知道，他為了說到做到，花了多少心力。我看過查理有無數次故意把更多好處

1編按：信用違約交換（CDS，credit default swap）是一種信貸與保險的衍生性金融商品，可讓「信用提供者」（放款人）轉移信用風險。CDS的購買者定期向CDS發行者支付一定費用（信用違約互換息差，類似權利金），一旦違約情況出現，購買CDS的投資人有權利將債券以面值賣給CDS發行者，以有效規避信用風險。例如甲借錢給乙，並向丙購買以乙為標的的CDS，甲定期付費給丙，當乙違約時，丙就必須賠償甲合約之面額，因此甲可透過CDS將違約風險轉嫁給丙。

讓給交易對手。而我作為查理過去二十年的合夥人，也時常受益。因為查理的這份善意，他在長壽、豐富的一生中，感受到恆常的快樂，也擁有互利共好的關係。

我們深感幸運，與這位當代賢者同行。我感到特別幸運的是，這樣一位賢者是我二十多年的導師、夥伴和摯友，也是一位從不讓我失望又不斷激勵著我的榜樣。對我來說，他的確亦師、亦友、亦父。在查理最後的二十年裡，我近身觀察到，他適應了伴隨長壽而來的自然衰老，失去了結褵五十多年的妻子南西，體力逐漸衰退，有一度幾乎完全失明。然而，查理以堅毅平和的態度應對這些挫折，並繼續以不消退的好奇心和熱情生活著。在九十九高齡時，歷經一段漫長的沉潛期，查理買了一支近來不受青睞的股票，去年在生前看到這支股票翻了一倍。

在世界各地，查理的普世智慧幫助了無數因現代挑戰和混亂而感到迷茫的人。在我們的資本主義社會中，美德、道德責任、求真求實和為公共服務的精神將何去何從？查理不僅透過他清晰表達的普世智慧，更藉著他漫長、從容、堪為典範的一生回答了這些問題。他由理性指導生活，避免嫉妒、怨恨和自憐等心理缺陷。他以堅忍不拔的精神面對並克服了無數的逆境。隨著財富和地位與日俱增，他不熱衷於表象的成功，反而把自己的財富用於有價值的事業，孜孜不倦將他的普世智慧傳遞給願意傾聽的人，而且總是那麼幽默風趣。在他生命的最後，仍滿懷愛意的與家人、朋友、夥伴和更廣闊的世界緊緊相繫。

在他晚年歲月裡，查理的思想開始傳遍世界各地，特別是在人口眾多的中國、印度。

中文版《窮查理年鑑》銷量逾一百二十五萬冊。自科舉制度終結以來，指導中國士大夫和社會數千年的傳統儒家思想逐漸失去依託而迷失。在當今的市場經濟之下，如何維持儒家的理想，即透過學習來修身、齊家、淑世，獲致世俗社會的成功？這麼看來，查理的求知、堅毅不拔、理性、交易講求誠實雙贏、愛家及投入公益的教誨在中國受歡迎，也就不足為奇了。事實上，他堪為表率的生活一直以來激勵著各行各業的有識中國人。假以時日，隨著中國的現代化，現代儒家思想的願景將更形重要。

兩千多年前，中國最著名史學家司馬遷曾寫道：「人固有一死，死有重於泰山，有輕於鴻毛。」泰山是中國的聖山。查理就像我們的泰山，他的離世提醒我們，今後將以不同的方式與他交流；我們現在要仰望他的智慧為引路明燈。

（本文主要依據李彔於二〇二四年三月十日在加州查理・蒙格生涯追思活動中的演講改寫）

台灣初版序

李彔

我於九〇年代初曾經兩次到過台灣，對這裡的山水風情，尤其是淳樸的民風，存有很深的印象。中國文化在上個世紀的大陸遭到了極大破壞，但在台灣我卻真切感受到中國傳統文化的魅力。

查理對於真正傳統的中國文化一直十分尊崇。甚至於有時我會想：如果孔子在世，生活在今天的商業社會，他是否會與查理十分相像呢？

《Poor Charlie's Almanack》終於要在台灣問世了。我內心異常高興。多年來，我一直想把我認識瞭解的查理介紹給中文世界的讀者。現繼大陸版《窮查理寶典》問世之後，台灣版也相繼出版，我相信會有很多台灣的讀者喜歡這本書。

在本書大陸版付諸出版的一年之內，又發生了很多事情，使我更加深了對查理的敬意。二〇一〇年年初，與查理相濡以沫五十年的太太南西不幸病逝。幾個月之後，一次意外事故又導致查理唯一僅存的右眼喪失了九〇%的視力，致使他幾乎一度雙目失明。對於一位八十六歲視讀書思考勝於生命的老人而言，兩件事情的連番打擊可想而知。然而我所看到的查理卻依然是那樣理性、客觀、積極與睿智。他既不怨天尤人，也不消極放棄，在平靜中積極地尋求應對方法。他嘗試過幾種閱讀機器，甚至一度考慮過學習盲文。後來奇蹟般的，他的右眼又恢復了七〇%的視力。我們大家都為之雀躍！然而我同時也堅信：即使查理喪失了全部的視力，他依然會找到方法讓自己的生活既有效率又充滿意義。

無論順境、逆境，都保持客觀積極的心態——這就是查理。台灣版的書名定為《窮查理的普通常識》，正是最恰當的詮釋！在本書的出版過程中，我要特別感謝《商業周刊》出版部的余幸娟女士與羅惠萍女士，她們的敬業精神和高超的專業水準給我留下了深刻印象。好友王致棠小姐最先建議本書在台灣出版，並承擔了聯繫出版社與本書編輯付梓的討論與協調工作，在推動本書在台灣的順利出版上起了至關重要的作用。最後，謹向關心本書華文版問世的朋友及價值投資界的同道們致以最誠摯的謝意。

二〇一一年四月十一日於洛杉磯

（本文作者為本書中文版授權人，LL Investment Partners 基金創辦人）

他們的推薦　絕佳的閱讀教材

我並非因為他是華倫·巴菲特最尊敬的夥伴才推薦此書；我推薦此書是因為他說出了所有我想和孩子分享的人生智慧，而且更多。

——基金教母、台北101前董事長　宋文琪

蒙格先生一直是好市多長期以來的董事和朋友。對於蒙格先生就經營專業機構所擁有的經驗，以及就公司如何做出正確決策所擁有的知識，我們深表最高的敬意。

我認為蒙格先生這本書是絕佳的閱讀教材，展現了他對於機會投資的洞見。相較於市場上其他形式的投資，蒙格先生和他的搭檔巴菲特先生，都堅信長期投資的優勢。兩人都非常謹慎且極端睿智，被視為美國的典範表徵。這是非常愉快的閱讀經驗……

——好市多（Costco）亞太區總裁　張嗣漢

紀念典藏版推薦序　「我的劍留給能揮舞之人」

雷浩斯

這是我第二次為《窮查理的普通常識》這本書寫推薦序，我感到非常的榮幸。我手上的《窮查理的普通常識》，是二〇一一年的第一版，但是我和查理．蒙格的緣分其實更早。

二〇〇四年的時候，我在馬祖北竿當兵，當時同梯的弟兄手上抱著一本財訊出版的《投資奇才曼格》（最新版本為《投資哲人查理蒙格傳》）在讀，不知道為什麼，那本書的封面就讓我印象特別深刻。

過了很久才知道，原來蒙格就是波克夏的副董事長，但是當時台灣蒙格的資訊太少，我也不瞭解他。

之後，二〇一一年第一版的《窮查理的普通常識》出版了，對我而言如獲至寶，一開始讀的時候雖然覺得辛苦艱澀，但這本書是當時八十多歲的蒙格的多年智慧，三十幾歲的我無法理解也很正常。

本書帶給我的震撼無比巨大，尤其是蒙格所追求的普世智慧，他一個重要的觀念打動了我：

「一個熱愛閱讀、喜歡分析的人，可以在追求智慧之下，同時能在股市裡面生存，讓自己和家人的生活都有所保障，不必勉強自己去做不願意的事情，還能讓自己的生活過得充實又富裕，這是多棒的一件事啊。」

隨著時間過去，二〇一五年，我在個人生活上遇到了一些困境和困惑，難度之大是生平未見。我不知道誰能幫我解決這些問題，一向習慣在書中找答案的我，用很簡單的方式思考：

「查理．蒙格是世界上最聰明的人，看他的書肯定能得到答案。」

當時我認真的反覆翻閱這本書，用心程度超越我以往做的每一件事，雖然書裡面的文字我都讀過，但是體會變得更加的清晰和深入。縱然蒙格沒給我直接的答案，但是我真的從書裡找到答案了！

此後那些困境以及我在這本書中得到的智慧，成了我人生中無上的寶藏，我所得到的智慧及推論，超乎當時三十五歲的我所能想像。

一道特殊的智慧之門，就從我眼中打開了。

蒙格主要觀念有下列幾項：思維模型、反過來想、能力圈、檢查清單、人類誤判心理學。

我應用思維模型中生物學的概念，發展出看人的技術。運用檢查清單來協助判斷，運用人類誤判心理學來思考為什麼那麼多人不理性。我運用蒙格的方式思考、生活；身體力行，因此體會到這種思考方式的效益，我感覺到和以往完全不同。

如同巴菲特說的：「蒙格讓我從猩猩進化成人類。」

如果你想學習上述的蒙格主要觀念，你不該只是用淺嘗輒止的方式重複描述這些觀念，而是要能夠用自己的方式、自己的話來描述查理蒙格的智慧，才能把這些觀念刻入你的精神之中。

蒙格的隱藏觀念為何？降低期望值，但是要做好準備。維持理性，堅持常識，堅持學習，永不放棄，追求智慧。這些精神的力量，形成了蒙格生命的主軸，他以身體力行的方式教育我們這些價值投資者。

蒙格晚年經常說：「我的劍留給能揮舞之人。」劍指的是智慧，舞劍之人就是繼承蒙格智慧的人。

而你是否能成為舞劍之人，端看你願意花多少時間與精力在手上這本《窮查理的普通常識》，你能得到的報酬，則是無與倫比的巨大，因為你的生活和生命都因此豐富起來。

（本文作者為價值投資者）

紀念典藏版推薦序
普通的常識，卓越的智慧，經典的流傳

愛瑞克

這是一部熱銷並且長銷將近二十年的經典之作，但我與此書結緣得甚晚，是在二〇二〇年三月我以「安納金」為筆名的晚期，負責帶領當時線上讀書會的一萬多名社員一起共讀，時間長達五個月（到二〇二〇年八月），恰好經歷了當時 COVID-19 在台灣疫情擴散、人心惶惶的時期。

當時，我每逢週六導讀一次，每次撰寫兩、三千字文章來摘錄書中一章或半章的重點精華，加以延伸實證到當時的市場或生活應用上。

也是在二〇二〇年三月份，台股以崩跌方式拉回到了 8,523.63 點，然後慢慢地收復失土，並在半信半疑中成長、突破、創下新高。很難想像，至今約莫四年的時間，台股已經來到兩萬多點，疫情已經遠離，蒙格也在二〇二三年十一月與世長辭，然而回憶卻深刻難忘。當時，我帶領社員們共讀此書，獲得的不僅僅是人生智慧精華，猶如灌頂，更是在市場劇變之下，獲得一股內在的安定力量。

書中有許多令人折服的觀點，包括「多元思維模型」、「能力圈理論」、「逆向思考」、「魯拉帕路薩效應」等，廣受各界推崇、不斷流傳，使得蒙格的影響力範圍已經遠遠跨出了投資圈以外，遍及全世界各領域。我認為，他留給世人的這部經典之作，將與他的美名一樣永垂不朽。

最令我激賞的，不僅是蒙格的處事智慧，更是他對於一個人內在品格的要求，堪稱典範。我們知道蒙格和巴菲特都信奉價值投資、是長期主義者，而在做人方面，他們同樣堅守道德與勇氣。在這樣的信念下，只要一個人的內在價值穩固，持續累積經驗及智慧，那麼外在的成就將是隨著時間經過，自然而然的結果。書中「蒙格十一講」其中的第八講，針對二〇〇三年的金融大醜聞為演講主題，以不小篇幅加以撻伐、剖析，是留給後人的醒世洪鐘。

蒙格也是一位務實主義者，「蒙格十一講」的第九講，以「學院派經濟學的九大缺陷」為題，直指經濟學應用於投資上的缺點與侷限性。他不諱言：大多數的學校教育很失敗，即使是在高等學院的背景下，人們對於綜合知識內容的掌握度仍然有限，問題並非教授們知之而不授，而是源於教授們對於此類綜合知識的一知半解。我想，應該很少人敢這樣直接挑戰學術圈，尤其是高等教育，但是蒙格夠務實，也夠正直，所以由他提出來加以針砭，毫無違和。這樣的勇氣，令我激賞！

蒙格也是一位提倡閱讀者，並且以身作則。他無論人到哪裡，一定隨身攜帶一本書，即使在等人的短暫片刻，也維持不斷吸收知識。此書最後，也列出了蒙格推薦的一部分書單，可供讀者延伸閱讀。

哲人已逝，典範長存。感謝商業周刊用心，特別編製此書的典藏紀念版，讓我再次回味、細細品嘗這一部經典之作，每一次重讀，都有不同收穫！

（本文作者為《內在原力》系列作者、TMBA共同創辦人）

增修版推薦序　送給學子的最佳畢業禮物

洪蘭

一本書要流傳的遠，必須靠口碑，在台灣一本書能出增修版，一定也是口碑好，書能在市面上持續流通，出版社覺得有必要用同樣書名將新訊息納進來，再出版一次。通常用同樣名字會擔心讀者認為：「這本書我已經有了」，便忽略掉「增修版」這三個字；但是敢用「增修版」也就是為了抓住老讀者的心：「好高興，作者又有新的話要說了。」所以增修版其實是種自信的表現，知道作者有一群忠心的粉絲，會繼續閱讀作者的作品。當然也趁機吸引新的讀者，「這本書是講什麼的呢？怎麼會賣到增修版呢？」

我會有查理．蒙格這本書，也的確是因為口碑來的。有一次在電台與蔡穎卿老師對談時，她告訴我，她有一本好書，很喜歡，覺得受用無窮。我感嘆太忙，都沒有時間逛書店，錯過很多好書。她很細心，聽我說沒時間上書店，下節目就買了一本寄給我。我真的大受感動，尤其看完後，覺得蔡穎卿老師是對的，這本書很值得推薦給學生，而且愈多人看到愈好。我因此在每個學年度結束、學生要畢業時，買這本書送他們當畢業禮物。

我自己一直珍藏著蔡老師送的這本，因為這本書不但是蒙格一生智慧的結晶，對我還有友情上的意義。人生的智慧不容易累積，我們都老得太快，卻成長得太慢。經驗固然是人生最好的教練，所謂「不經一事，不長一智」，我們卻無法只靠自己的經驗來成為智者，因為人的生命太短，而要學的東西太多。我在每學期上課的最後一天，都會在課堂上把蒙格的話告訴學生：你們出社會後，會有許多選擇，也有許多誘惑。你們心中要有一些處世原則，才不會迷失在紅塵中，記住，符合你的價值觀的才可以去做，不符合的，千萬不要因小利而失去自己的人格。

那麼，那些原則是什麼呢？第一就是不要賣你自己不會買的東西；第二，不要替你看不起的人做事，你如果在工作上學不到東西，就要考慮換工作；第三，每天起床時要想辦法比昨天變得更聰明一點，當你活得夠長時，你就成功了。

每次我講到這裡，學生都會笑，但它是有道理的：智慧是人生經驗的累積，每天變得更有智慧一點，能做出更好的決策，寫出更好的文章，教出更好的學生，久了，你不就是一個成功的人了嗎？

蒙格這句話其實跟曾子「吾日三省吾身」是同樣的道理，反省完了，知道自己的過失，下次改正，做人當然就更進步一些，朋友多，仇人少，人生的路不就順暢的多了嗎？

一般來說，我們會喜歡一本書，也跟我們欣賞作者的人品有關。蒙格跟華倫．巴菲特合作了五十年沒有拆夥，這是非常難得之事，因為我們都了解「合字難寫」。他們兩人也都實踐了孟子說的「富貴不能淫，貧賤不能移」的士大夫精神。也因為他們兩人都有相同的價值觀和人格特質，才能攜手合作近一甲子，道不同，是無法相為謀的。

蒙格的高尚人格使他的這本書更有資格成為年輕學子的人生指南。我鄭重推薦這本書，它應該是每個年輕人的案頭書，當離開校門，到社會打拚，碰到困難時，把書打開看一下，看看蒙格會怎樣做。智者是從別人的經驗中學習，愚者從自己的失敗中學習，我衷心的希望台灣每個年輕人都能做個像蒙格那樣的智者。

（本文作者為中央大學認知神經科學教授）

初版推薦序　「以靜制動」的哲學

郭恭克

這是近一兩年來我難得看到的好書。

雖然在台灣已有不少書籍介紹過巴菲特的價值投資，但查理．蒙格與眾不同的是，他出身法學背景，念法律的人，思考邏輯特別嚴謹，這對投資市場而言是很重要的。不管是在總體經濟、企業經營，或財務分析，都需要有邏輯的思維貫穿。特別的是，蒙格還會從人文、社會、尤其行為心理學的層面，來探討各種投資市場上的心理和行為，這對台灣投資人而言，是很好的學習。

蒙格從心理學的角度，來解釋人為什麼容易做出錯誤的投資決策。其實，每個人的行為模式是一致的，只是當市場發生偏離時，投資人的行為往往會與市場應有的理性思考背道而馳。而很大的原因是，投資人把事情想得太複雜！蒙格不會去猜測市場，他說：「在九八%的時間裡，我們對股市的態度是：保持不可知。」他認為投資市場沒有必定的賺錢公式，所以他不猜測市場，對市場保持謙虛的態度，只隨市場的變動，採取因應的作為，我稱之為「以靜制動」的哲學。這一點，與現在市場上充斥的半吊子分析師，是截然不同的。

蒙格強調的另一點，就是找出自己的優勢，他稱為「能力圈」（circles of competence）。從投資的角度而言，現今市場的產業太多元，你不可能全部熟悉，所以只要做你能瞭解的領域、能瞭解的公司或行業，聚焦去培養或精進自己的能力，去熟悉你的工具（以投資而言就是企業財報），這樣就夠了。

我們從許多位長期成功的投資者身上，像是蒙格、巴菲特（Warren Buffett），以及價值投資之父約翰・坦伯頓（John Templeton,1912-2008）、日本股神是川銀藏（Ginzō Korekawa,1897-1992），甚至德國股神科斯托蘭尼（André Kostolany, 1906-1999）身上，發現了一些共同特質，包括：好的個性、好的修養和行為、紳士的風範。這些人都有正當的投資信仰，所以不會像金融巨鱷索羅斯（George Soros）一般，不斷猜測市場、從事頻繁的投機。有趣的是，這些人也都相當長壽，包括蒙格在內，都活了八、九十歲以上，可見得，用長期理性的投資思考，不必在市場殺進殺出，壓力反而沒有那麼大，人才活得久！

這也是我在離開職場以後才有的體會：投資市場不是用數字可以算出來的，市場是經濟、社會與人文的綜合物，充滿了邏輯性的過程。而「以靜制動」，往往才是最好的方式。

此外，蒙格也重視從成功者身上學習，包括學習態度、方法和生活的價值觀。這些前輩崇尚主流的價值，像儉樸、生活或投資紀律，他們的核心價值也反映在其投資取向上，所以，選擇經營者和好的公司，長期而言，才是決定報酬率的關鍵。而專注、耐心等待市場的波動，和勤奮不懈的學習，則是所有投資人都該修鍊的功課。

（本文作者為獵豹財務長、專業財經部落客）

英文版導讀　一趟不平凡的閱讀之旅

彼得·考夫曼

你即將踏上一個通往更佳的投資和決策的非凡旅程，也可能因此對生活有更深的理解，這一切都要感謝查理·蒙格的風趣、智慧、演講和作品，有如當代的班傑明·富蘭克林。查理的世界觀很獨特，他用「跨領域」的方法養成了清晰而簡單的思維模式，可是他的觀點和思想卻絕不簡單。請注意查理的思想是怎樣歷經了時間的考驗：本書中最早的演講稿發表於二十多年前，至今讀來仍符合現實。正如你很快將發現的：查理進行觀察和做出推論的基礎是根本的人性、基本的真理，和許多領域的核心原則。

貫穿全書的是蒙格展現出來的聰明、機智、價值觀和深不可測的修辭天賦。他擁有百科全書般的知識，所以從古代的雄辯家到十八、十九世紀的歐洲文豪，再到當代的流行文化偶像，這些人的名言他都能信手拈來。其他人哪會讓狄摩西尼、西塞羅和強尼·卡森[1]平起平坐，或者將當今的投資經理人和尼采、伽利略[2]、「踢屁股比賽中的獨腿人」相提並論？又或者讓班傑明·富蘭克林和伯尼·康菲德[3]進行普世智慧競賽？把自嘲和想像力發揮得淋漓盡致的查理，將自己比喻為一匹會數數的馬，又提議用「格羅茲[4]的咖啡因糖水」做可口可樂新的宣傳口號，以使之徹底失去市場，進而證明「至少我年輕時並不是一個徹頭徹尾的笨蛋」。

在〈關於實用思維的實務思考？〉演講中，查理甚至接受了「如何白手起家建立一

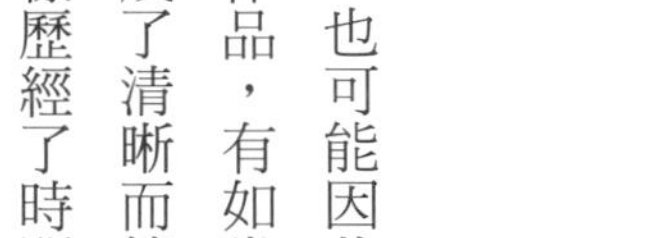

1 **狄摩西尼**
Demosthenes,384-322BC
古雅典的演說家和政治家。

西塞羅
Marcus Cicero,106-43BC
古羅馬哲學家、演說家和政治理論家。

強尼·卡森
Johnny Carson, 1925-2005
美國知名節目主持人，曾主持NBC著名脫口秀節目《今夜秀》（Tonight Show）。

個兩兆美元企業」的挑戰，然後動用他那多元化思維模型，告訴我們如何才能完成這樣的豐功偉績。

在這裡出現的引言、談話和演講，均源自於老派的美國中西部價值觀，查理正是以這種價值觀聞名：活到老學到老，對知識抱持好奇心，遇事冷靜鎮定，不會心生妒忌和仇恨，言出必行，能從別人的錯誤中汲取教訓，有毅力恆心，擁有客觀的態度，願意檢驗自己的信念等等。但他從不大聲宣揚己見，查理利用幽默、逆向思考（遵從偉大的代數家雅各比[5]的指示：反過來想，永遠反過來想）和似非而是的雋語來提供睿智的忠告，引導人們應付最棘手的生活難題。

查理還非常有效地運用了歷史和企業案例。在這些談話中，他往往透過講故事而非抽象說教的方法，巧妙、有條不紊地表達觀點。他用來款待聽眾的是趣聞軼事，而非乾巴巴的資料和圖表。他徹底瞭解並聰明的利用了傳統說書人的角色，傳遞複雜且詳盡的資訊。所以我們為講稿配上許多「花邊」知識，以助讀者加深記憶，或在需要時使用。

從這些談話和演講中可以清楚看出，查理認為「生活決策」比「投資決策」還重要。他那源自各種學科的思維模型反覆的出現，卻從不關注「商業投資組合策略」、「beta係數」或者「資產定價模型」，而是以基本的公理、人類的成就、人性的弱點和通往智慧的崎嶇道路為中心。查理曾經說：「就像凱因斯[6]一樣，我想透過發財致富來獲得獨立。」對於查理而言，獨立是賺錢的目的，而不是反過來。

（本文作者為本書英文版編輯、蒙格多年好友，威斯科公司顧問）

2 尼采
Friedrich Wilhelm Nietzsche, 1844-1900
哲學家。

伽利略
Galileo Galilei,1564-1642
義大利物理學家、數學家、天文學家及哲學家，科學革命的重要人物。

3 伯尼·康菲德
Bernie Cornfeld, 1927-1995
猶太裔商人及國際金融家。

4 格羅茲
Glotz
為蒙格假想的虛擬人物。有關格羅茲的咖啡因糖水，請參閱第三章第四講。

5 雅各比
Karl Jacobi,1804-1851
德國代數學家及分析家。

6 約翰·梅納德·凱因斯男爵
Lord John Maynard Keynes, 1883-1946
英國知名總體經濟學家，主張國家應採用擴張性的經濟政策，透過增加需求以促進經濟成長。

中文版導讀　書中自有黃金屋

李彔

二十多年前，做為一名年輕的學生隻身來到美國，我怎麼也沒有想到後來竟然從事了投資行業，更沒有想到由於種種機緣巧合有幸結識了當代投資大師查理．蒙格先生。二〇〇四年，蒙格先生成為我的投資合夥人，自此就成為我終生的良師益友。這樣的機遇恐怕是過去做夢也不敢想的。

像全世界成千上萬的巴菲特／蒙格崇拜者一樣，兩位老師的教導，波克夏（即波克夏．海瑟威公司）的神奇業績，對我個人的投資事業起了塑造式的影響。這些年受益於蒙格恩師的近距離言傳身教，又讓我更為深刻地體會到他思想的博大精深。一直以來，我都希望將這些學習心得與更多同道分享，彼得．考夫曼的這本書是這方面最好的力作。彼得是查理多年的朋友，他本人又是極其優秀的企業家、「職業書蟲」，由他編輯的《窮查理的普通常識》最為全面地囊括了查理的思想精華。彼得既是我的好友，又是我的投資合夥人，所以我一直都很關注這本書的整個出版過程。二〇〇五年第一版問世時，我如獲至寶，反覆研讀，每讀一次都有新的收穫。那時我就想把這本書認真翻譯介紹給華文的讀者，不想這個願望又過了五年才得以實現。二〇〇九年，查理八十五歲，經一位朋友提醒，我意識到把這本書翻譯成中文應該是對恩師最好的報答，同時也完成我多年希望與華文同胞分享蒙格智慧的心願。

現在這本書即將出版了，我也想在此奉獻我個人學習、實踐蒙格思想與人格的心路歷程、心得體會，以配合讀者領會本書所包含的智慧。

一．結識查理

第一次接觸巴菲特／蒙格的價值投資體系可以追溯到二十年前。那時候我剛到美國，舉目無親，文化不熟，語言不通。僥倖進入哥倫比亞大學就讀本科，立刻便面臨學費、生活費昂貴的問題。雖然有些獎學金以及貸款，然而對一個身無分文的學生而言，那筆貸款是天文數字的債務，不知何時可以還清，對前途一片迷茫焦慮。相信很多來美國讀書的學生，尤其是要靠借債和打工支付學費和生活費的學生都有過這種經歷。

由於在七、八〇年代的中國長大，我那時對經商幾乎沒有概念。在那個年代，商業在中國還不是很要緊的事。一天，一位同學告訴我：「你要是想瞭解在美國怎麼能賺錢，商學院有個演講一定要去聽。」那個演講人的名字有點怪，叫巴菲特（Buffett），很像「自助餐」（Buffet）的意思。我一聽這個名字滿有趣，就去了。那時巴菲特還不像今天這麼出名，去的人不多，但那次演講於我而言卻是一次醍醐灌頂的經歷。

巴菲特講的是如何在股市投資。在此之前，股市在我腦子裡的印象還停留在曹禺的話劇《日出》裡所描繪的三〇年代上海的十里洋場，充滿了狡詐、運氣與血腥。然而這位據說在股市上賺了很多錢的美國成功商人，看上去卻顯然是一個好人，友善而聰明，頗有些學者氣質，完全同我想像中的那些冷酷無情、投機鑽營的商人南轅北轍。

巴菲特的演講措辭簡潔、條理清晰、內容可信。一個多鐘頭的演講把股票市場的道理說得清晰明瞭。巴菲特說股票本質上是公司的部分所有權，股票的價格就是由股票的價值，也就是公司的價值所決定的。而公司的價值又是由公司的盈利情況及淨資產決定的。雖然股票價格上上下下的波動在短期內很難預測，但長期而言一定是由公司的價值決定的。而聰明的投資者只要在股票的價格遠低於公司實際價值的時候買進，又在價格接近或者高於價值時賣出，就能夠在風險很小的情況下賺很多錢。

聽完這番演講，我覺得好像撈到了一根救命稻草。難道一個聰明、正直、博學的人，不需要家庭的支援，也不需要精熟公司管理，或者發明、創造新產品，創立新公司，在美國就可以白手起家地成功致富嗎？我眼前就有這麼一位活生生的榜樣！那時我自認為不適合做管理，因為對美國的社會和文化不瞭解，創業也沒有把握。但是如果說去研究公司的價值，去研究一些比較複雜的商業資料、財務報告，卻是我的專長。果真如此的話，像我這樣一個不名一文、舉目無親、毫無社會根基和經驗的外國人，不也可以在股票投資領域有一番作為了嗎？這實在太誘人了。

聽完演講後，我回去立刻找來了有關巴菲特的所有圖書，包括他致波克夏股東的年信及各種關於他的研究，也瞭解到蒙格先生是巴菲特先生幾十年來形影不離的合夥人，然後整整花了一兩年的時間來徹底地研究他們，所有的研究都印證了我當時聽演講時的印象。完成了這個研究過程，我便真正自信這個行業是可為的。

一兩年後，我買了有生以來的第一支股票。那時雖然我個人的淨資產仍然是負數，但積蓄了一些現金可以用來投資。當時正逢九〇年代初全球化的過程剛剛開始，美國各行業的公司都處於一個長期上升的狀態，市場上有很多被低估的股票。到一九九六年我從哥大畢業的時候，已經從股市投資上獲取了相當可觀的報酬。

畢業後我一邊在投資銀行工作，一邊繼續自己在股票上投資。工作的第一年，我有幸全程參與了一間大公司的上市，並得到了一大筆獎金。可是我並不喜歡投行的工作，況且我發現在投行掙的工資和獎金加在一起還不如我業餘在股市上賺的錢多，這時我才突然意識到投資股市對我而言不僅是一根救命稻草、一項愛好，甚至可以成為終生的事業。一年後，我辭職離開投行，開始了職業投資生涯。當時家人和朋友都頗為不解和擔心，我自己對前途也沒有十分的把握。坦白說，創業的勇氣也是來自於巴菲特和蒙格的影響。

一九九八年一月，我創立了自己的公司，支持者寡，幾個老朋友友情客串投資人湊了一小筆錢，我自己身兼數職，既是董事長、基金經理，又是秘書、研究員。全部的家當就是一部手機和一台筆記型電腦。其時適逢一九九七年的亞洲金融危機，石油的價格跌破了每桶十美元。我於是開始大量買進一些亞洲優秀企業的股票，同時也買入了大量美國及加拿大的石油公司股票。但隨後的股票波動令當年就產生了一九%的帳面損失。這使得有些投資者開始擔心以後的運作情況，不敢再投錢了。其中一個最大的投資者第二年就撤資了。再加上昂貴的前期營運成本，公司一度面臨生存危機。

出師不利讓我備受壓力，覺得辜負了投資人的信任。而這些心理負擔又的確會影響到投資決策，比如在碰到好的機會時也不敢行動。而那時恰恰又是最好的投資時機。這時，巴菲特和蒙格的理念和榜樣對我起了很大的支持作用，在一九七三至七四年美國經濟衰退中，他們兩位都有過類似的經歷。在我最失落的時候，我就以巴菲特和蒙格為榜樣勉勵自己，始終堅持凡事看長遠。

隨後，在一九九八年的下半年裡，我頂住壓力、鼓起勇氣，連續做出了當時我最重要的三、四個投資決定。恰恰是這幾個投資在以後的兩年裡給我和我的投資者帶來了數倍的報酬。現在回過頭來想，在時間上我是幸運的，但巴菲特和蒙格的榜樣以及他們的書籍和思想，對我的確起了至關重要的影響。

但是出色的業績並沒有給我帶來新的投資人。那個時候直到現在，絕大多數個人投資人尤其是機構投資者，在投資理念方面基本上遵從一些我認為是腦子壞掉的理論。比如他們相信市場完全有效理論，因而相信股價的波動就等同真實的風險，判斷你的表現最看重你業績的波動性如何。我覺得同他們說話簡直是對牛彈琴。在我看來，投資股市最大的風險其實並不是價格的上下起伏，而是你的投資未來會不會出現永久性的虧損。單純的股價下跌不僅不是風險，而是機會。不然哪裡去找便宜的股票呢？就像如果你最喜歡的餐館裡牛排的價格下跌了一半，你會吃得更香才對。買進下跌的股票時是賣家難受，做為買家的你應該高興才對。我跟他們解釋我的投資原則就是遵循巴菲特和蒙格他們的投資哲學。然而這時我才發現，雖然巴菲特和蒙格很成功，但個人投資者和機構投資者的實際做法卻與巴菲特／蒙格的投資理念完全相反。表面上那些成名的基金經理接受巴菲特／蒙格的理論，而且對他們表現出極大的尊重，但在實際操作上卻根本是南轅北轍，因為他們的客戶也是南轅北轍。他們接受的還是一套「波動性就是風險」、「市場總是對的」這樣的理論。而這在我看來完全是奇談怪論。

但為了留住並吸引到更多投資者，我也不得不做了一段時間的妥協。有兩、三年的時間，我也不得不透過做長短倉（Long-Short）對沖，去管理旗下基金的波動性。和做多（Long）相比，做空交易（Short）就很難被用於長期投資。原因有三：第一、做空的利潤上限只有一〇〇％，但損失空間幾乎是無窮的，這正好是同做多相反的；第二，做空要透過融資（券）完成，所以即使做空的決定完全正確，但如果時機不對，操作者也會面臨損失，甚至破產；第三，最好的做空投資機會一般是各種各樣的舞弊情況，但舞弊作假往往被掩蓋得很好，需要很長時間才會敗露。例如馬多夫（B.Madoff）的騙局持續幾十年才被發現。基於這三點原因，做空需要隨時關注市場的起落，不斷交易。

這樣做了幾年，投資組合的波動性倒是小了許多，在二〇〇一至〇二年由網路泡沫引發的金融危機中，我們並沒有帳面損失，並小有斬獲，管理的基金也增加了許多。對沖基金行業裡最具傳奇性的兩位前輩人物，一位成為我的主要投資人，另外一位邀我共同成立一家亞洲投資基金。表面上看起來還滿風光，但其實我內心很痛苦。如果同時去做空和做多，要控制做空的風險，就必須要不停地交易。但若是不停地交易的話，就根本沒有時間真正去研究一些長期的投資機會。這段時期的報酬從波動性上而言比過去好，結果卻乏善可陳。但實際上，那段時間出現了許多一流的投資機會。坦白說，我職業生涯中最大的失敗並不是由我錯誤決定造成的損失（當然我的這類錯誤也絕不在少數），而是在這段時間裡不能夠大量買進我喜歡的幾支最優秀的股票，我為此少掙的錢至今還在增加。

這段時間是我職業生涯的一個低潮。我甚至一度萌生了退意，花大量的時間在本不是我主業的風險投資基金上。

在前行道路的十字交叉路口，一個偶然的契機，我遇到了終生的良師益友查理·蒙格先生。

初識查理是我大學剛畢業在洛杉磯投行工作的時候，在一位共同朋友的家裡第一次見到查理。記得他給人的第一印象總是拒人於千里之外，他對談話者常常心不在焉，非常專注於自己的話題。但這位老先生說話言簡意賅，話語中充滿了讓你回味無窮的智慧。初次見面，查理對我而言是高不可及的前輩，他大概對我也沒什麼印象。

之後陸續見過幾次，有過一些交談，直到我們認識的第七年，在二〇〇三年一個感恩節的聚會中，我們進行了一次長時間推心置腹的交談。我將我投資的所有公司、我研究過的公司以及引起我興趣的公司一一介紹給查理，他則逐一點評。我也向他請教我遇到的煩惱。談到最後，他告訴我，我所遇到的問題幾乎就是華爾街的全部問題。整個華爾街的思維方式都有問題，雖然波克夏已經取得了這麼大的成功，但在華爾街上卻找不到任何一家真正模仿它的公司。如果我繼續這樣走下去的話，我的那些煩惱永遠也不會消除。但我如果願意放棄現在的路子，想走出與華爾街不同的道路，他願意給我投資。

這真讓我受寵若驚。

在查理的幫助下，我把公司進行了徹底的改組。在結構上完全改變成早期巴菲特的合夥人公司和蒙格的合夥人公司（注：巴菲特和蒙格早期各自有一家合夥人公司來管理他們自己的投資組合）那樣的結構，同時也除去了典型對沖基金的所有弊端。願意留下的投資者做出了長期投資的保證，而我們也不再吸收新的投資人。新的基金也保留了原基金的部分投資組合，包括我們在比亞迪的投資。

我於是進入到投資生涯的又一個黃金時期。我無須再受華爾街那些投資者各式各樣的限制，而完成機構改造之後的投資結果本身也證實了這一決定的正確性。雖然數字依然上上下下的波動，但最終的結果是大幅度成長。新的基金從二〇〇四年第四季度至二〇〇九年底，除去營運成本外，每年的複合報酬率超過三六％。而自一九九八年一月原基金創建開始計算，每年複合報酬率則超過二九％。十二年期間，報酬成長超過二十倍。

撇開數字不談，這些年的工作順暢了許多。我無須糾纏於股市沉浮，不斷交易，不斷做空。相反，我可以把所有時間都花在對公司的研究和瞭解上。我的投資經歷已經清楚地證明：按照巴菲特／蒙格的體系來投資必定會有益各方。但因為投資機構本身的限制，絕大部分的機構投資者不採用這種方式，因此，它給了那些用這種方式的投資者一個絕好的競爭優勢。而這個優勢在未來很長的一段時間內都不會消失。

二・原創而客觀的哲學家

巴菲特說他一生遇人無數，從來沒有遇到過像查理這樣的人。在我同查理交往的這些年裡，我有幸能近距離瞭解查理，也對這一點深信不疑。甚至我在所閱讀過的古今中外人物傳記中也沒有發現類似的人。查理就是如此獨特的人，他的獨特性既表現在他的思想上，也表現在他的人格上。

比如說，查理思考問題總是從逆向開始。如果要明白人生如何得到幸福，查理首先是研究人生如何才能變得痛苦；要研究企業如何做強做大，查理首先研究企業是如何衰敗的；大部分人更關心如何在股市投資上成功，查理最關心的是為什麼在股市投資上大部分人都失敗了。他的這種思考方法來源於下面這句農夫諺語中所蘊含的哲理：我只想知道將來我會死在什麼地方，這樣我就不去那兒了。

查理在他漫長的一生中，持續不斷地研究收集關於各種各樣的人物、各行各業的企業以及政府管治、學術研究等各領域中的人類失敗之著名案例，並把那些失敗的原因排列成正確決策的檢查清單，使他在人生、事業的決策上幾乎從不犯重大錯誤。這點對巴菲特及波克夏五十年業績的重要性是再強調也不為過的。

查理的頭腦是原創性的，從來不受任何條條框框的束縛，也沒有任何教條。他有兒童一樣的好奇心，又有第一流的科學家所具備的研究素質和科學研究方法，一生都有強烈的求知欲和好奇心，幾乎對所有的問題都感興趣。任何一個問題在他看來都是可以使用正確的方法透過自學完全掌握，並可以在前人的基礎上創新。這一點他和富蘭克林非常相似，類似於一位十八、九世紀百科全書式的人物。

近代很多第一流的專家學者能夠在自己狹小的研究領域內做到相對客觀，一旦離開自己的領域不遠，就開始變得主觀、教條、僵化，或者乾脆就失去了自我學習的能力，所以大都免不了瞎子摸象的局限。查理的腦子就從來沒有任何學科的條條框框。他的思想輻射到事業、人生、知識的每一個角落。在他看來，世間宇宙萬物都是一個相互作用的整體，人類所有的知識都是對這一整體研究的部分嘗試，只有把這些知識結合起來，並貫穿在一個思想框架中，才能對正確的認知和決策起到幫助作用。所以他提倡要學習在所有學科中真正重要的理論，並在此基礎上形成所謂的「普世智慧」，以此為利器去研究商業投資領域的重要問題。查理在本書中詳細闡述了如何才能獲得這樣的「普世智慧」。

查理這種思維方式的基礎是基於對知識的誠實。他認為，這個世界複雜多變，人類的認知永遠存在著限制，所以你必須要使用所有的工具，同時要注重收集各種新的可以證否的證據，並隨時修正，即所謂「知之為知之，不知為不知」。事實上，所有的人都存在思想上的盲點。我們對於自己的專業、旁人或是某一件事情也許能夠做到客觀，但是對於天下萬事萬物都秉持客觀的態度卻很難，甚至可以說是有違人之本性。但是查理卻可以做到凡事客觀。在這本書裡，查理也講到了透過後天的訓練是可以培養客觀的精神的。而這種思維方式的養成將使你看到別人看不到的東西，預測到別人預測不到的未來，從而過上更幸福、自由和成功的生活。

但即使這樣，一個人在一生中可以真正得到的真知灼見仍然非常有限，所以正確的決策必須局限在自己的「能力圈」以內。一種不能夠界定其邊界的能力當然不能稱為真正的能力。怎麼才能界定自己的能力圈呢？查理說，如果我要擁有一種觀點，如果我不能夠比全世界最聰明、最有能力、最有資格反駁這個觀點的人更能夠反駁自己，我就不配擁有這個觀點。所以當查理真正地持有某個觀點時，他的想法既原創、獨特又幾乎從不犯錯。

一次，查理鄰座一位漂亮的女士堅持讓查理用一個字來總結他的成功，查理說是「理性」。然而查理講的「理性」卻不是我們一般人理解的理性。查理對理性有更苛刻的定義。正是這樣的「理性」，讓查理具有敏銳獨到的眼光和洞察力，即使對於完全陌生的領域，他也能一眼看到事物的本質。巴菲特就把查理的這個特點稱作「兩分鐘效應」——他說查理比世界上任何人更能在最短時間內把一個複雜商業的本質說清楚。波克夏投資比亞迪的經過就是一個例證。記得二〇〇三年我第一次同查理談到比亞迪時，他雖然從來沒有見過王傳福本人，也從未參觀過比亞迪的工廠，甚至對中國的市場和文化也相對陌生，可是他當時對比亞迪提出的問題和評論，今天看來仍然是投資比亞迪最實質的問題。

人人都有盲點，再優秀的人也不例外。巴菲特說：「班傑明．葛拉漢曾經教我只買便宜的股票，查理讓我改變了這種想法。這是查理對我真正的影響。要讓我從葛拉漢的局限理論中走出來，需要一股強大的力量。查理的思想就是那股力量，他擴大了我的視野。」對此，我自己也有深切的體會。至少在兩個重大問題上，查理幫我指出了我思維上的盲點，如果不是他的幫助，我現在還在從猿到人的進化過程中慢慢爬行。巴菲特五十年來在不同的場合反覆強調，查理對他本人和波克夏的影響完全無人可以取代。

查理一輩子研究人類災難性的錯誤，對於人類心理傾向引起的災難性錯誤尤其情有獨鍾。最具貢獻的是他預測衍生性金融商品的氾濫，和會計審計制度的漏洞，即將給人類帶來災難。早在九〇年代末期，他和巴菲特先生已經提出了衍生性金融商品可能造成災難性的影響，隨著衍生性金融商品的氾濫愈演愈烈，他們的警告也不斷升級，甚至指出衍生性金融商品是金融式的大規模殺傷性武器，如果不能及時有效的制止，將會給現代文明社會帶來災難性的影響。二〇〇八年和二〇〇九年的金融海嘯及全球經濟大蕭條不幸驗證了查理的遠見。從另一方面講，他對這些問題的研究，也為防範類似災難的出現提供了寶貴的經驗和知識，特別值得政府、金融界、企業界和學術界的重視。

與巴菲特相比，查理的興趣更為廣泛。比如他對科學和軟科學幾乎所有的領域都有強烈的興趣和廣泛的研究，透過融會貫通，形成了原創性的、獨特的蒙格思想體系。相對於任何來自象牙塔內的思想體系，蒙格主義完全為解決實際問題而生。比如說，據我所知，查理最早提出並系統化研究人類心理傾向在投資和商業決策中的巨大影響。十幾年後的今天，行為金融學已經成為經濟學中最熱門的研究領域，行為經濟學也獲得了諾貝爾經濟學獎的認可。而查理在本書最後一講〈人類誤判心理學〉中所展現出的理論框架，在未來也很可能得到人們更廣泛的理解和應用。

我的飛機也誤點了，我就陪他一起等。

我問查理：「你有自己的私人飛機，波克夏也有專機，你為什麼要到商用客機機場去經受這麼多的麻煩呢？」

查理答：「第一，我一個人坐專機太浪費油了。第二，我覺得坐商用飛機更安全。」但查理想說的真正理由是第三條：「我一輩子想要的就是融入生活（engage life），而不希望自己被孤立（isolate）。」

查理最受不了的就是因為擁有了錢財而失去與世界的聯繫，把自己隔絕在一個房間、占地一層的巨型辦公室裡，見面要層層通報，過五關斬六將，誰都不能輕易接觸到，這樣就與現實生活脫節了。

「我手裡只要有一本書，就不會覺得浪費時間。」查理任何時候都隨身攜帶一本書，即使坐在經濟艙的中間座位上，他只要拿著書，就安之若素。有一次他去西雅圖參加一個董事會，依舊按慣例坐經濟艙，他身邊坐著一位中國小女孩，飛行途中一直在做微積分的功課。他對這個中國小女孩印象深刻，因為他很難想像同齡的美國女孩能有這樣的定力，在飛機的嘈雜聲中專心學習。如果他乘坐私人飛機，他就永遠沒有機會近距離接觸這些普通人的故事。

而查理雖然嚴以律己，卻非常寬厚地對待他真正關心和愛的人，不吝金錢，總希望他人多受益。他一個人的旅行，無論公務私務都搭乘經濟艙，但與太太和家人一起旅行時，查理便會搭乘自己的私人飛機。他解釋說：太太一輩子為我撫育這麼多孩子，付出甚多，身體又不好，我一定要照顧好她。

查理雖不是史丹佛大學畢業的，但因他太太是史丹佛校友，又是大學董事會成員，查理便向史丹佛大學捐款六千多萬美金。

查理一旦確定了做一件事情，他可以去做一輩子。比如說他在哈佛高中及洛杉磯一間慈善醫院的董事會任職長達四十年之久。對於他所參與的慈善機構而言，查理是非常慷慨的贊助人。但查理投入的不只是錢，他還投入了大量的時間和精力，以確保這些機構的成功運行。

查理一生研究人類失敗的原因，所以對人性的弱點有著深刻的理解。基於此，他認為人對自己要嚴格要求，一生不斷提高修養，以克服人性本身的弱點。這種生活方式對查理而言是一種道德要求。在外人看來，查理可能像個苦行僧；但在查理看來，這個過程卻是既理性又愉快，能夠讓人過上成功、幸福的人生。

查理就是這麼獨特。但是想想看，如果蒙格和巴菲特不是如此獨特的話，他們也不可能一起在五十年間為波克夏創造了在人類投資史上前無古人、後無來者的業績。近二十年來，全世界對巴菲特、蒙格研究的興趣愈發地強烈，將來可能還會愈演愈烈，中英文的書籍汗牛充棟，其中不乏很多獨到的見解。說實話，由我目前的能力來評價蒙格的思想其實為時尚早，因為直到今天，我每次和查理談話，每次重讀他的演講，都會有新的收穫。這另一方面也說明，我對他的思想的理解還是不夠。但這些年來查理對我的言傳身教，使我有幸對查理的思想和人格有更直觀的瞭解，我這裡只想跟讀者分享我自己近距離的觀察和親身體會。我衷心希望讀者在仔細研讀本書之後，能夠比我更深地領會蒙格主義的精要，從而對自己的事業和人生有更大的幫助。

我知道查理本人很喜歡這本書，認為它蒐集了他一生的思想精華和人生體驗。晚年的查理時常引用下面這句出自《天路歷程》（*The Pilgrim's Progress*）中真理劍客的話來結束他的演講：「我的劍留給能揮舞它的人」。透過這本書的出版，我希望更多的讀者能有機會學習和瞭解蒙格的智慧和人格，我相信每位讀者都有可能透過學習實踐成為幸運的劍客。

四．商才士魂的典範

與查理交往的這些年，我常常會忘記他是一個美國人。他更接近於我理解的中國傳統士大夫。旅美的二十年期間，做為一個華人，我常常自問：中國文化的靈魂和精華到底是什麼？客觀地講，做為「五四」之後成長的中國人，我們對於中國的傳統基本上是持否定的態度。到了美國之後，我先是有幸在哥大求學期間系統地學習了對西方文明史起到塑造性作用的一百多部原典著作，其中涵蓋文學、哲學、科學、宗教與藝術等各個領域，以希臘文明為起點，延伸到歐洲，直至現代文明。後來又得益於哥大同時提供的一些關於儒教文化和伊斯蘭文明的課程，對於中國的儒教文化有了嶄新的瞭解和認識。只是當時的閱讀課本都是英文的，由於古文修養不夠，很多索求原典的路途只能由閱讀英文的翻譯來達成，這也是頗為無奈的一件事。在整個閱讀與思考的過程中，我自己愈發覺得，中國文明的靈魂其實就是士大夫文明，士大夫的價值觀所體現的就是一個如何提高自我修養、自我超越的過程。孔子《大學》曰：正心，修身，齊家，治國，平天下。這套價值系統在之後的儒家各派中都得到了廣泛的闡述。這應該說是中國文明最核心的靈魂價值所在。士大夫文明的載體是科舉制度。科舉制度不僅幫助儒家的追隨者塑造自身的人格，而且還提供了他們發揮才能的平台，使得他們能夠透過科舉考試進入到政府為官，乃至社會的最上層，從而學有所用，實現自我價值。

而科舉制度結束後，在過去的上百年裡，士大夫精神失去了具體的現實依託，變得無所適從，尤其到了今天商業高度發展的社會，具有士大夫情懷的中國讀書人，對於自身的存在及其價值理想往往更加困惑。在一個傳統盡失的商業社會，士大夫的精神是否仍然適用呢？晚明時期，資本主義開始在中國萌芽，當時的商人曾經提出過「商才士魂」以彰顯其理想。今天，商業市場力量已經成為社會的主導，我以為這種理想更有可能成為現實。

查理可以說是一個「商才士魂」的最好典範。首先，查理在商業領域極為成功，他和巴菲特所取得的成就可以說是前無古人，後無來者。然而在與查理的深度接觸中，我卻發現查理的靈魂本質是一個道德哲學家，一個學者。他閱讀廣泛，知識淵博，真正關注的是自身道德的修養與社會的終極關懷。與孔子一樣，查理的價值系統是內滲而外，宣導透過自身的修行以達到聖人的境界，從而幫助他人。

正如前面所提到的，查理對自身要求很嚴。他雖然十分富有，但過的卻是苦行僧般

Eton Wick 1½
Dorney 2½
B3026
Dorney
Court

的生活。他現在住的房子還是幾十年前買的一套普通房子，外出旅行時永遠只坐經濟艙，而約會總是早到四十五分鐘，還會為了偶爾的遲到而專門致歉。在取得事業與財富的巨大成功之後，查理又致力於慈善事業，造福天下人。

查理是一個完全憑藉智慧取得成功的人，這對於中國的讀書人來講無疑是個令人振奮的例子。他的成功完全靠投資，而投資的成功又完全靠自我修養和學習，這與我們在當今社會上所看到的權錢交易、潛規則毫無關係。做為一個正直善良的人，他用最乾淨的方法，充分運用自己的智慧，取得了這個商業社會中的巨大成功。在市場經濟下的今天，滿腹士大夫情懷的中國讀書人是否也可以透過學習與自身修養的鍛鍊，同樣取得世俗社會的成功並實現自身的價值理想呢？

我衷心希望中國的讀者能夠對查理感興趣，對這本書感興趣。查理很欣賞孔子，尤其是孔子授業解惑的為師精神。查理本人很樂於也很善於教導別人，誨人不倦。而這本書則彙集了查理的一生所學與智慧，將它毫無保留地與大家分享。查理對中國的未來充滿信心，對中國的文化也很欽佩。近幾十年來儒教文明在亞洲取得的巨大的商業成就，也讓更多人對中國文明的復興更具信心。在「五四」近百年之後，今天我們也許不必再糾纏於「中學」、「西學」的「體用」之爭，只需要一方面坦然地學習和接受全世界所有有用的知識，另一方面心平氣和地將吾心歸屬於中國人數千年來共尊共守、安身立命的道德價值體系之內。

我有時會想，若孔子重生在今天的美國，查理大概會是其最好的化身。若孔子返回到二千年後今天的商業中國，他宣導的大概會是：正心、修身、齊家、致富、助天下吧！

本書第一至二章介紹查理的生平，並總結了他關於生活、事業和學習的主要思想，第三章收錄了查理最有代表性的十一篇演講。其中大多數讀者最感興趣的演講可能包含下面四篇，第一篇演講用幽默的方式概述了人生如何避免過上悲慘的生活；第二、三篇演講闡述了如何獲得普世智慧，如何將這些普世智慧應用到成功的投資實踐中。最後一篇演講，記錄了查理最具有原創性的心理學體系，詳細闡述了造成人類誤判的二十五個最重要的心理學成因。

在過去的一年中，很多朋友為本書中文版的出版做出貢獻。中文譯者李繼宏先生承擔了主要的工作，他的敬業精神和高超的文筆給我留下深刻的印象。我長期的好友常勁先生為本書的校對、翻譯和注解傾注了大量心血，沒有他的幫助，我很難想像本書能夠按時完成。我因為比較熟悉查理的思想和語言風格，自然擔當起了最後把關的工作，如果本書翻譯中出現各種錯誤也理應由本人最後承擔。（簡體版）上海世紀出版集團的施宏俊先生儒雅、耐心、盡職、慷慨，實在是一位不可多得的合作夥伴。與這些傑出同事合作，使得這本書的翻譯、校對、編輯和出版上起了至關重要的作用。張辛女士在推動本書的翻譯出版成為一次既有意義又愉快的經歷。另外本書的出版還獲得了國內外很多朋友，尤其是價值投資界朋友的鼓勵和支持，在此一併感謝。

二〇一〇年三月

1

蒙格傳略

查理・蒙格的成長與投資之路

麥可・布洛基　撰

讓一個人重新活過一遍的最好方法是：
回憶那種生活，並用文字記錄下來，
讓這種回憶盡量可長可久。

——班傑明．富蘭克林

「這些年來，閱讀帶給我許許多多的好處。」
——在泰晤士河畔等待用午餐。1996。

波克夏・海瑟威的非凡故事背後，是兩位金融界的天才：廣受讚譽的華倫・巴菲特和他的「沉默夥伴」，以低調為樂的查理・蒙格。

蒙格是巴菲特的朋友、律師、顧問、魔鬼代言人（巴菲特曾經稱他為「可惡的說不大師」），也是美國商業史上最成功的上市公司之一的最大股東之一。自從巴菲特一九六四年接管波克夏後（幾年後，查理也加入管理層），該公司市值飆升令人咋舌的一萬三千五百倍，從一千萬美元劇增到一千三百五十億美元，而該公司的總股份並沒有增加多少。如此可觀的成長，是這兩位謙遜的美國中西部人所取得的非凡成就，他們齊心協力，發現和抓住了許多商人一直錯過的機會。

巴菲特是美國最受尊敬和知名度最高的商界領袖之一，而蒙格則有意避開鎂光燈，選擇了相對沒沒無聞的生活。為了進一步瞭解這位複雜且極其低調的商人，我們必須從頭開始。

早熟的好學少年

一九二四年一月一日，查理・湯瑪斯・蒙格生於美國中部的內布拉斯加州的奧馬哈市（Omaha）。許多名人都是他的老鄉：威爾・羅傑斯、亨利・方達、約翰・潘興、哈里・杜魯門、華特・迪士尼、安・蘭德斯、吉拉德・福特[1]，當然還有華倫・巴菲特。

蒙格開始和巴菲特家族產生交集，是在他青少年時期，他在巴菲特父子經營的商店工作。那是奧馬哈市一家高檔雜貨店，與蒙格家相隔六個街區。老闆是巴菲特的祖父恩

1 **威爾・羅傑斯** Will Rogers, 1879-1935 牛仔、喜劇演員、幽默作家、社會評論家。
亨利・方達 Henry Fonda, 1905-1982 電影及舞台劇演員。
約翰・潘興 John Pershing, 1860-1948 第一次世界大戰名將。
哈里・杜魯門 Harry Truman, 1884-1972 美國第三十三任總統。
華特・迪士尼 Walt Disney, 1901-1966 迪士尼創辦人、電影製片人及導演。
安・蘭德斯 Ann Landers, 1918-2002 知名勵志專欄作家。
吉拉德・福特 Gerald Ford, 1913-2006 美國第三十八任總統。

尼斯特（Ernest），他擁有這家商店的部分股權。恩尼斯特是嚴格的紀律執行者，安排手下的年輕工人每天上班十二小時，期間既不能用餐，也不給休息。根據蒙格的說法，他的老闆是堅定的反社會主義者，這可從其設下的規矩看出來：老闆要求男孩們下班時上繳兩分錢，那是新的社會安全法案規定的費用。他們得到的報酬是兩美元的日薪和一句忠告：社會主義是邪惡的。

在巴菲特雜貨店的辛苦工作，讓蒙格和巴菲特都終生受益。在蒙格離開幾年後，年輕六歲的巴菲特也在恩尼斯特爺爺手下辛苦工作過。

蒙格的正式教育始於鄧迪（Dundee）小學，他的兩位妹妹瑪麗（Mary）和卡蘿（Carol）也是該校的學生，他們在那裡得到了正統的道德教育。老師們還記得蒙格當年是個聰明的小孩，甚至有點目中無人。他老愛用他從各種書上（尤其是傳記）讀到的知識，來質疑老師和同學的世俗智慧。如今，他已想不起最早接觸班傑明．富蘭克林的那些格言警句是在什麼時候，但它們讓蒙格對這位兼容並蓄的古怪政治家和發明家，產生了不可磨滅的崇拜之情。蒙格的雙親艾爾（Al）和弗蘿倫斯．蒙格（Florence Munger）夫婦鼓勵孩子閱讀，每到耶誕節都會送書給孩子當禮物；而那些書通常在當天晚上就被狼吞虎嚥地看完。

戴維斯家是蒙格家的世交，兩家住得很近，蒙格經常去他們家翻閱艾德．戴維斯（Ed Davis）醫師的各種醫學期刊。艾德是他父親最好的朋友，也是他們的家庭醫師。由於早年接觸了戴維斯的醫學藏書，蒙格養成了終生對科學的興趣。十四歲那年，這個早熟的好學少年也變成了醫師的好朋友。蒙格當年對醫學特別感興趣，他看過戴維斯醫生進行泌尿科手術的錄影，並對類似手術的統計結果著迷不已。

蒙格曾在家飼養倉鼠，偶爾會拿來跟其他孩子進行交易。蒙格聰慧的談判能力在這時期已經顯露無遺，通常能夠換來更大隻或顏色特別的倉鼠。但在他的小寵物多達三十五隻時，因為蓋在地下室的倉鼠窩實在太臭了，母親終於下令他停止這種愛好。多年以後，他的妹妹還記得，在蒙格放學回家餵倉鼠吃東西之前，家人不得不忍受倉鼠因為饑餓而發出的無窮無盡尖叫。

蒙格上的是中央高中，一所規模非常大的公立學校，也被認為是很好的大學預科學校。老師大都是女性，他們對工作和學生都很認真負責。中央高中提供了傳統的古典教育課程，蒙格因為邏輯思維能力很強加上好學，課業表現相當出色。

在媽媽教會他讀字母後，蒙格就進了學校，所以在小學到中學時，蒙格是班上年紀和個子最小的學生。由於身材實在太小，蒙格在高中的體育項目中毫無競爭力，所以他參加了射擊隊，因表現優異獲得了傑出代表隊員獎，最後還成為隊長。他那件代表隊的毛衣（蒙格回憶說：在很小的前襟上繡著很大的字母）引起許多校友矚目，他們不懂這弱不禁風的小傢伙怎麼能拿到獎。蒙格的確是運氣不錯：他父親熱愛戶外活動，喜歡獵野鴨，而且很喜歡陪兒子練槍法。

一九二〇年代的奧馬哈是一個民族熔爐，分屬不同種族和宗教的人們相安無事，生意上互有往來，犯罪幾乎是聞所未聞的事。居民夜不閉戶，車也無需上鎖，人們相互信

任。孩子們在溫暖的夏夜玩「踢罐子」遊戲，在星期六白天去看最新的有聲電影，比如說《金剛》，那是蒙格八歲時的最愛。

一九三〇年代卻帶來艱難的世道，奧馬哈受到大蕭條[2]的嚴重衝擊。蒙格親眼看到貧苦大眾的窘境，流浪漢在街上遊蕩、乞討，有的人以清掃車道或走廊來換取一個三明治，這情景讓他終生難忘。藉由家人的介紹，蒙格找到一份成天只要數馬路上過往人數的無聊工作，每小時能賺四十美分。但比起在雜貨店搬運沉重的貨箱，蒙格還比較喜歡這份工作。

蒙格的爺爺是一位有名望的聯邦法官，他的父親繼承衣缽，也成為受人擁戴的律師。蒙格的家人受大蕭條的影響並不嚴重，但有些遠親則深受其害。這個時代為年輕的蒙格提供了真正的學習經驗。他爺爺伸出援手，拯救了蒙格的叔叔湯姆（Tom）在內布拉斯加州的斯壯姆斯伯格市的一家小銀行，蒙格從中看到了爺爺的慷慨仗義和精明的商業頭腦。由於經濟低迷，加上莊稼因為乾旱而歉收，銀行的農民客戶還不出貸款，讓湯姆累積了三萬五千美元的壞帳，前來懇求蒙格爺爺相助。老法官於是拿出一半的身家來冒險，用三萬五千美元的抵押貸款來交換不良貸款，從而使得湯姆能夠在羅斯福總統的銀行整頓期過後重新營業。老法官最終收回絕大部分投資，但那是很多年以後的事了。

當時蒙格法官還送他的音樂家女婿去上藥劑學校，並資助他買下一家地點尚佳、因為大蕭條而倒閉的藥局。該藥局後來生意興隆，讓蒙格的姑媽過上衣食無虞的後半生。這讓蒙格學到：只要相互扶持，蒙格家族就能度過美國歷史上最糟糕的經濟崩潰。

2 大蕭條
Great Depression
指一九二九至一九三三年之間全球性的經濟大衰退。

幸運的是，艾爾．蒙格的律師事務所在大蕭條期間生意興隆，當時美國最高法院同意複審一樁由他承辦的某家小肥皂廠的稅務官司，這給他帶來了一筆橫財。當時因為若是敗訴會影響到行業巨頭高露潔棕欖（Colgate-Palmolive）公司，而高露潔公司認為，這位出身中西部的律師經驗不足，不可能打贏官司，所以他們付錢請艾爾讓賢，找了紐約的名律師來取代他的工作。結果這位大城來的律師輸掉了官司，艾爾則白白賺了一票。事後，艾爾開玩笑地說，他要是接手這個案子，也可能會敗訴，而且賺到的錢更少。這筆錢的具體數目並沒有被披露，但加上艾爾從其他客戶那裡賺到的錢，足以讓蒙格一家在大蕭條期間繼續過著舒服的日子。而蒙格也靠工作賺取自己的零用錢，減輕家中經濟負擔，從而體會到財務獨立的價值。

一九四一年，大西洋彼岸戰火正酣，蒙格從中央高中畢業後，離開奧馬哈，前往密西根大學就讀。因為喜歡邏輯和推理，蒙格選擇主修數學。在上了一門理科必修課後，他也愛上了物理學，為物理學的魅力和其無所不包而著迷，尤其讓他印象深刻的是愛因斯坦（Albert Einstein）等物理學家研究未知事物的過程。蒙格後來熱中於用物理學的方式來解決問題，他認為這是處理各種生活問題的有效技巧。他常說，任何人要想獲得成功，都應該學習物理學，因為物理的概念和公式，才能夠完美的展現扎實理論的力量。

當時軍隊急需大學生這樣年齡的人入伍。十九歲生日後不久，甫完成大二學業的蒙格加入一個空軍軍官培訓計畫，完成培訓後成為少尉。他被派往新墨西哥大學的阿爾布開克校區（Albuquerque），學習自然科學和工程學；後來又被送到加州就讀加州理工學

父親艾爾．蒙格對蒙格一生影響深遠，而蒙格也正是因為返鄉料理父親的後事，才會與巴菲特結識。

院，專攻熱動力學和氣象學，這是兩門對飛行員來說很重要的學科，他被培養成氣象學家。完成加州理工的學業後，蒙格被分配到位於阿拉斯加州諾姆市（Nome）的永久軍事基地。

服役期間，他和年輕的南西．哈金斯（Nancy Huggins）結婚。南西原籍帕薩迪納，是他妹妹瑪麗的好友。他們先後住在阿爾布開克和聖安東尼奧（San Antonio），直到一九四六年蒙格從空軍退役。蒙格和南西婚後不久便生下第一個孩子泰迪（Teddy）。

就讀哈佛法學院

雖然在幾個大學念過書，但蒙格仍然沒有學士學位。儘管如此，他後來利用〈美國退伍軍人權利法案〉（GI Bill），申請上了哈佛法學院，他父親也是該校校友。蒙格沒有本科學位，原本申請不上，但哈佛法學院的前院長羅斯克．龐德（Roscoe Pound）[3]是他家的世交，親自為蒙格說情，才讓蒙格錄取，不過他得先修完本科的課程。

結果，蒙格很輕鬆地完成哈佛學業，儘管在此期間得罪了少數幾個人。因為聰明過人（軍隊測試結果他的智商極高），蒙格的行事往往出人意表，卻常被視為唐突魯莽。事實上，蒙格只是有點毛糙，也不太喜歡在教室裡跟同學玩笑嬉鬧。儘管如此，他還是受到大多數同儕的喜愛，也完全享受哈佛豐富多彩的學生生活。

一九四八年，蒙格從哈佛法學院畢業，同屆學生有三百三十五人，他是前十二名優秀畢業生之一。他原本想加入父親的律師事務所，但和父親商量後，兩人都認為蒙格應

3 羅斯克．龐德
Roscoe Pound, 1870 -1964
美國著名法學家，曾任哈佛大學法學院院長。

該去大城市發展。於是他去了南加州，當年還是加州理工的學生時，他就喜歡這個地方。通過加州的律師考試後，他進入萊特&嘉雷特（Wright & Garrett）律師事務所。蒙格在南帕薩迪納修建一座房子，房子由他的建築師姨父史托特（Frederick Stott）設計；他、南西和三個孩子：泰迪、莫莉（Molly）和溫蒂（Wendy），就住在那座房子裡。

外表雖然風光，但蒙格的世界並非陽光普照。他的婚姻觸礁，最終在一九五三年離了婚。不久，他深愛的兒子泰迪罹患致命的白血病，這對二十九歲的蒙格而言是難以承受的打擊。當年還沒有骨髓移植手術，白血病是無法治癒的。有個朋友記得，那時蒙格會到醫院探望垂死的兒子，然後痛哭著走在帕薩迪納的街頭。

在這段傷心的日子裡，他的好友兼律師事務所合夥人羅伊・托爾斯（Roy Tolles）透過朋友牽線，安排蒙格和住在洛杉磯的南西・博斯韋克（Nancy Barry Borthwick）見面。她畢業自史丹佛，離了婚並有一對兒子，年齡和他的兩個女兒相仿。蒙格和南西有很多共同的愛好並相處愉快，在幾個月的約會後，他們訂了婚，並在一九五六年舉辦小型家庭婚禮。

蒙格和南西在位於洛杉磯西部山丘上的房子住了好幾年，後來搬到漢考克（Hancock）公園附近，直到今天還住在那裡。他們修建的這間房子很大，足以容納這個人數不斷增加的家庭：他們又生了三個兒子和一個女兒，總共擁有八名子女。幸運的是，他們兩人都喜歡孩子！他們還喜歡高爾夫、海灘和社交俱樂部。

由於責任更重了，蒙格在律師事務所賣命工作。即使這樣，他的收入仍然不能令他滿意，因為律師的收入是按小時收費，而且跟年資有關，但他想要賺得比資深律師更多。蒙格想要像大資本家客戶一樣，尤其是哈威・馬德（Harvey Mudd）——他後來創辦了以自己的名字命名的大學。在南西的支持下，蒙格進行了業外投資，尋求別的賺錢管道。然而，他並沒有忘記祖父教導的鐵律：專注於眼前的任務，控制支出。

用這種穩紮穩打的方法，蒙格抓住許多發財致富的機會。他開始投資股市，並取得一位客戶的電器公司股權；這種做法在一九五〇年代中期到一九六〇年代的美國律師界很盛行。這項投資對雙方都有利：蒙格獲得寶貴的經商知識，而他的客戶則享受到一位知識豐富律師的高見。

一九六一年，蒙格第一次涉足房地產，投資夥伴是客戶兼朋友奧提斯・布斯（Otis Booth）。他們在加州理工附近蓋公寓，投資非常成功，兩人投入十萬美元，最後賺到三十萬美元。兩人接著在帕薩迪納又成功開發另一個案子，蒙格後來還在加州阿罕布拉市也做了一些類似投資。在不斷談判和簽約的過程中，他的商業觸覺變得更加敏銳了。把賺到的錢再用於房地產開發，這樣一來，投資的開發案變得愈來愈大。到一九六四年他收手時，光是房地產就賺進一百四十萬美元。

一九六二年二月，他和四個同事合夥成立了新的律師事務所。多年以來，這個事務所改了幾次名字，最終變成了蒙格、托爾斯&奧爾森（Munger, Tolles & Olson），簡稱「蒙格托爾斯」或者「MTO」。

對於當年的蒙格來說，在律師界的成功只是事業的起點，而非最終目標。在創辦新

1956年1月27日，查理和南西・博斯韋克結婚。

巴菲特的小夥子。

事務所的同時，他也在仔細思考退出這一行的計畫。蒙格和傑克・惠勒（Jack Wheeler）合夥開了一家投資公司，後來艾爾・馬歇爾（Al Marshall）也加入。蒙格有開投資公司的想法，是因幾年前蒙格父親去世，蒙格返回奧馬哈料理後事，為了歡迎蒙格回家，蒙格的朋友艾德・戴維斯醫生的子女們安排了一個晚宴。出席晚宴者中，有一個叫作華倫・巴菲特的小夥子。

與巴菲特結識

蒙格認識巴菲特的家人，因為早年曾在巴菲特父子商店工作過；巴菲特也聽說過蒙格，那是幾年前他在奧馬哈募資的時候。有一次，巴菲特遇到戴維斯醫生和他的太太桃樂西，向他們解釋自己的投資哲學，他們同意把畢生積蓄的很大一部分——十萬美元交給巴菲特。為什麼呢？醫生解釋說巴菲特讓他想起了查理・蒙格。巴菲特並不認識蒙格，但至少已經有了一個喜歡他的理由。

在這次返鄉晚宴上，蒙格和巴菲特發現他們有很多相同的想法。餐桌上其他人也明顯看出這將會是一次惺惺相惜的交談。當時華倫二十九歲，蒙格三十五歲，那天晚上，兩位年輕人相談甚歡，他們無所不談，話題從商業、金融到歷史。如果其中一方在某個方面的知識比較豐富，另外一方就會很興奮地洗耳恭聽。

巴菲特對蒙格的律師職業不以為然。他認為蒙格固然可以把當律師當作一種愛好，可是當律師賺的錢沒有巴菲特正在做的事情多。巴菲特的邏輯幫助蒙格在經濟條件許可時，第一時間放棄了律師生涯。

蒙格返回洛杉磯後，他們透過電話和長信繼續交往，有時往返的信長達九頁。他們都明白兩個人注定要一起做事業。他們之間不存在正式的合夥關係或契約關係，這種關係是在兩個相互理解、相互信賴的中西部人的一次握手和擁抱中，創造出來的。

他們的夥伴關係帶來了許多好處：友誼、投資機會，以及那種理解彼此的思想和言語的獨特能力。後來，他們各自領導的兩家機構也開始互利互惠。巴菲特投資或者收購企業時，會請蒙格托爾斯律師事務所當法律顧問，能隨時享有全國頂尖的法律服務，這給他帶來了很多收益。與此同時，蒙格托爾斯除了獲得巴菲特的顧問費外，也有其他收穫，因為巴菲特的聲譽給律師事務所帶來更多的高端客戶。

但蒙格托爾斯律師事務所並非唯利是圖，這點反映了蒙格個人的生活原則，該所低調地為洛杉磯地區的窮人和弱勢群體提供大量的法律援助服務。時至今日，蒙格對該所的律師仍有影響，他總是提醒他們：「別只看到錢」和「選擇你願意與他交朋友的客戶」。雖然蒙格早在一九六五年就離開這個律師事務所，只在那裡做了三年，但他對該公司的影響仍然是不可磨滅的，這可以從下面這點看出來：他的名字依舊排在該所一百七十五名律師的前列。離開的時候，蒙格並沒有拿走在該公司的股本。相反地，他主動將股份撥給年輕合夥人弗雷德．瓦爾德（Fred Warder）——他死於癌症，留下妻子和幾個子女。

蒙格追求財務獨立的計畫很快獲得成功。他和傑克．惠勒合夥創立惠勒蒙格公司，

華倫・巴菲特：蒙格是獨一無二的

你是在什麼時候、什麼地方第一次見到查理・蒙格？你們怎麼會認識？

嗯，我最早遇到查理，是在一九五九年，當時戴維斯家的人介紹我認識他。戴維斯醫生從前總是說我很像查理，我想知道那到底是恭維還是侮辱。所以，當一九五九年查理返回奧馬哈的時候，戴維斯家的人安排我們吃晚飯；實際上，我想當時應該在一個小包廂裡，就我們兩個和戴維斯家的幾位。那天夜裡某個時刻，當查理為自己講的笑話而笑得前仰後合時，我知道我遇到氣味相投的人了。

你對他的第一印象是什麼？

我的第一印象是，我遇到了某個和我有很多相同之處的人。我也經常為自己講的笑話而笑得前仰後合，也喜歡掌控對話的主動權。那天晚上，查理在這方面做得比我成功一點，但我從他那裡學到很多東西。

那很好啊。喏，現在要提大問題啦，他成功的秘密是什麼？

嗯，有一次，有位迷人的女士坐在查理身邊，問是什麼因素使他成功，而且不幸的是，這位女士非要查理用一個辭彙來回答。他當時準備了一篇幾個小時的長篇大論。但是女士強迫他用一個詞來概括，於是他說他很「理性」。你知道的，他天生就是很理性的人，並運用在事業上。在其他方面，他倒不是一直都很理性，但在生意場上絕對是，那讓他獲得巨大的商業成就。

你認為還有哪些特質讓他這樣成功？

事實上，我認為他那些特質真的來自他十分敬佩的班傑明．富蘭克林。我是說，他為人誠實正直，他做的總是比分內事要多，而且從來不抱怨其他人做了什麼。我們合夥了四十年，他從來不對我做的事情放馬後砲。我們從來沒有發生過爭執。有時我們會有歧見，但他是個完美的合夥人。

你覺得他最異乎尋常的特點是哪些？

要我說的話，查理的一切都是異乎尋常的。我花了四十年在他身上找尋常的東西，現在還沒找到呢。查理照著他自己的樂曲行進，但那真是沒有人聽過的樂曲。所以，我想說的是，我想不出有誰可以和查理歸為一類，他是獨一無二的。

最後一個問題，你認為南西對他的生活帶來什麼影響？

我必須指出，查理並不需要任何人來影響他，儘管如此，南西還是做得很好。如果我是婚姻介紹所的人，我可不願意查理成為我的客戶。

每年波克夏股東大會上，總能看到蒙格（右）和巴菲特（左）並肩而坐。

班傑明．富蘭克林的職業生涯橫跨政府、商業、金融業和工業多個部門；每當公開發表演講或找到聽眾的時候，不管何時也無論聽眾多少，蒙格總是流露出對他的仰慕。在喜詩糖果公司（See's Candy）七十五週年慶上，蒙格說：「我本人是傳記愛好者。我認為當你試圖讓人們學到有用的偉大概念時，將這些概念和提出概念的偉人的生活和個性連結起來，會比較有效。我想你要是能夠和亞當．斯密[4]交朋友，那你的經濟學肯定可以學得更好。和『已逝的偉人』交朋友，這聽起來很好玩，但如果確實在生活中與有傑出思想的已逝偉人成為朋友，我認為你會過上更好的生活，得到更好的教育。這種方法比簡單提出一些基本概念好得多。」

富蘭克林用他創造的財富達到財務獨立的目標，所以能夠專注於社會改善工作。蒙格仰慕這位精神導師的風範，努力效仿富蘭克林。他長年參與管理瑪麗亞（Good Samaritan）醫院和哈佛西湖（Harvard-Westlake）學校，這兩家機構都在洛杉磯，他都曾擔任董事長。多年來，蒙格和南西一直資助史丹佛大學、杭廷頓圖書館，以及聖瑪利諾市的藝術收藏中心和植物園。他們最近捐建了杭廷頓圖書館的一座大樓，命名蒙格研究中心。雖然蒙格自稱是保守的共和黨人，但卻大力提倡計畫生育；他認為女性只有熱愛孩子才能生育。他還資助各種旨在改善教育環境和品質的活動。身為八個孩子的父親和十六個孫輩的祖父，蒙格認為他的財富應該用於幫助子孫繼承一個更美好的世界。

聰明絕頂的查理．蒙格，如今仍是他最好的朋友華倫．巴菲特最無價的合夥人，也仍是廣闊的商業世界的導師。他們聯手創建了史上最成功和廣受尊敬的公司之一。

查理論合夥人

合夥人最好能夠獨立工作。你可以做指揮型的合夥人、服從型的合夥人，或者總是平等合作的合夥人。我三種都當過。

人們無法相信我突然變成華倫的服從型合夥人，但有些人你是可以做他的服從型合夥人的。我並沒有妄自尊大，對此無法接受。總是會有人在某些方面比你優秀，你必須先成為下屬，然後才能成為領導。人們應該學會扮演各種角色。

4 **亞當．斯密**
Adam Smith, 1723-1790
蘇格蘭人。他最重要的著作《國富論》（The Wealth of Nations）是當代經濟學思想的源泉、古典經濟學的基礎。

華倫談「查理船長」

「華倫，你說查理為什麼要造這艘巨大的遊艇啊？」

「嗯，整個航海界一直都有這個疑問，其實，我們兩人知道答案。瑞克・葛蘭（Rick Guerin）和我曾經在明尼蘇達遇到一件事，當時風和日麗，湖面上波平如鏡，查理在沒有任何外力的「幫助」下，硬是把一艘船弄沉了。當瑞克和我就要第三次沉到水裡的時候，我們大聲對查理說，下次他應該搞一艘比較穩定的船。我們認為，有了這艘甲板面積達三千四百平方呎的海峽貓號（Channel Cat）遊艇，查理終於找到一艘能夠駕駛、並且不容易只憑他一個人就能弄沉的船。」

瑞克・葛蘭補充說：「第一次從水底冒出來，我發現正好和華倫面對面。他的眼睛變得像碟子那麼大。把他救起來之後，我才意識到錯過一個大好機會，你應該在救某人之前和他談報酬，而不是把他救起來之後再談。誰知道呢，我當時要是頭腦清醒一點，現在說不定，只是說不定啦，已經是波克夏的董事長啦。順便說一聲，我管查理那艘遊艇叫『蒙格的蠢事』（Munger's Folly）。那是查理所做唯一完全非理性的事情。」

查理的結語是：「設計和建造那艘船是很好玩的事，怎麼就非理性啦？」

那麼大的一艘海峽貓號，
蒙格竟曾經把它弄沉了。

朋友們如是說：查理聰明、好奇、專注……而且有點心不在焉。

富蘭克林曾經說過：天父並不需要我們的崇拜或讚美，因為祂的偉大在我們的讚美之上，除此之外，我想不出別的理由。我想這句話也適用於查理，不管誰在這本書中給他讚美，他仍是最善於自嘲和最欣賞自己笑話的人。

認識查理前，華倫告訴我，查理是他生意場上的最佳拍檔。他還警告我，跟查理說話的時候，別指望能插上嘴，因為在雞尾酒會上，查理連喝酒的空檔也會舉起手來，阻止別人開始說話。

華倫還警告我，如果要找一個船長，查理可能不是最佳人選。華倫講了一個故事：查理曾將船舵打急轉彎，然後全速倒退，在波平如鏡、沒有其他船隻的湖面上，硬是把船給弄沉了。

查理超越了華倫給我的超高期望。他確實是我遇過最淵博的思想家。從經商原則到經濟規律，從學生宿舍的規畫到遊艇的設計，他都沒有對手。

我們最值得紀念的一次通信，談的是股票選擇權及其對商業的扭曲；最長的一封信詳細討論了裸鼴鼠[5]的擇偶習慣以及對人類的啟示。

查理擁有用簡單的話抓住要點的本領：討論後代的智力時，他說就像買

比爾・蓋茲

「基因彩票」；提到為股票選擇權辯護的創投家時，譏諷他們「比在妓院彈鋼琴的人都不如」；談起成本加成契約[6]影響效率時，他喜歡說「就算蠢驢也知道要慢下來」。

——比爾．蓋茲（Bill Gates），微軟創辦人

我曾經和查理去紐約市參加所羅門兄弟公司的董事會。我們走出該公司的大樓，站在人行道上，討論早先會談的結果。我以為我們是在交談，突然間，才發現在自說自話。我四處張望，只見查理正爬上一輛計程車，直接去機場了。沒有道別，什麼也沒有。

人們以為讓查理看不到某些事情的是他的眼睛（查理多年前做白內障手術後失去一眼視力），但其實不是眼睛，而是腦袋！查理曾經把車停在十字路口，跟我討論一個複雜問題，紅綠燈都變了三次，許多車在我們後面按喇叭，而查理只顧說個不停。

——華倫．巴菲特，波克夏董事長

跟查理「交談」時其實只是他在說話。我應該隨身帶本詞典，查閱他話中那些我不認識的詞。他太聰明啦，跟我父親一樣，是個聰明絕頂的人。從前有人引用我的話（當然是斷章取義了），說我父親是我認識的人裡面第二聰明的，最聰明的是查理。為了家庭和諧，這樣的報導我就不予置評啦。

——霍華德．巴菲特（Howard Buffett），巴菲特之子

5 **裸鼴鼠**

Naked mole rats

或稱裸鼠或裸鼴鼠，無毛、齧齒，皮膚皺褶，身長三至四吋，為群居性哺乳動物，社會結構類似蜂類。據研究是一種不會得癌症的動物，壽命可長達二十八年。

6 **成本加成契約**

Cost-plus contract

合約總價為直接人工及材料成本，再加上某比例的管理費用，適用於需求不明確、高風險或研發性質的合約。

查理知道如何全神貫注鑽研一個問題而不受外界干擾。就算有人走進房間，拍拍他的背，端上一杯咖啡，查理也不會察覺，因為他那過人的聰明才智全都被占用了。——格林・米契爾（Glen Mitchel），一九五七年以來的朋友

當查理陷入沉思時，往往會對周遭一切視若無睹，甚至忽略社交禮儀。有一次我們跟森費德（CenFed）金融集團談判，請他們接管我們的儲蓄和貸款業務，查理和我與森費德總裁泰德・勞瑞（Tad Lowrey）洽談很成功，查理一旦用心就很有魅力，雙方對談判結果都非常滿意。

泰德送我們進電梯，我們剛走到電梯口，門就開了，查理直接走進去，沒有道別，沒有握手，什麼也沒有。留下泰德和我站在外面，微笑著，一句話也說不出來。——鮑伯・柏德（Bob Bird），威斯科總裁，一九六九年以來的朋友

說到好奇和專注，如果查理對某樣東西感興趣，就會真的用心鑽研。他在我們的事務所發表過三次演講，說的是他在廣泛的閱讀中遇到的「已逝的偉人」：牛頓[6]、愛因斯坦和西門・馬克斯（Simon Marks）[7]。我印象特別深刻的是他在有關西門・馬克斯的演講中，那句畫龍點睛的評語：「找出你最擅長的事情，然後持之以恆、樂此不疲地去把它做好。」當然，這也是查理一貫的生活態度。

《富比世》四百富豪榜介紹蒙格

查理・蒙格／十六億美元／投資業／洛杉磯／八十歲／離異，再婚；育有八名子女

與合夥人華倫・巴菲特相比，他得到的讚美沒那麼多，財富更是少得多，但仍是波克夏的重要人物。自一九七八年以來擔任該公司的副董事長，擅長複雜的投資分析。一九五九年與巴菲特相識，隨後開始投資波克夏。其他投資包括：持有好市多公司（Costco，零售業）、每日快訊（Daily Journal）和傳家地產（Price Legacy）的表決權股。熱中教育事業，曾捐贈帕薩迪納市杭廷頓圖書館的新樓；哈佛西湖學校的校董。

二〇〇四年十月十一日

——迪克．艾斯本沙德（Dick Esbenshade），一九五六年以來的朋友兼同事

八年前，查理同意在洛杉磯的加利福尼亞俱樂部和我共進午餐，因而有幸認識他。我的目的是說服他加入好市多，成為我們的董事。剛見面時，查理說他非常喜歡在好市多購物，我一下子就喜歡他了；我們的對話不斷被干擾——當天去吃飯的還有另外五百個人，每個人都想跟查理寒暄幾句，而查理幾乎能叫出他們每一位的名字。儘管如此，我們還是聊得非常愉快。查理首先敏銳地指出好市多的會員制非常有價值。當然，後來我聽說查理以節儉聞名，而省錢正是好市多吸引顧客之處。但最重要的是，我更清楚認識到查理的直率，和根植於常識的敏銳商業嗅覺。

後來查理打電話給我，同意擔任董事，還自稱耄耋（septuagenarian）老人。他居然會跟從事倉儲業的人說起這麼優雅的辭彙；他覺得我聽得懂，這讓我的虛榮心得到很大的滿足。自那以後，他盡到了董事的責任和義務。他的洞見、質詢和支持，改善了好市多的管理和營運。

此外，我們還能夠常常學到蒙格的智慧——我們真是幸運啊！

——詹姆士．辛尼格（James Sinegal），好市多董事長暨執行長

6 **埃薩克．牛頓**

Isaac Newton,1642-1727

英國數學及物理學家，在普通數學、代數、幾何學、微積分、光學和天體力學方面發現了無數的定理。最著名的發現是地心引力。

7 **西蒙．馬克斯**

Simon Marks,1888-1964

出生在英國里茲，父母是波蘭移民，自幼在他父親的零售店瑪莎百貨中長大。高中畢業後加入家族企業。二十八歲被任命為董事長，領導瑪莎百貨進行銷售革新。除了獻身公司，他還致力於猶太復國運動。

詹姆士．辛尼格

2
蒙格主義

蒙格的生活、學習和決策方法

惠特尼·提爾森等　撰

我們的經驗往往驗證一個長久以來的觀念：
只要做好準備，在人生中抓住幾個機會，迅速採取適當的行動，
去做簡單而合乎邏輯的事，這輩子就能得到很大的財富。
但這種機會很少，通常屬於不斷尋找和等待、
充滿求知欲望、而又熱中分析各種不同變數的人。
一旦機會來臨，如果勝算很高，
那麼利用過去的謹慎和耐心得來的資源，
重重押注下去就對了。

——查理．蒙格

凡事往簡單處想，往認真處行。—— 查理・蒙格

雖然主要是靠自學，班傑明．富蘭克林在新聞、出版、印刷、慈善、公共服務、科學、外交和發明等不同領域，都取得驚人成功。富蘭克林的成功很大程度要歸功於他的性格，特別是他勤奮工作的衝勁、永不滿足的求知欲和從容不迫的風範。除此之外，他頭腦聰明，樂於接受新事物，所以每當他選擇新的領域鑽研下去，很快就能融會貫通。蒙格也是靠自學成材，擁有許多和富蘭克林一樣的特質，難怪蒙格會把富蘭克林視為最大偶像。就和富蘭克林一樣，蒙格也是一個未雨綢繆、有耐性、有紀律且公正客觀的超級大師。他充分利用這些特質，在個人生活和事業上，尤其在投資領域都有極大成就。

對蒙格來說，成功的投資只是他對於人生小心謀畫、專注行事的副產品。巴菲特曾說：「查理能夠比任何活著的人更快、更準確地分析任何一種交易，他能在六十秒內找出令人信服的弱點。他是一個完美的合夥人。」巴菲特為什麼會給他這麼高的評價呢？答案就在蒙格獨創的生活、學習和決策方法，也是本章的主題。

本章正式開始之前，請允許我們做點簡單的介紹：考慮到蒙格的方法十分複雜，接下來的內容不是在教讀者「怎麼做」，而是概述「他看起來是怎麼做的」。本文目標是呈現蒙格主義的基本輪廓，介紹蒙格在投資時運用的思維過程及投資重點原則，讓讀者能夠更容易理解本書各篇章中的大量細節。

一、多元思維模型

你必須知道重要學科的重要理論，並經常使用——要全部都用上，不是只用幾種。大多數人都只使用受過專業訓練的某個學科，比如說經濟學的思維模型，試圖用一種方法來解決所有問題。你知道諺語是怎麼說的：「在手裡拿著鐵錘的人眼中，世界就像一根釘子。」這是處理問題的笨方法。

蒙格的投資方法，和多數投資人所用較為簡陋的系統完全不同。蒙格不會對一家公司的財務資訊進行膚淺的單獨評估，而是**對他想投資的公司內部經營狀況，及其所處的整體「生態系統」**（ecosystem）**做全面的分析**。他稱這種評估工具為「多元思維模型」。在後面幾篇演講稿（尤其是第二、三、四講）中，他詳細討論了這些模型，這是一個蒐集和處理資訊、並依照資訊行動的框架。這些模型借用並完美糅合許多來自各個傳統領域的分析工具、方法和公式，這些領域包括歷史、心理、生理、數學、工程、生物、物理、化學、統計、經濟學等。蒙格採用「生態系統」投資分析法有個無懈可擊的理由：幾乎每個系統都受到多種因素影響，所以若要理解這樣的系統，就必須熟練運用來自不同學科的多元模型。正如約翰．繆爾[1]談到自然界萬物相關的現象時所說的：「如果我們試圖理解一樣看似獨立存在的東西，我們將會發現它和宇宙間的其他一切都有

1 約翰．繆爾 John Muir, 1838 - 1914 蘇格蘭出生的美國博物學家、作家，早期曾倡導荒野地的保護。

聯繫。」

蒙格試圖找出與每個投資項目相關的宇宙，他的方法是：牢牢掌握可能投資標的內部及外部環境相關的全部（至少大部分）因素。只要正確蒐集和組織，他的多元思維模型（據他估計，大概有一百種）便能提供一個背景或框架（latticework），使他具有看清生活本質和目標的非凡洞察力。本文將指出，他的模型所提供的分析架構，能把複雜的投資問題，簡化成清楚的基本要素。這些模型中最重要的包括工程學的備援系統、數學的複利模型、物理學和化學的臨界點／傾斜矩／自動催化模型、生物學的現代達爾文綜合模型，以及心理學的認知誤判模型。

這種全面的分析法，讓人更能理解和投資標的相關的各種因素，是如何相互影響、相互關聯的。有時候，這當中會產生「漣漪效應」或「溢出效應」。當這些因素串聯起來，也可能創造出或好或壞的巨大「魯拉帕路薩（lollapalooza）效應」。運用這個框架，蒙格得到與大多數投資人不同的分析方法。這個方法正視「投資問題非常複雜」的事實，他孜孜矻矻地對投資進行科學式探討，做充分的準備和全面的研究，而不是傳統的「調查」。

蒙格在投資時採用的「重要學科的重要理論」方法，在商業世界絕對是獨一無二的，因為這種方法是他原創的。蒙格找不到現成的方法來解決這個問題，所以他費勁地自學且自創這個系統。說他「自學」並非誇大其辭，他曾經說：「直到今天，我從來沒在任何地方上過任何化學、經濟學、心理學或者商學課程。」然而這些學科，特別是心理學，卻成了他思想系統立足的基礎。

正是這種透過驚人的才智、耐心和數十年經驗支撐起來的獨門方法，使蒙格成為備受巴菲特倚重的商業模式識別大師。他就像棋藝大師，透過邏輯、本能和直覺決定最具前景的投資棋局，同時又給人一種幻覺，似乎他的洞察力是與生俱來的，但其實不是：這種「簡單」來自於一段漫長求知之旅的終點，而非起點。他獨到的眼光得來不易，是他畢生鑽研人類行為模式、商業系統和許多其他領域的產物。

蒙格認為準備、耐心、紀律和客觀是最基本的指導原則。儘管許多人都認為「做人要懂得隨機應變」，但不管周圍的人怎麼想，不管自己的情緒有什麼波動，蒙格永不背離這些原則。若能堅守這些原則，便能體現蒙格最著名的特質之一：不要頻繁買賣。和巴菲特一樣，蒙格認為，只要幾次決定便能造就成功的投資生涯。所以當蒙格喜歡一家企業，他會下非常大的賭注，而且通常會長時間持有該公司股票，蒙格稱之為**「坐等投資法」**（sit on your ass investing），並指出這種方法的好處：「你付給交易員的費用更少，聽到的廢話也更少，如果這種方法生效，稅務系統每年會給你百分之一、二或三的額外回報。」在他看來，只要購買三家公司的股票就夠了。所以，蒙格願意將高比例的資金壓寶在少數機會。華爾街有哪家機構、哪個理財顧問或者哪個基金經理人敢做出這樣的宣言！

既然蒙格成就斐然，且受巴菲特大力肯定，為什麼其他人並不採用他的投資方法呢？也許答案是這樣的：對大多數人來說，蒙格的跨學科方法真的太難了。此外，很少

思維模型的複式框架

長久以來，我堅信存在某個系統——幾乎所有聰明人都能掌握的系統，它比絕大多數人用的系統管用。你需要的是在頭腦裡形成一種思維模型的複式框架。有了那個系統之後，就能逐漸提高對事物的認知。

然而，我這種特殊的方法似乎很少得到認可，甚至對非常有才能的人來說也是如此。人們要是覺得一件事情「太難」，往往就會放棄去做。

——蒙格

LOLLAPALOOZA EFFECT 魯拉帕路薩效應

——蒙格對「各種因素間相互強化、並將彼此極大化」的現象，所發明的新片語

最重要的是牢牢記住，這一百種模型往往能夠帶來特別強大的力量。當幾個模型串聯起來，就能得到魯拉帕路薩效應：指的是兩種、三種或四種力量共同作用於同一方向。你得到的通常不僅僅是幾種力量之和，如同物理學中的臨界質量（critical mass），當你達到一定程度質量，就能引發核爆——如果沒有達到那種質量，則什麼也不會發生。有時各種力量只是單純相加，有時會在臨界點或臨界質量的基礎上串聯起來。

更常見的情況是，這一百種模型帶來的各種力量，在某種程度上是互相衝突的，所以你將會面臨魚與熊掌不可兼得的情況。但如果不明白有捨才有得的道理，你就太傻了。對於需要高級思維的活動，你這種頭腦不清，對旁人而言就變成了一種風險。你必須辨識出這些事情之間的關係，必須意識到生物學家朱利安·赫胥黎（Julian Huxley）那句話是千真萬確的：「生命無非就是一個接一個的關聯（Life is just one damn relatedness after another.）。」所以你必須擁有各種模型，必須弄清楚各種相互關係以及其間的效應。

——《傑出投資者文摘》（*Outstanding Investor Digest*），一九九七年十二月二十九日

打破舊思維

蒙格有一種異常罕見的特質——願意、甚至渴望去證實和承認自己的錯誤，並從中汲取教訓。他曾說：「如果波克夏取得了不錯的發展，那主要是因為巴菲特和我非常善於打破自己最愛的觀念。哪一年你不曾打破一個你最愛的觀念，那你這一年就白過了。」

蒙格喜歡把人們的觀念和方法比喻為「工具」。「如果有了更好的工具，那還有什麼比用它來取代較為沒用的舊工具更好的呢？巴菲特和我常常這麼做，但大多數人卻像高伯瑞（Galbraith）所說的，永遠捨不得舊工具。」

投資者能夠做到像蒙格那樣，寧願顯得愚蠢，也不願像牛群般盲從。蒙格堅持不偏不倚的客觀態度，讓他能冷靜逆流而上，如果必要的話，沒有期限。一般投資人很少有這種特質。儘管這種行為往往會顯得固執或反骨，但蒙格的為人絕不是這樣。蒙格只是相信自己的判斷，即使與大多數人的看法相左。很少有人看出蒙格這種「孤狼」性格是他在投資界取得優異成就的原因。其實，特質主要來自天性，一個人如果沒有這種特質，就算再怎麼努力、聰明，閱歷再豐富，也未必能成為偉大的投資家。我們在本書其他篇章中將會看到，先天特質也是蒙格成功的決定因素之一。

在二〇〇四年波克夏股東年會上，有位年輕股東問巴菲特人生怎樣才能成功。巴菲特分享他的想法後，蒙格接著說：「別吸毒，別亂穿越馬路，別染上愛滋。」許多人以為這個貌似調侃的回答只是一句玩笑話（這句話確實很幽默），但其實它如實反映了蒙格在生活中避免麻煩的普世智慧，和他在投資中避免失誤的特殊方法。

蒙格通常會先注意應該避免什麼，也就是說，先弄清楚應該「別做什麼事」，然後才會考慮接下來要「採取的行動」。「我只想知道我將來會死在什麼地方，這樣我就可以永遠不去那裡。」這是蒙格最喜歡的妙語之一。無論是在生活中，還是在商場上，蒙格避開了「棋盤」上無益的部分，把更多時間和精力用在有利可圖的區域，從而獲得巨大財富。蒙格努力將各種複雜情況簡化為最基本、最客觀的因素。然而，在追求理性和簡約時，蒙格也小心翼翼避免他所謂的「物理學崇拜」（physics envy），就是人類那種喜歡將非常複雜的系統（比如經濟學）簡化為幾道牛頓公式的傾向。他堅定擁護愛因斯

接受複雜的現實

事情恐怕就是這樣的。假如有二十種相互影響的因素，那麼你必須學會處理這種錯綜複雜的關係——因為世界就是這樣的。如果你能像達爾文（C. Darwin）那樣，帶著好奇的毅力，循序漸進去做，就不會覺得這是艱巨的任務。你將會驚訝地發現自己完全能夠勝任。

——蒙格

坦的告誡：「科學理論應該盡可能簡單，但不能過於簡單。」或者用蒙格自己的話說：「我最反對的是過於自信、過於有把握地認為，你清楚自己某次行動是利大於弊的。你要應付的是高度複雜的系統，在其中，任何事物都跟其他因素相互影響。」

另外一個班傑明——是葛拉漢，不是富蘭克林，也對蒙格投資觀念的形成產生重要影響。葛拉漢的《智慧型股票投資人》（*The Intelligent Investor*）中最有影響力的觀念之一是「市場先生」。在一般情況下，市場先生是脾氣溫和、頭腦理智的傢伙，但有時候會受到非理性的恐懼或貪婪驅使。葛拉漢提醒投資者，對於股票的價值，要親自做出客觀判斷，不能依賴金融市場常見的狂躁抑鬱行為。同樣地，蒙格認為即使是最有能力、最有幹勁的人，他們的決定也並不總是基於理性。因此，他把人類做出錯誤判斷的某些心理因素，當作應用於判斷投資機會最重要的思維模型：

「從個人的角度來講，我已經養成使用一種雙軌分析的習慣。首先，理性地看，哪些因素真正控制了利益？其次，當大腦處於潛意識狀態時，有哪些潛意識因素，會使大腦自動形成看似有用但往往失靈的結論？前者用理性分析法，就是你在打橋牌時所用的方法，辨認真正的利益，找對真正的機會等等。後者是評估那些錯誤地造成潛意識結論的心理因素。」（請參考本書第三章第十一講，蒙格用心理學的思維模型闡明了人類做出錯誤判斷的二十五種心理。）

顯然，前述各種方法都不可能在大學課堂或華爾街學到，這是蒙格為了滿足自己獨特的要求而創造出來的。如果要為此命名，那應該是這樣的：迅速殲滅不該做的事情，

葛拉漢的影響

班傑明·葛拉漢（Benjamin Graham, 1894-1976）生於倫敦，成長於紐約。有「證券分析之父」美譽，對投資市場影響深遠。

短期而言，市場是一台投票機，但長期而言，市場是一台體重機。

最成功的投資必定是最像生意的投資。

投資者買股票應該像購買日用品，而不是像買香水。——葛拉漢

讓你惹上麻煩的不是壞點子，而是好點子。你也許會說：不可能，那是自相矛盾。葛拉漢想說的是，如果一件事情是壞點子，你不會做過頭；但如果是個好點子，蘊含著重要的真理，那你就沒辦法忽略了，然後就很容易做

紀律和耐心——泰德．威廉的七十七格擊球區

有性格的人才能拿著現金坐在那裡什麼也不做。我能有今天，靠的是不去追逐平庸的機會。——蒙格

在進行投資時，我向來認為，當你看到某樣真正喜歡的東西時，必須依照紀律去行動。為了解釋這種哲學，巴菲特或蒙格喜歡用棒球來打比方，我覺得特別受啟發，雖然我本人根本不算棒球專家。泰德．威廉（Ted William）是過去七十年來唯一在一個賽季打出〇．四〇〇打擊率的棒球選手。在《擊球的科學》（*Science of Hitting*）中，他闡述了他的技巧，把打擊區劃分為七十七個棒球那麼大的格子。只有當球落在「最佳」格子時才會揮棒（即使有可能因此遭三振），因為揮棒去打那些「最差」格子的球，會大大降低打擊率。

做為股票投資人，可以一直觀察各公司的股價，把它們當成一些格子。大多數時候，什麼也不用做，只要看著就好了。每隔一段時間，你將會發現一個速度很慢、路線又直、而且正好落在你最愛的格子中間的「好球」，那麼就全力出擊。這樣一來，不管天分如何，都能大大提高安打率。許多投資人的共同問題是揮棒太過頻繁，無論是個人投資者，還是受機構行為鐵律所驅使的專業投資者，都有這種傾向；這種機構行為鐵律也是讓我放棄長／短期對沖基金的原因。然而，當你發現一記「好球」，卻無法用全部資金打擊出去，長期下來，結果也將和頻頻揮棒一樣糟糕。

——李彔

過頭。所以，一旦做過頭，那些好點子就變成讓你遭受可怕後果的好方法。

——蒙格

菲利浦．費雪

葛拉漢通常投資價格低廉的「菸屁股」，菲利浦．費雪（Philip Fisher, 1907-2004）則偏好購買能夠「成長、成長再成長」的高品質企業股，著有《非常潛力股》（*Common Stocks and Uncommon Profits*）。

如果某個吸引我的人同意我的觀點，我就會很高興，所以我對菲利浦．費雪有很多美好的回憶。

——蒙格

接著對該做的事情發起熟練的、跨領域的攻擊，然後，當合適的機會來臨——且只有在合適的機會來臨時，就採取果斷行動。努力去培養和堅持這種方法，值得嗎？蒙格是這麼想的：「如果你把自己訓練得更加客觀，擁有更多領域的知識，那麼你坐在這裡思考，就能超越比你聰明的人，我覺得這是很好玩的。何況還能因此賺到很多錢，我本人就是活生生的證據。」

二、「能力圈」理論

> 蒙格小心翼翼畫出他的「能力圈」，把投資領域局限在「簡單而且可理解的備選項目」之內：「關於投資，我們有三個選項：可以投資；不能投資；太難理解。」

蒙格投資的項目並不多，也許ＩＢＭ的創辦人湯瑪士・華生（Thomas Watson）的話最能概括蒙格的方法。華生說：「我不是天才。我有幾點小聰明，只不過就留在這幾點裡面。」蒙格最清楚他的「點」，他小心翼翼畫出他的「能力圈」（circles of competence）。為了留在這些圈子裡，他首先進行基本而全面的篩選，把投資領域局限在「簡單而可理解的備選項目」內。正如他所說的：「關於投資，我們有三個選項：可以投資；不能投資；太難理解。」為了確定「可以投資」的潛在項目，蒙格先選定一個容

雙軌分析

一般來說，評估股價的方式有兩種。一種是用評估小麥的方法；第二種是評估林布蘭（Rembrandt，1606-1669）等藝術家的方法。從某種程度上來講，林布蘭等被認為價值很高，是因為價格一路上漲。

對我們來說，投資相當於賭馬。我們要尋找一匹獲勝機率是二分之一、賠率是一賠三的馬。你要尋找的是標錯賠率的賭局，這就是投資的本質。你必須擁有足夠的知識，才能知道賭局的賠率是不是標錯了。這就是價值投資。

易理解、有發展空間、能在任何市場環境下生存的主流行業。不難想像，能通過這第一道關卡的公司很少。例如，許多投資人偏愛的製藥業和高科技業就直接被歸為「太難理解」這一項；那些大張旗鼓宣傳的「交易」和上市募資（ＩＰＯ），則被歸為「不可投資」；而通過第一關的公司，還必須接受蒙格思維模型的篩選。這個層層淘汰的過程很費事，但也很有效。**蒙格討厭在沙裡淘金，他要用「重要學科的重要理論」法，尋找別人尚未發現、有時候一眼就能看見、晾在平地上的大金礦。**

在整個透徹的評估過程中，蒙格並非資料的奴隸：他將各種相關因素都考慮在內，包括企業內部和外部因素，以及其所處的行業狀況，即使這些因素很難判別、測量或以數字量化。不過，蒙格的縝密，並沒有讓他忘記「生態系統觀」：有時候將某個因素極大化或極小化，將使那單一因素變成極端關鍵。

蒙格對企業的財務報表和會計作業，總是抱持著美國中西部人特有的懷疑態度，認為這些頂多是正確計算企業真實價值的開始，而不是結果。他要額外檢查的因素似乎無限多，包括當今及未來的法律環境、勞工、供應商和客戶的關係、技術變革的潛在影響、競爭優勢和弱點、定價能力、環境問題，還有很重要的潛在風險發生的可能性（蒙格知道沒有零風險的投資，他找的是風險很小、而且容易理解的項目）。他會根據自己對事實的理解，重新調整財務報表上所有數字，包括實際的現金流量、存貨和其他營運資產、固定資產，以及諸如品牌聲譽等經常被高估的無形資產。他也會評估股票選擇權、退休金計畫、退休醫療福利對當前和將來的真實影響。蒙格會同樣嚴格審查資產負

確認能力圈

如果說我們有什麼本事的話，那就是我們很清楚自己什麼時候在能力圈的中心運作，什麼時候正在向邊緣移動。

——巴菲特

如果你確有能力，就會非常清楚自己能力圈的邊界在哪裡。如果有疑問（自己是否超出能力圈），就表示已經在圈子外了。

——蒙格

債表中負債的部分。例如，在適當情況下，他可能會認為像保險浮存金（可能許多年也無須賠付出去的保費收入）這樣的負債更應該被視為資產。他會對公司管理層進行專門評估，那可不是用傳統計算數字所能涵括的；具體來說，他會評估管理層的「能力、可靠和股東導向」的程度。例如，他們如何支配現金？是站在股東的角度上聰明分配呢？還是拿來自肥？或是盲目為了成長而追求成長？

除此之外，蒙格還試圖從各個方面包括產品、市場、商標、員工、經銷管道、社會趨勢等等，評估和理解企業的競爭優勢及持續性。蒙格認為一個企業的競爭優勢是該企業的「護城河」：保護企業免遭入侵的無形壕溝。優秀公司擁有很深的護城河，這些護城河不斷加寬，為公司提供長久保護。持有這種獨特觀點的蒙格，謹慎權衡那些打敗大多數公司的「競爭性毀滅」力量。蒙格和巴菲特極其關注這個問題：在漫長的事業生涯中，他們很痛苦地認清，能夠歷經數代而不衰的企業少之又少。因此，他們努力找出並只買進有很大機會擊敗這些厄運的企業。

最後，蒙格會計算整個企業的真正價值，並考量在未來股權稀釋等等的情況下，去決定每股之於市價的比較價值。這就是整個過程的目標：價值（你得到的）和價格（你付出的）的比較。關於這點，他有個著名的觀點：**購買股價合理的卓越企業，勝過購買股價便宜的平庸企業**。巴菲特經常說，是蒙格讓他更加堅信這種方法的智慧：「蒙格很早就懂得這個道理，我是後來才明白的。」蒙格的睿見幫助巴菲特擺脫純粹的班傑明・葛拉漢式投資，轉而關注卓越的企業，比如《華盛頓郵報》、蓋可公司、可口可樂、吉

巴菲特和蒙格論「護城河」

巴菲特：讓我們把保持護城河的寬度和不可跨越，做為一個偉大企業的首要標準。我們告訴經理人，希望護城河每年都變寬。那並不表示今年的利潤會比去年多，有時這是不可能的。然而，如果護城河每年都變寬，企業的經營將會非常好。當我們看到的是一條很窄的護城河，那就太危險了。我們認為我們所有的生意，或者大部分生意都有挖得很深的護城河。我們認為經理人正在加寬護城河。查理，你說呢？

蒙格：誰還能講得比這更好呢？

巴菲特：好吧。請給這位先生來點花生糖。

——摘自二〇〇〇年波克夏股東年會紀錄

列等等。

蒙格雖然極其仔細，但不會像其他人那樣，有時深受無關緊要的細節和旁騖之害。蒙格在分析過程中，會逐步排除投資變數，等到分析結束時，已經將待投資項目簡化為最顯著的要素，是否要下手投資也已了然於胸。**價值評估到最後變成一種哲學的評估，而不是數學的衡量。在客觀分析加上蒙格畢生經驗，及其在認知模型方面的技巧三者共同作用下，他最終得到的是一種投資的「感覺」**。

到了這個時候，剩下的必定是一家極其出色的投資標的。但蒙格並不會立刻衝去買它的股票。他知道在正確評估股票價值之後，還必須在正確的時間買進，所以他會進行更精細的篩選，也就是「扣動扳機前」的檢查，當需要在短時間內完成評估（他稱之為「急診」）時，這種方法特別有用。檢查清單上的項目如下：目前的價格和成交量是多少？交易行情如何？經營年報何時披露？是否存在其他敏感因素？是否存在隨時退出投資的策略？用來買股票的錢現在或將來有更好的用途嗎？手頭上有足夠的流動資金嗎？或者必須借貸？這筆資金的機會成本是多少？等等。

蒙格這種透徹的篩選過程需要很強的自制力，而且會造成長時間沒有明顯的「行動」。但正如蒙格所說：「對於提出更完善投資策略並加以執行來說，勤奮工作是至關重要的。」就蒙格和巴菲特而言，勤奮工作是進行式，不管是否會帶來投資行動——通常是不會。他們花在學習和思考上的時間，比花在行動上的時間要多，這種習慣絕對不是偶然的。這是每個行業的真正大師身上，所體現出來的紀律和耐心的混合物：一種絕

蒙格的「三大」投資原則

一、股價合理的卓越企業，勝過股價便宜的平庸企業。
二、股價合理的卓越企業，勝過股價便宜的平庸企業。
三、股價合理的卓越企業，勝過股價便宜的平庸企業。

不妥協的「把手上的牌打好」的決心。就像世界級的橋牌大師理查・察克豪瑟（Richard Zeckhauser）那樣，**蒙格在意的並不是他本人能否贏牌，而是能否把手上的牌打好。**儘管在蒙格和巴菲特的世界裡，糟糕的結果是可以接受的（因為有些結果並不在他們的掌握之中），但準備不足和倉卒決策是不可原諒的，因為這些因素是可以控制的。

在少有的黃金機會下，如果所有條件都具備了，蒙格決定要投資，那麼他很可能會下很大的賭注，絕不會小打小鬧，或進行小額、投機性投資。雖然這種做法包含著不確定性，然而蒙格的投資行動卻絕對沒有不確定。正如他所說，他的行動「結合了絕對的耐心和絕對的決心」。蒙格自信的來源並非誰或者多少人同意或反對他的觀點，而是客觀看待和衡量自己的能力。這種自知之明使他在衡量他的實際知識、經驗和思維的正確性時，能夠擁有一種罕見的客觀態度。在這裡，我們再次看到，良好的個性素質：自律、耐心、冷靜、獨立，扮演了重要角色。如果缺乏這些特質，蒙格也許就不會有如此出色的投資績效。

蒙格這種偉大的商業模式是怎麼來的呢？我們可以從他推薦的閱讀書目（參閱本書附錄六）中看出一些端倪。《槍炮、病菌和鋼鐵》（*Guns, Germs, and Steel*）、《自私的基因》（*The Selfish Gene*）、《冰川時代》（*Ice Age*）和《達爾文的盲點》（*Darwin's Blind Spot*）都有共同的主題：關注前面提到的「競爭性毀滅」問題，研究為什麼有些事物能夠適應環境，存活下來，甚至在經過很長時間之後居於統治地位。在應用這個主題於投資選擇時，蒙格偏愛的企業就出現了：有些是透過消滅競爭對手而達到成功的企業

競爭性毀滅

我有一張剪報，那是一九一一年的《水牛城晚報》，上面列出了當時紐約交易所最活躍的五十家公司的股票。到今天，唯有一家公司仍是大型的獨立企業，那就是奇異（ＧＥ）公司。從中我們可以看出「競爭性毀滅」的力量有多麼強大。歷史證明，一家公司能夠以一種讓它的擁有者滿意的方式長期存活下來的可能性，是微乎其微的。

當你專注的市場被狂熱的小型競爭對手盯上時，那麼你要活下來就變得更難了。要怎樣才能和狂熱的對手競爭呢？唯一的辦法是挖一條好的護城河，然後不斷努力加寬它。

（像《自私的基因》裡所述），有些是透過合作而興起的企業（《達爾文的盲點》）。我們再次看到，蒙格能夠熟練應用許多學科的知識：有多少投資人能夠像蒙格一樣，考慮到如此之多、如此之複雜的因素呢？簡單舉幾個例子，他經常思考的因素就包括「轉換」，比如說熱力學的定律跟經濟學的定律有何相似之處（例如紙張和石油如何變成一份投遞到門口的報紙），心理傾向和激勵因素（尤其是因此而創造的極端行為壓力，無論是好的或壞的壓力），以及基本的長期可持續發展性（諸如「護城河」之類的正面因素，和競爭性毀滅之間持續且往往很致命的相互影響）。蒙格極其熟練地掌握各種不同的學科，所以能夠在投資時考慮到許多人不曾著眼的因素，就這點而言，也許沒有人可以和他相提並論。

三、投資原則檢查清單

聰明的飛行員即使才華再過人，經驗再豐富，也絕不會不使用檢查清單。

我們現在已經知道蒙格總體和對投資的思維方式。為了繼續瞭解「他是如何做到的」，我們將會以他推薦的「檢查清單」檢驗法，來再次展現他的做法。然而，要注意的是，蒙格當然不會按照清單上的順序逐一應用下面這些原則，這些原則出現的先後也

公式的局限

人們總是想得到一道公式，但那是行不通的。你必須估算公司從現在到以後所能掙到的現金，再將之折算為現值。光靠像本益比這樣的標準是不夠的。

——巴菲特

遇到不同的公司，需要檢查不同的因素，應用不同的思想模型。我無法簡單地說：就是這三點。你必須把它（投資技巧）種到腦子裡，然後用畢生的時間去培養它。

——蒙格

與其重要性無關。每個原則都必須被視為整個複雜的投資分析過程的一部分，就像整幅馬賽克圖案中每個單獨的小色塊那樣。

風險：所有投資評估應該從風險評估（尤其是商譽風險）開始

*估算適當的安全邊際[2]
*避免和道德有問題的人交易
*堅持為可見的風險要求合理的補償
*永遠記住通貨膨脹和利率的風險
*避免犯下大錯；避免資金持續虧損

獨立：「唯有在童話中，國王才會被告知自己沒穿衣服」

*客觀和理性的態度需要獨立思考能力
*記住，你的對錯，並不取決於別人同意或反對——唯一重要的是你的分析和判斷是否正確
*隨波逐流只會讓你往平均值靠近（只能獲得中等的業績）

準備：「唯一的獲勝方法是工作、工作、工作、工作，並希望擁有一點洞見。」

*透過廣泛閱讀把自己培養成終生自學者；培養好奇心，努力使自己每天更聰明一點點
*比求勝的意願更重要的是做好準備的意願
*熟練掌握各大學科的思維模型

2 安全邊際
margin of safety
或譯作安全幅度，是指現有銷售量超過平損銷售量的差額。差距愈大，則發生虧損的可能性就愈小，企業的經營就愈安全。

＊如果想變得聰明，你必須不停追問「為什麼、為什麼、為什麼？」

謙虛：承認自己的無知是智慧的開端

＊只在自己明確界定的能力圈內行事

＊辨識和查核否定性證據

＊抗拒追求「虛偽的精確」和「錯誤的確定」的欲望

＊最重要的是，別愚弄自己，而且要記住，你是最容易被自己愚弄的人

嚴格分析：運用科學方法和有效的檢查清單，能把錯誤和疏忽減到最少

＊區分價值／價格、進展／行動、財富／規模的不同

＊記住淺顯的，勝於掌握深奧的

＊做一個商業分析家，而不是市場、經濟學或證券分析師

＊考慮總體的風險和效益，永遠關注第二層或更高層次的潛在影響

＊要往前想也要往後想；反過來想，總是反過來想

配置：正確配置資金是投資人最重要的工作

＊記住，最佳用途總是從次佳用途比較出來的（機會成本）

＊好點子得來不易；當時機對你有利時，要狠狠下注

＊別「愛上」投資項目；要視情況而定，伺機而動

耐心：克制天生好動的傾向

＊複利是世界第八大奇蹟（愛因斯坦），不到必要的時候，別去打斷它

耐心——不厭倦等待的等待

你看那些對沖基金，你認為他們能夠等待嗎？他們不知道怎麼等待！在我個人的投資組合裡，曾經一連幾年就只持有一千萬到一千兩百萬的國債或地方債，而我只是一直等待、等待……正如傑西·李佛摩（Jesse Livermore）所說：賺大錢的訣竅不在於買進賣出……而在於等待。

＊避免多餘的交易稅和摩擦成本，永遠別為了行動而行動
＊幸運降臨時要保持頭腦清醒
＊享受結果，也享受過程，因為你活在過程當中
＊在別人貪婪時恐懼；在別人恐懼時貪婪
＊機會不會常來敲門，所以當機會來臨時，要抓住它
＊機會只眷顧有準備的人：投資就是這樣的遊戲

決心：當合適的時機出現，要果斷採取行動

＊認清並適應你所處世界的本質，別指望世界來適應你
＊不斷挑戰和主動地修正「最愛的觀念」
＊正視現實，即使你並不喜歡；尤其是在你不喜歡現實的時候

改變：適應變化並接受不可避免的複雜性

＊記住，聲譽和誠信是最有價值的資產：而且可能在瞬間化為烏有
＊避免妄自尊大和生出厭倦無聊的情緒
＊不要見樹不見林
＊務必排除不必要的資訊干擾
＊面對大問題，別當鴕鳥

專注：別把事情搞複雜，記住你原來要做的事

定錯價格的賭注

上天並沒有賜予人類在任何時刻都有瞭解一切事情的所有天賦。但對於努力在人世間尋找定錯價格的人，上天有時會賜給他們一次這樣的賭注。

自從人類開始投資以來，就一直在尋找能夠快速致富的神奇公式或捷徑。正如你看到的，蒙格的優異績效並非來自一道神奇公式，或者某些商學院所教的體系。這績效來自蒙格所說，對「不斷尋找更好思維方式」的追求，願意事先做徹底的準備，以及來自他跨領域研究模式的傑出成果。總而言之，是來自蒙格最基本的行為守則，最根本的人生哲學：準備、紀律、耐心、決心。每個因素都是互不相干的，但加起來就變成了威力強大的臨界質量，能夠催化因蒙格而聞名的「魯拉帕路薩效應」。

最後，簡單說明這篇概述蒙格投資哲學的文章中，極其關注「買什麼」而極少談到「何時賣」的原因。用蒙格自己的話來說，下面這段話很能代表高度專注的「蒙格學派」的投資哲學：

我們傾向把大量金錢投放在不用額外再做決策的地方。如果你因為一樣東西的價值被低估而購買了，那麼當它漲到你預期的水準時，就必須考慮賣掉。這很難。但是，如果能購買幾家卓越的公司，就可以安心坐下來啦。那是很好的事。

如同他的偶像班傑明．富蘭克林一樣，查理．蒙格努力培養並完備了獨特的生活和經營之道。透過這些方法，以及終生培養和維護的良好習慣，使他成就非凡。

蒙格的總結

為什麼有些人會比其他人聰明？這跟性格有部分關係。有些人的性格並不適合投資，他們總是按捺不住，要不就是憂心忡忡。但如果你有好的性格，有耐心，又能在該採取行動時主動出擊，那麼就能透過實踐和學習逐漸學會這種遊戲。顯然，你汲取教訓的來源愈廣泛，而不是僅僅從自己的失敗中學習，就能變得愈好。

我還不知道有誰能夠很快做到這一點。做為投資者，巴菲特比我第一次遇到他時好太多了，我也是這樣的。如果我們在某個階段停滯不前，滿足於已經擁有的知識，我們的績效會比現在差得多。所以訣竅在於不斷學習，而且我認為能享受學習過程的人，才能夠不斷學習。

四、蒙格與巴菲特風範

巴菲特和蒙格無疑是有史以來最偉大的投資二人組，所以投資人無不盡可能去瞭解這兩個人，盡可能學習他們如何成功，如果有人不這麼做，那麼這個投資者就是——套一個蒙格很喜歡的詞——瘋子（bonkers）。

知道很多如何在一段長時間內，讓財富以很高的複利增加的知識（儘管這當然是很不錯的額外收穫！），並不是向巴菲特和蒙格學習的真正樂趣，而是透過吸收他們的教導，人們能夠更深刻理解人類的本質、世界的現況、如何理性思考，以及最重要的，如何獲得正直、幸福、善良的生活（提示：這三種要素是相輔相成的）。

向巴菲特學習並不難，有關他的書很多；他經常發表演講，撰寫文章，出席公開場合；幾十年來，他每年都會發表一篇很長的信件（可以在波克夏公司的網站上免費閱讀最近的三十封信，網址是www.berkshirehathaway.com）。但蒙格就神秘多了：關於他的書只有兩本，和巴菲特相比，他發表的演講和撰寫的文章要少得多。

由於這個原因，許多人並不知道蒙格本人就是個天才，而且他對巴菲特的投資哲學產生深刻影響，這一點巴菲特是公開承認的。他們之間的互動會讓觀者忍俊不禁。

在波克夏年會的主席台上，巴菲特一般來說會率先回答提問，然後往往會轉過身

蒙格語錄

我們曾試圖賣掉奇異再保公司的衍生商品業務，但沒有成功，於是把它做清算，不得不大幅削減價格。我非常有把握地預測（美國的）主要銀行，沒有辦法以帳目上的價格計算它們持有的衍生商品。結局什麼時候出現？會有多麼糟糕？我也不知道。但擔心後果會很可怕。

在未來五到十年裡，如果美國沒有遇到（和衍生商品相關的）大麻煩，我將會非常吃驚。

我想我們會是美國唯一甩掉衍生商品帳本的大公司。

對於已經很有錢的公司，比如波克夏，去從事這種業務是很瘋狂的想法。對大銀行來說也是。

說：「查理，你說呢？」蒙格的典型反應是一動不動、面無表情地（就算是用一個假人來代替他，也保證沒有人會發現）說：「我沒有什麼要補充的（I have nothing to add.）。」這幾個字已經變成了蒙格的商標，通常讓巴菲特和聽眾們會心一笑。

其實，一九九八年九月，在為收購奇異再保公司（Gen Re）而召開的特別大會上，巴菲特真的用一個硬紙板做成的蒙格人像和一段蒙格說「我沒有什麼要補充的」的錄音出現在主席台上。這幾個字也反映了蒙格古怪的脾氣（至少他的公眾形象是這樣的），和這兩個傑出商人心靈相通的關係。

但每當蒙格確實有話要補充，那麼他說的話往往很尖銳、很深刻，也不會轉彎抹角。用他自己的話來說，蒙格是一個「古怪、老派」的人，從來不為政治正確而擔憂，想到什麼就說什麼。

因為在波克夏年會上，大都是巴菲特在講話，所以我總是喜歡參加幾天後在帕薩迪納舉行的威斯科年會，去領略蒙格深邃的思想（他是威斯科金融公司的主席，威斯科是一家結構和波克夏相同的控股公司，後者擁有威斯科八〇・一%的股份）。而且不用是股東也可以參加；蒙格就像他和巴菲特在波克夏年會上那樣，歡迎所有來到巴菲特和蒙格教堂的朝聖者。我從來不曾後悔從奧馬哈回來沒幾天就長途奔波，橫跨大半個美國去聽蒙格演講，因為他的思維依然處在巔峰狀態。在二〇〇三年的會議上，當蒙格做出一個又一個充滿睿見的點評，我有個朋友側過身來，低聲對我說：「真難相信他已經八十歲了！」確實如此！

蒙格人形立牌：我沒有什麼要補充的

1998年9月，在為收購奇異再保公司而召開的特別大會上，巴菲特真的用一個硬紙板做成的蒙格人像和一段蒙格說「我沒有什麼要補充的」的錄音出現在主席台上。據參加該大會的朋友說，「華倫大概播了六次這段錄音，每次都會露出頑皮的表情。」

機會辨識專家

巴菲特曾告訴我一個故事，他與蒙格剛認識時，還沒一起做生意，各自擁有一家合夥投資公司，巴菲特經常打電話給蒙格說：「我想做某件事」，並對這件事加以說明。蒙格會說：「天啊，你在開玩笑嗎？有這種風險和那種風險。」巴菲特通常會說：「我想你是對的。」然後仔細考量蒙格說的風險。但偶爾巴菲特會說：「查理，你說的我都聽進去了，但我還是想做這件事。」然後蒙格也許會說：「華倫，如果你要做這件事，我能不能參股？」巴菲特說，直到那一刻才會知道蒙格真正的想法。

人們通常認為蒙格的價值在於辨識風險和說「不」，但其實蒙格最有價值的地方，在於能夠辨識那些可以參股的時機。

——查克・瑞克豪瑟（Chuck Rickershauser），一九六四年以來的朋友

蒙格明白要找到真正好的標的很難。所以，就算九〇%的時間都在說「不」，也不會錯過太多。

——奧提斯・布斯（Otis Booth），一九五六年以來的朋友和生意夥伴

3
蒙格十一講
蒙格對各界的演說實錄

蒙格絕不會怯於提供坦率的批評和有益的建議。每當他就某個問題發表演講，不管這個問題是腐敗的商業行為、高等教育的失敗，還是金融醜聞，他都毫無保留說出自己的看法。這並不表示他這輩子只關注生活中的失敗；而是同樣會大方討論終生學習的價值和成功婚姻的快樂。但不管是什麼話題，蒙格總是能鞭辟入裡地分析，在他過去二十年的公開演講莫不如此。下面是蒙格十一次最好的演講紀錄，其中有一篇是他特別為本書精心準備的。請盡情享受吧！

第一講

一九八六年，蒙格在洛杉磯的哈佛學校（現更名為哈佛西湖學校）發表了「我這輩子唯一的畢業演講」，雖然他自嘲全世界的學生都會希望他別去。當時恰逢蒙格家五個兒子中的老么菲利普．蒙格（PhiliP Munger）從這所中學畢業。

儘管蒙格謙稱自己缺乏「在重要的公開場合發表演講的經驗」，但在這次簡短的演說中，卻讓人見識到他過人的修辭才華，我們也得以品味蒙格的價值體系和智慧。受邀在學校畢業典禮上演講的人，大都會以「如何獲得幸福生活」為主題。然而，查理用他在演講中推薦的逆向思維原則，從反面闡述了一名畢業生如何才能讓自己陷入悲慘的生活，令人折服。

至於那些寧願繼續冥頑不靈和抑鬱一生的讀者，建議你們千萬別讀這篇講稿。

如何讓自己生活悲慘

既然貝里斯福特（Berrisford）校長在最年長、服務最久的董事中選出一個人來在畢業典禮上演講，那麼演講者有必要向大家交代兩個問題：

一、為什麼選這種主題？

二、演講有多長？

本著我與貝里斯福特多年交往的經驗，我先回答第一個問題。就像有人很自豪的向人們炫耀自己的馬可以數到七，他正是以這種方式為本校追求更好的聲譽。馬主人知道能數到七並非什麼數學壯舉，但是仍期待得到讚許，因為能做到這件事的可是一匹馬呢。

第二個問題，關於演講有多長，我不打算事先透露。我寧可讓你們的表情保持像現在一樣，充滿好奇心和強烈的期待，這正好是我想看到的。

但我會告訴你們，我對於演講長度的考慮，怎樣衍生出演講本身的話題。接到邀請時，我有點飄飄然。雖然缺乏值得誇耀的公開演講經驗，我的膽量倒是練得爐火純青，我立刻想到以狄摩西尼和西塞羅為榜樣，並指望贏得西塞羅對狄摩西尼的讚賞。當問到最喜歡狄摩西尼的哪一次演講時，西塞羅回答：

「最長的那一次。」

不過，對今天的聽眾來說，有幸的是，我也考慮到薩繆爾．約翰遜[1]的那句著名評語，當問到米爾頓[2]的《失樂園》時，他說得很對，「沒有人希望它更長。」這讓我思考在我所聽過的二十次哈佛高中畢業演講中，哪一次我曾希望過更長一點。這樣的演講只有強尼．卡森那一次，他詳述了保證悲慘人生的卡森藥方。於是，我決定重複卡森的演講，但以更大的規模，並加上我自己的藥方。畢竟我比卡森演講時歲數更大，和一個更年輕有魅力的幽默家相比，我失敗的次數更多，痛苦更多，痛苦的方式也更多。我顯然很有資格進一步發揮他的主題。

當時卡森說他無法告訴畢業生如何才能得到幸福，但他能根據個人經驗，告訴學生如何保證自己過上悲慘的生活。卡森給的保證生活悲慘處方包括：

一、為了改變心情或感受而吸食毒品；

二、妒忌，以及

1 薩繆爾．約翰遜
Samuel Johnson, 1709-1784
英國作家、文學研究者和批評家，以妙語如珠著名。一七五五年出版的《英語詞典》為他奠定不朽聲望。

2 約翰．米爾頓
John Milton, 1608-1674
偉大的英國詩人，代表作品是一六六七年發表的史詩《失樂園》（*Paradise Lost*），共有十二卷，長達數千行。

3 狄斯雷利
Benjamin Disraeli, 1804-1881
保守黨政治家和文學家，曾任英國首相、國會議員。

三、怨恨。

我現在還記得當時卡森言之鑿鑿的說，他一次又一次的嘗試，結果每次都變得很悲慘。

要理解卡森為悲慘生活所開處方的第一味藥方（吸食毒品）比較容易。我想補充幾句：我年輕時有四個最好的朋友，他們非常聰明、正直和幽默，自身條件和家庭背景都很出色。其中兩個早已去世，酒精是一個讓他們早逝的因素；第三個人現在還像醉鬼一樣的活著——假如那也算活著的話。

雖然感受性因人而異，但我們每個人都有可能在一個剛開始難以察覺的細微過程中，染上毒癮，直到墮落的力量大到再也無法衝破。不過，我活了六十年，倒是沒見過有誰的生活因為害怕和避開這條誘惑性的毀滅之路，而變得更加糟糕。

妒忌，和令人上癮的毒品一樣，也能獲得導致悲慘生活的大獎。在遭到摩西戒律譴責之前，妒忌早已造成了許多大災難。如果你希望保持妒忌對悲慘生活的影響，我建議你千萬別去閱讀薩繆爾・約翰遜的任何傳記，因為這位虔誠基督徒的生活，以令人嚮往的方式，展示了超越妒忌的可能性和好處。

就像卡森感受到的那樣，怨恨對我來說也很靈驗。如果你渴望能過悲慘的生活，我找不到比它更靈的藥方可以推薦給你了。

對於你們之中那些想過悲慘生活的人，我還要建議你別去實踐狄斯雷利[3]的權宜之計，這是專為無法戒掉怨恨習慣的人所設計的。在成為偉大的英國首相過程中，狄斯雷

蒙格語錄

關心別人賺錢比自己更快，是一種致命的罪。妒忌真是一種愚蠢的罪，是唯一一種不可能得到任何樂趣的罪行，只會讓人痛苦不堪，不會帶來任何樂趣。為什麼要妒忌呢？

利學會了不讓報復成為行為的動機，但他也保留了某種發洩怨恨的辦法，就是將敵人的名字寫下來，放到抽屜裡，然後時常翻看這些名字，自得其樂的記錄下世界是怎樣無須他插手，就使他的敵人垮掉的。

蒙格的四帖藥方

好啦，卡森開的處方就說到這裡。接下來是蒙格開的四帖藥方。

第一，要反覆無常，不要虔誠的做你正在做的事。只要養成這個習慣，就能綽綽有餘抵消所有優點帶來的效應，不管那種效應有多大。如果你喜歡不受信任，並且不打算成為對人類最有貢獻的一群人，那麼這帖藥最適合。養成這個習慣，你將永遠扮演寓言裡的那隻兔子，只不過跑得比你快的不再只是一隻優秀的烏龜，而是一群又一群平庸的烏龜，甚至還有些拄拐杖的平庸烏龜。

我必須警告，如果不服用我開出的第一帖藥，即使你最初的條件並不好，可能還不容易過上悲慘生活。我有個大學室友，他以前患有嚴重的閱讀障礙症，現在也是，但他算得上我認識的人中最可靠的。他的生活到目前為止很美滿，擁有出色的太太和子女，掌管某個數十億美元企業。如果你想要避免這種傳統、符合主流文化、有成就的生活，只要你堅持為人可靠，那麼就算你身上所有的缺點加在一起，也不能做到這一點。

說到「目前為止很美滿」這種生活，我忍不住想在這裡引用克洛伊斯[4]的話，來再次強調人類生存狀況「到目前為止」的那一面。克洛伊斯曾經是世界上最富裕的國王，後

蒙格語錄

如果烏龜能夠從它那些最棒前輩身上，汲取已經過實踐驗證的洞見，那麼它也能跑贏那些追求獨創性、不願向優秀前輩學習的兔子。烏龜若能特別有效的應用前輩最棒的工作方法，或者只要避免犯下常見的災難性錯誤，這種情況就可能發生。我們賺錢，靠的是記住淺顯的，而不是掌握深奧的。我們從來不試圖成為非常聰明的人，而只是持續避免讓自己變成蠢貨，久而久之，我們這種人便能獲得非常大的優勢。

來淪為敵人的階下囚，就在被活活燒死之前，他說：「我現在才想起歷史學家索倫（Solon）說過的那句話：『在生命沒有結束之前，沒有人的一生能夠稱得上幸福。』」

我為悲慘生活開出的第二帖藥是，盡可能從你自身的經驗獲得知識，盡量別從其他人成功或失敗的經驗中廣泛的汲取教訓，不管他們是古人還是今人。這帖藥肯定能保證你過上悲慘的生活，取得二流的成就。

只要看看身邊發生的事，就能明白拒不借鏡別人的教訓所造成的後果。人類常見的災難全都如此沒有創意：酒後駕車以致身亡；魯莽駕駛造成殘疾；無藥可治的性病；加入毀形滅性的邪教，聰明的大學生被洗腦後變成行屍走肉；由於重蹈前人顯而易見的覆轍而導致生意失敗；還有各種形式的集體瘋狂等等。你若要尋找那條通往因為不小心、沒有創意的錯誤而引起的麻煩道路，我建議你牢牢記住這句現代諺語：「如果你起步時沒成功，你的滑翔遊戲也就玩完了。」

避免廣泛吸收知識的另一種做法是，別去鑽研前輩的最好成果。這帖藥的功效在於讓你得到盡可能少的教育。

如果我再講一個簡短的歷史故事，或許你可以看得更清楚，並更有效過著與幸福無緣的生活。從前有個人，他勤奮的掌握了前人最優秀的成果，儘管開始研究分析幾何的時候，他的基礎並不好，學得非常吃力。最終，他本人取得的成就引起了眾人矚目，他是這樣評價自己的成果：

「如果我比別人看得稍遠一點，那是因為我站在巨人的肩膀上。」

4 **克洛伊斯**
Croesus，約 546 BC
擁有巨額財富的傳奇人物。西元前五六〇年登基為利底亞國王，約西元前五四七年被波斯人擊敗。據說克洛伊斯被俘後，走上火堆自焚而死。

這個人的骨灰如今埋在西敏寺，墓碑上有句異乎尋常的墓誌銘：

「這裡安葬著永垂不朽的埃薩克・牛頓爵士」。

我為悲慘生活開出的第三帖藥是，當你在人生戰場上遭遇第一、第二或者第三次挫折時，就請意志消沉，從此一蹶不振吧。因為即使是最幸運、最聰明的人，也會遇到許許多多失敗，這帖藥必定能保證你永遠深陷痛苦的泥淖中。請你千萬要忘記愛比克泰德[5]親自撰寫的墓誌銘中蘊含的教訓：「這裡安葬著愛比克泰德，一個奴隸，身體殘疾，極其窮困，卻蒙受諸神的恩寵。」

為了讓你能過頭腦混亂、痛苦不堪的日子，我所開的最後一帖藥是，請忽略小時候人們告訴我的那個鄉下人故事。曾經有個鄉下人說：「**我只想知道我將來會死在什麼地方，這樣我就可以永遠不去那裡。**」大多數人和你們一樣，嘲笑這個鄉下人的無知，忽略那樸素的智慧。如果我的經驗有什麼可供借鏡，熱愛悲慘生活的人，應該不惜任何代價避免採用這個鄉下人的方法。若想獲得失敗，你們應該將這個鄉下人的方法，也是卡森在演講中所用的方法，貶為愚蠢之極、一無是處。

總是反過來想

卡森採用的研究方法是如何把問題反過來想。也就是說要解出X，得先研究如何才能得到非X。偉大的代數學家雅各比用的也是卡森這種辦法，眾所周知，他經常重複一句話：「**反過來想，總是反過來想。**」雅各比知道事物的本質是這樣的，許多難題只有

5 **愛比克泰德** Epictetus,55-135
出身奴隸家庭，且患有終身殘疾，後成為哲學教授。主張所有人都應該有掌握自己生活的自由，也應該與自然和諧相處。他最終獲得了自由身分，但在西元八九年遭羅馬皇帝流放。

6 **菲力浦・威利** Philip Wylie,1902-1971
美國小說家。

7 **蒙眼釘驢尾遊戲** Pin the Tail on the Donkey
一種兒童遊戲，把一張沒有尾巴的驢子圖畫貼在牆上，讓比賽者蒙著眼睛，把手上的尾巴釘在圖上，釘得最準的人獲勝。

在逆向思考的時候才能得到最好的解決。例如，當年幾乎所有人都在試圖修正麥斯威爾的電磁定律，使其符合牛頓的三大運動定律，然而愛因斯坦卻轉了個一百八十度大彎，修正了牛頓的定律，讓其符合麥斯威爾的定律，結果發明了相對論。

做為一個公認的傳記愛好者，我認為假如達爾文是哈佛一九八六級畢業班的學生，他的成績大概只能排到中等，然而現在他是科學史上的名人。如果你希望將來庸碌無為，那麼千萬不能以達爾文為榜樣。

達爾文能夠取得這樣的成就，主要是因為他的工作方式；這種方式有悖於所有我列出的悲慘法則，而且還特別強調逆向思考：**他總是致力於尋求證據來否定已有的理論，無論他對這種理論有多麼珍惜，無論這種理論是多麼得之不易。**相反的，大多數人早年取得成就，然後就愈來愈拒絕新的、反證性的資訊，目的是讓他們最初的結論能夠保持完整。他們變成了菲力浦．威利[6]所評論的那類人：「他們故步自封，滿足於已有的知識，永遠不會去瞭解新事物。」

達爾文的生平展現了烏龜如何可以因極端的客觀態度，而跑贏兔子。在「蒙眼釘驢尾」[7]的遊戲比賽中，這種態度能夠幫助客觀的人，變成唯一沒有被遮住眼睛的選手。

如果你認為客觀態度無足輕重，那就是忽略了來自達爾文的訓誨，也忽略了來自愛因斯坦的教導。愛因斯坦說，他那些成功的理論來自「好奇、專注、毅力和自省」。他所說的自省，就是不停地試驗與推翻他自己深愛的想法。

最後，盡可能不要客觀，也就不必為了世俗好處多多而讓步或有負擔，因為客觀態

麥斯威爾

詹姆士．麥斯威爾（James Clerk Maxwell, 1831-1879）出生於蘇格蘭的愛丁堡。他童年最喜歡的消遣就是用鏡子反射太陽光。對光學的興趣，促使他研究色彩和天文學。他精通數學，曾就讀劍橋大學。他率先提出：光是電磁放射線的一種形式，對電學做出重要貢獻。麥斯威爾以數學表達法拉第（M.Faraday）的物理思想，發展出電磁學的重要理論。

達爾文

查理．達爾文（Charles Darwin,1809-1882），英國博物學家，其物競天擇進化論改變了生物科學。他的《物種起源》剛出版就賣光，因為違背聖經裡的創世論而遭到嚴重的抨擊。

度並不只對偉大的物理學家和生物學家有效，連對管路維修工的工作都有幫助。因此，如果你認為忠於自己，就是堅持年輕時的所有觀念，那麼不僅將踏上極端無知的道路，還會承受職涯中不愉快的經歷所帶來的痛苦。

這次類似說反話的演講，應該以類似說反話的祝福來結束。這句祝福的靈感來自那首講小狗去多佛的兒歌：「一步又一步（leg over leg）」，下面是我對一九八六級畢業班同學的祝福：在座諸君，願你們在漫長的人生中，日日以避免失敗為目標而成長。

蒙格語錄

如果你在生活中唯一的成功就是透過買股票發財，那麼這是一種失敗的生活；生活不僅僅是精明的累積財富。

生活和事業上的成功，大都來自你知道應該避免哪些事情：死得太早、糟糕的婚姻等等。

避免邪惡之人，尤其是性感誘人的異性。

重讀第一講

二〇〇六年，我重讀了一九八六年的這篇講稿，發現沒有要修改的地方。如果說我產生了新想法的話，我現在更加堅定的認為：一、想在生活中進步，「可靠」是至關重要的；二、絕大多數人學不會量子力學，但卻幾乎每個人都能把「可靠」掌握得很好。

事實上，我常常發現，因為自己總是強調「可靠」這個主題，而不受各明星大學學生歡迎。我只不過說到麥當勞是最值得尊敬的機構，那些大學生就會露出震驚的表情，我解釋說，這麼多年來，它為數百萬少年提供了第一份工作，包括許多問題少年，麥當勞成功的教會許多人最重要的一課：承擔工作的責任，做可靠的人。接下來我往往會說，如果明星大學能夠像麥當勞這樣提供有用的教育，我們的世界將會更美好。

第二講

本文因曾經刊登在一九九五年五月五日的《傑出投資者文摘》上而享有盛名。這篇演講是一九九四年蒙格在南加州大學的商務課發表的。蒙格這次談到了許多話題，從教育系統到心理學，再到擁有常識和非常識的重要性，幾乎無所不談。在解剖企業管理的過程中，他精闢的描述了各種心理效應帶給企業的利弊，還為投資、企業管理以及日常生活中的決策（蒙格認為這才是最重要的）提供了一套傑出的原則。

你投資在閱讀本文的時間，將以大為提升決策力為回報。

普世智慧的投資應用

今天，我想對你們的學習課題做點小小的變動：今天的主題是選股藝術，因它是普世智慧藝術的一個小分支，這讓我可以從普世智慧談起。我感興趣的是更為廣泛的普世智慧，因為我覺得現代教育體系很少傳授這種智慧，就算有，效果也不明顯。

所以，這次演講展開的方式會有點像心理學家所說的「祖母規矩」：先吃完胡蘿蔔，才准吃甜點。

這次演講的胡蘿蔔部分，是關於普世智慧的廣泛課題，這是個很好的切入點。畢竟，現代教育的理論是，應該先接受一般通識的教育，再鑽研某個專門領域。我認為，在成為偉大的投資人之前，你需要一些基礎教育。

因此，為了強調我戲稱為「靈丹妙藥」的普世智慧，我想先灌輸幾個基本觀念。

相互關聯的理論框架

基本、普世的智慧是什麼？第一條規則是，如果你只是記得一些孤立的事實，而試圖把它們硬湊起來，將無法真正理解任何東西。如果這些事實不在一個理論框架中相互聯繫，就無法派上用場。

你必須在腦中擁有一些思維模型，靠這些模型組成的框架來整理間接和直接的經驗。你也許已經注意到，有些學生試圖靠死記硬背應付考試，使他們在學校和生活中都成為失敗者。你必須把經驗掛在腦中一個由許多思維模型組成的框架上。

思維模型是什麼呢？這麼說吧，第一條規則是，你必須擁有多種思維模型。如果只能使用一、兩個，研究人性的心理學顯示，你會去扭曲現實，直到現實符合你的思維模型，或者至少到你認為符合為止。你會和一個脊椎按摩師差不多，但顯然不能指望按摩師有多少現代醫學知識。

就像諺語所說：**「在手裡拿著鐵錘的人眼中，世界就像一根釘子。」**脊椎按摩師也是這樣治病的，但這絕對是一種災難性的思考和處世方式，所以你必須擁有多種思維模型。**這些模型必須來自各個不同領域，因為一個小小的院系不可能涵括人世間全部的智慧。**正因如此，詩歌教授大體上不具備廣義上的智慧，他們腦子裡沒有足夠的思維模型。所以你必須擁有橫跨許多學科的模型。

你也許會說：「天哪，這太難做到啦。」但，幸運的是，並沒有那麼難，因為掌握八、九十個模型，差不多就能讓你成為擁有普世智慧的人。而在這八、九十個模型中，真正重要的只有幾個。所以，讓我們來簡單看一下，哪些模型和技巧構成了每個人必須擁有的基礎知識，有了這樣的基礎知識，才能進一步精通某項專門藝術，比如說選股。

數學

首先要掌握的是數學。顯然，你必須能夠處理數字和數量問題，也就是基本的數學問題。

除了複利原理之外，一個非常有用的思維模型是基本的**排列組合原理**，我在高中二年級就曾學到這些。目前在比較好的私立學校，我想應該八年級左右就開始學了吧。這是非常簡單的數學常識。巴斯卡和費馬在一年的通信中完全解決了這個問題。

要掌握排列組合原理並不難，真正難的是習慣在日常生活中應用。費馬／巴斯卡的系統和世界運轉的方式驚人的一致，這是基本的真理，你必須擁有這種技巧。

已經有許多（可惜還是不夠多）教育機構意識到這一點。在哈佛商學院，所有一年級學生都必須學習的「定量分析法」，是他們所謂的「決策樹理論」（decision tree theory）。他們所做的只是把高中代數拿來解決現實生活中的問題。學生們很喜歡這門課，並為代數能在生活中發揮作用而大感驚奇。

總而言之，事實已經證明，人們不能自然的、自動的把數學常識應用在生活中。如

費馬／巴斯卡系統

十七世紀中期，法國貴族德梅雷（Chevalier de Méré）騎士邀請數學家費馬（Pierre de Fermat,1601-1665）幫助他解決一個賭博問題，費馬和巴斯卡（Blaise Pascal,1623-1662）就這個問題進行了通信，在信件中奠定了機率論的基礎。

德梅雷跟人打賭，他每擲四把骰子，至少會出現一次六。根據經驗，他知道他贏的次數會比輸的次數多。後來他改變了賭博規則，開始跟人打賭，用兩個骰子連擲二十四次，至少有一次得到的結果是十二，或者說會同時出現兩個六。結果這種新的賭博沒有原來那種賺錢，因此請數學家為他解開發生這種變化的原因。

果你懂得基本的心理學原理，就能理解人們做不到這一點的原因其實很簡單：大腦的神經系統是經過長期的基因和文化演化而來的；神經系統並不是費馬／巴斯卡系統，用的是非常粗糙而簡略的估算，雖然裡面也有費馬／巴斯卡的元素，但還是不好用。

所以必須掌握這種非常基本的數學知識，並在生活中經常使用；就好比若想成為高爾夫球員，可不能光靠長期演化賦予你的揮桿方式，而是必須掌握一種特定的握桿和揮桿方法，這樣才能把打高爾夫的潛力全部發揮出來。

如果沒有把這個基本的、但有些不那麼自然的基礎概率數學，變成生活的一部分，那麼在漫長的人生中，你將會像踢屁股比賽中的獨腿人，將絕佳的優勢拱手讓人。

這麼多年來，我一直跟巴菲特同事；他擁有許多優勢，其中之一就是能夠自動根據決策樹理論和基本的排列組合原理思考問題。

會計學

顯然，你們也應該掌握會計學。會計是商業活動語言，也是對人類文明的一大貢獻，據說是威尼斯人發明的。當然啦，威尼斯曾經是地中海地區商業最發達的城市。總之，複式簿記真是了不起的發明，而且並不難理解。

你必須對會計學有足夠理解，才能明白它的局限，會計學雖然是（商業活動的）起點，但仍只是粗略的估算。例如，人們能夠大略估算一架噴射飛機或其他東西的使用壽命，可是光用明確的數字來表達折舊率，並不表示你真正瞭解實際情況。

為了說明會計的局限，我常舉一個跟卡爾・布萊恩（Carl Braun）有關的例子。布萊恩是非常偉大的商人，他創建了布萊恩公司[1]。該公司設計和建造煉油廠，這是很難的事情，布萊恩總能準時建好煉油廠，順利而高效率的生產，這可是一門了不起的藝術。

布萊恩是個標準的德國人，他有許多趣聞軼事。據說他曾經看了一眼煉油廠的標準會計報表，然後說：「這是狗屁。」於是他把所有會計員都趕走，召集手下的工程師，對他們說：「我們自己來為我們的商業流程設計一個會計系統吧。」後來煉油廠的會計工作，汲取了卡爾・布萊恩的許多想法。布萊恩是一個非常堅毅、有才華的人，他的經歷體現了會計及其局限的重要性。

還有個來自心理學的規矩，如果你對智慧感興趣，那麼應該記住這個規矩，就像記住基本的排列組合原理一樣。

布萊恩要求公司所有的溝通，必須遵守「五何」（五W）原則：你必須說明何人、因何故、在何時、何地、做了何事。如果在布萊恩公司裡寫一封信或要某人去做某件事，但沒有告訴對方原因，那麼就可能會被炒魷魚——事實上是只有兩次犯這種錯誤的機會。你也許會問，這有那麼重要嗎？嗯，這也跟心理學的原理有關。**如果能夠將一堆模型的知識組合起來，回答一個又一個為什麼，就能夠更周延的思考；同理，如果告訴人們事情的時候，都能告知原因，對方就能更深刻理解你說的話，也會更重視、更聽從你的話。就算他們不能理解真正的理由，也比較會願意合作。**

正如你想從一個又一個的「為什麼」當中獲得普世智慧一樣，在跟別人交流溝通

1 布萊恩公司
C. F. Braun Company
發跡於美國加州，在世界各地設計、建造煉油廠，為一九五〇年代傑出的石化工程與建築公司。一九八〇年代初期被聖塔菲國際（Santa Fe International）收購。

時，也應該把原因講清楚。就算答案顯而易見，把「為什麼」講清楚，仍是明智的做法。

硬科學／工程學

哪些思維模型最可靠呢？顯然是來自硬科學（hard science，多指自然科學）和工程學的思維模型。工程學裡的品質管理，即使對你我這樣的非專業工程師來說也很重要，這也是以費馬和巴斯卡的數學理論為基礎。

一項工程的成本這麼高，如果付出了這麼高的成本，你就不會希望它垮掉。這全是基本的高中數學知識。戴明[2]帶到日本的品質管理觀念，無非就是這些基礎數學的應用。

統計學

我認為大多數人沒有必要精通統計學。例如，我雖然不能準確說出「高斯分布」[3]的細節，不過我知道分布形態，也知道現實生活的許多事件和現象是按照這種方式分布的，所以我能做一個大致推算。但如果你要我算出一道高斯分布方程式，要求精確到小數點後十位，那我可算不出來。我就像個雖然不懂巴斯卡、可是牌打得很好的牌手。

順便說一聲，這樣也夠用了。但你應該像我一樣，至少能粗略理解那條鐘形曲線。

當然，工程學裡面的備援系統是非常有用的觀念，臨界點（breakpoints）概念是非常強大的思維模型。物理學裡面的臨界質量（critical mass）也是。

這些理論都能在日常生活中大大派上用場。所有成本／收益分析——你瞧，又全是

2 **威廉・愛德華茲・戴明**
William Edwards Deming, 1900-1993
出生於愛荷華州，成長於懷俄明州。雖然出身貧窮，但戴明非常用功，成為耶魯大學數學物理博士。他在農業部找到工作，但最終愛上了統計分析。二戰期間，想為戰爭出一份力的戴明，試圖將統計學應用於製造業，但並未受到美國企業的重視。戰後，戴明前往日本，教日本的企業家、工程師和科學家在生產過程中控制品質。直到一九八〇年代世界各國發現日本的製造技術很先進時，戴明才揚名於祖國。戴明品質獎最早只在日本頒發，現已受世界各國認可。

3 **高斯分布**
Gaussian distribution
或稱「常態分配」。

基本的高中代數，只不過被一些嚇人的術語包裝起來而已。

我認為第二種可靠的思維模型來自生物學／生理學，因為我們大家的基因構造畢竟都是相同的。

心理學

接下來當然就是心理學啦，這更為複雜。但如果你想擁有任何普世智慧，心理學太重要了。原因在於人類的感知器官有時候會短路。大腦的神經線路並非總是暢通無阻，線路也並非無窮多。所以懂得利用這種缺點、讓大腦以某種錯誤方式運轉的人，能夠讓你看到根本不存在的東西。

這又涉及到認知功能，和感知功能不同，認知功能比感知功能更容易被誤導。同樣的，由於大腦缺乏足夠的神經線路等原因，就出現了各式各樣的短路問題。

所以當外部因素以某些方式結合起來，更常見的是，有人像魔術師那樣故意操控，讓你認知錯亂，你就成了任人擺布的蠢貨啦！

使用工具的人應該瞭解工具的局限，同理，一個使用認知工具的人也應該瞭解其局限。順帶一提，這種知識可以用來操控和激勵別人。

所以心理學最有用、最具實踐價值的部分是極其重要的，我認為聰明的人一個星期就能學會。可是從來沒有人教過我，我不得不自己一點一滴學習，那可是相當辛苦的。這些道理十分簡單，全學到手以後，我覺得自己從前是個十足的傻子。

沒錯，我曾經在加州理工和哈佛法學院受過教育，而明星大學為你我這樣的人提供了錯誤的教育。

心理學的基礎部分，我稱之為誤判心理學，這是極其重要的知識，包括了大約二十個小原則。而且原則間還相互影響，所以有點複雜，但核心內容非常非常重要。

有些聰明絕頂的人由於忽略了它，而犯下非常瘋狂的錯誤。事實上，過去兩、三年我就犯了幾次這樣的大錯。人不可能完全避免犯愚蠢的錯誤。

巴斯卡說過一句話，我覺得那是思想史上最精確的論點之一。巴斯卡說：「人類的頭腦既是宇宙的光榮，也是宇宙的恥辱。」

確實如此。人類的頭腦擁有巨大力量，卻也經常出毛病，做出各種錯誤判斷，還極容易受他人操控。希特勒（Adolf Hitler）的軍隊大約有一半是由虔誠的天主教徒組成的，可見若是受到足夠高明的心理操控，人類會做出各種匪夷所思的事情。

雙軌分析

就個人來說，我已經養成了使用一種雙軌分析的習慣。首先，理性地看，**哪些因素真正控制了利益？其次，當大腦處於潛意識狀態時，有哪些潛意識因素，會使大腦自動形成看似有用但往往失靈的結論？**

前者用理性分析法，就是你在打橋牌時所用的方法，找出真正的優勢和機會等等；後者是評估造成潛意識結論的心理因素，而那些結論卻往往是錯的。

接下來我們要談另一種不那麼可靠的人類智慧：個體經濟學。我發現把完全或者部分自由的市場經濟，當作某種生態系統，是很有用的思維方式。

可惜能這麼思考的人不多，因為自達爾文以來，工業大亨之類的人認為，適者生存的法則證明他們確實擁有過人的能力。你知道他們會這麼想：「我最富有，所以，我是最好的。真是老天有眼。」人們對工業大亨的這種反應很反感，所以很不願意把經濟想成一種生態系統。但實際上，經濟確實很像生態系統，兩者有很多相似之處。

和生態系統一樣，有特定專長的人能夠在某些特定領域中做得特別好。動物在適合生長的地方便能繁衍，同樣的，在商業世界中專注於某個領域，並因而變得非常優秀的人，往往能夠得到他們無法以其他方式取得的高報酬。

基本的個體經濟學模型

談到個體經濟學，就會談到規模優勢（advantage of scale）這個概念。這更接近投資分析的議題了：規模優勢在商業成敗上扮演關鍵的角色。全世界所有的商學院都告訴學生，一種很大的規模優勢是：成本會隨著所謂的「經驗曲線」下降。受到資本主義激勵的人們，認為只要增加產量就能夠讓複雜的生產變得更有效率。

企業競爭的規模優勢

規模優勢理論的本質是：生產的商品愈多，就愈有能力生產該種商品，那是極大的

優勢，和經營的成敗有很大關係。

讓我們看看規模優勢還有哪些。有些優勢可以透過簡單的幾何學來解釋：如果打算建造一座油槽，顯然，隨著油槽增大，油槽表面所需的鋼鐵將會以平方的速率增加，而油罐的容量將以立方的速率增加。也就是說，你能用較少的鋼鐵換來較多的容積。

簡單的幾何學，簡單的事實，就能帶來規模優勢。許多事情都是這樣的。

像電視廣告最早出現的時候，也就是彩色電視機第一次走進我們客廳時，那是強大得令人難以置信的東西。早期的三家電視網就擁有大概九〇%的觀眾。如果你是寶鹼（P&G）公司，會有足夠財力使用這種新的廣告手段，負擔得起非常昂貴的廣告費用，因為你賣出的產品多得不得了。有些勢單力薄的公司負擔不起。如果產量不夠大，負擔不起電視廣告費用，但那是當時最有效的宣傳手段。

所以，電視出現後，那些規模很大的知名企業因而獲得巨大的成長動力，生意蒸蒸日上，發了大財，直到有些人變得腦滿腸肥，這是發財後會出現的現象，至少有些人會變這樣。

規模優勢也可能是一種資訊優勢。如果我到某個偏遠的地方，可能會看到箭牌（Wrigley）口香糖和格羅茲（Glotz's）口香糖擺在一起。我知道箭牌是一種令人滿意的產品，可是對格羅茲毫不瞭解。如果箭牌賣四十美分，格羅茲賣三十五美分，你覺得我會為了區區五分錢，而把某樣我不瞭解的東西放進嘴巴裡嗎？嘴巴畢竟是非常私密的地方呢。所以箭牌只是因為擁有高知名度而取得規模優勢，也可稱為「資訊優勢」。

來自社會認同

另外一種規模優勢來自心理學。心理學的術語是「社會認同」（Social Proof），我們會受到其他人認同的影響，因此，如果大家都買同樣的東西，我們就會認為這東西很好，只因為不想成為落伍的傢伙。

這種情況有時是潛意識的，有時是有意識的。有時候，我們清醒而理智的想：「哇，我對這東西不熟悉，而他們瞭解，那麼，我為什麼不跟著他們呢？」

由於人類心理而產生的社會認同現象，使企業可以大幅拓展產品的銷售管道，這種優勢自然是很難取得的。可口可樂的優勢之一，就是它的產品幾乎覆蓋了全世界各個角落。喏，假如你擁有一種小小的飲料商品，怎樣才能遍布地球各個角落呢？全球性的銷售管道是非常大的優勢，而這是大企業慢慢建立起來的。不妨想一想，如果你在這方面擁有足夠的優勢，別人很難動搖你的地位。

規模優勢還有另一種。有些行業經過長期的競爭後，有一家企業取得了壓倒性的優勢，最明顯的例子就是日報。在美國，除了少數幾個大城市，所有城市都只有一家日報。這同樣跟規模有關。如果我擁有絕大多數的發行量占有率，就能拿到絕大多數的廣告。如果我擁有大量的廣告和發行量，還有誰想看那份較薄、資訊量較少的報紙呢？所以會慢慢出現贏家通吃的局面，那是一種獨特的規模優勢現象。

這些龐大的規模優勢使企業內部能夠進行更專業的分工，每個員工因而能把本分工作做得更好。這些規模優勢非常強大，所以當傑克．威爾許（Jack Welch）到奇異公司

變化：投資者的朋友或敵人？

就網際網路而言，變化是社會的朋友。但一般來說，沒有變化才是投資者的朋友。雖然網際網路改變許多東西，但不會改變人們喜歡的口香糖牌子。蒙格和我喜歡像口香糖這樣穩定的企業；就把生活中不可預料的事情留給其他人吧。

——巴菲特

時，他說：「我們必須在我們進入的每個領域做到第一或第二，否則就退出。我不在乎要解雇多少人，賣掉哪些業務。如果做不到第一或第二，寧可不做。」

威爾許的做法顯得冷酷無情，但如果從讓股東財富最大化的角度來看，我認為是非常正確的決定。我不認為這種做法有什麼不文明，因為自從有了威爾許以後，奇異公司變得更強大了。當然，規模太大也有缺點。例如，波克夏是美國廣播公司（ＡＢＣ）的最大股東，我們旗下有很多刊物都被競爭對手打敗而倒閉。對手之所以能打敗我們，是因為更專業。我們如果有一份商務旅行雜誌，就會有人創辦一份專門針對企業差旅部門的雜誌；跟生態系統一樣，聚焦的領域愈小愈好。

對手的效率比我們高得多，為企業差旅的負責部門提供更多資訊，他們也不浪費墨水和紙張寄給差旅部門沒興趣的東西。由於我們沒他們專業，所以一敗塗地。

《星期六晚報》（*Saturday Evening Post*）和其他很多刊物的下場都是：消失了。我們現在擁有的是《越野摩托》（*Motocross*）雜誌，讀者是一群喜歡參加巡迴比賽、在比賽時騎著摩托車翻筋斗的傻子。他們在乎這本雜誌，對他們來說，它就是生活的主要意義。《越野摩托》雜誌完全是這些人的必需品，毛利率會讓人流口水。只要想想這些刊物的讀者群有多專業就知道了。所以縮小規模、加強專業化程度，能夠帶來巨大的優勢；反之，大未必好。

規模優勢衍生官僚弊端

當然，規模大也讓競爭變得更有趣，因為大公司並非總是贏家。規模優勢的最大缺點是企業變大以後，就會出現官僚作風，敷衍塞責，而這也是人類的本性。

這時企業內部的激勵機制會失靈。如果你在我年輕時為AT&T工作（當時它是個很大的官僚機構），誰會真的為股東利益或別的什麼事考慮呢？在官僚機構，當工作從你手上轉到別人手上時，你會認為自己的工作已經完成了，其實並沒有。在AT&T把應該發送的電訊發送出去以前，都不算完成工作。所以就會出現這種龐大、臃腫、笨拙、麻木的官僚機構。

這還會導致某種程度的腐敗。換句話說，如果我管一個部門，你管一個部門，我們都有權力處理這件事，那麼就會出現一種潛規則：「如果你不找我麻煩，我也不會找你麻煩，何樂不為。」於是就出現了多重管理以及不必要的相關成本。然後，在人們設法證明這些管理層有其存在必要的同時，任何事情都要花很長時間才能辦成。他們反應遲鈍，做不了決定，頭腦靈活的人只能圍著他們團團轉。

規模太大的魔咒，在於最後總是變成龐大、笨拙的官僚機構，最糟糕且弊端最多的當然是各種政府部門，它們的激勵機制真的很差勁。然而，這並不表示我們不需要政府。我們確實需要政府，但要讓這些大官僚機構能辦點正事，是讓人非常頭疼的問題。

所以人們開始尋找對策。他們設置了分散的小單位，以及很棒的激勵和培訓計畫。例如，大企業奇異公司就用驚人的技巧對抗官僚作風。那是因為奇異公司的領袖是個天才和狂熱的結合體。他們在他還年輕的時候就扶他上任，所以他掌權很久，這個人就是威爾許。

但官僚作風很可怕……當企業變得非常龐大、有影響力，就容易發生失控行為。看看西屋電氣（Westinghouse）就知道了。他們愚蠢的放出幾十億美元的貸款給房地產開發商，讓某個從基層爬上來的人當上領導人，我不知道他是做什麼出身的，可能是電冰箱之類的。突然之間，他把大筆金錢借給開發商蓋酒店。這是很不公平的競爭。沒隔多久，就輸光了幾十億美元。

哥倫比亞廣播公司（CBS）是個有趣的例子，印證了另外一條心理學原則——**巴夫洛夫[4]聯想**（Pavlovian association）：**當有人說了你不想聽的話，讓你不高興，自然而然就會產生抗拒的情緒**。你必須訓練自己擺脫這種反應。

電視剛出現的時候，整個市場由哥倫比亞廣播一家主導。當時比爾・佩利[5]就像神一樣，但他聽不得逆耳忠言，所以他的手下只跟佩利說他喜歡聽的話。沒多久，他就生活在由謊言編織成的世界裡，這個曾經偉大的企業也日益敗壞。哥倫比亞廣播公司的各種蠢事，都是這種風氣造成的。佩利掌權的最後十年真像是「瘋帽匠的茶會」。

但這絕非特例，企業高層嚴重失控的情況是很普遍的。如果你是投資人，那可就糟透了。想想佩利在得到哥倫比亞廣播公司以後，進行的一系列糟糕的收購，還聘請投資銀行家、管理顧問等等一堆愚蠢的顧問，這些人都領非常高的薪水。

所以人生就是兩種力量之間永不休止的拉扯：一邊是取得規模優勢，另一邊是變得

瘋帽匠的茶會

路易斯・卡羅（Lewis Carroll）所著《愛麗絲夢遊仙境》中主要角色之一，是一名會製作精美帽飾的瘋狂帽匠。茶會的對話像這樣：

「多來點茶呀，」三月兔非常熱情地對愛麗絲說。

「我還沒喝過，」愛麗絲不高興地說，「我怎麼能多來點呢。」

「你是說你不能少來點吧，」帽匠說，「多來比不來容易多啦。」

像美國農業部那樣人浮於事。農業部的人只是坐在那裡，什麼也不做。我不知道他們到底幹了些什麼，但我知道他們沒幹出幾件有用的事。

沃爾瑪的競爭策略

就規模經濟的優勢而言，我覺得連鎖店非常有趣。想就知道啦，連鎖店的概念是個迷人的發明。你擁有巨大的採購能力，這意味著能夠降低商品成本，而連鎖店就像一家一家的實驗室，你可以用來做實驗。這一來，就變得更專業化了。

如果一家小商店的老闆，在供應商上門推銷的影響下，要選購二十七種產品，肯定會做出很多愚蠢的決定。但如果採購工作是在總部完成的，旗下有大量的商店，那麼就可以聘請一些像精通冰箱等商品的聰明人來做採購工作。

而讓一個人負責全部採購的小商店，將會出現糟糕的後果。曾有個故事是，一家小商店裡堆滿了食鹽，一個陌生人走進去，對店長說：「哇，你肯定賣掉很多鹽。」店長回答：「沒有啦，賣鹽給我的那個人才賣掉了很多鹽。」

所以連鎖店在採購上有極大的優勢，此外還有一套完善的制度，規定每個人應該做什麼，所以連鎖店可以成為很棒的企業。

沃爾瑪的歷史很有意思，最初只有一家店，在阿肯色州，而當時最具聲望的百貨商店是坐擁數十億美元資產的西爾斯（Sears, Roebuck and Co.）。阿肯色州本頓威爾市（Bentonville）一個身無分文的傢伙如何打敗西爾斯呢？他用一生時間完成這件偉業，實

4 **巴夫洛夫**
Ivan Pavlov, 1849-1936
生於俄國，為實驗心理學的先驅，古典制約理論的創始者。最知名的是狗—鈴聲—食物的制約反應實驗，因而有「巴夫洛夫制約」這個心理學名詞流傳後世。一九〇四年曾獲諾貝爾獎。

5 **比爾．佩利**
Bill Paley，亦名 William S. Paley, 1901-1990
美國哥倫比亞廣播公司前董事長和創辦人，被稱為哥倫比亞廣播公司之父。

際上，他只用了半生的時間，因為他開出第一家小商店時，已經相當老了……連鎖店這個遊戲，他玩得比誰都努力，玩得比誰都好。其實山姆・華頓[6]並沒有什麼創新，他只是照抄別人做過的所有聰明事，而且更狂熱的去做、也更有效的管理員工，所以能夠打敗其他對手。

華頓早期採用了一種非常有趣的競爭策略。他就像為獎牌而奮鬥的拳擊手，想弄到一份輝煌戰績，以便躋身決賽，成為電視焦點。他是怎麼做的呢？他出去找了四十二個不堪一擊的對手，對吧？結果當然是勝出、勝出、勝出，連贏四十二次。

精明的華頓，打敗早期美國小城鎮的其他零售商。雖然他的系統效率更高，但仍無法撼動大商店；由於沃爾瑪的系統更好，讓他能夠一而再、再而三的摧毀小城鎮的零售商，等到規模變大以後，就開始摧毀大企業。

嗯，這真是一種非常、非常精明的策略。

你也許會問：「這種做法好嗎？」嗯，資本主義是非常殘酷的。但我個人認為，世界因為有了沃爾瑪而變得更為美好。我想說的是，你可以把小鎮生活想像得很美好，但我曾經在小鎮生活過很多年，讓我告訴你吧：你不應該把那些被華頓摧毀的小商店想得太美好。

此外，沃爾瑪的許多員工都是優秀能幹的人，他們需要養家活口。對這件事，我並沒有低級文化打敗高級文化的想法，我認為那種想法無非是懷舊和幻覺，但不管怎麼說，沃爾瑪這個有趣的模式，讓我們看到了：**規模和熱情一旦結合起來，能夠產生多大**

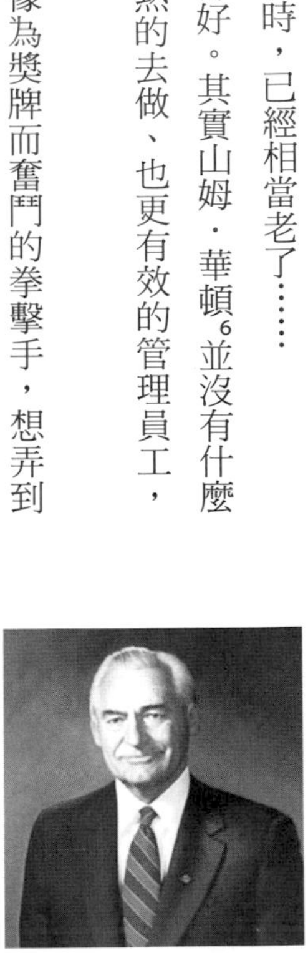

6 沃爾瑪與山姆・華頓

山姆・華頓（Sam Walton）於一九六二年在阿肯色州的羅傑斯市開了第一家沃爾瑪（Wal-Mart）百貨，隨後五年擴張到二十四家；一九七〇年，沃爾瑪將其物流配送中心和企業總部遷移到現址——阿肯色州的本頓威爾市。沃爾瑪在美國和海外持續擴張，如今擁有超過一百萬名員工，每年銷售收入超過二千五百億美元，市值超過二千億美元。這家公司以不斷追求為顧客提供更廉價的商品而聞名。

7 小鷹鎮首航

萊特兄弟（Wright Brothers）製造出世界上第一架比空氣重並且可

的威力。

這個有趣的模式，也向我們說明了另外一個事實：西爾斯雖然擁有很強的規模優勢，但人浮於事的官僚作風，卻帶來了可怕的損失。西爾斯有許許多多冗員，官僚習氣非常嚴重，思維很慢，思考問題的方式很僵化；一旦你的腦袋出現了新想法，這種系統就會反對你。西爾斯擁有一切你所能想像得到的大型官僚機構的弊端。

平心而論，西爾斯也有許多優點，但不如華頓那麼精簡、刻薄、精明和有效率。所以隔沒多久，西爾斯所有的規模優勢，都抵擋不住沃爾瑪和零售商同行的猛烈進攻。

寡占市場的競爭策略

有種模式一直讓我們很困惑。許多市場最終會變成兩、三個，頂多五、六個大型競爭對手的天下。在某些市場，沒有一家公司賺得到錢；但某些市場裡，每家公司卻都活得很好。

這些年來，我們一直試圖弄清楚，對投資者而言，為什麼某些市場的競爭比較理性，能給股東帶來很多收益；而有些市場的競爭卻是破壞性的，摧毀了股東的財富。

像機票這樣單純的商品，不難理解為什麼沒人能賺到錢。我們坐在這裡也能想像得到航空公司帶給這個世界的好處：安全的旅遊、更豐富的體驗、和親密的人共度的美好時光等等。然而，自從小鷹鎮首航[7]以來，這些航空公司的股東淨收益卻是負數，且是非常可觀的負數。航空業競爭太過激烈，一旦政府放寬管制，就會嚴重損害股東的利益。

以載人的動力飛行器「飛行者號」（Flyer）。一九〇三年十二月十七日早上十點三十五分，在北卡羅萊納州的小鷹鎮（Kitty Hawk），由三十九歲的奧維爾．萊特成功地駕駛起飛，雖然只短暫地在十二秒內飛行了三十六．六公尺，卻實現了人類飛行的夢想，並從此改變了全世界。

然而，在其他領域，比如說麥片，幾乎所有大公司都賺錢。一家中等規模的麥片製造商，也許能賺到一五%的利潤；非常厲害的，也許能賺到四〇%。在我看來，麥片製造商之間的競爭非常激烈，促銷活動很多，發放優惠券什麼的，但為什麼還能賺那麼多錢？我無法完全理解。但顯然麥片業裡存在著品牌認同的因素，這是航空業所缺乏的，而這肯定是主要原因。

也有可能大部分麥片製造商已經學到了教訓，不會那麼瘋狂的去爭奪市占率，因為如果有某個廠商拚命想要搶占更大的市占率，例如，假設我是家樂氏[8]，我覺得我必須占有六〇%的市場，並吃下大多數的市場利潤，那麼我可能會在擴張的過程中毀了家樂氏。

在某些行業裡，企業的行為像發神經的家樂氏；而有些行業則不會出現那種情況。可惜我並沒有一個完美的模式，來預測什麼情況下會發生。

如果觀察瓶裝飲料市場，會發現在許多市場，百事可樂和可口可樂能賺很多錢；而在其他市場卻搞砸了。這絕對跟每個特許經營商對市場資本主義的適應性有關。我想你必須認識牽涉其中的人，才能完全理解這是怎麼回事。

當然，在個體經濟學裡，你們會看到專利權、商標權、特許經營權等概念。專利權非常有趣。在我年輕時，我覺得專利權很不划算，投入的錢比得到的錢多。而法官傾向否決專利權——因為很難判斷哪些是真正的創新，哪些是仿製來的。那可不是一下子可以全部說清楚的事。

8家樂氏

Kellogg

一八九四年，約翰．哈威．家樂（John Harvey Kellogg）和他的弟弟威廉（William）想為巴托爾河療養院的病人發明一種新型的「健康」食物，他們在實驗的過程中發現，把煮熟的麵糰用輥軸壓平，再加以烘烤，就能製造出麥片。威廉最終開始生產這種新型的麥片產品，到一九〇六年，日銷量多達二千九百箱。如今，家樂氏已成為一個早餐食品帝國。

新技術的迷思

微觀經濟學的重大啟示在於教人們辨別：「技術」什麼時候能幫助你，什麼時候又會摧毀你。大多數人並沒有想通這個問題，但像巴菲特這樣的傢伙早就明白了。

以前我們做過紡織品生意，那是非常糟糕的無特性商品行業，我們當時生產的是下游的紡織品，真正的無特性商品。某天，有人對巴菲特說：「有一種新的紡織機，效率是舊紡織機的兩倍。」巴菲特說：「天哪，我希望這種新機器沒這麼厲害，因為如果真這麼厲害，我就要把工廠關掉了。」他並不是在開玩笑。

巴菲特是怎麼想的呢？他的想法是這樣的：「這是很糟糕的生意，利潤率很低，我們讓它開著，是為了照顧年紀大的工人，但不會再投入鉅額資金給一家糟糕的企業。」

他知道，更好的機器能大大提高生產力，但最終受益的是購買紡織品的人，廠商什麼好處也得不到。這個道理很淺顯，有好些各式新發明雖然很棒，但只會讓你花冤枉錢，企業就算採用了新機器，也改變不了江河日下的命運。因為錢不會落到你手裡，改善生產帶來的所有好處，都流向消費者了。

相反的，如果你擁有某地區唯一的報紙，有人發明了更為有效的排版技術，然後你甩掉舊技術，買進花稍的新電腦之類的，那麼你的錢不會白花，節省下來的成本還是會回到你手上。

推銷機器的人，甚至是公司裡催促你採購新設備的人，都會說：使用新技術將為你節省多少成本。然而，他們並沒有進行第二步分析，也就是弄清楚多少錢會落在你手

專利權、商標權和特許經營權

專利權：政府授予某項發明的創造人在一定時間內製造、使用和銷售該發明的專屬權利。發明受專利權保護。

商標權：標識某樣產品的名稱、符號等圖案，須經官方註冊，由法律規定僅供該產品的所有者或製造商使用。也可以指一個人或一樣事物廣受認可的顯著特徵。

特許經營權：指透過簽訂合約，特許人將有權授予他人使用的商標、商號、經營模式等經營資源，授予被特許人使用，被特許人按照合約約定在統一經營體系下從事經營活動，並向特許人支付經營費。

裡，多少錢會流向消費者。我從沒聽說有哪個人提出過這第二步分析，我遇到的總是那種說：「只要你購買這些新技術，三年之內就能把成本收回來。」

所以你不斷購買一些三年內可以回收成本的新玩意。這麼做了二十年以後，獲得的年均報酬率只有不到四%，這就是紡織業。

這不是說那些機器不好，只是節省下來的錢沒有落到你手裡。成本確實降低了。但那個購買設備的傢伙，並沒有得到成本降低帶來的好處。這個道理很簡單、很基本，可是卻經常被人忘記。

競爭性毀滅

微觀經濟學裡面還有種模型也非常有趣。在現代文明社會，科學技術突飛猛進，所以出現了一種我稱之為「競爭性毀滅」（competitive destruction）的現象。假設你擁有一家最好的馬鞭廠，突然間，出現了不用馬的汽車。過不了幾年，馬鞭生意就完蛋了。你要嘛去做另一種不同的生意，要嘛從此關門大吉。這種事層出不窮。

當新行業出現時，先行者會獲得極大優勢。如果你是先行者，會遇到一種我稱之為「衝浪」的模型：當衝浪者順利衝上浪尖，並停留在浪頭上，就能衝上很長很長一段時間；但如果沒衝上去，就會立刻被海浪吞沒。站穩在浪頭上而且衝很久的，無論像是微軟、英特爾，包括早期的安迅公司[9]，都是如此。

收銀機對文明社會貢獻重大，這是一個很有意思的故事。派特森原本是個沒賺到什麼錢的小零售商，有一天，有人賣給他一台早期的收銀機，放在商店裡用，這台收銀機立刻讓他轉虧為盈，因為有了它以後，店裡的員工想偷錢就難多了。

但派特森是個聰明人，他並沒有想：「這對我的零售店有幫助。」他的想法是：「我要做收銀機的生意。」所以，他創辦了安迅公司。

他衝上了浪尖，擁有最好的銷售系統、最多的專利、其他一切也都是最好的。他狂熱的投入，改進一切與此有關的技術。我的檔案裡還有一份早年安迅公司的年報，派特森在年報中闡述了他的經營方法和目標。一隻受過良好訓練的大猩猩也能明白，當時入股派特森的公司是百分之百賺錢的事情。

當然，這正是投資者尋找的良機。在漫長的人生中，你只要培養自己的智慧，抓住一兩次這樣的好機會，就能夠賺許許多多的錢。總而言之，「衝浪」是一個非常強大的模式。

然而，波克夏通常並不投資在複雜的科技業裡「衝浪」的人。畢竟我們既古怪又老派，這一點你們可能已經注意到啦。巴菲特和我都不覺得，我們在高科技行業擁有任何重大優勢。事實上，我們認為很難理解軟體、電腦晶片等等科技業的發展，所以盡量避開這些東西，正視我們個人的知識缺陷。

9安迅公司

NCR, National Cash Register由約翰．派特森（John H. Patterson）創辦於一八八四年，生產出第一批商用收銀機。二十年後，NCR製造出第一台電動收銀機。一九五〇年代初期，NCR開始生產用於航空業和商業的電腦。一九九〇年代末期，該公司從純硬體製造商轉型為商業自動化「全面解決方案」供應商。

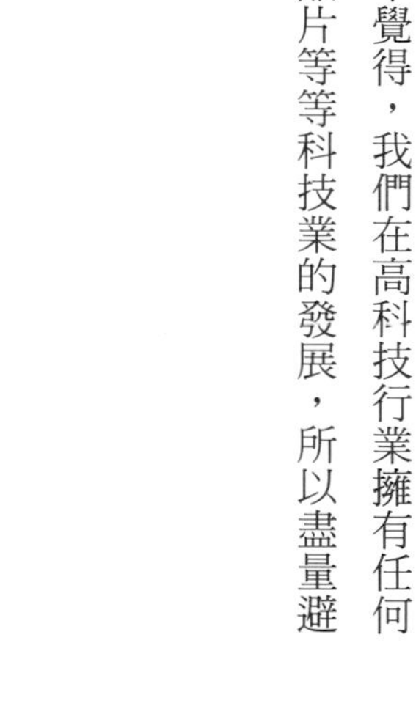

能力圈

這同樣是一個非常非常有用的道理：每個人都有他的能力圈，但要擴大那個能力圈是非常困難的。如果我不得不靠當音樂家來謀生……假設音樂是衡量文明的標準，那麼我不知道必須把標準降到多低，才能夠有演出的機會。

你必須弄清楚自己有什麼本領。如果要玩那些別人玩得很好、自己卻一竅不通的遊戲，那麼，你注定一敗塗地。要認清自己的優勢，只在能力圈裡競爭。

如果想要成為世上最好的網球球星，你可以開始努力，然後沒多久就會發現這是癡人說夢，因為別人的球技是你望塵莫及的。然而，如果想要變成某個地區最好的管道工程承包商，你們之中大概有三分之二的人能夠做到。這需要下定決心，也需要智慧。不久以後，你將會逐漸瞭解有關管道生意的一切，掌握這門藝術。只要有足夠的訓練，那是個可以達到的目標。有些人雖然無法在世界西洋棋大賽上獲勝，也無緣站在網球大賽的球場上與對手一較高下，卻可以透過慢慢培養一個能力圈，而在生活中取得很高的成就。個人成就既取決於天資，也取決於後天的努力。

有些優勢是可以透過努力獲取的。我們多數人在一生中所能做到的，無非就是成為一個地方上的優秀管道工程承包商；畢竟只有少數人能夠贏得世界西洋棋大賽。

你們當中有些人，也許會有機會在新興的高科技領域，像英特爾、微軟等公司裡「衝浪」。我們自認為對該行業並不精通，也完全不去碰，但並不表示你們去做就是不理智的行為。

好啦，關於基本的微觀經濟學模型就說到這裡，加上一點心理學，再加上一點數學，就構成了我所說的普世智慧的基礎。現在，如果你們想要從胡蘿蔔轉到甜點的話，我就來談談如何選擇股票。在這個過程中，我將會應用這種普世智慧。

投資的有效市場理論

我不想討論新興市場、債券之類的東西，只想簡單談談如何挑選股票。相信我，這已經夠複雜了。而且我要談的是普通股。

第一個問題是：「股市的本質是什麼？」這個問題把你引到「有效市場理論」，這理論是在我從法學院畢業以後很久才大大流行起來的。

相當有意思的是，世界上最偉大的經濟學家之一，竟然是波克夏的主要股東。自從巴菲特掌管波克夏後不久，他就開始投錢進來。他的教科書總是教學生，股市是極其有效率的，沒有人能夠打敗股市。但他卻把自己的錢放進波克夏，還因而致富。所以就像巴斯卡在那次著名的賭局中所做的一樣，這位經濟學家也對他的賭注做了避險。

股市真的如此有效率，乃至於沒有人能打敗嗎？顯然，有效市場理論大體上是正確的，市場確實十分有效，投資人很難光靠聰明和勤奮，獲取比市場平均報酬率高出很多的收益。

確實，平均的結果必定是中等的結果。從定義上來說，沒有人能夠打敗市場。正如

蒙格語錄

在一九九九年波克夏的年會上，有人問蒙格有關二〇〇〇年千禧蟲的問題，他回答說：「我覺得很有趣竟然有這樣一個問題。你知道嗎，可以預測，二〇〇〇年將會到來。」

我常說的，人生的鐵律就是，只有兩成的人能夠贏過其他八成的人，事實就是如此。所以答案是：市場既是部分有效的，也是部分低效的。

順便一提，我為那些信奉絕對有效市場理論的人取了個名字，叫作「瘋子」。有一種智力上的一致性理論，讓他們能夠做出漂亮的數學題。所以我想這種理論對有很高數學才華的人非常有吸引力，可是它的基本假設和現實生活並不相符。

還是那句老話，在手裡拿著鐵錘的人眼中，世界就像一根釘子。如果你精通高等數學，怎麼會不弄個能表現你的本領的假設呢？

我喜歡以賽馬中的彩池投注系統[10]來簡單說明股市的概念。想一想，彩池投注系統其實就是一個市場，每個人都去下注，賠率則根據賭注而變化。股市也是這樣的。

一匹負重較輕、勝率極佳、起跑位置很好的馬，非常有可能跑贏一匹勝率欠佳、負重過多的馬，這個道理就算傻瓜也明白。但如果該死的賠率是這樣的：劣馬的賠率是一賠一百，而好馬的賠率是二賠三。那麼利用費馬和巴斯卡的數學，很難清楚算出押哪匹馬能賺錢。股票價格也以這種方式波動，所以人們很難打敗股市。

然後馬會還要收取一七%的費用，所以你不但必須比其他投注者出色，還必須出色很多，因為你必須將下注金額的一七%上繳給馬會，剩下的錢才是賭本。

憑著這些資料，光靠聰明才智能夠打敗那些馬匹嗎？聰明的人應該擁有一些優勢，因為大多數人什麼都不懂，只是去壓寶在幸運號碼等等諸如此類的做法。因此，如果不考慮馬會收取的交易成本，那些確實瞭解各匹馬的表現、懂得數學而又精明的人就擁有

10 彩池投注系統

一種賭馬的博彩系統，在所有投注金額減去管理費用之後，由贏家依照各自的獲獎金額瓜分。

相當大的優勢。

可惜的是，一個賭馬的人再精明，就算他每個賽馬季都能贏取一〇%的利潤，但扣掉上繳一七%的成本後，他仍然是虧損的。不過確實有少數人，在支付了一七%的費用以後，仍然能夠賺錢。

贏家的秘密

我年輕的時候經常玩撲克，跟我一起玩的那個傢伙什麼事都不做，就靠賭輕駕車賽馬為生，而且賺了許多錢。輕駕車賽馬是一種相對低效率的市場，不像普通賽馬，不需要很聰明也能玩得不錯。我的牌友所做的就是把輕駕車賽馬當作職業。他投注的次數不多，只在發現定錯價格的賭注時才會出手。透過這種方式，在全額支付了馬會的一七%費用以後，還是賺了許多錢。

你肯定會說那很少見，然而，市場並非絕對有效率的，如果不是因為這一七%的管理費用，許多人都能夠在賭馬中贏錢。市場是有效的，這沒錯，但市場並非完全有效。有些夠精明、夠投入的人，就能得到比別人更好的報酬。

股市也一樣，只不過管理費用要低得多。股市的交易費用，無非就是買賣價差加上佣金，如果你的交易不是太頻繁，交易費用是相當低的。所以呢，有些夠狂熱、夠自律的精明人，將會比一般人得到更好的結果。

那可不是件容易的事。當然，有五成的人會在最差的一半裡，而七成的人會在最差的七〇%中。而有些人將會占據優勢，在交易成本很低的情況下，他們挑選的股票會獲得比市場平均報酬率更好的成績。

要怎樣才能成為贏家，而不是輸家呢？

在這裡，我們要重新看看彩池投注系統。昨晚我非常碰巧和聖塔安妮塔馬會（Santa Anita）的主席共進晚餐。他說，有兩、三個賭場跟馬會有信用協議，這些賭場其實比馬會厲害，它們開設場外賭盤，馬會在收取全額的管理費後，把錢付給那些繳了全額管理費後還是能賺到錢的贏家，結果大量的錢被送進拉斯維加斯賭盤。那些人很精明，連賽馬這麼不可預料的事情也能賭贏。

老天爺並沒有賜予人類全知全能的本事，但如果人們努力在世界上尋找定錯價格的賭注，老天爺有時會讓他們如願。聰明人在發現這樣的機會後，會狠狠下注。他們碰到好機會就下重注，其他時間則按兵不動。就是這麼簡單。根據我對彩池投注系統的觀察，和從其他地方得來的經驗，這麼做顯然是正確的。

然而在投資管理界，幾乎沒有人這麼做。巴菲特和我是這麼做的。大多數人腦袋裡有許多瘋狂的想法，他們不是等待可以全力出擊的良機，而是好像以為只要更加努力的工作，或者聘請更多商學院的學生，就能在商場上戰無不勝。在我看來，這種想法完全是瘋狂。

你需要看準多少次呢？我認為一生中不需要很多次。只要看看波克夏及其累積起來的數千億美元就知道了，那些錢大部分是由十個最好的機會帶來的，而那是巴菲特努力

蒙格語錄

波克夏做過最嚴重的錯誤是坐失良機。我們看到了許多好機會，卻沒有採取行動。這些是重大的錯誤，因此損失了幾十億美元。而我們還不斷在犯這樣的錯，雖然努力改進，但還無法完全擺脫。

這樣的錯誤有兩種：一是什麼也不做，巴菲特稱之為「吮吸我的大拇指」；二是有些股票本來應該買很多，但是只買了一點。

在差點犯下沒有購買喜詩糖果的大錯之後，我們仍多次犯了同樣的錯誤（曾經因為沃爾瑪的股價上漲了一點點而放棄買進，結果少賺了一百億美元）。很顯然，我們學習速度太慢。這些機會成本並沒有反映在財務報表上，

一輩子取得的成績；他是一個非常聰明的人，遠比我能幹，而且非常自律。我並不是指他只看準了十次，我想說的是：大部分的錢是從十個機會上賺來的。

所以如果能夠像彩池投注的贏家那樣思考，就能得到非常出色的投資結果。股市就像一場充滿胡說八道和瘋狂的賭博，偶爾會有定錯價格的良機。你可能沒有聰明到一輩子能找出一千次機會的程度。當你遇到好機會，就全力出擊。就是這麼簡單。

巴菲特在商學院講課時，曾告訴學生：我用一張考勤卡就能改善你最終的財務狀況；這張卡片上有二十格，所以只能有二十次打卡的機會，這代表你一生中所能擁有的投資次數。當你把卡打完之後，就再也不能進行投資了。

他說：「在這樣的規則之下，你會真正慎重考慮你做的事情，你不得不花大筆資金在真正想清楚的投資項目上。這樣你的報酬會好得多。」

在我和巴菲特看來，這個道理極其明顯，但基本上不會在美國商學院的課堂上被討論，因為這並非傳統智慧。

問題出在激勵機制

在我看來很明顯的是，贏家下注時必定是非常謹慎選擇的。我很早就明白這個道理，不知道為什麼許多人到現在還不懂。

我想人們在投資管理中犯錯的原因，可以用一個故事來解釋：我曾遇到一個賣魚鉤的傢伙。我問他：「天哪，你這些魚鉤居然是綠色和紫色的，魚真的會上鉤嗎？」他

但讓我們失去了幾十億美元。

錯失良機的錯誤（是無形的），絕大多數人並未注意到。但我們會主動說出我們犯下哪些錯失良機的錯誤。

說：「先生，我又不是賣給魚。」

許多投資經理的做法跟這個魚鉤銷售員一樣，也像那個把鹽賣給已經有太多鹽的店家的傢伙。只要那個店家繼續購買食鹽，他們就能把鹽賣出去。但這對於需要投資建議的人來說是行不通的。

如果你的投資風格像波克夏，就很難得到現在這些投資經理所獲取的薪資報酬，因為那樣的話，你將只會持有一批沃爾瑪股票、一批可口可樂股票、一批其他股票，別的什麼都不用做。你只要穩坐不動就行了，而客戶會發財。不久以後，客戶會想：「這傢伙只是買了一些好股票，又不需要做什麼，我幹嘛每年給他千分之五的報酬呢？」**投資者考慮的跟投資經理考慮的不同，決定行為的是決策者的激勵機制，這是人之常情。**

說到激勵機制，在所有企業中，我最欣賞的是聯邦快遞。聯邦快遞系統的核心和靈魂，是保證貨物按時送達，這點使它的服務更完整。它必須在三更半夜，讓所有的飛機集中到一個地方，然後把貨物分發到各架飛機上。如果哪個環節有延誤，聯邦快遞就無法及時把貨物送到客戶手裡。

以前聯邦快遞的派送系統總是出問題，員工從來沒能及時完成工作。公司的主管想盡辦法勸說、威脅等等，用盡所有想得到的手段，但是沒有一樣有效果。最後，有人想到了好主意：不再以工作時數計薪，而是按班次計薪，員工只要工作做完就可以回家。他們的問題一夜間就全部解決了。

所以制定正確的激勵機制是非常、非常重要的教訓。對聯邦快遞而言，解決方案並

聯邦快遞（Federal Express）的物流革命

一九六五年，耶魯大學學生史密斯（Frederick W. Smith）寫了一篇被多數航空貨運公司採用的論文。他認為有必要專門設計一個空運系統，以便和對時間要求嚴格的航運系統接軌。一九七一年，史密斯控股了阿肯色州空運公司，他很快就體認到，要在一兩天之內把貨物送出的難處。他做了許多研究，創造出一個更有效率的物流系統。該公司的正式開業時間是一九七三年，以曼菲斯國際機場為基地，只有十四架小飛機。曼菲斯後來成為該公司的總部所在地。聯邦快遞到一九七五年七月才開始獲利，很快成為貨物快遞的主要承運商，並制

不是那麼明顯。但願從今以後，這樣的解決方案對你來講會明顯得多。

好啦，現在我們已經明白，市場的有效性跟彩池賽馬系統是一樣的：熱門馬比潛力馬更可能獲勝，但那些把賭注押在熱門馬身上的人，未必會有投注優勢。

在股票市場上，有些鐵路公司飽受更優秀的競爭對手和強勢工會的折磨，股價可能只有帳面價值的三分之一。相反的，ＩＢＭ在牛市時的股價，可能是帳面價值的六倍。這就像彩池投注系統，就算白癡也明白，ＩＢＭ的前景比鐵路公司要好得多。但如果你把價格考慮在內，那麼就很難說買哪支股票才是最好的選擇了。所以說股市非常像彩池投注系統，是很難打敗的。

如果讓投資者來挑選普通股，應該用什麼方式打敗市場？換句話說，是如何獲得比長期的平均報酬率更好的收益呢？許多人用的是一種叫作「類股輪動（sector rotation）」的標準技巧。只要弄清楚石油業什麼時候比零售業表現好就行了。只要永遠在市場上最熱門的行業裡打轉，比其他人做出更好的選擇就可以了。依照這個假設，經過一段漫長的時間，你的業績就會很出色。

然而，我不知道有誰因為類股輪動操作而真正發大財；也許有些人能夠做到。我並不是說沒有人能做到。我只知道，我所認識的很多有錢人並不那麼做。

葛拉漢的理論

第二個基本方法是班傑明・葛拉漢所用的方法，巴菲特和我十分欣賞這種方法。做

定了快遞業的行業標準。

為其中一個元素，葛拉漢運用了「私人擁有價值」的概念，也就是說，應該考慮如果出售整個企業給私人的話，能夠賣多少錢。多數情況下，那是可以計算出來的。

然後，再把股價乘以股份，如果得到的結果是整個售價的三分之一或不到，他會說買這樣的股票是撿了大便宜。即使那是一家爛公司，管理者是個酗酒的老糊塗，每股的真實價值比你支付的價格高出那麼多，這意味著你能得到各種各樣的好處。你如果得到這麼多額外的價值，用葛拉漢的話來說，就擁有了巨大的安全邊際。

但總的來說，葛拉漢購買股票的時候，世界仍未擺脫一九三〇年代經濟大蕭條的影響，那是英語世界六百年裡最嚴重的經濟衰退。我相信扣除通貨膨脹因素以後，英國利物浦的小麥價格大概是六百年裡最低的。人們很久才擺脫大蕭條帶來的恐慌心理，而班傑明・葛拉漢早就拿著蓋革計數器[11]在一九三〇年代的廢墟中，尋找那些價格低於價值的股票。

而且在那個時代，流動資金確實屬於股東。如果員工不再有用，你完全可以炒他們魷魚，拿走流動資金，裝進股東的口袋裡。當時的資本主義就是這樣的。

當然，如今會計報表上的東西是不能當真的，因為企業一旦開始裁員，大量的資產就不見啦。按照現代文明的社會規範和新的法律，企業的大量資產屬於員工，所以當企業走下坡時，資產負債表上的一些資產就消失了。

如果你自己經營一家小小的汽車經銷店，情況可能不是這樣。你不需要為員工繳納醫療保險之類的福利金，如果生意變得很糟糕，你可以收起流動資金回家去。但ＩＢＭ

11 **蓋革計數器**
Geiger counter
或稱蓋革－米勒計數器（Geiger-Müller counter），是一種用於探測電離輻射的粒子探測器，通常用於探測α粒子和β粒子，也有些型號蓋革計數器可以探測γ射線及X射線。

也不能或者無法這麼做。看看當年ＩＢＭ因為世界科技的變化，加上自身的市場地位下降而決定裁員時，資產負債表上失去了什麼吧。

在揮霍股東財富上，ＩＢＭ算得上是模範了。ＩＢＭ的管理者非常出色，訓練有素。但科學技術發生了很大的變化，導致ＩＢＭ在成功「衝浪」六十年後，從浪尖墜落。這算是潰敗吧！一個真實的教訓，讓人明白經營科技企業的難處，這也是巴菲特和蒙格不怎麼喜歡科技業的原因之一。我們並不認為我們懂科技，這行業總會發生許多稀奇古怪的事情。

總而言之，這個我稱之為葛拉漢經典概念的問題在於，人們逐漸變得聰明起來，那麼顯而易見的便宜股票消失了。你要是帶著蓋革計數器在廢墟上尋找，它將不再發出響聲。

但由於那些拿著鐵錘的人的本性，正如我說過的，在他們看來，每個問題都像釘子，葛拉漢的信徒做出的反應，是調整他們的蓋革計數器的刻度。事實上，他們開始用另外一種方法來定義便宜的股票，他們不斷改變定義，以便延續原來的做法。而這麼做效果居然也很好，可見葛拉漢的理論體系是非常優秀的。

當然，他的理論最厲害的部分，是「市場先生」的概念。葛拉漢並不認為市場是有效的，他把市場當成一個每天都來找你的躁鬱症患者。有時候，「市場先生」說：「你認為我的股票值多少？我願意便宜賣給你。」有時候他說：「你的股票想賣多少錢？我願意出更高的價錢來買。」所以你有機會決定是要多買一些股票，還是把手上持股賣

葛拉漢

班傑明・葛拉漢（Benjamin Graham, 1894-1976）生於倫敦，幼年時全家遷居美國。他的父親開過一家進口公司，但很快就關門大吉。雖然出身窮苦，葛拉漢還是考上了哥倫比亞大學。畢業後，聰明才智讓他很快脫穎而出，年僅二十五歲便成為公司的合夥人。一九二九年的股市大崩盤，差點讓葛拉漢破產，但他吸取了寶貴的投資教訓。在一九三〇年代，葛拉漢出版了一系列投資圖書，後來都成了經典。其中最著名的有《證券分析》（*Security Analysis*）和《智慧型股票投資人》。他提出「內在價值」概念，以及以低價購買股票的主張。

掉，或者什麼也不做。在葛拉漢看來，和一個永遠給你一連串選擇的躁鬱症患者做生意是很幸運的事。這種思想非常重要，它讓巴菲特一生受益匪淺。

然而，如果我們只是原封不動的照抄葛拉漢的經典做法，波克夏不可能擁有現在的業績，而那是因為葛拉漢並沒有嘗試去做我們所做的事。

例如，葛拉漢甚至不願意跟企業經營者交談，他這麼做是有原因的。最好的教授會用淺顯易懂的語言來表達自己的思想，葛拉漢也一樣，他想要發明一套每個人都能用的理論。他不認為隨便什麼人都能跑去跟企業經營者交談並學到東西；他還認為，企業經營者往往會非常狡猾的扭曲資訊來誤導人們，所以很難從經營者口中取得正確資訊。當然，現在仍然如此，因為人性就是這樣。

投資偉大的企業

我們起初是葛拉漢的信徒，也有不錯的成績，但慢慢的，我們培養起更好的眼光。我們發現，有的股票雖然價格是其帳面價值的兩三倍，但仍然是非常便宜的，因為該公司的市場地位所隱含的成長動能，有時還加上某些經營者，或者整個管理體系非常出色等等。

一旦我們突破了葛拉漢的局限性，用可能會嚇壞葛拉漢的量化方法來尋找便宜的股票，我們就開始考慮更為優質的企業。

順便一提，波克夏數千億美元資產的大部分，來自這些更為優質的企業。最早的

12 巴菲特合夥公司
指巴菲特在一九五七到一九六九年經營的合夥投資私募基金。

兩、三億美元資產，是用蓋革計數器四處搜尋賺來的，但絕大多數的錢來自那些偉大的企業。即使早年有些錢也是經由短暫投資優秀企業賺來的。比如說，巴菲特合夥公司[12]就曾經在美國運通和迪士尼股價大跌的時候買進。

大多數投資經理人遇到的情況是，客戶都要求他們懂得許許多多的事情。而在波克夏，沒有任何客戶能夠解雇我們，所以不需要討好客戶。**我們認為，如果發現了一次定錯價格的賭注，而且非常有把握會贏，就應該狠狠下注，所以我們的投資沒那麼分散。我認為我們的方法比別人好得多。**

然而，平心而論，我覺得許多基金經理人就算採用我們的方法，也未必能成功銷售他們的服務。但如果你投資的是退休基金，期限為四十年，那麼只要最終的結果非常好，過程有點波折或者跟其他人有點不同又怎樣？所以，業績波動大一點也沒關係。

在當今投資管理界，每個人不但想贏，而且都希望他們的投資之路跟標準道路不要相差太遠。這是一種非常造作、瘋狂的幻想。投資管理界這種做法，跟中國女人裹小腳的陋習差不多；那些管理者就像尼采所批評的以瘸腿為榮的人。

那真的是自縛手腳。投資經理人可能會說：「我們不得不那麼做呀，人們就是以那種方式評價我們。」就目前他們的商業界而言，這種說法可能是對的；但在理智的客戶看來，這個系統整個是很瘋狂的，導致許多有才華的人去從事毫無社會意義的活動。

波克夏的系統就不瘋狂。道理就這麼簡單，即使非常聰明的人，在如此激烈競爭的世界裡，與其他聰明而勤奮的人競爭時，也只能得到有限的、真正有價值的洞見。

好好把握少數幾個看準的機會，比假裝什麼都懂好得多。如果從一開始就做一些可行的事，而不是去做一些不可行的事，那麼你成功的機率要大得多。這難道不是顯而易見的嗎？

你們有誰能夠非常自信認為自己看準了五十六個好機會呢？請舉手。有多少人有把握自己看準了兩、三個好機會呢？

我們的確從許多優質企業上賺了錢。有時候，我們收購整個企業；有時候，我們只是收購一大批股票。但仔細分析起來，就會發現大錢都是從那些優質企業賺來的。其他賺大錢的人，絕大多數也是透過優質企業而獲利。

長遠來看，股票的報酬率很難比該上市企業的營運獲利率高出很多。如果某家企業四十年來的資本報酬率是六%，你持有它的股票四十年，那麼你的報酬率不會跟六%有太大的差別——即使你最早購買時，該股票的價格比帳面價值低很多。相反的，如果一家企業在過去二、三十年間的資本報酬率是一八%，即使你當時花了很高的價錢去買它的股票，你最終得到的回報也會非常可觀。

所以，竅門就在於買進那些優質企業，因為那就等於你買到了那家公司的成長動能，所帶來的規模優勢。

你要怎樣買進這些優秀企業呢？有一種方法是在它們還小的時候發現進而買進。例如，在山姆·華頓第一次公開募股的時候買進沃爾瑪。許多人都嘗試這麼做，這種方法非常有吸引力。如果我是年輕人，我也會這麼做。

蒙格語錄

假裝知道未來的人總是有市場的。人們總是喜歡請人來為他們預測未來。很久以前的國王會請人來解讀綿羊的內臟以預測未來，就像現今聽從預言家一樣瘋狂。而這種情況總是一而再、再而三地出現。

但投資新公司的方法，對波克夏來講沒有用，因為我們有太多錢，新公司不適合我們的投資規模。此外，我們有我們的投資方法。但我認為，對於初出茅廬的人來說，要是能自律，投資具發展潛力的小公司的確是非常聰明的辦法。只不過我沒這樣做而已。

等到優秀企業明顯壯大以後，想要再買進就很困難了，因為競爭非常激烈。到目前為止，波克夏設法做到了。但我們能夠繼續這麼做嗎？哪個投資才是我們的下一個可口可樂呢？我不知道。我認為我們愈來愈難找到那麼好的投資項目。

我們遇到不少像這樣理想的情況：你買入的偉大企業，正好有一位偉大的領導者，例如，奇異公司的領導者威爾許，而不是那個掌管西屋電氣的傢伙，這可是有天壤之別，所以領導者很重要。

而這種事有時候是可以預期的。我並不認為，只有天才能夠看出威爾許比其他公司的領導者更具遠見、更出色；我也不認為，只有非常聰明的人才能看出迪士尼的發展潛力非常大，而艾斯納[13]和威爾斯[14]是非常罕見的領導者。

所以，你偶爾會有機會投資一家擁有優秀領導者的優秀企業。當然啦，這是非常幸運的事。如果有這種機會卻不好好把握，那你就犯了大錯。

你偶爾會發現，有些領導者非常有才能，能夠做普通人做不到的事情。我認為英國瑪莎百貨的第二代掌門人西門．馬克斯就是這樣的人，安迅公司的派特森是這樣的，山姆．華頓也是。

這種人並不少見，而且，通常也不難看出來。如果他們採取合理的管理措施，再加

13 **麥可．艾斯納**
Michael Eisner, 1942-
一九八四到二〇〇五年任迪士尼公司執行長，並曾兼任董事長。

14 **法蘭克．威爾斯**
Frank Wells, 1932-1994
一九八四到一九九四年任迪士尼總裁兼營運長。

上這些人通常會讓員工變得更加積極和聰明，那麼領導者就能夠發揮更重要的作用。

然而，一般來說，把賭注押在企業的品質，比押在領導者的素質上更為保險。換句話說，如果必須選擇，應把賭注押在企業的成長潛力上，而不是押在管理者的智慧上。

在非常罕見的情況下，你會找到一個極出色的領導者，哪怕他管理的企業平平無奇，投資他的企業也是明智之舉。

另外，有一種非常簡單的效應，無論是投資經理人或其他人都很少提到，那就是稅收的效應。如果你打算進行一項為期三十年、年均複合收益為一五%的投資，並在最後繳納三五%所得稅，那麼你的稅後年均複合收益是一三．三%。

相反的，如果你投資了同樣的項目，但每年賺了一五%以後，繳納三五%的所得稅，那麼你的複合報酬率將會是一五%減去一五%的三五%，也就是每年的複合報酬率為九．七五%，兩者相差超過三．五個百分點。而對於為期三十年的長期投資而言，每年多三．五個百分點的報酬率，帶來的利潤絕對會讓人瞠目結舌。如果長期持有一些優秀企業的股票，光是少交的所得稅就能增添很多財富。

即使是年均報酬率一〇%的三十年期投資項目，在最後支付三五%的所得稅以後，也能帶來八．三%的稅後年均收益率。相反的，如果每年支付三五%的稅收，而不是最後才付，那麼年均收益率就下降到六．五%。所以就算你投資的股票，歷史報酬率只與股市整體報酬率持平，分紅派息又很低，也能多得到約兩個百分點的年均稅後收益。

我活了這麼久，見識過許多企業所犯的錯誤，我認為過度追求減少納稅額，是企業

15 **鑽油井**
指一種大規模避稅的方法。

犯下大錯的常見原因，許多人因為太想避稅而犯下可怕的錯誤。

巴菲特和我個人不會去「鑽油井[15]」。我們依法納稅，目前為止，我們做得非常好。從今以後，無論什麼時候，只要有人要賣給你避稅的服務，我的建議是「別買」。

無論何時，只要有人拿著一份兩百頁的計畫書，並收一大筆佣金要賣給你，別買。即使採用這個「蒙格規矩」會讓你偶爾錯失機會，然而，長遠來看，你將遠遠領先其他人；且將避開許多可能會讓你仇視同類的不愉快經驗。

對於個人而言，長期持有幾家優秀企業的股票，什麼都不用做，有極大的優勢：付給交易員的費用更少，聽到的廢話也更少，如果這種方法有效，稅務系統每年會給你百分之一到三的額外回報。

你認為大多數人聘請投資顧問，花一%收益支付他們薪水，讓他們想盡辦法避稅，這樣就能獲得很大的優勢嗎？祝你好運。

這種投資哲學危險嗎？是的。生活中的一切都有風險。由於投資偉大企業能夠賺錢的道理太過明顯，所以有時被做過頭了。在五〇年代的大牛市，每個人都知道哪些公司是優秀的，所以這些公司的本益比飛漲到五十倍、六十倍、七十倍。就像ＩＢＭ從浪尖墜落那樣，許多公司也好景不再，因此，虛胖的股價，會帶來巨大的投資災難，你必須時時留意這種風險。風險是存在的，沒有什麼順理成章和輕而易舉的事，但如果你能夠找到某個價格公道的優秀企業的股票，買進，然後坐下來，這種方法將會非常非常有效，尤其是對散戶而言。

定價能力

在成長股的模式中，有這樣一個子模式：在你一生中，能夠找到少數幾家企業，他們只要抬高價格就能大幅提升利潤，然而他們還沒有這麼做，所以他們擁有尚未利用的定價能力。人們不用動腦筋也知道這是好股票。

迪士尼就是這樣。帶你的孫子去迪士尼樂園玩是非常獨特的體驗，你不會經常去，但全國有許許多多的人口。迪士尼發現可以把門票的價格提高很多，而遊客的人數依然會穩定成長。所以迪士尼公司的偉大業績固然是因為艾斯納和威爾斯而表現出色，但也應該歸功於迪士尼樂園和迪士尼世界的定價能力，以及經典動畫電影的錄影帶銷售。

在波克夏，巴菲特和我很早就提高了喜詩糖果的價格。當然，我們投資了可口可樂，它也有一些尚未利用的定價能力。可口可樂也有出色的經營者，除了提高價格之外，可口可樂的高層古茲維塔（Goizueta）和基歐（Keough）還做了其他許多事。那是很完美的投資。

你會發現一些定價過低的賺錢機會。有些人不會把商品價格定到市場能輕易接受的高價，你要是發現這樣的情況，那就像在馬路上撿到錢一樣，前提是你要有勇氣相信自己的判斷。

看看波克夏那些賺大錢的案子，並從中尋找投資模式，你將會發現，我們曾經兩度在有兩份報紙的城市中買了其中一家，兩個城市後來都變成只剩一家報紙的市場。所以從某種程度上來講，我們是在賭博。

蒙格語錄

有這麼兩種企業：第一種每年賺一二%，到年底可以把賺的錢分光。第二種每年也賺一二%，但所有多餘的現金必須進行再投資，沒有分紅。這讓我想起了一個賣設備的傢伙，他望著那些從添購新設備的客戶手裡吃下的二手機器說：「我所有的利潤都在那裡了，在院子裡生鏽。」我們討厭那種企業。

如果喜詩糖果（在我們收購它的時候）再多要求十萬美元（巴菲特插口說：一萬美元），巴菲特和我就會走開。我們那時就是那麼蠢。

朋友說你們這兩個傢伙瘋啦！有些東西值得你們花錢買的呀，比如說優質的企業和人。你們低估了優質的價值啦。我們聽進去並改變了我

其中一家報紙是《華盛頓郵報》，我們買下這家報紙的時候，股價大概是其價值的二〇％。所以我們是依照葛拉漢的方法，以價值的五分之一價格買進的。此外，當時我們看準了該報會成為最後的贏家，而且報社管理者非常正直聰明，那真是一次夢幻般的絕佳投資。郵報的領導者是非常高尚的凱薩琳．葛拉漢（Katharine Graham）家族。所以這項投資就像一場美夢，絕佳的美夢。

當然，那是一九七三到一九七四年間的事情。那次股災跟一九三二年很像，可能是四十年一遇的大熊市。那項投資讓我們賺了五十倍（譯按：至一九九四年演講時）。如果我是你，我可不敢指望你這輩子能夠得到像一九七三到一九七四年的《華盛頓郵報》那麼好的投資案。

讓我來談談另外一個模型。當然，吉列和可口可樂都生產價格相當低廉的產品，在世界各地占有極大的市場優勢。就吉列而言，他們的技術仍然是領先的。當然，和微型晶片相比，刮鬍刀的技術相當簡單．但它的競爭對手卻很難做到這一點。所以他們在刮鬍刀改良方面處於領先地位。吉列在許多國家的刮鬍刀市場的占有率超過九〇％。

蓋可公司是個非常有趣的模式。它是你應該記住的第一百零一種模型。我有許多終生都在挽救瀕臨倒閉企業的朋友，他們不約而同使用了如下我稱之為「癌症手術」的方法。

他們望著這團亂麻，看看如果砍掉某些業務，是否有些健康的業務值得保留下來。如果有，就會把其他的都砍掉。當然，如果這種方法行不通，他們就會讓該企業破產。

們的想法。這對每個人來說都是很好的教訓：要有能力建設性地接受批評，從批評中汲取教訓。

喜詩糖果（See's Candy）

加拿大人查爾斯．席（Charles See）一九二一年在洛杉磯，利用母親的配方創辦喜詩糖果。他母親瑪麗．席的照片也變成該公司的標誌。一九二〇年代中期，喜詩糖果已發展到十二家店，隨後在加州不斷擴張，如今在全球的專賣店超過兩百家。喜詩糖果現在是波克夏的全資子公司。

但結果往往能奏效。蓋可公司的主業非常好，雖被公司其他方面的混亂所干擾，但仍然能夠運轉。這家公司後來被成功沖昏了頭，做了一些蠢事。他們誤以為，因為自己賺了很多錢，所以什麼都懂，亂投資，結果蒙受慘重損失。

最後他們不得不砍掉所有愚蠢的業務，回到極其出色的老本行。如果你仔細思考，就會明白這是一種非常簡單的模型。它被人們一次又一次的反覆應用。該公司後來聘請了一些性格和智力都很傑出的人來進行大刀闊斧的改革。

在你一生中，也許能夠找到一種、兩種或三種這樣絕好的模型，至於那些夠好到能用得上的模型，你也許能夠找到二十或者三十種。

最後，我想再談談投資管理業。這是一門很搞笑的生意，因為就淨值來看，整個投資管理業加起來並沒有為客戶創造附加價值，而這就是它的營運方式。

當然，管道工程業不是這樣，醫療業也不是。如果你打算投入投資管理業，那麼將會面臨上述這種非常特殊的情況。大多數投資經理人用鴕鳥心態面對這個行業的局限，這很常見。但如果想要擁有優渥的生活，我勸你不要有這種鴕鳥心態。

我認為，只有極少投資經理人能夠創造附加價值，而這沒辦法光靠聰明就做到。如果你想要為客戶提供比市場平均報酬率更高的長期收益，你還必須接受一點訓練，一旦瞄準機會就全力出擊。

但我剛剛談的只限於選擇普通股的投資經理人，沒有包括其他人。也許有人精通外匯或其他業務，能夠獲得極佳的長期績效，但那不是我瞭解的領域。我談的是如何挑選

蓋可公司（Government Employees Insurance Company,GEICO）

為里奧・古德溫（Leo Goodwin）夫婦在一九三六年經濟大蕭條期間創辦。他們採直銷策略，所以收取的保費較低卻仍然能獲利。客戶群則從軍公教人員擴及一般大眾市場。一九五一年，巴菲特第一次購買該公司股份，並持續買進，一九九六年變成波克夏的全資子公司。

美國的股票。

我認為投資經理人很難為客戶提供許多附加價值，但那並非不可能的任務。

重讀第二講

二〇〇六年，我重讀了第二篇講稿，我認為可以增加如下內容：一、解釋哈佛大學和耶魯大學近些年極為成功的投資；二、現在有許多基金，試圖模仿或延續哈佛和耶魯的投資方法，來複製過去的成功，對其結果進行預測；三、威廉．龐士東（William Poundstone）在其二〇〇五年的著作《財富方程式》（*Fortune's Formula*）中提出了有效市場假設，簡單的對其進行評論。

在我看來，情況是這樣的，哈佛和耶魯並不傾向在不借錢的情況下，分散持有美國普通股，所以它們近些年來的成功投資，可能受到如下四種因素的推動：

一、哈佛和耶魯投資了槓桿收購[16]基金，這使它們持有的美國股票收益，產生了槓桿效應。槓桿收購基金的融資設計，比用股票融資更加安全，因為後者在市場恐慌時常常被迫斷頭。在市場表現良好的情況下，這種做法往往能夠產生較好的結果。當然，如果剔除各種基金費用，僅僅投資美國標準普爾指數，再加上一點融資，也能得到同樣的結果。

二、在各個投資領域，哈佛和耶魯選擇或直接聘請能力出眾的投資經理人，這讓我們再次看到，市場並不是絕對有效的，而且有些好的投資結果，來自異常的技巧或優勢。就拿哈佛和耶魯來說吧，由於本身的聲望，而能夠投資一些利潤最豐厚的高科技創投基金；其他投資者則不得其門而入。這些基金以往都很成功，這使它們比二流的創投

16 **槓桿收購**
Leveraged Buyout,LBO
又稱融資收購，為以小搏大進行企業購併的一種手法。是由收購者以收購對象企業的資產、現金流做擔保，向金融機構取得大量貸款，而據以向目標公司股東收購全數（或部分）的股權，再將目標公司合併。

機構，更能吸引好的投資案。而最好的創業家都會早早選擇聲譽最好的基金，這也非常合理。

三、哈佛和耶魯模仿投資銀行的聰明做法，進行了幾樁當時少見的投資活動，比如說投資乏人問津的美國公司債、高收益外國債券和槓桿式的「固定收益套利」（Fixed Income Arbitrage）商品，當時這些投資領域有許許多多的好機會。

四、最後，哈佛和耶魯近幾年之所以能夠透過槓桿投資和特殊投資，獲得不菲的收益，利率走低和股票本益比逐漸升高，也有推波助瀾的作用。

哈佛和耶魯極為成功，讓我既喜且憂。喜的是，這證明學術在世俗事務中往往是有用的。像我這樣喜愛學術卻走進商界的人，對這種世俗成就的反應，就像那些對米利都斯的泰勒斯[17]津津樂道的現代科學家一樣。泰勒斯是古代的科學家，他預見來年橄欖會大豐收，於是就把當地的橄欖壓榨機都租下來，發了一筆大財。

而憂的是：一、受到妒忌心的驅使和推銷員的慫恿，其他明星大學熱中於模仿哈佛和耶魯，未來恐怕會損失慘重；二、我不認同那些推動模仿跟風的推銷員做法。我現在的感覺跟高科技泡沫即將破滅時的恐懼差不多。當時許多機構對起步早的成功創投十分眼紅，比如說史丹佛大學；而在許多創投家居心不良的推銷下，大約九百億美元因此投入劣質、不成熟的項目。到目前為止，那些後來跟進的投資者，蒙受了多達四百五十億美元的虧損。

此外，哈佛和耶魯現在可能需要展現與之前不同的非常識的智慧。讓人們放棄近年

17 **泰勒斯**
Thales, 約 620-546BC
亞里斯多德認為泰勒斯是最早研究物質基本元素的人，推許他為自然哲學的鼻祖。泰勒斯的興趣幾乎涵蓋一切：哲學、歷史、科學、數學、工程學、地理學和政治學。他提出各種理論，來解釋許多自然現象和變化的原因。他對天體現象的理解，奠定了希臘天文學的基礎。他創辦了米利都斯（Miletus）自然哲學學派，提出了科學的研究法。

大獲成功的做法，是違反人類本能的，但卻往往是個好主意。減少欲望，而不是為了滿足欲望而增加風險，同樣是個好主意。

第二篇演講的發表時間是一九九四年，到現在已經十二年過去了（編按：時為二〇〇六年）。在這十二年裡，大量有用的思想和資料都支持了我的觀點：證券市場和賽馬場的彩池投注系統，都無法阻止某些投機者利用旁門左道，獲得非常滿意的回報。龐士東的《財富方程式》收集了許多現代資料，以十分有趣的方式證明了這個道理。此外，那本書還記錄了資訊理論領域的尖端科學家克勞德．夏農[18]不凡的投資績效，而夏農的方法看起來跟查理．蒙格差不多。

18 **克勞德．夏農**

Claude Shannon, 1916-2001

美國數學家、資訊理論的創始人。密西根大學學士，麻省理工學院博士。

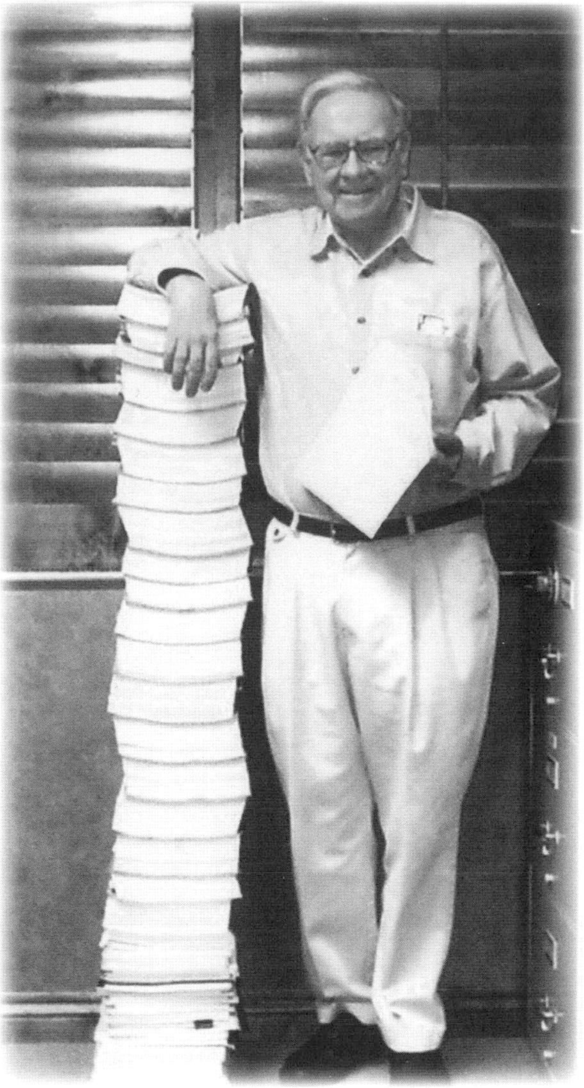

我們依法納稅

波克夏送給山姆大叔的耶誕禮物：我右手邊是 2004 年的波克夏的聯邦納稅申報單：10,249 頁，總納稅額 31 億 3147 萬 3650 美元。我左手拿著的是 13 歲那年填的納稅申報單，納稅總額 7 美元。

——巴菲特

最新的普世智慧：蒙格答問錄

問：你和巴菲特如何評估待收購的企業？

答：我們不太用財務數字衡量；我們使用許多主觀的標準：領導者值得信賴嗎？會損害我們的聲譽嗎？會出現什麼問題？我們理解這個行業嗎？這家企業需要增資才能繼續運轉嗎？預期的現金流量是多少？我們並不期待它會直線成長，只要價格適中，週期性成長我們也能接受。

問：年輕人在工作中應該追求什麼？

答：我有三個基本原則。同時滿足這三個原則幾乎是不可能的，但你應該努力去嘗試：

- 別兜售你自己不會購買的東西。
- 別為你不尊敬、不欽佩的人工作。
- 只跟你喜歡的人共事。

我這一生真是非常幸運：由於和巴菲特共事，這三個原則我都做到了。

問：你對年輕人有什麼人生建議嗎？

答：每天起床的時候，努力變得比從前更聰明一點。認真、出色的完成任務。慢慢的，

蒙格語錄

有系統的常識或非常識，是非常基礎的知識，也是威力巨大的工具。電腦帶來的危險非常大：人們計算得太多，思考得太少。

擁有常識不但意味著有能力辨認智慧，也意味著有能力拒絕愚蠢。如果排除了許多蠢事，就不會把自己搞得一團糟。

我們大量閱讀。我認識的聰明人沒有不大量閱讀的。但光閱讀還不夠：必須擁有一種能夠掌握概念和做合理事情的性格。而大多數人無法掌握或應用正確的概念。

你會有所進步，這種進步不一定很快，但這樣能為快速進步打好基礎……每天慢慢向前挪一點。只要活得夠久，最終，你會像大多數人那樣，得到應得的東西。

人生在不同階段會遇到不同的難題，非常棘手的難題。我認為有三點有助於應付這些困難：

·別期望太高。
·擁有幽默感。
·讓自己置身於朋友和家人的愛。

最重要的是，要適應生活的變化。如果世界沒有改變，我現在身上還有一打缺陷呢。

你不必非常出色，只要在很長、很長的時間內，保持比其他人聰明一點點就夠了。
——蒙格

誠實為上策

我們曾經問債券天王比爾·葛洛斯（Bill Gross），如何評價蒙格和誠實。他的回答是這樣的：「如果東海岸和西海岸同時被海水淹沒，不管是由於風暴、地震還是道德淪喪，查理的奧馬哈將會依然存在。應該用衛星將查理的道德標準播送到世界各地的金融中心，以防止安隆（Enron）或世界通訊[1]之類的醜聞重演。

「查理和巴菲特是非常好的榜樣和導師，對年輕人來說更是如此。就像亞伯特·施威策（Albert Schweitzer）所說：『榜樣在教學中並非主要的東西——榜樣是唯一的東西。』在其一生的商業競賽中，蒙格和巴菲特不但處於領先地位，而且沿途從來不抄捷徑。

「在金融界再也找不到比巴菲特和蒙格更具榜樣意義的誠信人物。他們的年報就像傳奇，不僅講述了真正的投資智慧，而且在必要時也敢承認犯錯。」

瑞克·葛蘭是蒙格的老友和商業夥伴，他補充說：「在商業交易中，我曾經兩次看到蒙格付出比他應付金額更多的錢。第一次是在我們收購一家企業時，當時有兩位老太太持有該企業發行的債券，我們本來大可以用遠低於面值的價格收購這些債券，但是蒙格卻按照面值付給她們。第二次是在我需要一些現金去做另外一項投資時。當時我想把合資公司的一半股權賣給他，他說你開

蒙格語錄

我認為保持良好的紀錄非常重要。如果你一開始就能夠在諸如誠實這樣簡單的事情上擁有完美紀錄，將會在這個世界取得很大成功。

1 **世界通訊**
美國世界通訊集團（WorldCom Group）於一九九九至二〇〇二的四年間，以會計作帳手法，將公司稅前淨利灌水至少七十億美元。醜聞爆發後，不止員工失業，也造成美國電信通訊網絡大亂。

個價，我說十三萬美元，他說不行，二十三萬美元才對，他給了我那麼多錢。這給蒙格抓到機會說出一句他非常喜歡的台詞：「我是對的，你很聰明，遲早你將會明白我是對的。」當然啦，他這兩點都說對了；他提出的價格更加準確，而我最終也確實明白了這一點。

「在股市撿便宜股票是一回事，但是占合夥人或者老太太便宜是另外一回事──是蒙格絕對不會做的事。」

蒙格論誠實

──在二〇〇四年威斯科年會上的談話

過去坐在我今天位子上的是路易士．文森狄（Louis Vincenti），他曾經說過：「如果你說真話，就不用記住謊言啦。」我們不想搞得太複雜，所以總是說實話。由於擁有這麼多長期以來不離不棄的股東，我們無需為哪個季度的獲利增加或減少而煩惱，至少不必在乎這對股東的影響。我們當然喜歡獲利甚於虧損，但並不願操控任何東西，來讓某些季度的業績顯得好看一些。這麼做就和我們的道德標準差太遠了。

就思想內容來看，我認為這公司比絕大多數公司都更努力做到理性，而且更努力遵守道德；這意味著說真話，不亂搞。現在波克夏大概有十七萬五千名

蒙格語錄

華爾街的平均道德水準最多只能算中等……並不是說華爾街沒有正直聰明的人，像今天在座的各位，但我所知道的每個人，都不得不和他自己的公司對抗（為了做正確的事情）。

過去這些年，投資銀行業的道德風氣日益敗壞。許多年前，我們花了六百萬美元收購多元零售公司，銀行因而對我們進行了嚴格而聰明的審查，可見那些投資銀行家關心且保護著他們的客戶。

但現在的風氣是，只要能賺錢，什麼都可以賣。你能把東西賣掉，就是道德高尚，但這標準可不行。

員工，我坐在這裡，我敢打賭，他們之中至少有一個人正在做讓我非常懊惱的事。然而，儘管極少數人會亂來，在過去幾十年來，我們公司很少遇到什麼訴訟或醜聞之類的事情。這一點人們也注意到了。

我們認為，有些事情就算你能做，而且做了不會受到法律制裁，或者不會造成損失，也不該去做。我們認為應該有一條底線，心裡應該有個指南針，所以很多事情我們不會去做—即使是完全合法的。這就是我們試圖做到的經營方式。

我覺得我們不應該由此而得到太多讚譽，因為我們很早就知道，這種經營方式能賺更多的錢。而由於我們對此十分瞭解，我不確定是否有資格被視為道德高尚的人。

當然，要瞭解自己的動機很難。但我願意相信，就算這種經營方式並不能帶來經濟上的好處，我們也會這樣做好。而且每隔一段時間，就會有機會證明這一點，但更多的時候，由於固守道德而賺到更多的錢。在我們看來，班傑明．富蘭克林是對的，他並沒有說誠實是最好的道德品質，他說誠實是最好的策略。

蒙格語錄

做空股票，股價卻上漲，是很懊惱的事情。你不該去做這種事。

我和一個以良好判斷力傳奇聞名的人物合作了許多年，總是很驚訝地發現，原來人們只要掌握且持續應用所有顯而易見的原理，就能夠精通許許多多的領域。——蒙格

第三講

這是一九九六年蒙格對威廉．拉希爾（William C. Lazier）教授的學生所做的演講。拉希爾是史丹佛大學法學院「南西．蒙格和查理．蒙格講座」教授。因為這篇演講曾經發表在一九九七年十二月二十九日和一九九八年三月十三日的《傑出投資者文摘》，內容和許多其他演講中的觀念和語句重複，尤其是〈關於實用思維的實務思考？〉，所以編者刪減了一些段落，補充了相關評論，以維持這篇演講前後連貫。儘管有所刪節，這篇講稿仍然蘊含了許多獨特的思想，以及許多讀者已經熟悉，但以新穎方式表達的觀念。

論基本的、普世的智慧

今天的演講中，我想進一步闡述兩年前我在南加州大學商學院所講的內容。你們手頭有我在南加大演講的講稿。裡面沒有哪一點是我今天不會重複的，但我想引伸我當時所說的話。

很顯然的，如果華倫・巴菲特從哥倫比亞商學院畢業之後，再也沒有汲取新的知識，波克夏不可能取得現在的成就。雖然巴菲特從哥倫比亞的葛拉漢那裡學到的知識，早就足以讓他成為富豪，但如果沒有繼續學習，他不會擁有波克夏這樣的企業。

你要怎樣才能得到普世的智慧？用什麼方法，才能讓你成為世上極少數擁有基本實踐智慧的人呢？

長久以來，我相信幾乎所有聰明人所掌握的某種方法，會比絕大多數人所用的方法都有效。正如我在南加大商學院說過的，你們需要的，是在腦子裡形成一個由各種思維模式構成的框架，然後將實際經驗和透過閱讀等得來的間接經驗，懸掛在這個強大的思維模式框架上。使用這種方法可以將各種知識融會貫通，加深對現實的認知。

（蒙格談了幾種特殊思維模式。）

你們今天的閱讀作業，包括傑克．威爾許和華倫．巴菲特最近分別為奇異公司和波克夏股東撰寫的致股東的信。威爾許擁有工程博士學位；如果巴菲特願意，他能夠取得任何學科的博士學位。這兩位先生也都是資深的教師。

如果你認真研究，會發現普世智慧是一門學問。不信你去看看奇異的成就，看看波克夏的業績。

掌握各學科主要理論模型

當然，巴菲特有一位教授或者說導師，那就是班傑明．葛拉漢，他對巴菲特的影響很大。葛拉漢的學問很好，當他從哥倫比亞畢業的時候，有三個不同科系邀請他去攻讀博士課程，並要求他一入學就開始授課。那三個專業分別是文學、希臘和拉丁古典文學，以及數學。

葛拉漢的性格非常適合做學問。我認識他，他非常像亞當．斯密，非常專注、聰慧，甚至連外表也像個學者，而且他是個好人。葛拉漢對賺錢這件事並不那麼用心，即

蒙格語錄

很多人荒謬地死抱著錯誤觀念不放。凱因斯說：「引進新觀念並不難，難的是清除舊觀念。」

不自欺的精神是最好的精神，這種精神非常強大，因為太罕見了。

使他總是非常慷慨，去世時依然家財萬貫。葛拉漢在哥倫比亞教了三十年書，並有許多著作，成為他那個學科最好的教材。

所以我認為，學術本身蘊含了許多普世智慧，而且最好的學術觀念確實是有用的。**當然，當我談到跨領域方法，我鄭重呼籲你們不要理會學科的既有界線，你們應該掌握各個學科的主要理論模型，還要統統派上用場。**

然而，這個世界目前並不是用跨領域的方式組織起來，因此人們反對跳脫學科的規範，大企業、甚至學術界本身也是如此。就這一點來說，我認為學術界錯得離譜，功能失調。

許多企業之所以會出現功能失調的糟糕狀況，是因為人們將現實分割為各自為政、互不相干的獨立部分。所以如果你想要成為好的思想家，就必須養成跳脫界線的思維習慣。

你不需要瞭解所有的知識，只要汲取各個學門最傑出的思想就行了，而那並不難做到。

以定約橋牌[1]來說明，如果你想要成為橋牌高手，嗯，你知道遊戲規則，知道怎樣才能贏牌。如果手裡有大牌或王牌，那你就贏定了。

但如果你手裡有一墩（trick）或者兩張短套花牌，要怎樣才能得到需要的其他牌墩呢？標準的方法有六、七種：你可以做長套花牌，可以飛牌，可以扔牌，可以交叉將吃，可以擠牌，還可以用各種方式誤導防守方犯錯。這些方法並不算多。

1 **定約橋牌** contract bridge 也稱合約橋牌，或簡稱橋牌。

但如果你只懂得其中的一、兩種，那麼肯定會一敗塗地。

此外，這些方法相互之間也有關聯。因此，你必須懂得方法之間是怎樣相互影響的，否則就打不好。

同樣的，我曾建議你正反兩面都要考慮到。高明的橋牌莊家會想：「我要怎樣才能抓到好牌呢？」但他們也會反過來想：「犯哪些錯誤會導致我手裡全是爛牌？」這兩種思考方式都很有用。所以若想在人生的賭局中獲勝，應該掌握各種必要的模型，然後反覆思考。橋牌的哲理在生活中同樣有用。

定約橋牌在你們這一代不流行了，真是可悲。中國人的橋牌玩得比我們好，他們現在從小學就開始學橋牌。要是他們也實行資本主義，天知道會發展得多好。如果我們美國人不懂橋牌，卻和一群精通橋牌的人競爭，那我們就平白多了一個劣勢。

跳脫思維界線

由於當今學制並不鼓勵學生跳脫既有的學科界線去思考，使你們處於一種不利的狀況；因為從某種意義上來說，雖然學術非常有用，但是老師們沒有教對。

我給你們的對策，是我很小時在托兒所學到的小紅母雞的故事[2]。當然，故事裡最重要的一句話是：「『那我就自己來吧，』小紅母雞說。」

所以，如果教授並沒有教給你正確的跨領域方法，只堅持自己的模式，捨棄其他學科的重要模型，那你可以自己修正那種愚蠢的做法。他是笨蛋，並不表示你也得成為笨

跨領域思考的先驅

威廉・奧斯勒爵士（Sir William Osler, 1849-1919），加拿大醫生，被尊稱為「現代醫學之父」。他是「多元主義」的堅定支持者，不斷提醒專業化的危險：「只將注意力集中在同一個學科，不管這個學科多麼有趣，也會把人的思想禁錮在狹窄的領域中。」代表著作是《醫學的原理和實踐》（*Principles and Practice of Medicine*）。

蛋。你可以跳脫出來，學到更好的解決問題模型。只要養成正確的思維習慣，就能做到這一點。

如果能把自己訓練得更客觀、擁有更多領域的知識，那麼在考慮事情的時候，就能夠比只靠聰明的人更厲害，我覺得這還挺有意思的……

何況，那樣還能賺到很多錢，我本人就是個活生生的證明。

（蒙格談起了第四篇演講稿中詳細描繪的可口可樂案例，並討論了味道的重要性。）

我最喜歡的商業案例之一，是好時公司的故事。好時巧克力的味道很獨特，因為他們用來製造可可脂的石磨非常古老，是十九世紀在賓州開業時傳下來的。他們的巧克力含有少量可可豆的外皮，因此味道很棒，廣受喜愛。

好時很清楚，如果想要把業務擴展到加拿大，就不應該改變那種無往不利的味道。因此，他們依照原樣製造了新的石磨，光是複製原來的味道，就花了整整五年的時間。由此可知，味道是非常關鍵的。

現在還有一家叫作國際香料香精（International Flavors and Fragrances）的公司，它的產品並沒有專利權、卻又能夠收取永久授權費；這樣的公司，據我所知絕無僅有。這是怎麼做到的？他們幫助許多公司，為各種品牌產品添加香料和香味，比如說刮鬍膏，刮鬍膏淡淡的香味能夠大幅刺激消費。所以味道是很重要的。

我的朋友米佛（Nathan Myhrvold）是微軟的技術長，是物理學博士，也很懂數學。生物學可以幫助我們生成一種自動以光速計算微積分方程式的神經系統，可是他放眼四

2 **小紅母雞的故事**
一則經典寓言，用許多例子來說明獨立自主的重要。蒙格的自學建議，遙遙呼應馬克・吐溫（Mark Twain）的經典名言：「我從來不讓上學影響我的學習。」

好時公司（Hershey Food Corporation）
由米爾頓・賀喜（Milton S. Hershey, 1857-1945）於一八九三年創辦好時巧克力，後來變成美國的大富豪，並在賓州建立了好時鎮。

顧，到處都是對普通的概率問題和加減乘除束手無策的人，這讓他大感困惑。

順帶一提，我認為米佛不用對此感到驚訝。我們祖先經過長久的生存演化，首先學會的是如何投擲長矛、如何逃命、如何逢凶化吉；直到很久很久以後，才有人需要像米佛那樣正確的思考，所以實在不必大驚小怪。然而，因為兩者實在是天壤之別，所以我能明白他為何無法理解。

總之，人類發明了一種東西，以彌補我們天生不擅長處理數字的缺陷，這種東西叫作圖表。奇怪的是，圖表居然是在中世紀時出現的。在中世紀修道士所發明的東西裡，我認為唯一有價值的就是圖表。圖表以圖形的方式把數字表現出來，利用你的神經系統來讓你理解。所以價值線公司的圖表是非常有用的。

我發給你們的是一張用對數（log）做出來的圖表，是根據對數的運算法則製成的。你們可以用來查複利，而**複利是地球上最重要的模型之一**。用一條直線將表上的資料點連起來，它就會告訴你能夠得到的複利率是多少。這些圖表非常有用。

我們並不採用價值線公司的預測，因為對我們來說，我們自己的系統比他們的管用一些；事實上，管用得多。但我無法想像，如果沒有他們的圖表和資料會怎樣，那是一種非常、非常棒的產品。

（蒙格討論了商標對可口可樂成功的重要性，由此談到食品和卡奈森公司。）

從前有個傢伙賣的魚肉叫卡奈森魚肉。老天爺，他的商標就叫卡奈森，所以卡奈森公司想收購他的商標名。別問我為什麼，每次卡奈森公司的人跑去跟那個傢伙說：「我

價值線公司（Value Line）

成立於一九三一年，目標是「幫助投資者得到最準確、不受其他因素影響的資訊，學會如何使用資訊來達到財務目標」。該公司最著名的是《價值線投資調查》。

卡奈森（Carnation）公司

一八九九年，雜貨店老闆史都（E. A. Stuart）利用當時罕見的脫水技術，在華盛頓州創立了太平洋岸濃縮牛奶公司，並用「卡奈森」做為牛奶產品商標。一九八五年被雀巢公司收購。

們願意給你二十五萬美元。」他就說：「我要四十萬美元。」四年之後，他們說：「我們願意給你一百萬。」他說：「我要兩百萬。」就這樣一直討價還價，卡奈森公司到現在都還沒把那商標買下來。

最後，卡奈森公司的人無奈的去跟那個人說：「我們打算派我們的品質檢驗員到你的魚肉廠，確保你生產的魚肉都是完美的，所有的費用我們來出。」那傢伙笑逐顏開，很快就點頭同意了。所以他的魚肉廠得到了免費的品管服務，讓卡奈森公司買單。

這段故事讓我們看到，如果給某人一個商標，無形中就創造出巨大的激勵作用，這種激勵機制對文明社會來說非常有用。正如卡奈森公司為了維護商譽，不惜去保護那些並不屬於自己的產品。

這種結果對整個社會有很多好處。所以從非常基本的微觀經濟學原理來看，哪怕是共產主義國家，也應該保護商標。目前這些國家還沒做到，但有非常充分的理由顯示，應該對商標採取保護措施。整體而言，世界上大多數國家對商標的保護還是很周全。

（蒙格用各種心理模型分析可口可樂。）

然而，如果缺乏這些基本模型，以及可以利用這些基本模型的思維方法，你只能坐在那裡，一邊看著價值線公司的圖表，一邊不知所措；但你不應該如此。你應該不斷學習，爭取掌握近一百種模型和一些思維技巧。那並不是很難的事情。

這麼做的好處在於：絕大多數人不會這麼做，部分原因是他們接受了錯誤的教育。在這裡，我想要幫你避免錯誤教育所可能造成的傷害。

意識形態造成偏見

在尋找普世智慧的過程中，我們已經討論了幾種主要思想。現在我想回頭來談談一種更極端和特殊的模型。在所有應該掌握卻沒有掌握的模型中，最重要的也許來自心理學。

最近有件事讓我獲益匪淺。我剛從香港回來，我有個朋友在香港一所明星中學當校長，他送我這本叫《語言本能》（*The Language Instinct*）的書，作者是史蒂芬・平克。平克是語意學教授，儘管在諾姆・杭士基[3]的陰影下仍然脫穎而出。杭士基是麻省理工學院的語言學教授，可能是世上最偉大的語意學家。

平克說，人類的語言能力不僅僅是後天學來的，其實絕大部分跟先天的遺傳有關。其他動物，包括黑猩猩，都缺乏真正有用的語言基因，語言是上天賜給人類的禮物。平克很完整的證明了他的觀點。

當然，杭士基的學說也證實了這一點（但還是不願完全歸因於基因）。每個人都明白語言能力大部分來自人類基因的道理，雖然仍必須透過教育，但絕大部分還是由基因決定。

平克無法理解，為什麼像杭士基這樣的天才，居然認為語言能力是否基於人類的基因這事尚無定論。平克是這麼說的：「什麼尚無定論，活見鬼了！人類得到語言本能的方法，跟得到其他本能的方法完全一樣，那就是達爾文的物競天擇。」

史蒂芬・平克

史蒂芬・平克（Steves Pinker, 1954-），哈佛大學心理系教授，專研視覺認知，該領域主要是測定人們想像圖形和辨識臉孔與物品的能力。專長是兒童的語言發展。

3 **諾姆・杭士基**
Noam Chomsky, 1928-
賓州大學語言學博士，麻省理工學院語言學榮譽退休教授。一九五〇年代提出語言乃人類本能的學說，承繼理性主義的哲學傳統，但將語言落實在基因遺傳的基礎上來談，奠定了生成語法(generative grammar)學派的基礎，常被學界尊為現代語言學與認知科學之父。從一九六〇年以來，亦以媒體和政治評論聞名，被視為美國政壇左派的主要知識分子。

嗯，這位資歷較淺的教授顯然是對的，杭士基的猶豫確實有點蠢。

如果平克和我都是正確的，那麼，為什麼杭士基這樣的天才會犯明顯的錯誤？在我看來，答案非常清楚：杭士基的意識形態太過強烈。他雖然是個天才，卻是極端的平等主義左翼分子。他非常聰明，知道一旦承認達爾文理論，他的左翼意識形態就會受到質疑，所以他的結論自然受到意識形態偏見的影響。

我們從這裡得到普世智慧的另一個教訓：如果意識形態能夠讓杭士基變糊塗，想像一下意識形態會對你我這樣的平凡人造成什麼影響。

嚴重的意識形態，是扭曲人類認知的最大因素之一。看看伊斯蘭基本教義派就知道了，他們用槍掃倒一群希臘遊客，嘴裡還不停的大喊：「真主的傑作！」

意識形態會讓人做出古怪的舉動，也能嚴重扭曲人們的認知。如果你年輕時深受意識形態影響，並開始傳播這種意識形態，那無異於將自己的大腦禁錮在一種非常不幸的模式中，它將扭曲你對事物的認知。

如果視巴菲特為普世智慧的典範，那麼有個故事非常有趣：巴菲特敬愛父親，他是個了不起的人，但他父親有強烈的（右翼）意識形態偏見，所以跟他交往的都是些意識形態偏見非常嚴重的人。

巴菲特在童年時就觀察到這一點，他認為意識形態是危險的東西，決定離得遠遠的，而且一輩子都離得遠遠的，因此大大提高了他對事物認知的準確性。

我以另外一種方式，學到了同樣的教訓。我的父親仇恨意識形態，因此，我只要模仿父親，別離開那條正確道路就好了。像多南那樣的右翼分子，和納德[4]那樣的左翼分子，顯然有點腦子壞掉了。他們是極端的例子，證明意識形態會讓人變成什麼樣，尤其是那種以激進手段表達的意識形態。由於它只灌輸一些觀念，而不是讓人心悅誠服的接受道理，所以執著於意識形態是很危險的。

因此，除了要利用來自不同領域的多元模型，我還想補充的是，你們應該對嚴重的意識形態偏見心存警惕。

如果你把準確、勤奮和客觀當作篤信的意識形態，那倒不要緊。但如果受到意識形態的影響，而堅信最低工資應該提高或者不該提高，並認為這種神聖的想法是正確的，那你就太傻了。

生活是一個非常複雜的系統，總是環環相扣。若以整體考量，認為提高或者降低最低工資會讓整個社會變得更加文明，那沒問題，這兩種想法都對。但如果帶著強烈的意識形態，把自己的觀點當作不可動搖的真理，我認為那是很愚蠢的。所以要小心意識形態造成的思維錯亂。

（蒙格感慨心理學對激勵機制造成的偏見研究甚少。）

我提及平克的另外一個原因是，這位寫了《語言本能》的語意學家，在書的結尾這麼寫道：「我看過許多心理學教材，都很爛，」他說：「整個學科被搞得亂七八糟，教法也不對。」

說到心理學，我的資格遠遠不如平克。其實，我從來沒上過一堂心理學。然而，我

4 **鮑伯・多南**
Bob Dornan
曾任美國共和黨國會議員，以保守言論著稱。
拉爾夫・納德
Ralph Nader
美國著名左翼民粹主義政治活動家，曾多次以綠黨和獨立候選人身分參選美國總統。

十戒（The Ten Commandments）

猶太教和基督教特有的宗教和道德戒律。十戒分別是：一、我是你們的神，除我之外，不可有別的神；二、不得濫用神的名義；三、記住安息日，並稱其為聖日；四、要孝敬你們的父母；五、不應殺生；六、不應犯姦淫；七、不應偷盜；八、不應做偽證害人；九、不應垂涎鄰人的妻子；十、不

的結論跟他的差不多：許多心理學教材雖然不乏吉光片羽，但大體上都是垃圾。

心理學的應用

就以「心理否認（psychological denial）」為例。大約在西元前三個世紀，狄摩西尼就說過：「一個人想要什麼，就會相信什麼。」嗯，他是對的。

我們家有個熟人，他深愛的兒子非常聰明，還是個足球明星，但有一天失足墜海，再也沒有回來。他母親認為他還活著，因而有時會精神失常，行為舉止好像兒子真的在她身邊。每個人受心理否認效應影響的程度或有不同，但這種否認心理會大大造成你對現實的錯誤認知。然而，各種心理學教材對這種簡單的「心理否認」並不夠重視。

所以，你不要照教授的教法來學心理學，而是除了學習他們所傳授的，更應該學習許多他們沒教的，因為教授並未正確的對待自己的學術。

在我看來，當今的心理學有點像法拉第之後、麥斯威爾之前的電磁學：雖然早已發現許多原理，但沒有人用正確的方式將其整合起來。早該有人這樣做，因為這事並不難，而且非常重要。

隨便打開一本心理學教材，翻到索引，搜尋「妒忌」這個詞。連十戒裡面都有兩三條談到妒忌，摩西完全瞭解妒忌；古老的猶太人早在放羊的年代就瞭解妒忌，可是心理學教授對妒忌竟一無所知。

那些厚厚的心理學教材居然沒有談到妒忌！居然沒有談到簡單的「心理否認」！居

應覬覦鄰人的房屋和一切事物。

開路先鋒

麥可．法拉第（Michael Faraday, 1791-1867）：英國人，十四歲成為圖書裝釘廠學徒。這個工作讓他有機會研究化學，並發現了苯類化學物質，最先描繪出碳化氯的結構。他發明了一種用電流驅動的裝置，也就是電動馬達的前身；他還發現了電磁感應和電解原理，以及測量電量的方法。

然沒有談到激勵機制引起的偏見！

心理學教材也不夠重視「多因素組合效應」。以前我談過，當兩三種因素產生合力時，會造成魯拉帕路薩效應[5]。

有史以來最著名的心理學實驗是米爾格蘭實驗，實驗中要求人們對無辜的人執行電刑。在他們的操控下，這些正派的志願者大都執行了酷刑。

米爾格蘭開始這個實驗，是在希特勒命令許多虔誠的路德教徒、天主教徒去做他們明知道不對的事情後不久。他想要知道：用權威來操控品德高尚的人，迫使他們去做一些錯得離譜的事，能做到什麼程度。

他得到了非常戲劇性的實驗結果，讓那些品德高尚的人做了許多可怕的事情。

但是許多年來，心理學教材把這個實驗當作是對權威作用的證明：權威如何被用來說服人們去做可怕的事情。

這個結論似是而非，不夠完整和正確。權威當然發揮了一定作用，然而，還有其他幾種朝同一個方向發揮作用的心理因素，它們發揮複合作用，造成了魯拉帕路薩效應。

如今人們才逐漸明白這個道理。如果翻開像史丹佛這種名校所使用的心理學教材，將會看到他們努力答對了三分之二。然而，對於這個心理學的重要實驗，即便史丹佛教授也還無法完全理解它的重要意義。

5 魯拉帕路薩效應 lollapalooza effect
蒙格對「各種因素間相互強化、並將彼此極大化」的現象，所發明的新片語，請參閱本書第二章蒙格主義。

米爾格蘭實驗（Milgram experiment）

史丹利·米爾格蘭（Stanley Milgram,1933-1984）是耶魯大學教授，他最經典的實驗是研究人們的道德信念如何對抗權威命令。實驗發現，在科學權威的命令下，有六五%受試者會對一個發出抗議的可憐受害者施以電擊，實驗結果被用於解釋二戰期間納粹的暴行。

不可或缺的檢查清單

聰明人怎麼會犯錯呢？答案是：他們沒有做我正要你們去做的事：掌握所有主要的心理學模型，當作檢查清單，用來審視各種複雜的系統。

沒有哪個飛行員在起飛前不核對檢查清單：A、B、C、D……沒有撲克牌手在需要另外兩墩的時候，不迅速查對檢查清單，看看有什麼辦法可以弄到手。

但這些心理學教授認為，他們聰明到不需要檢查清單。但他們其實沒那麼聰明，幾乎沒有人那麼聰明；或者應該說，沒有任何人那麼聰明。

如果使用了檢查清單，他們將能意識到，米爾格蘭實驗利用的心理學原理至少有六種，而不是三種。他們必須去對照檢查清單，才能找出漏掉了什麼。

同理，如果缺乏這種掌握各種主要模型並綜合運用的方法，你們也將一而再、再而三的失敗。

心理學教授迴避「心理否認」問題的原因之一是：若要做有關心理否認的實驗，他們肯定會違反道德規範。要證明「痛苦如何導致人類精神失常」，想想看，這種實驗必須對人們做些什麼？而且，還不能告訴他們將會受到什麼傷害。所以很明顯，儘管做實驗是求證這件事的最佳方法，但道德規範導致這種實驗行不通。

大多數教授用一種假設來解決這個問題：「如果我不能用實驗來證明，它就是不存在的。」然而，這種假設根本很愚蠢。如果有些東西非常重要，但受制於道德規範，讓你無法完美而準確的證明，你也不該否定它的存在。你必須盡力而為，利用現有的證據去證明。

巴夫洛夫在他生命的最後十年裡，一直以狗做為酷刑實驗的對象，並發表論文。因此，我們擁有詳實的資料，知道痛苦如何導致狗精神失常。然而，你在任何心理學教材，都看不到巴夫洛夫這次研究的成果。

我不知道這是因為他們不喜歡巴夫洛夫折磨狗，還是由於史金納[6]過度渲染，使得用動物行為來推斷人類行為的方法不受歡迎。總之，由於某些瘋狂的原因，心理學教材對痛苦引起的精神失常甚少著墨。

你可能會說：「心理學是否忽視這一點，有什麼差別嗎？」如果我的理論沒有錯，這抹殺了幾個人們需要的模型。此外，對心理模型的掌握應該是這樣的：如果有二十個，那麼就應該掌握二十個。換句話說，你不應該只用十個，而是要把全部列為檢查清單，所以必須瞭解各種導致人類做出錯誤判斷的心理因素，把所有的模型組織起來，以便需要的時候能派上用場。

如果有四、五種來自這些模型的因素共同發揮作用，那麼你就更需要它們了。此時通常會遇到各種魯拉帕路薩效應——要嘛讓你發大財，要嘛就毀了你。所以務必要注意魯拉帕路薩效應。

要做到這一點，只有一個辦法：必須全面掌握各種主要模型，做為檢查清單。再強調一次，**你必須注意能夠產生魯拉帕路薩後果的多因素組合效應。**

（蒙格討論了各個專業缺乏跨領域教育的現況，尤其是學術界對心理學領域的

6 史金納
Burrhus Frederic Skinner, 1904-1990
美國行為學家、作家、發明家及社會哲學家，哈佛大學心理學博士。以操作性條件反射和行為傾向的實驗最為知名。所謂操作性條件反射，即「後果引發的行為，後果的性質決定了有機體在未來重複該行為的傾向」。為新行為主義學習理論的創始人。

忽視。）

讓我舉個例子，看看古人是怎樣巧妙的利用心理學。庫克船長生前經常遠航，在那個年代，遠洋航行途中最怕遇到壞血病，得了這種病，牙齦會在嘴巴裡爛掉，你會極不舒服，甚至可能致死。

和一群垂死的水手共處在老舊的帆船上，是非常不妙的事。所以每個人都非常想知道，怎樣才能治好壞血病，但他們並不認識維生素C這東西。庫克船長很聰明，也掌握了類似跨領域的方法，他發現，同樣是遠航，荷蘭船隻上的壞血病就沒有英國那麼嚴重。所以他問：「荷蘭人是怎麼做到的呢？」

他發現荷蘭船隻上有許多裝滿酸泡菜的木桶。所以他想：「我就要遠航了。遠航是非常危險的，酸泡菜也許會有用。」所以他把大量的酸泡菜搬到船上，而酸泡菜正好含有維生素C。

庫克並不想告訴水手，吃酸泡菜是為了防治壞血病。如果知道這是一次遠航，而且非常有可能染上壞血病，他們可能會起來造反，控制船隻。

庫克是這麼做的：把所有船上軍官聚集起來，讓他們吃酸泡菜，但水手只能看不能吃。經過很長一段時間後，庫克才說：「嗯，水手每週可以有一天吃酸泡菜。」

結果，他如願讓船上所有人都吃了酸泡菜。我認為這是基本心理學一次非常有建設性的應用，拯救了許多人的性命，成就驚人。然而，如果不掌握正確的技巧，你可能就做不到。

庫克船長

詹姆斯．庫克船長（Captain James Cook, 1728-1779）英國人。具一流的航海繪圖技巧，並精通航海術，敢於探索危險的地域。他寫了幾本暢銷書，把整個航海過程詳細記錄下來。

（蒙格談到了心理效應在推廣消費品過程中扮演的角色，他舉了可口可樂、寶鹼和特百惠〔Tupperware〕為例。）

普世智慧大體上非常、非常簡單。如果有決心，我在這裡要求你們做的事情其實並沒有那麼難，而回報卻是非常高，絕對非常高。

但你可能對很高的回報不感興趣，對避免悲慘生活不感興趣，對過更好的生活也不感興趣。如果是這樣，那麼，別聽我的建議，因為你已經走在那條路上啦。

道德與涉及心理學的普世智慧，兩者間關係再密切不過。以偷竊為例。如果偷竊非常容易，而且被逮到了也不用受罰，世界上有許多人會變成小偷。

一旦他們開始偷竊，根據「一致性原則」——這也是心理學的重要議題，他們會很快和有利偷竊的環境結合，養成偷竊的習慣。所以如果你經營一家公司而管理不善，導致人們可以輕易竊取公司資產，那麼就是對員工造成極大的道德傷害。

這道理也很明顯。建立一套嚴防欺詐的管理系統是非常、非常重要的。否則你就會親手毀了公司，因為員工既然能夠偷竊而不受懲罰，就會形成一種因激勵機制帶來的偏見，人們就會將錯誤的行為合理化。

謝畢科效應

如果真有人那麼做了，你就知道至少有兩種心理學理論產生了作用：激勵機制造成的偏見和社會認同。不僅如此，發揮作用的還有謝畢科[7]效應：假如社會整體風氣敗壞，

7 **謝畢科** Frank Serpico, 1936- 紐約退休員警，一九七〇年代曾對警界腐敗行為出面作證。其故事於一九七三年被拍成電影《衝突》（*Serpico*）。

許多人因而從中獲利，而你要是想對此提出警告，他們就會群起反對你，變成你危險的敵人。

漠視這些原則、容許作惡是非常危險的。強大的心理力量，會為邪惡效力。

這跟司法行業有什麼關係呢？許多人從史丹佛法學院等名校畢業，進入國家的司法機構，帶著最好的願望和動機，然後制定一些讓人有漏洞可鑽的法律。沒有什麼比這更糟糕的事了。

比如說，你有為公眾服務的願望，就應該反過來想：「做些什麼會對文明社會造成破壞呢？」**如果想要破壞這個文明社會，只要到司法機關上班，然後通過一些有很多漏洞的法律就可以啦。這種方法非常有效。**

以加州的工傷賠償制度為例。因工作而受傷確實很慘，所以你想要為工傷受害者爭取賠償，這看起來是一件高尚的事。

但這種賠償制度的問題在於，根本不可能防止詐欺。不誠實的人一旦開始獲得賠償，就會有許多狡猾的律師、醫生、工會等參與詐騙，這將引發大災難，嘗到甜頭的人會變本加厲。雖然你的本意是幫助社會，但結果卻帶來巨大的損失。

所以與其創立一個有漏洞的制度，還不如不要賠償了，就讓生活辛苦一些。

讓我來舉個例子：我有個朋友，他在德州離邊境不遠的地方，有一座製造工業產品的工廠。他的工廠利潤微薄，度日艱難。而他遇上了許多詐傷騙錢的事，工廠每年支付的工傷賠償金達到總薪資的一成多。但他做的並不是拆遷之類的危險行業，在他的廠裡工作，根本沒什麼危險性。

所以他哀求工會：「你們不能再這麼做了。這種產品賺的利潤還沒有你們騙的錢多。」

但那時每個人都習慣那麼做。「那是額外的收入，而且每個人都在做，這事不可能是錯的。傑出的律師、醫生、脊椎按摩師（假如有這種東西的話）都在詐騙。」

沒有人能夠告訴他們：「你們不能再這麼做了。」這恰好也跟心理學上的巴夫洛夫聯想有關：當人們聽到壞消息，他們會討厭帶來消息的人。因此，工會代表很難告訴所有人：這種容易到手的錢再也沒有了。工會代表是不會那麼做的。

所以我的朋友關閉了工廠，在猶他州一個信仰摩門教的社區重整旗鼓。摩門教徒不會詐傷騙錢，至少他們在我朋友的工廠沒有這樣。你們猜猜看他現在的工傷賠償支出是多少？只有總薪資的二％（從一成多下降到二％）。

這種悲劇其實來自縱容作惡的態度，必須及早制止，如果不及時採取行動，就很難制止人們繼續作惡和道德敗壞。

當然，如同我說過的，具備了基礎心理學能力後，在利用那些技巧之前，有一點需要特別注意：當你知道該怎麼做之後，就應該依據道德規範來調整自己的行為，而不是以為懂得如何操控人們，就可以隨心所欲去做。

如果跨過了道德界線，而你試圖操控的對象也懂心理學，明白你的用意，他就會恨你。勞資關係中就有這種效應的鐵證，這麼做不僅會遭到良心譴責，還會引發反撲行動

蒙格語錄

我們並不自稱是道德高尚的人，但至少有很多即便是合法的事情，我們也不屑去做。目前美國有種文化認為，所有不會把你送進監獄的事情都可以做。我們不做那些事情。

我們相信，在「應該做的事」和「就算做了也不會受法律制裁的事」之間，有很大的差別，我想你應該遠離那條界線。而我們也不應該因此而得到太多讚譽。

這種做事原則幫我們賺到更多錢，而我更願意相信，就算這種做事原則沒有讓我們賺這麼多錢，我們也不會做壞事。但更多時候，我們因為做了正確的事而賺到更多錢。

——有時是非常嚴重的反撲。

學生問答

問：你如何在投資決策中應用心理學？我認為投資決策沒那麼簡單：只要挑選每個人都看好的，比如可口可樂股票就行。畢竟投資界的聰明人很多，他們的思維方法顯然跟你今天告訴我們的一樣。當你在挑選成功企業時，你有考慮其他投資者在其投資思維中的失敗原因嗎？

答：正如我在南加大說過的，投資之所以困難，正是因為人們很容易看出某些公司比其他公司業績還好，但偏偏股價已經漲太高了，所以突然之間，到底應該買哪支股票就變成很難的問題。

我們從來沒有解決這個難題。在九八％的時間裡，我們對股市的態度是：保持不可知的態度。我們不知道。通用汽車的股價怎麼跟福特比？我們不知道。

我們總在尋找看準了、覺得有利可圖的東西。這些見解有時來自心理學，更常來自其他地方。而且能找到的實在不多，每年可能只有一、兩個。我們並沒有一套屢試不爽、可以用來判斷所有投資決策的方法；我們的方法全然不同。

我們只是尋找那些不用動腦筋也知道能賺錢的機會。正如巴菲特和我經常說的，我們跨不過七呎高的跨欄；我們找的是一呎高、跨過去就有豐厚回報的欄。所以我們成功的訣竅，是去做一些簡單的事，而不是去解決難題。

問：你們的投資決策靠的是統計分析和眼光嗎？

答：當我們做出一項決策時，當然自認眼光不錯。有時我們確實是因為統計分析才看好某個投資案。然而，再說一遍，我們只發現了少數幾個這樣的機會。

但光有好機會是不夠的，這些機會必須在我們看得懂的領域。所以得在我們看得懂的領域出現定錯價的機會，而這種機會不會經常出現。

它也不需要經常出現。如果你等待好機會，並有勇氣和力量在機會出現的時候好好把握，你需要幾次機會呢？以波克夏最成功的十個投資案為例，我們就算不投資其他項目，也會非常富裕；那些錢，兩輩子都花不完。

所以，再說一次，我們並沒有一套屢試不爽、可以用來判斷所有投資決策的方法。如果有，那才叫荒唐。我只是給你一種方法，用來審視現實、以便獲取少數可以做出理性反應的機會而已。

如果你用這種方法去從事競爭很激烈的活動，比如說挑選股票，那麼你將遇到許多厲害的競爭對手。所以我們即使用這種方法，得到的機會也很少。幸運的是，那麼少的機會也很夠了。

蒙格語錄

過去幾十年來，我們經常這麼做：如果某家我們喜歡的企業股價下跌，我們會買進更多。但有時候會出現一些狀況，若意識到做錯了，那麼就退出吧。但如果從自己的判斷中發展出了正確的自信，那就趁價格便宜時多買一些。

真正好的投資機會不會經常有，也不會持續很長的時間，所以你必須做好行動的準備。

問：你是否成功創造出一種氛圍，讓手下也能夠做你一直在做的事？例如，你剛才說到人類心理有追求一致性的傾向……

答：我主要是說這種傾向會讓人犯一些糟糕的錯誤。

問：你如何創造出一種輕鬆的氛圍，讓人們放棄那種傾向，並承認他們犯下錯誤呢？例如，今年早些時候，英特爾的某個人談起奔騰（Pentium）晶片遇到的問題。他們遭遇的最大困難之一是意識到做錯了，得從頭再來。在一個複雜的企業裡，這麼做是很困難的。請問你是怎麼做的呢？

答：英特爾及其同業創造了一種協調的企業文化，便於各個團隊共同解決先進的科學問題，那跟波克夏有很大的不同。波克夏是一家控股公司，我們的權力很分散，只有最重要的資金配置才由公司高層來拍板。

基本上，**我們會選擇讓我們非常欽佩的人來管理附屬公司**。一般來說，我們一起處得很好，因為我們喜愛並欽佩他們。他們的企業應該有什麼樣的企業文化，由他們自行決定，我們並不干預。而他們總是能夠積極進取，及時更正以往的錯誤。

我們是一家完全與眾不同的公司。我完全不清楚巴菲特或我，是否擅長安迪．葛洛夫的專業，我們在那個領域毫無競爭力，但我們相當善於結合敬愛的傑出人士。但我們也有缺點。例如，有人覺得我總是心不在焉，而且很固執。要是在英特爾，我可能會做

安迪．葛洛夫

安迪．葛洛夫（Andy Grove, 1936-2016）出生於匈牙利的布達佩斯，加州大學柏克萊分校博士。一九七九年成為英特爾總裁，一九九七年擔任董事長和執行長。一九九六年出版的《唯偏執狂能生存》（*Only the Paranoid Survive*，繁體版書名為《十倍速時代》）非常受歡迎。這本書在蒙格的推薦書目裡面。

得一團糟。

然而，巴菲特和我都非常善於改變我們先前的論斷。我們努力提升這種本事，否則災難會經常找上門。

問：你似乎對投資高科技公司不那麼感興趣，你本人和波克夏都是如此，能稍微談談為什麼嗎？我發現有件事情讓我很吃驚，那就是經營傳統企業的難度和經營高科技企業的難度竟然是差不多的。

答：這兩種都很難，但要致富哪有那麼容易？這世界競爭如此激烈，難道不該每個人都很不容易致富才對嗎？這兩種公司當然都很難經營。

我們不投資高科技企業，是因為缺乏那個領域的特殊才能。是的，傳統企業可能更難。不信你去開餐廳，看看能否成功。

問：你似乎認為高科技業更難經營，因為你說經營高科技企業需要特殊才能。但它們難道不是一樣的嗎？

答：對我們來說，傳統企業的優勢，在於我們自認為對它很瞭解；對高科技企業則否。我們寧願與熟悉的產業打交道。

我們怎麼會放棄對我們有很大優勢的遊戲，而去玩競爭激烈、而我們毫無優勢、甚至可能處於劣勢的遊戲呢？

蒙格語錄

激情和天分，哪個更重要呢？波克夏充滿了對自己的事業特別有激情的人。我認為激情比頭腦的能力更加重要。

我們向附屬公司的執行長承諾過，他們可以把一〇〇%的時間花在他們的企業上。我們對他們管理的企業不設置任何障礙。很多人對我說，他們很高興不用把二五%的時間，浪費在各種不喜歡的活動上。

每個人都必須搞清楚自己有哪方面的才能，去發揮個人的優勢。如果想在較不擅長的領域成功，你的事業可能會一團糟，這一點我可以保證。如果情況不是這樣，那肯定是中了彩票，或者遇到其他非常走運的事情。

問：華倫．巴菲特說波克夏對某家航空公司的投資是一次典型的失敗。你們怎麼會做出那個錯誤的決定？

答：波克夏並未購買全美航空（USAir）的股票，因為我們不認為普通股股東一定會得到好的回報，在照顧股東權益方面，航空業的紀錄很糟糕。我們買的是有強制贖回權的優先股。事實上，我們當時是借錢給全美航空，所以得到這種以債轉股的選擇權。

我們並未設想這對股東來說是不是好標的，而只是猜想全美能不能保持生意興隆，有足夠的財力償還貸款；除了強制贖回權，還有固定的分紅。我們評估這家公司不會變得那麼糟糕，以至於我們得承受高利率也不夠補貼的風險。但結果是，全美航空公司很快就處於破產邊緣，掙扎了幾個月，後來又恢復正常了。將來我們也許能夠收回全部本金和利息，但這仍是一個錯誤的投資。（編按：波克夏後來確實收回對全美航空的全部投資。）

我不希望你們誤以為：我們擁有任何讓你們不犯錯的學習或做事方式。我只是說，你們可以透過學習，比其他人少犯一些錯誤，也能夠在犯錯之後更快修正。但既要過富

蒙格語錄

如果現在你資金很少，年紀還輕，那麼你的機會比我年輕時要少一些。當年我們剛走出大蕭條，而人們認為資本主義很糟糕。

一九二〇年代出現了許多弊端。當時有個笑話是這樣的，有個傢伙說：「我買股票是為了老年，這種方法很靈驗——不到六個月，我覺得自己像個老頭了！」

這的確不容易，但並不表示你沒辦法做好，只是需要更多時間而已。但有什麼關係呢，你能活得更久啊。

如果我是你，我會買些很小的股票，尋找一些罕見的錯誤定價機會，但這類機會的確很少。

足的生活又不犯很多錯，是不可能的。

事實上，人生的戲法之一，是為了讓你能夠處理錯誤。破產者的通病是無法正確的處理「心理否認」。你對某樣東西投入極大精力，傾注心血和金錢，你投入愈多，一致性原理就愈會促使你去想：「這必須成功。如果我再投入一點，就會成功。」

這時候，也會出現「被剝奪超級反應症候群」[8]：如果不再多投入一點，就要前功盡棄啦。人們就是這樣破產的，因為他們不懂得停下來檢討，然後說：「我可以放棄這個，從頭再來。我不能執迷不悟，那樣的話我會破產的。」

問：迪士尼收購大都會美國廣播公司（Capital Cities/ABC）時，你們並沒有套現，而是把大都會的股票換成迪士尼的股票[9]，能談談你是怎麼想的嗎？媒體上有報導說你曾經考慮收取現金。

答：迪士尼是非常棒的公司，但股價太高了。迪士尼有部分業務是拍攝傳統電影，這種生意對我毫無吸引力。然而，迪士尼有些業務比一個大金礦還好。我的孫兒孫女們都愛；我是說，那些錄影帶……

迪士尼是「自催化反應」[10]的完美典範——拍攝了許多電影，而且擁有版權。電冰箱的出現，大大促進可口可樂的發展；同理，錄影帶發明後，迪士尼不需要生產任何新東西，只要把拍攝好的電影，轉成錄影帶就夠了。每個父母和祖父母，都希望自己的後代坐在家裡看這些錄影帶，所以人們的家庭生活形態，對迪士尼的發展產生推波助瀾的作

8 **被剝奪超級反應症候群** deprival super-reaction syndorme
指失去造成的傷害，比獲得帶來的快樂多得多。請參閱十一講第十四項。

9 **換股交易**
波克夏於一九七七年以一千零九十萬美元投資大都會廣播公司；一九九四年以換股方式賣給迪士尼公司，最終獲利達二十億美元。

10 **自催化反應** autocatalysis
或稱自體催化或自動催化，即反應物反過頭來促進反應過程的現象。當一個化學反應物是其反應的催化劑時，自催化反應就會出現。例如，錫疫（tin pest）是白錫的一種自催化反應；當氣溫很低時，錫會退化成灰色粉狀。大氣臭氧層的枯竭，是自催化反應的另一個例子。

用，讓這個市場規模高達數千億美元。

顯然，如果你能找得到，這是個非常好的模型：不用發明什麼東西，光是坐著不動，世界就會抬著你前進。

迪士尼後來做了許多正確的決定。別誤會我的意思，迪士尼的成功，很像我一個朋友在評論一位無知卻又成功的校友時說的話：「他是一隻停在池塘裡的鴨子，是別人抬高了池塘水位。」

艾斯納和威爾斯對迪士尼的經營是很出色的。但他們上任時，老電影的錄影帶對迪士尼的推動作用已經出現，所以他們能夠輕輕鬆鬆推動革新。

平心而論，他們也很傑出，創造不少風靡市場的新產品，比如說《風中奇緣》和《獅子王》。到最後，光是《獅子王》就能帶來幾十億美元的收益。我說的「最後」，是指差不多五十年以後。時間是有點長，但，光靠一部電影就能賺幾十億美元耶！

問：能談談你為什麼離開律師業嗎？

答：我家裡人很多，南西和我養了八個孩子。我當時也沒想到當律師後來會突然變得那麼好賺。我離開之後，律師業就開始賺大錢。一九六二年，我就幾乎沒做了；完全離開是在一九六五年。所以，那是很久以前的事了。

另外，我比較喜歡自主決策，用自己的錢一搏。我常常想，反正我瞭解的比客戶還要多，幹嘛要替他辦事呢？所以部分原因是我比較自大，**部分原因是我要得到能夠讓我**

合夥人的話1

我本人是個很好的投資者，但我無法做得像巴菲特和蒙格那麼好——幾乎從未失手過。我做過的最好投資決定就是，這些年來把雙手放進口袋，守著波克夏的股票，讓這兩個傢伙去施展。我只是意識到他們比我更好。

——奧提斯．布斯（波克夏大股東，房地產開發業務合夥人，和蒙格的友誼超過五十年）

獨立自主的資源。

還有就是，我的客戶大都很好，但有一兩個我不是很喜歡。此外我還喜歡資本家的獨立性，我的性格向來有好賭的一面。我喜歡想清楚事情，也喜歡下賭注。所以就順其自然了。

問：你會去拉斯維加斯賭錢嗎？

答：我從現在到死都不會去賭場賭一百美元，我不會做這種事。我怎麼會去賭場呢？我偶爾會跟朋友娛樂性的小賭一把；偶爾會跟一個比我高明得多的對手玩橋牌，比如說鮑伯．哈曼[11]，他可能是全世界打牌打得最好的人，但我知道我跟他是打著玩的，那是娛樂活動。

至於那種簡單的機械賭場，永遠占有賭局優勢，就算找遍全世界，我也找不出理由去幹那種蠢事。我特別討厭合法賭場操縱大眾心理的文化，所以我不贊成賭博合法化。

另一方面，坦白講，我確實喜歡能體現男子氣概的打賭藝術，社交性的跟朋友小賭一把；但我不喜歡專業的賭博環境。

問：請談談自你入行以來，共同基金和資金管理業發生了什麼變化，以及談談資本市場的成長。

答：事實上，我並沒有真正入行。我曾開過一家小小的私人合夥公司，經營了十四年，二十幾年前關掉了。然而，按照現在投資管理業的標準，我從投資者那裡收到的費用還差得遠。所以我確實不曾進入共同基金這個行業。

但資金管理業是美國近年來成長最快的行業之一，創造了許多富有的專業人士和億萬富翁。對於入行早的人來說，這是個大金礦。退休基金、美國公司市值和全世界財富的增長，為許多人創造了一個利潤豐厚的行業，讓他們發了大財。

我們跟這些人有些往來，然而從未涉足這一行。有一段很長很長的時間，我們基本上只用自己的錢來投資。

問：你認為這次牛市會持續下去嗎？

答：如果二十五年後，所有美國公司的市值沒有比現在高很多，那我會非常吃驚。如果人們繼續交易，將這些小紙片炒來炒去，那麼貨幣管理業仍會是個熱門行業。但除了用自己的錢來投資，我們真的不在這個行業裡。

問：我對你們投資策略的轉變很感興趣，你們開始採用的是班傑明．葛拉漢的模型，現在是波克夏模型。你認為剛入門的投資者，應該採用哪種模型呢？比如說，把大部分或者全部資金投在一個我們認為很好的機會，然後幾十年都不去動？或者這種策略只適合更為成熟的投資者？

答：每個人都應該根據他的資金狀況和心理素質來玩這個遊戲。如果虧損會讓你變得很

合夥人的話2

如果你想把公司賣掉，但又想要根本沒把公司賣掉的感覺，那麼去找巴菲特和蒙格。他們要你做的就是把公司管好，如果能做到，他們完全不會干預你。我並不覺得我把飛行安全公司賣掉了；我只是把飛行安全公司的股權證換成波克夏的而已。

——艾爾．尤爾茨基（Al Ueltschi，飛行安全國際公司創辦人暨董事長）

11 鮑伯．哈曼
Bob Hamman, 1938-
美國橋牌手，被認為是世界上最偉大的橋牌手之一，曾獲得十二次世界冠軍，五十次北美冠軍。

慘，而且有些虧損是不可避免的，那麼你最好採用非常保守的投資模式，多存點錢。所以你必須根據自己的實際狀況和才能來調整投資策略。我並不認為我能給你一種萬靈丹式的投資策略。

我的策略對我來說是有效的。但部分原因是因為我善於接受虧損，我的心理承受得了虧損。此外，我失手的次數並不多。這兩種因素加起來，使得我的策略很有效。

問：你和巴菲特都說波克夏的股價太高了，你不推薦人們買進？

答：我們沒有這麼說。我們只是說，當時價格那麼高，我們不會買，也不會推薦朋友去買。但這只跟波克夏當時的內在價值有關。

問：如果有錢，我會買波克夏，因為你們說過，高報酬率可以繼續保持二十年。

答：但願你的樂觀是對的，但我不會改變觀點。畢竟，我們今天遇到的情況是前所未有的。有時我會跟朋友說：「我正在盡最大努力啦。可是，我以前又沒經歷過老年生活，我這是第一次過呢，不知道是否能過得好。」

巴菲特和我從未握有超高資產和鉅額資金這種經驗，所以我們正在學習。

問：你和巴菲特說的每句話似乎都很有道理，但聽起來跟葛拉漢三十年前說過的話差不多，他說股市的價值被高估了，但當時道瓊指數只有九百點。

蒙格語錄

我們希望波克夏和威斯科的股價，和我們認定的固有價值不要相差太多。如果股價漲得太高，我們就會呼籲它降下來。並非所有的美國企業都會這樣做，但這是我們的做事方式。

現在很多人似乎認為企業執行長的責任就是讓股價上漲，但這種觀點導致各種各樣的愚蠢行為。我們會實話實說，值多少就說多少。

答：噢，我並不認為我們的看法跟他是一樣的。葛拉漢雖然很了不起，但是他特別喜歡預測整體市場的走勢。相反的，巴菲特和我總是認為市場是不可知的。

另一方面，許多年來，扣除通貨膨脹因素，大部分股票的年均報酬率達到了一〇%到一一%，我們說過這些報酬率不可能持續很久，辦不到，那完全是不可能的。世界的財富不可能以這種速度增加。不管史丹佛大學持有的投資組合過去十五年來績效如何，未來的收益肯定會比過去糟，也許只能差強人意。但過去十五年是投資者的快樂時光，如此驚人的暴發戶效應（Bonanza effects）不可能永遠持續下去。

問：波克夏的年報引起媒體的廣泛關注，因為年報裡透露悲觀的看法，認為公司的規模愈來愈大，導致投資機會愈來愈少。這種情況對你們未來十年有什麼影響？

答：我們一再說過，跟過去相比，未來股東財富的複合成長率會下降，我們的規模會拖累業績表現。這不是一種觀點，而是必然。

然而，不妨假定從現在開始，我們能夠讓帳面價值，以每年一五%的比率複合成長。這個報酬率其實不算太糟糕，對於長期持有波克夏的股東來說，應該是可以接受的。我只是說我們能夠承受成長放緩，因為我們的收益肯定會下降，但對長期股東來講仍是不錯的。

順帶一提，我並沒有保證我們的帳面價值，每年會有一五%的複合成長率。

問：你剛才說，避免極端的意識形態是很重要的。你認為商界和法律界有責任幫助城市的貧民，讓他們走上致富的道路嗎？

答：我完全贊成解決社會問題；我完全贊成對窮人傾囊相助；我完全贊成深思熟慮後，去做一些你認為利多於弊的事情。

我反對的是過於自信的自以為你的干預必定是利多於弊，因為你要應付的是一個非常複雜的系統，在這個系統裡面，每件事情相互牽連，相互影響。

問：那麼，你的意思就是要確定你做的事情利多於弊？

答：你沒辦法確定。這正是我的觀點。

但從另外一方面來說，我最近確實推翻了兩組工程師提出的方案。我怎麼會有足夠的自信，在一個如此複雜的領域做這樣的判斷呢？你也許會想：「這個傢伙只是個有錢的自大狂罷了，他以為他什麼都懂！」

我可能是個自大狂，但我不認為我什麼都懂。因為我發現，那兩組工程師在那個問題上都存在偏見，他們提出的結論，都對自己有利。每一方所說的，都與他們的偏見脗合，這讓我產生了懷疑。此外，也許我掌握了足夠的工程學知識，所以能夠知道他們的結論沒什麼道理。

最後，我找到第三個工程師，他提出的方案我很認同。後來，第二個工程師跑來對

蒙格語錄

如果你打算成為投資者，那麼總會有些投資領域不是你完全瞭解的。但只要努力學習，不斷進步，那麼保證投資都會產生好的結果。關鍵是自律、勤奮和練習。就像打高爾夫球，你必須努力練習。如果沒有不停地學習，別人就會超越你。

我說：「蒙格，我怎麼就沒想到呢？」他能這麼說，還是值得讚許的。第三種方案更好，不但更安全，造價也更低。

有些人雖然比你有學問，但在他的認知明顯受到激勵機制引起的偏見[12]，或類似的心理因素影響時，你必須有自信推翻他的結論。但有時你不得不承認自己的能力有限，這時，最好的辦法就是信任某位專家。

其實，你應該弄清楚你知道什麼、不知道什麼。在生活中，還有什麼比這個更有用的呢？

問：你討論過可口可樂的失敗。你認為蘋果犯了哪些錯誤呢？

答：讓我給你一個非常好的答案，這答案是我從奇異公司執行長傑克．威爾許那裡抄襲來的。威爾許是工程學博士，是商界巨擘，非常了不起。最近，有人問他：「傑克，蘋果到底做錯了什麼？」當時巴菲特也在場。

威爾許是怎麼回答的呢？他說：「我沒有足夠的能力來回答這個問題。」我想給你相同的答案。在這個領域，我沒有能力給你任何特殊的見解。

從另一方面來說，我照搬威爾許的答案，是為了教你一個道理：當你不瞭解，也沒有相關的才能，不要害怕說出來。

有些人不是這樣的，我想用一個生物學例子來說明。當蜜蜂發現蜜源時，會回到蜂窩，跳起一種舞蹈，告訴同伴蜜源在哪個方向、有多遠，這是蜜蜂的基因決定的。

12 **激勵機制引起的偏見**
請參閱蒙格在第十一講的深度闡述。

四、五十年前，有個聰明的科學家改變了蜜源的位置，蜜蜂從來沒有遇到過這種情況。科學家把經過變換的蜜源放到野外；蜜蜂發現了蜜源，回到蜂窩，但牠的基因裡沒有編排好表達新蜜源的舞蹈。牠是怎麼做的呢？

如果牠是威爾許，就會坐下來；但蜜蜂卻跳起了一種不知所云的舞蹈。許多人就像那隻蜜蜂，試圖以那種方式回答問題；那是極大的錯誤，沒人期待你什麼都懂。

有些人總是很自信的回答他們其實不瞭解的問題，我討厭跟他們在一起。在我看來，他們就像亂跳舞的蜜蜂，只會把整個蜂窩搞得烏煙瘴氣。

問：你曾經在律師事務所待過，請問你當時是如何利用這些模式的？效果怎樣？現在的律師事務所好像並不採用這些模式。

答：律師事務所也採用這些模式。但跟學術界的情況相同，律師事務所也有一些變態的激勵機制。其實，從某些方面來說，律師事務所的情況更糟。

我來談談律師業的另外一種模式：我小的時候，父親是個律師。他有個客戶兼好友叫格蘭特．麥費登（Grant McFayden），是福特汽車在奧馬哈的經銷商。麥費登先生白手起家，是個非常了不起的愛爾蘭人。他小時候經常挨父親毒打，於是從農場逃出來，自己闖出一片天地。他聰明又正直，極具魅力，反正是個非常、非常了不起的人。

我父親的另外一個客戶跟他正好相反，那人是吹牛大王，自視極高，處事不公，大放厥辭，難以相處。當時我大概只有十四歲，我問：「爸爸，你為什麼替X先生（那

蒙格語錄

這並不是一隻豬玀也能賺錢的美好時代。投資遊戲的競爭已經愈來愈激烈。我不認為我們能看見像一九七三、七四年，甚至一九八二年那樣，股價跌到令人流口水的地步。巴菲特和我非常有可能再也看不到這些機會了，但那並不是壞事。我們只要繼續努力就好啦。

（巴菲特：不過也不是完全不可能，你無法預測市場。在日本，十年期債券的報酬率只有〇．六二五%，以前誰想得到呢？）

就算日本發生那樣的事情，美國的情況也不會那麼糟糕。在接下來這段日子，領高薪的投資顧問不會有非常好的表現。

個自視極高的吹牛大王）做那麼多工作，而不是花更多精力在麥費登這樣的好人身上呢？」

我父親說：「麥費登先生正確的對待員工、對待客戶、處理問題。如果他遇到一個瘋子，他會趕緊遠離那個瘋子，盡快給自己找條出路。因此，我要是只做麥費登的生意，就沒錢給你喝可口可樂啦。但X先生就不同了，他在生活中遇到許多法律糾紛。」

這個例子反映出做律師的問題之一：你不得不經常跟一些非常差勁的人打交道。但當律師能夠賺很多錢，大部分要歸功於他們。就算你的客戶是個品德高尚的人，你要幫他應付的對手也往往是非常低劣的傢伙。這是我不再當律師的原因之一。

另外一個原因是我的私欲，但也是因為我的欲望才能帶來成功，才讓我能去做一個值得尊敬和理性的人。就像班傑明．富蘭克林說的：「空麻袋立不起來。」

我認為，在我問起那兩位客戶時，父親的回答方式是非常正確的。他教給我一個道理。什麼道理呢？在生活中，為了養家活口，你無妨偶爾替喪失理智的自大狂服務；但你應該像格蘭特．麥費登那樣為人處世。那是個很好的教訓。

而且父親用的教學方式非常巧妙，因為他不是把這個道理直接灌輸給我，而是讓我自己透過思考去體會。我必須自己動腦筋，才能明白應該學習麥費登。他認為如果這個道理是我自己摸索出來的，我會記得更牢。確實如此，儘管已經過去幾十年了，我到今天還牢牢記住。這是一種非常巧妙的教育方式。

這種方式也跟基礎心理學有關，這也是基礎的文學，因為優秀的文學作品，需要讀者略加思索才能理解，那樣對讀者的影響會更深，你會更牢牢記住。這就是承諾和一致性傾向。如果要動動腦筋才懂得某個道理，你就更記得住。

如果你是律師或企業領導人，或許也想讓別人明白我父親告訴我的道理，或者其他你希望他們學到的事情，你可以透過這種方式教育，用這種方法來教孩子，不是很好嗎？我父親故意用間接的方法，你看看效果多好，就像庫克船長巧妙運用心理學一樣。自那以後，我一直都在模仿格蘭特．麥費登，終生如此。我可能有些地方做得不夠好，但至少我一直以他為榜樣。

問：你在《傑出投資者文摘》發表的文章結尾提到，只有少數投資經理人能夠創造附加價值。你現在的聽眾將來都會成為律師，你認為我們應該怎樣為司法界創造附加價值呢？

答：只要成為能夠正確思考的人，你們就可以創造附加價值。只要好好掌握正確的思考方式，能夠見義勇為、當仁不讓，你們就能創造很大的附加價值。只要能夠防止或阻止某些足以毀掉你們事務所、客戶或者你在乎的某些東西的蠢事，你們就能創造很大的附加價值。

你可以使用一些有建設性的方式。例如我的老同學，斯卡登．阿普斯（Skadden Arps）律師事務所的喬伊．佛洛姆（Joe Flom），是個十分成功的律師，原因就在於：他非常善於用精妙的比喻，有效傳達他的觀點。如果你想為客戶服務，或者想要說服別人，用點幽默的比喻是非常有幫助的。

這是一種很了不起的本事。你可以說喬伊・佛洛姆的本領是天生的，但他經常磨練這種天賦。你們或多或少都擁有這種天賦，也可以多加磨練。

有時你會遇到一些不能做的事。例如，你有個客戶非常想要逃稅，要是不逃稅，他就會覺得渾身不舒服；如果他看到有漏洞可以鑽，但是沒有鑽，那他每天早上會連鬍子都刮不乾淨。有些人就是這樣，他們就是不願意循規蹈矩。

你可以用兩種方法來解決這個問題：你可以說：「老子不幹啦！」然後撒手不管；或者說：「哎呀，生活所迫，我必須為他工作呀。我只是替他作假，不代表我自己作假。所以，我還是做吧。」

如果發現他真的想要做一些非常愚蠢的事，你們這麼對他說可能是沒用的：「你這麼做不對。我的道德比你高尚多啦。」那會得罪他的。你們是年輕人，他年紀比較大，因此，他不會被你說服，而會做出這樣的反應：「你是誰呀，憑什麼為整個世界設立道德標準？」

但你可以這樣對他說：「你做這件事情，不可能不讓手下知情。所以呢，這麼做很容易被敲詐勒索。這是在拿聲譽冒險，拿家人和金錢冒險。」

這樣可能會有效。而且你對他說的是實話。如果必須使用這樣的方法，才能讓人們做正確的事，你願意在這種地方工作嗎？我想答案是否定的。但如果你們只能在這樣的地方待下去，從他的利益出發去說服他，很可能比從其他方面去說服他更有效。這也是

葛特佛藍德

約翰・葛特佛藍德（John Gutfreund, 1929-2016）曾任所羅門公司董事長和執行長。該公司有個交易員非法買進三十二億美元的美國國債，雖然葛特佛藍德幾天後就獲悉了這項交易，卻隱瞞超過三個月。當媒體爆料後，他馬上打電話給公司獨立董事華倫・巴菲特，求他拯救所羅門公司。巴菲特舉重若輕的解決了這個複雜問題，該公司才得以存活，後來以九十億美元賣給旅行者集團（Travelers）。他發現公司的違法交易，卻坐視不顧，結果付出慘重代價。

一種以生物學為基礎的、強大的心理學原則。

我親眼看到，那種心理學原則是如何讓所羅門公司倒閉的。所羅門的執行長葛特佛藍德知道所羅門公司發生違法交易，他並未參與不法交易，並不是主犯；法律總顧問要求葛特佛藍德盡快告訴聯邦政府，他對葛特佛藍德說：「雖然法律可能沒要求你這麼做，但這麼做才是正確的。你真的應該去做。」

但是沒有用。這個建議很容易被推託，因為令人不悅。那正是葛特佛藍德的選擇，他把它推掉了。

除了執行長，總顧問在所羅門公司並沒有什麼靠山。如果執行長下台，總顧問也會跟著下台，他整個職業生涯岌岌可危。所以，為了拯救職業生涯，他需要說服這位遲疑的執行長，趕快去做正確的事。

那件任務簡單得連小孩都能做到。總顧問只要這樣對老闆說：「約翰，再這樣下去，你的生活就毀了，你會身敗名裂的。」這麼說就可以了。沒有執行長願意自毀前途、聲名掃地。

這位所羅門的前總顧問為人聰明大器，想法也是正確的。然而，他丟了工作，因為他沒有應用一點基本的心理學知識。**他並不知道，在多數情況下，要說服一個人，從這個人的利益出發是最有效的。**

但就算遇到同樣的情況，你們也應該不會得到相同的結果。只要記住葛特佛藍德和總顧問的下場就好了。如果用心學習，正確的道理是很容易掌握的；如果掌握了道理，在遇到其他人無法解決的問題時，你就能夠表現得遊刃有餘。只要變得明智、勤奮、公正，而且特別擅長說服別人去做正確的事，你就能創造附加價值。

問：你能談談股東的官司等等訴訟和一般法律的複雜性，如何影響大型企業的決策？

答：嗯，每個大企業都為法律成本叫苦，為規章制度之多叫苦，為公司事務的龐雜性叫苦。所以你完全可以把一家公司的苦水，移植到另外一家公司，一個字都不用改。

但對於律師事務所來說，讓企業叫苦的這些事實在是好消息。多年來，大型律師事務所的業務一直在走上坡，根本忙不過來，就像大瘟疫中的收屍人。當然，如果在瘟疫期間，收屍人一邊手舞足蹈，一邊拉小提琴，那會顯得非常怪異。所以律師事務所的合夥人會說：「唉呀，真叫人悲傷，這麼多複雜的問題，這麼多的官司，這麼多的司法不公。」

但說真的，他們多少有點精神分裂，才會抱怨這種情況，因為事實上這對他們非常有利。最近加州出現一些有趣的行為。部分辯方律師想透過公民投票否決某個議案，但這麼做有損客戶的利益，所以他們只能偷偷摸摸進行遊說，免得被客戶發現。他們這麼做的原因是，那個方案使得控方律師更難提出訴訟。

如果你是辯方律師，靠的就是和這些乖張分子鬥智鬥勇，來為孩子賺學費，那個方案無異將打破飯碗；身為成年人，他們只能做出這種成年人的選擇。

所以大公司適應了。他們遇到更多的官司，不得不設立規模更大的法務部門。他們為不喜歡的東西叫苦，但他們適應了。

問：可是過去幾十年來，這種法律的複雜性消耗了企業大量的資源，是吧？

答：是的。幾乎所有美國公司的訴訟費用，和為了依循各種規章制度所帶來的支出，都比二十年前高出一大截。確實，有些新的法規很愚蠢，有些則是不可或缺。這種情況會一直延續下去，只不過輕重程度會有所不同。

問：企業會不會因為擔心失敗或法律責任，而不太去投資風險較高的案子？您有看到或經歷過企業決策上任何這樣的變化嗎？

答：我曾經和朋友，不是巴菲特，是另外一個朋友，一起碰到過這樣的情況。我們控股的一家子公司，發明了一種更好的警察頭盔。那是用克維拉[13]之類的原料製成的。他們展示這種頭盔，要我們生產。

就意識形態而言，我們非常支持警察，文明社會需要警察團隊，然而我不認為有很多警察因為不必要的犧牲而留下了孤兒寡母，但仍贊成讓警察有更好的頭盔可用。

我們看過了頭盔，然後對那個發明人說：「我們公司很有錢，可是造不起這種警察頭盔。現在的社會就是這樣子，考慮到各種風險因素，我們不能生產這種頭盔；但希望有人願意生產。」

「所以我們不會漫天要價。去找別人生產吧，把技術賣給能生產的人。我們自己就

13 **克維拉** Kevlar
美國杜邦公司一九六〇年代研製出的低密度、高強度新型複合材料。

不要生產了。」

我們不想阻止警察獲得這種新頭盔，但決定不要自己製造頭盔。在現代文明社會，有些行業的情況是這樣的，如果你是該行業最有錢的人，那麼對你而言它就是一個糟糕行業。比如說，在高中的橄欖球比賽中，難免會有球員因頭部受傷而導致半身或四肢癱瘓。除了那家最有錢的頭盔製造商，傷者還能找到更好的興訟對象嗎？每個人都為傷者感到遺憾，都覺得那些傷病非常嚴重，所以製造商輸掉官司的機率很大。

在我們這樣的文明社會，有錢的大公司生產橄欖球頭盔是不明智的行為，也許法律不應該讓控告頭盔製造商的人輕易勝訴。

我認識兩個醫生，婚姻都很美滿。後來因為醫療責任險的保費漲得太高，他們就辦了離婚，把絕大部分的財產轉移到妻子名下。他們繼續執業，只是不再投保醫療責任險而已。人們能夠適應不斷變化的司法氣候，他們有自己的辦法。從前是這樣，將來也會這樣。

我個人最討厭的是助長詐欺的制度。加州脊椎按摩師的收入，也許有一大半純粹是欺騙得來的。我有個朋友在一個糟糕的社區發生小車禍，他甚至還沒來得及把車駛離交叉路口，就收到兩個脊椎按摩師和一個律師的名片。他們專門從事偽造受傷報告的勾當。

蘭德（Rand）公司的資料顯示，加州每次車禍的平均受傷人數是其他許多州的兩倍。但其實，加州每次車禍的受傷人數並沒有比別的州高出一倍，所以有一半是偽造的。這已經成了一種社會風氣，因為每個人都這麼做，所以自己假裝受傷也完全沒問題。我認為這種社會風氣很糟糕。

如果由我來定制度，那麼對工作壓力的工傷賠償金將會是零——不是否認工作壓力的存在，而是我認為，如果因為工作壓力就能得到賠償，那麼社會的損失，將會比為數很少、真的因工作壓力受傷而得不到賠償的情況，要嚴重得多。

我喜歡海軍的制度。如果你是海軍船長，連續工作二十四小時，需要去睡覺，所以在惡劣的狀況下，把船交給非常有能力的大副，結果他把船弄擱淺了。這顯然不是你的錯，他們不會把你送到軍事法庭，但你的海軍生涯卻會就此結束。

你也許會說：「那太嚴苛了。法學院可不是這樣的。那不是合法的訴訟程序。」嗯，海軍的模式比法學院的模式好多了。海軍的模式確實能夠促使人們在環境惡劣的時候全神貫注，因為他們知道，如果出事，絕對不會被原諒。

不管船是什麼原因擱淺的，反正你的生涯結束了。沒有人對理由感興趣，這就是海軍的規則，整體而言，這對所有人都好。

我喜歡那樣的規則。我認為如果多幾條這種不問對錯原因的規則，我們的社會將變得更好。但這種主張很容易在法學院引起爭議：「那不是合理的訴訟程序，你沒有真的追求正義。」

我贊成海軍的規定，那就是在追求正義——追求讓更少船隻觸礁的正義。考慮到這些規則帶來的好處，我不會在乎有位船長受到不公平對待。畢竟，又沒有把他送到軍事

把事情簡化

聖母大學橄欖球場的球員入口上面寫著「今天像冠軍那樣去戰鬥」。我有時會開玩笑說，內布拉斯加大學的標語是「別忘了戴頭盔」。蒙格和我是那種「別忘了戴頭盔」的人。我們喜歡把問題簡化。

——巴菲特

法庭，只是需要另外找份工作而已。從前繳納的退休基金依然歸其所有，所以對他來說也不會是世界末日。

我喜歡這樣的規則，可惜像我這樣主張的人不多。

問：我想聽你再談談如何做判斷。你在演講中說過我們應該閱讀心理學教材，然後掌握十五、六個最有道理的原則……

答：掌握那些顯然很重要和很正確的原則。沒錯，然後還得鑽研顯然很重要，教科書上卻沒寫的，這樣就能得到一個系統。

問：怎樣確定哪些原則是正確的呢？對我來說，這才是更重要的問題。

答：不，不，沒你想的那麼難。人們很容易受到他人思維和行為的嚴重影響，有時候這種情況是發生在潛意識層面上的，你覺得這很難理解嗎？

問：沒有啦。這個我能理解。

答：那就對了，那你就完全能夠弄懂那些原則。慢慢來，一個一個掌握。沒有你說的那麼難。

你覺得操作性條件反射[14]的原理，也就是人們會重複他們上一次成功的行為，會很難理解嗎？

14 **操作性條件反射**
operant conditioning
或稱「操作制約」，指在環境中採取行動以產生結果，如果行為所導致的結果具有強化性（提供報酬或減少令人嫌惡的後果），那麼該行為再發生的機會就會增加；如果結果並不具強化性，則該行為再發生的機會就會減少。這種因外部刺激而矯正行為的過程，是美國行為學家史金納「新行為主義學習理論」的核心。操作制約的作用對象，是個體原來就已經自願進行的行為，是主動的，如閱讀、寫字；而古典條件反射（古典制約）則是利用環境刺激來操縱受試者，使發生反應，是被動的。

問：我覺得要掌握的東西很多，有道理的內容也很多。我想這個系統很快會變得很複雜，因為各式各樣的原則太多了。

答：嗯，如果你像我一樣，就會覺得有點複雜才有意思。如果想輕輕鬆鬆就弄懂，也許你應該加入某種宣稱能解答一切問題的邪教。我可不認為那是好辦法。你必須接受這個世界，它就是這麼複雜。愛因斯坦曾經做過一個很好的總結：「一切應該盡可能簡單，但不能過於簡單。」

學習心理學也是這樣的。如果有二十種因素，並且相互影響，你必須學會處理，因為世界就是這麼複雜。但如果能夠像達爾文那樣，帶著好奇心逐步解決問題，就不會覺得很難。你會驚訝的發現，原來自己能夠學得很好。

問：你剛才給了我們三個你使用的模式，我想知道你是從哪裡找到其他模式的。第二個問題，你能為我們提出更輕鬆閱讀心理學教材的方法嗎？我倒不反對去讀心理學教材，可是那樣很花時間。

答：學科的種類並不多，真正有用的思想也不多，把它們統統弄清楚，會給你帶來很多樂趣。此外，如果是透過親自摸索去搞清楚，而不是透過別人的轉述死記硬背，對那些思想的掌握才會比較牢固。

更重要的是，這種樂趣永遠不會枯竭。我以前接受的教育錯得離譜，根本沒看過所謂的現代達爾文主義的著作。我看的書也很雜，但就是沒看過這類書。去年我突然意識到自己真是個白癡，居然連現代達爾文主義都沒看過。所以我倒回去，在牛津大學的偉大生物學家道金斯[15]和其他人的幫助下，補充了這個學派的知識。

我七十幾歲啦，對我來說，理解現代達爾文綜合理論絕對是很快樂的事情。這種理論極漂亮、極正確。一旦掌握住，就變得很簡單。所以，我這種方法吸引人的地方，就在於其帶來的樂趣永不枯竭。如果你患了老年癡呆症，最終被送到療養院，那麼我想這種樂趣確實會枯竭。但就算是那樣，至少也持續了很長的時間。

如果我是法學院的沙皇，我會開設一門叫作「補救式普世智慧」的課程，會提供許多有用的東西，包括大量且正確傳授心理學知識。這門課可能只持續三個星期或者一個月。不過，法學院當然不會允許沙皇存在——它們甚至不希望院長擁有太多權力。

我認為你們應該開設一門有趣的課程，採用具說服力的例子，傳授有用的原理，那會很有趣。我認為這門課有助於你們發揮法學知識。

人們會對這個想法不以為然。「大家不做這樣的事情。」他們可能不喜歡「補救式普世智慧」這個名稱所含的諷刺意味。不過我這個名稱的含義，其實是「每個人都應該知道」。如果你管它叫補救式，難道你的意思不是：「這些道理真的非常基本，每個人都應該知道？」

這樣一門課會非常有趣，可以援引的例子太多了。我不明白人們為什麼不開這樣一門課，也許是因為不想開，所以沒開；但也許他們不知道該怎麼開；也許不懂這門課是

15 理查・道金斯
Richard Dawkins, 1941-
英國生物學家，著有《自私的基因》。

什麼。

如果在你接受傳統的法學院教育之前，有那麼一個月的時間來學習這些透過生動的例子得到的基本道理，你在法學院的求學過程將會有趣得多，整個教育系統的效果也會好得多，但沒有人對開這樣的課感興趣。

有些法學院確實會傳授教材以外的知識，但在我看來，他們的方法往往非常笨拙。其實美國大學的心理學課算是不錯的了，不信你看看那些企業金融課程，竟然開一堂叫「現代組合投資理論」，那完全是亂來！真叫人吃驚。

我不知道怎麼會這樣。自然科學的工程學都教得很好，但除了這些領域，其他學科的情況完全是莫名其妙，儘管有些學科的研究人員智商非常高。

可是，學校應該如何改變這種愚蠢的局面呢？正確的做法，不是請一個七十幾歲的老資本家來告訴高年級的學生：「這是一點補救式普世智慧。」這不是解決問題的辦法。

就另一方面來說，在法學院學生剛入學的第一個月，就灌輸一些基本原理，而許多法學原理是跟其他原理連結在一起的，密不可分。然而，在教學中，他們並未指出這些法學原理跟其他重要原理有密切關係。這種做法很瘋狂，絕對很瘋狂。

我們為什麼規定法官不能對未經手的案件發表評論呢？我念法學院時，老師在課堂上談到這個規定，但沒有連結到本科課程的重要內容加以說明。不把那些理由說出來，真的很荒唐。**人類的大腦，需要理由才更能理解事情。你們應該把現實置於合理的理論**

架構中，唯有如此，才能成為有效的思考者。

至於老師教給學生原理，卻不給理由，或者很少解釋理由，那是錯誤的做法！

我之所以想要設立一門課來傳授補救式普世智慧，原因也在於這會迫使教授反省。要是這些教授傳授的知識明顯有誤，而被一門叫作「補救式普世智慧」的課程糾正和強調，會讓他們覺得難為情。那些傳授錯誤知識的教授，真的必須為自己辯護。

這個想法是不是很瘋狂？期待有人開一門這樣的課，可能是一個瘋狂的想法。然而，如果有人真的開了這樣的課，難道你們不會覺得很受用嗎？

問：我認為，要是有一門這樣的課，那就太好了。可惜等到這門課開出來，我們早就畢業啦。你的建議是，可以透過開一門課程來教我們；但除此之外，還有什麼辦法可以學到普世智慧呢？

答：一直以來，總是有人問我學習是否有捷徑，今天我也嘗試給你們提供一些學習的竅門，但光靠這樣一次演講是不夠的。正確的做法應該是寫一本書。

我希望我說的話，能夠幫助你們成為更有效率和更優秀的人。至於你們是否會發財，那不是我要考慮的。但總是有人要求我：「把你知道的都餵給我吧。」當然，他們說的話往往是這樣的：「教我如何不費力氣快速致富。不但要讓我趕快致富，你也要趕快教會我。」

我並沒有興趣自己寫一本書。再說，寫書要花很多精力，那不是我這樣七十幾歲的人應該做的。我還有其他許多事情要處理，所以我不會去寫書。但對別人來說是絕好的機會。如果我發現有聰明人願意好好完成這項任務，我會為他的寫作提供資助。

讓我解釋一下，為什麼現在的教育如此糟糕。部分原因在於不同領域之間老死不相往來的現狀。例如，心理學只有和其他學科的原理結合起來才最有用，但如果你們的教授並不瞭解其他學科的原理，就無法完成這種必要的整合。

可是，如果有個人精通其他學科，致力於將其他學科的原理和心理學結合起來，他怎麼能夠成為心理學教授呢？這樣的心理學教授往往會激怒同儕和上級。

世界歷史上有過幾個非常了不起的心理學教授。亞利桑那州立大學的羅伯特．西奧迪尼[16]對我啟發很大，史金納也是，不是說他的偏執性格和烏托邦傾向，而是說他的實驗結果。整體而言，我不認為美國的心理學教授如果改行研究物理學，也能夠成為教授。這可能就是他們沒能把心理學教好的原因。

許多教育學院，甚至有些優秀大學的教育學院，都掀起了心理學的熱潮，這簡直是知識界的恥辱。有些院系，甚至有些傑出的研究機構，有時也存在某些重要的缺陷。開設許多名為心理學的課程，也並非包治百病的靈丹妙藥。

所有學術界的缺陷都是非常難解決的，這是學術界的慣性。你知道芝加哥大學是如何解決心理系的問題嗎？該系擁有終身教職的教授都很糟糕，於是，校長廢除了整個心理系。

假以時日，芝加哥大學將會擁有一個全新的、截然不同的心理學系，現在也許已經

16 **羅伯特．西奧迪尼** Robert Cialdini, 1945- 亞利桑那州立大學心理學及行銷學教授，被認為是影響力和說服力領域中，言論最常被引用的專家之一，著有《影響力》（*Influence*）一書。

有了，也許情況比以前好得多了。我必須承認，我對一個如此有魄力的大學校長是極欽佩的。

我不希望你們聽了我的批評之後，就以為大學心理學教育的糟糕現況，完全是因為心理系的教職員工能力不足。相反的，造成這種情況的原因，跟心理學的本質有關，這個學科有許多難以消除的、令人惱怒的特性。

讓我用一個「思維實驗」來證明這一點，這裡包括幾個問題：是否有些學科需要一個像麥斯威爾那樣的集大成者，卻從未吸引到這樣的人才？學院心理學的本質，是否注定了這個學科對天才毫無吸引力？我認為，這兩個問題的答案都是肯定的。

原因不難理解，在每個世代，能夠準確解決熱力學、電磁學和物理化學各種難題的人，一隻手就可以數完。這樣的人，往往會被最傑出的人請求從事尖端的自然科學研究。這樣的天才會選擇從事心理學研究嗎？心理學的尷尬之處在於：一、就社會心理學而言，人們對它揭示的各種傾向瞭解得愈多，這些傾向的作用就會變得愈弱；二、就臨床心理學而言，它必須面臨一個尷尬的問題：相信虛幻的東西，往往能夠提高幸福感。所以，太聰明的人不願意從事心理學研究，正如諾貝爾物理學獎得主馬克斯．普朗克不願意從事經濟學研究一樣：他認為他的方法無法解決經濟學的問題。

問：我們談到許多生活品質和專業追求之間的關係。除了學習這些模式，你還有時間做其他感興趣、好玩的事情嗎？

馬克斯．普朗克

馬克斯．普朗克（Max Planck, 1858-1947），德國物理學家，以研究熱力學和放射學聞名。

答：我總是花相當多的時間，來做我真正想做的事，有時也包括釣魚、玩橋牌或者打高爾夫球。

我們每個人都必須想清楚：自己要過什麼樣的生活。你也許想要每週工作七十個小時，連續工作十年，以便成為知名律師事務所的合夥人，然後更加賣命工作；你也許會說：「我不願意付出那麼大的代價。」這兩種方式完全因人而異，你必須自己弄清楚。

無論選擇了哪種生活方式，我認為你應該盡量去吸收基本的普世智慧，否則就是大錯特錯，普世智慧可以讓你更能服務別人、服務自己，可以給生活帶來更多樂趣。所以，如果你們有能力去掌握，卻不去掌握，我認為那是很荒唐的。掌握了普世智慧，你的生活將會變得很豐富，不僅是金錢方面，其他方面也會變得豐富。

這次演講非常特殊，一個生意人跑到法學院來演講。這傢伙從來沒有上過一堂心理學的課，卻說所有心理學教材都是錯的，這很奇怪。但我只能告訴你，我是很誠懇的。

問：這些年來，你其實是在實踐與他人分享智慧的任務嗎？

答：當然。你們看看波克夏就知道啦，我認為波克夏是最具有教育意義的企業。巴菲特不打算花錢，準備把錢統統回饋給社會。他只是建立起一個講台，以便人們聆聽他的教誨而已。不用說，他的教誨都是很好的，那個講台也不算差。但你可以說，巴菲特和我都是我們自己定義的學者。

為人師表的責任

基於我們的性格和道德觀念，巴菲特和我都認為，當一名優秀的教師是高尚的職業。我偶爾發表演講，允許出版這本書；巴菲特寫那些年報，偶爾發表演講，與商學院的學生來往，所有這些都是出於一種為人師表的責任。正確的教育，差不多是人類最崇高的職業。

我們認為這個職業非常崇高，所以總是向對學習根本不感興趣的人說教。很少人像我們這樣，碰過許多釘子，卻仍然樂此不疲。

——蒙格

問：你說的話大都很有說服力。你對知識、改善人類生存狀況和金錢的追求，都是值得稱道的目標。

答：我不知道對金錢的追求是否值得稱道。

問：那麼，追求金錢應該算是可以理解的目標吧？

答：這我倒是同意。反正，我不會瞧不起搞電話推銷或者校對債務合約的人。如果你需要錢，賺錢就是樂趣。如果你在職業生涯中，必須換許多份工作，那也沒什麼好說的。你終歸得做點賺錢的事，許多工作只要能夠讓你賺錢，就是體面的工作。

問：我知道你對太受意識形態影響的人有所保留。但你的所作所為，就沒有受到意識形態的影響嗎？難道就沒有什麼讓你醉心的東西嗎？

答：有啊，我醉心於智慧，醉心於追求準確和滿足好奇心。也許我天生高尚，願意服務於那些超越我短暫生命的價值；但也許我只是在這裡自吹自擂。誰知道呢？

我認為人們應該掌握別人已經弄清楚的道理。我不認為人們只要坐下來空想，就能掌握普世智慧。沒有人那麼聰明。

重讀第三講

一九九六年發表這篇演講時，我認為人們應該避免強烈的政治偏見，因為這使許多人精神失常，甚至包括一些非常聰明的人。自那以後，無論左翼還是右翼，他們的政治偏見都是變本加厲，正如我早已料到的，這種情況造成的結果，是很多人無法正確的認識現實。

我當然不樂見這種結果。按照我的性格，我會像阿基米德也可能會質問上帝的：「你怎麼可以在我提出那些公式之後，還讓中世紀這樣的黑暗年代出現呢？」或者像馬克・吐溫曾經抱怨的：「現在的文壇真是蕭條啊。荷馬已經去世，莎士比亞死了，我覺得我好像也快不行了。」

幸好，我仍能夠自我控制，別發出馬克・吐溫那樣的浩歎。畢竟，我從來不曾幻想我的觀點，能夠讓世界發生大革命。相反的，我向來認為做人要低調謙虛，所以我要追求的是：一、向比我優秀的人學習幾種有用的思維方法，幫助自己避免犯下我這個年齡的人容易犯的錯；二、將這些思維方法，傳授給少數已經大致瞭解我說的內容，進而能輕鬆跟我學習的人。這兩個小小的目標，我算是做得很好，所以看到世人如此不智，倒也沒什麼好抱怨的，我把用來對付失望的最佳方法，稱為猶太人的方法：那就是幽默。

我在二〇〇六年三月重讀這篇演講稿，仍然喜歡自己在演講中強調的一點：應該盡可能設計各種防止詐欺的制度，哪怕有些人的悲慘遭遇將得不到補償。畢竟，一種讓詐欺得到報償的制度，將對社會造成很大的破壞；糟糕的行為會成為仿效的榜樣，形成一種非常難革除的社會風氣。

我很溫馨的回想起，我在本篇演講稿中強調的另外兩點：從我父親的朋友格蘭特·麥費登身上學到的為人處世之道，以及從我父親身上學到的一種教學方法。對這兩位謝世已久的先人，我得自於他們很多，如果你們喜歡《窮查理的普通常識》，那麼你們也是一樣。

第四講

在這次演講中，查理逐步向我們解釋，如何透過各種「思維模型」做決策和解決問題。他巧妙的問聽眾如何白手起家，創辦一個價值高達兩兆美元的公司，並用可口可樂做案例。當然，他有自己的答案，答案中處處充滿機智和啟發。

之後，查理討論了高等教育的失敗，及其歷年來在決策人才培育方面，成果不盡如人意的表現。關於這個問題，他有其他解決方法。這次演講是一九九六年在一個不對外公開的場合發表的。

查理建議編者提醒讀者：大多數人並不瞭解這篇講稿。查理說這次演講很失敗。大家事後也發現，這次演講很難懂，甚至將演講稿仔細讀過兩遍，還是覺得十分費解。在查理看來，這些結果有著「微妙的教育意義」。

關於實用思維的實務思考？

我的演講題目是〈關於實用思維的實務思考？〉後面帶著一個問號。在漫長的職業生涯中，我掌握了一些超級簡單的普通觀念，對解決問題很有幫助。現在我將要講述五個這樣的觀念，然後再向大家提出一個極難回答的問題。這個問題其實是這樣的：如何用兩百萬美元的創業資本，打造一家價值高達兩兆美元的企業。兩兆美元的金額算得上是一種實質成就吧！接下來，我將會利用我有用的普通常識，嘗試解決這個問題。最後，我會指出我的論證具有重要教育意涵。我會這樣結束演講，因為我的目標是教育性的，我今天的遊戲，是和大家一起來尋找更好的思維方法。

第一個實用的觀念：簡化問題的最佳方法是，先解決那些答案顯而易見的大問題。

第二個實用的觀念，跟伽利略的論點如出一轍。伽利略說，唯有數學才能揭示科學的真實面貌，因為數學似乎是上帝的語言。伽利略的看法，對我們每天面對的混亂生活也很有用。如果缺乏數學運算能力，大多數人將會像一個參加踢屁股比賽的獨腿人（編按：指將絕佳的優勢拱手讓人）。

第三個實用的觀念是：只會正面思考問題是不夠的，你必須從反面思考，就像有個鄉巴佬說過：「我只想知道我將來會死在什麼地方，這樣我就可以永遠不去那裡。」事實上，許多問題是無法透過正面思考來解決的。所以偉大的代數數學家卡爾．雅各比經常說：「反過來想，總是反過來想。」畢達哥拉斯學派也同樣透過逆向思考，證明二的平方根是一個無理數。

第四個實用的觀念是：最好的、最實用的智慧，來自基礎的學術知識。但有一個極重要的前提：必須以跨領域的方式思考。你必須經常使用從大一各科基礎課程中學到的概念，熟練掌握這些基本概念以後，解決問題的方法才不會受限。由於目前各個學科和次學科之間壁壘分明，跨出劃定的界線去研究其他領域，仍舊被視為禁忌，所以學術界和多數企業解決問題的方法非常有限。你必須反其道而行，採用跨領域的思維方式，用班傑明．富蘭克林的話來說，就是：「如果你想要完成，就自己動手去做；如果不想，就讓別人去做。」

如果你在思考問題的時候完全依賴別人，時常花錢請一些專家顧問，那麼當問題超出你那狹隘的知識領域時，你就大禍臨頭了。你們不但要浪費很多精力去處理複雜的合

伽利略

伽利略（Galileo Galilei,1564-1642）出生於義大利比薩附近。他製造了第一個天文望遠鏡，發現木星的衛星和銀河系。一六三三年，他被羅馬教廷判決在家終生軟禁，還被迫聲明放棄對哥白尼日心說的信仰。

作問題，而且還將遇到蕭伯納（Bernard Shaw）筆下那個人物所說的情況：「歸根究柢，每個職業都是矇騙外行人的勾當。」其實，這還低估了蕭伯納所討厭的那些行業的危害性。一般而言，眼界狹隘的專家顧問並不是故意誤事，而是他的潛意識偏見給你帶來麻煩；他的利益出發點跟你不一樣，所以他的認知往往是有缺陷的。他還擁有下面這句諺語所揭示的心理缺陷：「在手裡拿著鐵錘的人眼中，世界就像一根釘子。」

第五個實用觀念是：真正的大效應，也就是「魯拉帕路薩效應」，通常在幾種因素的共同作用下才會出現。例如，多年來，許多人的肺結核之所以能夠治癒，是因為同時服用了三種藥物。其他的魯拉帕路薩效應，比如說飛機的飛行，也是同樣的模式。

現在該是提出實務問題的時候啦。問題是這樣的：

在一八八四年的亞特蘭大，你和二十個同伴來到一個古怪而有錢的亞特蘭大市民面前，他的名字叫格羅茲。你們和格羅茲有兩個共同點：第一，經常使用前述五個實用的觀念來解決問題；第二，掌握了一九九六年大學所有必修課中的基本概念。然而，這些基本概念的所有發現者和例證，都出現在一八八四年以前。你們和格羅茲對一八八四年以後發生的事一無所知。

格羅茲願意拿出兩百萬美元（一八八四年的面值）來投資，成立一家生產非酒精飲料的新企業，但他只占一半的股份，這些股份永遠歸格羅茲慈善基金所有。格羅茲想要給這家企業取一個他很喜歡的名字：可口可樂。

如果有人提出的創業計畫，能夠讓人相信：格羅茲基金的資產在一百五十年後，能

畢達哥拉斯和無理數

畢達哥拉斯（Pythagoras, 582-496BC）是希臘數學家和哲學家，被尊稱為「數字之父」。一般認為無理數是他發現的，不過無理數更有可能是他的追隨者，也就是後來的畢達哥拉斯學派發現的。他的追隨者證明了二的平方根是無理數。但畢達哥拉斯認為數字都是有理數，拒絕承認無理數的存在。

達到一兆美元，也就是說，每年拿出大量盈餘做為股東分紅後，格羅茲基金到二〇三四年仍將擁有一兆美元資產；那麼，這個人將得到另外一半股權。這個計畫如果成功，即使新公司累積將發出去的紅利高達幾十億美元，它的公司價值仍將達到兩兆美元。

你有十五分鐘的時間可以陳述做法，你打算對格羅茲說什麼？

下面是我的方法，我要對格羅茲說的話；我只會使用每個聰明的大二學生都應該知道的有用觀念——

好啊，格羅茲，為了簡化任務，我們應該先弄清楚下面幾個顯而易見的大問題：第一，公司無法透過銷售沒有品牌的飲料，開創出一個價值兩兆美元的企業。因此，我們必須將你取的名字「可口可樂」，變成受法律保護、強大的品牌。第二，公司必須在亞特蘭大創業，在全美國取得成功，然後迅速地用我們的新飲料占領全世界市場，才能讓公司價值達到兩兆美元。這就需要生產一種廣受歡迎的產品，必須具備一些強有力的基本要素。而這些強有力的基本要素，應該到大學的各門必修課裡面去找。

下面我們將用數學運算，來確定公司的目標到底意味著什麼。根據合理的推測，到二〇三四年，全世界大概有八十億飲料消費者。平均而言，這些消費者會比一八八四年的一般消費者更有錢。每個人體內主要的成分是水，每人每天必須喝下六十四盎司的水，也就是八瓶八盎司的飲料。因此，如果公司的新飲料，和在新市場上模仿我們的飲料，能夠迎合消費者的口味，只要占到全世界水分攝取總量的二五%，而且在全球能夠占有一半的新市場，那麼到二〇三四年，我們就能賣出兩兆九千兩百億瓶八盎司的飲

蒙格語錄

你每次看到EBITDA（即未計利息、稅項、折舊及攤銷前的利潤）這個名詞，都應該用「狗屁利潤」來代替它。

料。假設每瓶飲料的淨利是四美分，那麼公司能賺到一千一百七十億美元，這就足夠了。如果仍然能夠保持良好的成長率，那麼公司的價值輕輕鬆鬆就可以達到兩兆美元。

當然，最大的問題是：在二〇三四年，每瓶飲料賺四美分的利潤是不是合理。如果我們能夠發明一種廣受歡迎的飲料，則答案是肯定的。一百五十年是一段很長的時期，美元和羅馬的德拉克馬[1]一樣，肯定也會貶值的。相對的，全球飲料消費者的平均實質購買力將會上升。由於花相對較少的錢就能消費更多，所以消費者的水分攝取量將會迅速增加。與此同時，隨著技術的進步，以單位購買力來說，我們這種簡單產品的成本將會下降。這四種因素加起來，將有助於實現每瓶四美分的目標。在這一百五十年裡，以美元計算，全世界的飲料購買力將會增加四十倍。倒推起來，等於在一八八四年的各種條件下，每瓶利潤只要有四美分的四十分之一，或者十分之一美分就夠了。如果公司的產品確實受歡迎，那麼這個目標是輕輕鬆鬆就可以達到的。

第一個問題解決後，下一個要解決的問題，就是發明一種具有普遍吸引力的產品。有兩個相互影響的大難題需要解決：第一，在這一百五十年裡，我們必須創造一個新的飲料市場，能夠占到全世界水分攝取總量的四分之一；第二，我們必須經營有方，占有一半的市場，而其他競爭對手加起來，只占有另外一半。這些結果稱得上是魯拉帕路薩效應。所以公司必須營造一切有利因素來完成這個任務。顯然，只有許多因素的強大合力，才能引發我們想要的這種魯拉帕路薩結果。幸運的是，解決這些複雜問題的方法，原來是相當容易的，前提是你在大一上課時沒有打瞌睡。

1 德拉克馬
drachma
原是古希臘的貨幣單位。西元前三世紀以後，古羅馬也用德拉克馬做為貨幣單位。歷史學家多認為，一羅馬德拉克馬等於今天一個勞動者一天的工資。

弄清楚這些顯而易見的問題後，得出的結論是：公司必須擁有強而有力的商標，而要擁有強而有力的商標，必須正確運用基本的學術觀念，來理解這種生意的本質。我們可以從心理學的入門課學到，本質上，公司要做的生意就是：創造和維持「條件反射」。「可口可樂」的商標名稱和商標形象，將會扮演刺激因子的角色，購買和喝下我們的飲料，則是我們想要的反應。

人們如何創造和維持條件反射呢？心理學教材提供了兩種答案：一、透過操作性條件反射；二、透過古典條件反射，通常稱為巴夫洛夫反射，以紀念這位偉大的俄羅斯科學家。由於想要得到一種魯拉帕路薩結果，我們應該同時使用這兩種引發條件反射的技巧，這樣就能加強每種技巧所產生的效應。

我們的任務中，操作性條件反射的部分很容易完成。只需要：三、讓消費者所獲回報最大化（盡可能得到最多）；四、使我們所引發的消費者條件反射，因競爭者的操作而抵消的可能性最小化（盡可能不受對手干擾）。

就操作性條件反射給消費者的回報而言，實際只有幾種：

一、飲料中所含的卡路里和營養價值；

二、依據達爾文物競天擇而演化出的人類神經系統，製造能刺激消費的味道、口感和香氣；

三、刺激品，比如糖和咖啡因；

四、當人們覺得太熱時的涼爽效應；或覺得太冷時的溫暖效應。

因為想要得到一個魯拉帕路薩效果，所以我們當然要將這幾類回報都含括在內。我們很容易就確定要設計一種適合冷藏飲用的飲料。天氣冷時，人們飲料喝得比較少。而且，天氣熱時，人體必須消耗很多水分；反之則不然。在飲料中添加糖和咖啡因是一項容易的決定。畢竟，茶、咖啡和檸檬汁，已經被廣泛用作飲料。另外，很清楚的是，必須透過不斷試驗來確定口味等其他要素，讓人們在飲用這種含咖啡因的糖水後，能得到最大的快樂。為了防止競爭對手透過建立操作性條件反射，來抵消我們已經在消費者身上建立起來的操作性反射，公司要做的事情也很清楚：應該致力於在最短的時間內，讓世界各地的人隨時都能喝到我們的飲料。畢竟，一種競爭性產品如果未經消費者親身體驗，就很難鼓勵人們改變消費習慣。每個結過婚的人都明白這個道理。

接下來我們要考慮的是巴夫洛夫條件反射。在巴夫洛夫條件反射中，光靠聯想就能產生強大的效應。巴夫洛夫那條狗的神經系統，使它可以對著不能吃的鈴鐺嘸口水。男人的大腦，渴望那個他們無法擁有的漂亮女人手裡拿著的飲料。所以啊，格羅茲，我們必須用各種漂亮高貴的形象，來刺激消費者的神經系統。因為只要能做到這一點，這個飲料就會讓消費者聯想起他們喜歡或者仰慕的東西。

製造這種強烈的巴夫洛夫條件反射需要花許多錢，特別是廣告費。我們將砸下比預期超出許多的費用，但這些錢將帶來很大的效果。隨著我們的新飲料在市場上迅速擴張，而競爭對手將因缺乏規模優勢而買不起廣告，來引發他們需要的巴夫洛夫條件反射。這種結果和其他「產量創造力量」等效應相結合，應該能夠幫助我們，在各地贏得

巴夫洛夫與古典條件反射

伊凡．巴夫洛夫（Ivan Pavlov, 1849-1936）為俄國人，是實驗心理學的先驅，古典制約理論的創始者。他最著名的實驗證明，狗在食物真正進入它們的嘴巴之前，就已經分泌唾液。這個結果促使他展開一系列的實驗。在實驗中，他操控食物出現之前的刺激因素，由此確立了有關條件反射（又稱「制約反射」）（conditioned reflex）的出現和消失的基本原理。一九〇四年，他因為對消化系統的研究而得到諾貝爾獎。

並保持至少五〇％的市場。事實上，由於買家很分散，產量愈大，愈能在銷售通路上帶來極大的成本優勢。

此外，由聯想引起的巴夫洛夫效應，可以幫助我們選定新飲料的味道、口感和香氣。考慮到巴夫洛夫效應，我們將會明智的選擇「可口可樂」這個聽起來神秘又高貴的名字，而不是一個街頭小販的名字，比如說「格羅茲的咖啡因糖水」。出於同樣的巴夫洛夫原因，聰明的做法是：讓我們的飲料看起來很像紅酒，而不是糖水。所以如果這種飲料很清澈，我們就要添加人工色素。我們會給這種飲料充氣，讓產品看起來像是香檳或者其他昂貴的飲料，同時把味道調製得更好，讓競爭者難以模仿。因為我們準備將許多昂貴的心理效應，和味道連結起來，所以它應該不同於任何標準味道，這樣就能給競爭對手製造最大的困難，並確保市面現有飲料產品，絕無因為味道碰巧和我們的產品相同而沾光。

除了這些，心理學課本對我們的新企業還有什麼幫助呢？人類有一種強大的天性，叫「有樣學樣」，心理學家通常稱之為「社會認同」。社會認同是僅僅由於看到別人消費，而引起的模仿性消費，不但能讓消費者更容易接受我們的產品，還能讓消費者覺得自己得到了更多的回報。在設計廣告和行銷計畫、在考慮犧牲短期的利潤，以便投入於提升未來長期的消費時，我們將永遠把這種強大的社會認同因素考慮在內。這樣一來，與其他產品不同的是，我們的產品賣得愈多，銷售的威力就愈大。

格羅茲，我們現在可以明白，如果將以下因素結合起來：一、巴夫洛夫條件反射；

二、強大的社會認同效應；三、一種口感出色、提神醒腦、冰涼爽口、能夠引起操作性條件反射的飲料，這三種因素產生的巨大合力，將讓銷售量長期節節升高。這跟化學裡面的自催化反應差不多，但這恰是我們需要的那種多因素引發的魯拉帕路薩效應。

我們公司的物流和銷售策略將會很簡單。說到銷售，可行的方法只有兩種：一、做為糖漿賣給冷飲店或者飯店；二、以瓶裝汽水銷售。我們想要魯拉帕路薩效應，所以當然兩種方法都會採用。我們也想要巨大的巴夫洛夫和社會認同效應，所以會一直砸大錢來做廣告和促銷活動，以四折的價格把糖漿賣給冷飲店。

只要幾家糖漿廠就能滿足全世界的需求。然而，為了避免不必要的運輸成本，公司需要在世界各地建立起裝瓶廠。我們可以將利潤最大化，前提是要（像奇異公司銷售燈泡那樣）擁有定價權，有權決定：一、賣給冷飲店的糖漿價格；和二、瓶裝產品價格。要得到這種能夠將利潤最大化的控制權，最好的辦法，是讓每個裝瓶廠都成為委託製造商，而不是買糖漿的客戶，更不能讓裝瓶廠擁有永久經營權、永遠用最初的價格購買糖漿。

由於這種超級重要的口味配方必須絕對保密，所以不可能申請專利權。我們會大肆宣傳我們擁有秘方，這會加強巴夫洛夫效應。終究，隨著食品化學的發展，對手遲早能生產出味道跟我們差不多的飲料。但到那時候，公司已經取得很大的領先優勢和強大的品牌效應，而且有完善且「永不缺貨」的全球銷售管道；所以，就算競爭對手生產出同樣味道的複製品，也不能阻礙公司的目標實現。此外，食品化學的發展固然對競爭對手有幫助，但肯定也會帶給我們好處，包括更好的冷藏設備、更好的運輸，以及不加糖而保持甜味（供糖尿病患飲用）的方法。此外，我們將會抓住一些開發相關飲料的機會。

那麼，這個商業計畫只需要接受最後一道考驗了。讓我們再次像雅各比那樣進行逆向思考：該避開哪些不想遇到的情況呢？有四種情況顯然應該避免：

第一，我們必須避免消費者久而生膩。根據現代達爾文理論，消費者一旦生膩，其生理機制就會對這個飲料產生抗拒，而不再繼續消費。為了達到目標，就必須讓消費者在大熱天一瓶接一瓶的喝我們的產品，而完全不會膩。公司將透過實驗找到一種很棒、不會膩的味道，來解決這個問題。

第二，我們必須避免失去強勢的商標名稱，哪怕失去一半也不行。例如，由於我們的疏忽，造成市面上出現一種「百比可樂」（peppy cola），那麼我們就會損失慘重。就算出現「百比可樂」，我們也應該是這個品牌的擁有者。

第三，既然市場大為成功，我們就要避免妒忌帶來的惡果。妒忌在十戒[5]中相當重要，因為這是人類的天性。亞里斯多德[2]說過，避免妒忌的最佳方法是：做到名副其實。我們將會致力於提高產品的品質，制定合理的價格，以及為消費者提供無害的快樂。

第四，在這個品牌的味道占領新市場後，必須避免突然對產品的味道做出重大的改變。即使實際測試結果是新口味更好喝，但變更味道仍是很愚蠢的事。因為經過上述努力之後，我們原有的味道將會深植人心，成為消費者的偏好；改變味道對我們沒有好處，那會引發消費者「被剝奪超級反應症候群」[3]，對公司造成很大的損失。「被剝奪超

2 **亞里斯多德**
Aristotle, 384- 322BC
柏拉圖的學生。作品涵蓋物理學、形而上學、修辭學和倫理學等，他的研究成果，構成了現代生物學研究的基礎。

3 **被剝奪超級反應症候群**
deprival super-reaction syndorme
指失去造成的傷害，比獲得帶來的快樂多得多。請參閱十一講第十四項。

級反應症候群」使人們因難以接受「損失」，最後導致一敗塗地，就是這種心理傾向，讓賭徒失去了理智。此外，味道改變可能讓競爭者透過複製我們的口味而取得優勢，因為他們可以利用以下兩個因素：一、消費者因為被剝奪了原有的味道而產生的忿懣情緒；二、消費者對我們原來口味的熱愛。

好啦，我提出的任務是如何在支付數十億美元的紅利後，仍然能夠將兩百萬美元變成兩兆美元，以上就是我的解決方案。我相信它能夠讓一八八四年的格羅茲信服，也應該比你們原本的預期更有說服力。畢竟，將這些有用的道理中涉及到的各種基本學術觀念連結起來後，正確的策略就再清晰不過了。

真正的可口可樂公司歷史，是否印證了前述方法的可行性呢？直到一八九六年，也就是虛構的格羅茲先生在一八八四年用兩百萬美元起家之後十二年，真正的可口可樂公司的淨資產為十五萬美元，利潤差不多等於零。後來，真正的可口可樂公司真的失去了一半的商標權，而且的確以固定的糖漿價格，授予某些裝瓶廠永久經營權。有些裝瓶廠的效率非常低，而且很頑固，無法輕易改變。由於這種體制，真正的可口可樂公司確實喪失了價格控制權。要是擁有價格控制權，它就能提高利潤。

即使如此，真正的可口可樂公司發展歷史，和我所提給格羅茲的營運計畫有太多相同之處，所以可口可樂如今的資產是一千兩百五十億美元，其價值每年只要成長八％，到二〇三四年就能達到兩兆美元。從現在開始，銷售量每年只要增加六％，到二〇三四年就能達到兩兆九千兩百億瓶的銷售目標。根據以往的銷售業績，這樣的成長速度是可以達成的；即使到二〇三四年以後，可口可樂取代飲用水的空間還是很大。所以我認為，這位虛構的格羅茲，如果從一開始就能把握先機，發展壯大，並且避免那些最糟糕的錯誤，就應該能夠輕輕鬆鬆完成兩兆美元的目標，而且可以大幅提前達成。

這就引出了今天演講的主要目的。如果我對格羅茲問題的解答大體上是正確的，如果你們認同一個我相信可以成立的假設：如果大多數擁有博士學位的老師、心理學教授和商學院院長，都沒辦法提供像我這麼簡單的答案，那麼我們的教育就大有問題了。如果我上面兩個判斷都是正確的，那就意味著：我們現在這個文明社會，有許多老師無法對可口可樂的成功提出令人滿意的解釋，哪怕是可口可樂的歷史就擺在面前，哪怕他們一輩子都在近距離的觀察可口可樂。這可不是讓人滿意的情況。

不僅如此，這還帶來了更糟糕的後果。可口可樂公司的高階經理人都很聰明，做事很有效率，身邊圍繞著許多商學院和法學院的畢業生，可是連他們也沒有好好掌握基本的心理學知識，以至於無法預言並避免「新可樂」（編按：指該公司研發的新口味可樂）的大慘敗，對公司所造成的重大衝擊。按理說這些人如此聰明，周圍有那麼多頂尖大學畢業的專業顧問，不應該出現這麼大的知識缺陷。這也不是一種讓人滿意的情況。

存在於高級知識分子和企業高階經理人的這種極度無知，其實是高等教育的各種重大缺陷，所共同形成的魯拉帕路薩效應。因為這種壞效應屬於魯拉帕路薩級的，所以必定有多個相互影響的因素。我認為至少有兩個主要因素：

第一，高等學府的心理學研究固然值得欽佩，也很有用，有過許多重要的天才實驗，但卻缺乏跨領域的綜效，尤其不夠重視由多種心理因素造成的魯拉帕路薩效應。這讓我想起曾經有個鄉下教師，為了教學方便，試圖將圓周率 π 簡化為三。這可違背了愛因斯坦的教誨：「一切應該盡可能簡單，但不能過於簡單。」總而言之，心理學之所以會被誤解，是因為缺乏偉大的集大成者。如果物理學沒有產生許多像法拉第那樣的傑出實驗家，和像麥斯威爾那樣的集大成者，電磁學現在也會遭到誤解。

第二，心理學和其他學科之間的綜合研究應用嚴重缺乏。無論是在學術界還是在可口可樂公司，只有跨領域的方法，才能夠正確解決實務問題。

簡單來說，其他領域的學者往往瞧不起心理學，但心理學其實非常重要又極有用。同時，心理系的學者往往自視甚高，但心理系的現況其實非常糟。當然，自我評價比外界評價好是很正常的現象，其實，今天為你們做演講的人，可能也面臨著同樣的問題。但是雙方對心理系的歧見已經大到荒謬的地步。事實上，就有個非常優秀的大學（芝加哥大學）直接廢除了整個心理系，也許是指望以後能重新設置一個更好的吧。

在這種情況下，多年前，由於上述那些完全錯誤的觀念，導致了「新可樂」大慘敗。在這次慘敗中，可口可樂公司的高階經理人，差點毀掉了全世界最有價值的品牌。照理說，學術界對這次眾所皆知的大潰敗的反應，應該跟波音公司在一週內連續墜毀三架新飛機的反應差不多才對。畢竟兩者都是產品品質出問題，而前者明顯是高等教育的失敗造成的。

但學術界幾乎沒有任何負責任的反應。恰恰相反，高等學府的學科之間，大體上依舊壁壘分明，心理學教授依然錯誤的傳授心理學知識；其他學科的教授，依然對他們的研究主題中顯然很關鍵的心理效應視若無睹；各種專業學院的研究生，依然對心理學一無所知，而這些學校卻仍自鳴得意。

儘管這種令人惋惜的盲目和惰性，是當今高等學府的常態，是否有些例外的例子，讓我們看到教育機構這種可恥的缺陷，最終有修正的希望呢？我的答案是非常樂觀的。

例如，不妨來看看芝加哥大學經濟系近年來的表現。過去十年，該系幾乎囊括了所有諾貝爾經濟學獎，這主要是因為該系的教授，基於理性選擇的「自由市場」模型，而做出了許多準確的預言。利用理性方法獲得這麼多大獎後，該系採取了什麼措施呢？

嗯，該系為系裡大師級的教授聘請來一位同事，他是聰明而機智的康乃爾大學經濟學家理查．泰勒。泰勒之所以得到這個寶貴的教職，是因為泰勒經常取笑被芝加哥大學奉為圭臬的理性做法。事實上，泰勒和我一樣，認為人們的行為通常是非理性的，只有心理學能對其做出預測，所以微觀經濟學必須借鏡心理學的研究成果。

芝加哥大學這麼做，等於是向達爾文學習。達爾文一輩子都在做逆向思考，想要反駁自己最愛、歷經千辛萬苦才得到的理論。學術界只要有一部分人願意像達爾文那樣逆向思考，讓最好的學術理論充滿活力，我們就可以滿懷信心的期待，愚蠢的教育行為終究會被更好的方式取代，一如卡爾．雅各比的預言。

這種情況必將發生，因為達爾文的方法非常客觀，確實是絕佳的方法。連愛因斯坦這樣的大人物也說過，他的成就取決於四個因素，首先是自我批判，然後才是好奇心、

理查．泰勒

理查．泰勒（Richard Thaler,1945-）出生在紐澤西州。康乃爾大學、麻省理工和芝加哥大學教授。專精行為經濟學、金融學和決策心理學。二〇一七年獲頒諾貝爾經濟學獎。

專注和毅力。

若要進一步見識自我批判的力量，不妨來看看這位「天分很差」的大學肄業生達爾文的墳墓在哪裡。它就在西敏寺，左邊是牛頓的墳墓。牛頓可能是有史以來最有天分的學生，他的墓碑上用八個拉丁文單字寫成了一篇最典雅的墓誌銘：「Hic depositum est, quod mortale fuit Isaaci Newtoni」——「這裡安葬著永垂不朽的埃薩克．牛頓爵士」。

一個如此厚葬達爾文的社會，必將能正確而務實的發展及整合心理學，從而大大提升各種能力。一切有權力且看到這線曙光的人，都應該為此出一份力。但眼前的狀況並不樂觀，如果許多身居高位的人，都無法理解和解釋可口可樂這樣的普通商品為什麼能大獲成功，我們哪還有本事去處理其他更重要的事呢？

當然，如果原本打算用一〇％資產來投資可口可樂的股票，經過我向格羅茲陳述的這番思考內容後，決定把投資額追加到五〇％，那麼你就可以別管我談的心理學知識，因為那對你來說太小兒科了。至於其他人，如果忽略了這次演講，我不知道這樣是否明智。這讓我想起從前華納及史瓦塞公司[4]的廣告，我很喜歡那句廣告語：「需要新的機器卻還沒購買的公司，其實已經在付出代價。」

4 華納及史瓦塞公司 Warner & Swasey
美國著名機械工具、儀器和設備製造商，一九八〇年被本迪克斯（Bendix）公司收購。

重讀第四講

在這次演講中，我試圖指出美國學術界和企業界一些可以改正的重大認知錯誤。我的論點是：

一、如果學術界和企業界能好好履行職責，那麼大多數人只要用一些基本道理和解決問題的技巧，就能夠解釋可口可樂公司的成功；然而，

二、正如「新可樂」大慘敗及其後果所展現的，學術界和企業界都未能掌握可口可樂的成功之道。

事實證明，我在一九九六年的這次演講很失敗，讓大部分聽眾都無法理解。後來，從一九九六年到二〇〇六年，有些仰慕我的聰明人士，在仔細閱讀這篇演講稿兩次之後，卻還是沒弄懂，表示我沒能讓他們正確的理解我的意思。反過來說，也從沒有人對我說這篇講稿有什麼地方錯了。人們感到有點困惑，然後就放棄了。

由此看來，做為表述者，我的失敗甚至比我試圖解釋的認知失敗更加嚴重。這是為什麼呢？

現在仔細想想，我認為最好的解釋是，我在充當業餘教師的時候犯了大錯。我想要灌輸的太多了。一直以來，如果遇到打算對「意義的意義」長篇大論的人，我總是避之唯恐不及。然而我為自己的演講選擇的題目卻是「關於實用思維的實務思考？」。這是大錯的開始。然後呢，我用一個很長很複雜的例子，來闡述五種適合用來解決問題的方

法，這些方法包含的基本概念來自許多學科。我特別納入了心理學，我想要證明許多受過高等教育的人，其中包括一些教心理學的人，對心理學其實一無所知。我的證明當然是建立在正確的心理學知識基礎上的。這從邏輯上來講沒有問題，但是，如果大多數人對心理學並不瞭解，我的聽眾如何能夠確認我講的心理學就是正確的呢？因而，對於大部分聽眾而言，我是在向他們解釋一些艱深的概念，可是我用來解釋的概念也同樣艱深。

我犯的教學錯誤還沒有結束。在我得知這次演講的文字稿很難理解後，我居然同意本書第一版中各篇演講稿的順序，把我談論心理學的「第十篇演講稿」放到和「第四篇演講稿」相隔很多頁的地方。我應該意識到這兩篇講稿的順序應該調過來，因為第四篇演講稿假設聽眾已經掌握了基本的心理學知識，而第十篇演講稿的內容正是基本的心理學知識。後來，在本書出第二版（編按：均指英文版）的時候，我又傾向於保留這兩篇講稿原來那種無益的順序。我這麼做，是因為我把多年來讓我獲益匪淺的心理學研究心得，整理成一張檢查清單，並以之做為本書的壓軸文章（編按：「第十篇演講稿」是本書的「第十一篇演講稿」）。

第二版或第三版的讀者，如果你們願意的話，可以修正我所頑固保留的教學缺陷。也就是說，你們可以先看最後那篇講稿，再來重讀第四篇。如果你們願意承擔這次繁重的任務，我敢說，你們之中至少有些人會覺得努力沒有白費。

第五講

蒙格在上一篇演講稿中，大肆抨擊了學術界的各種弊端，他在此提出了各種解決方案。這場一九九八年在蒙格的哈佛法學院同學五十週年聚會上發表的演講，關注的是一個非常複雜的問題：精英教育的狹隘性，並分幾個部分討論。蒙格提出的各種解決方法，則為這個問題提供了令人滿意的答案。

透過一系列巧妙提問，蒙格斷定律師等專業人士若缺乏跨領域技能，將傷害自身的利益。根據他自己廣泛的跨領域研究，蒙格指出，有些「潛意識的心理傾向」會妨礙人們充分開拓自己的視野。然而，他為這個問題提出了獨特、令人印象深刻的解決方案。

編者很喜歡這篇演講，它清楚的展現了蒙格的「非常識的常識」。他說：「在真正重要的領域，比如說培養飛行員和外科醫生，教育系統採用的架構，效率奇佳。然而，他們並沒有把這些已被正確掌握的架構，用在其他也很重要的學習領域。如果這些卓越的結構廣為人知，唾手可得，教育家為什麼不廣泛利用呢？還有比這更容易的事嗎？」

專業人士需要更多跨領域技能

為了紀念我們以前的教授，今天我想效仿蘇格拉底，來一次自問自答的遊戲。我將會提出並簡單的回答五個問題：

一、是否廣大的專業人士都需要更多的跨領域技能？
二、我們的教育提供了足夠的跨領域知識嗎？
三、對於大部分軟科學（soft science，指社會科學）而言，什麼樣的跨領域教育才是可行的、最好的？
四、過去五十年來，頂尖學府在提供跨領域教育方面有何進展？
五、哪些教育實務能夠加快這個進程？

我們從第一個問題開始：是否廣大的專業人士都需要更多的跨領域技能？

要回答第一個問題，我們首先必須確定：跨領域知識是否有助於提高專業認知？為了根治錯誤的認知，我們有必要弄清楚它的起因。蕭伯納筆下有個人物曾經這麼解釋專業的缺陷：「歸根究柢，每個職業都是矇騙外行人的勾當。」早年的許多情況，證明蕭伯納的論斷是千真萬確的：十六世紀主要的專業人士——修道士，曾將威廉・丁道爾燒死，原因是他將聖經翻譯成英文。

但蕭伯納仍低估了問題的嚴重性，他認為這主要是專業人士出於自私而故意使壞。但更重要的是，各種相互交織的潛意識心理傾向，也對專業人士的行為有持續而可怕的影響，其中最容易引起麻煩的兩種傾向是：

一、激勵機制造成的偏見，天生有這種認知偏見的專業人士會認為，對他們自己有利的，就是對客戶和整個文明社會有利的；

二、鐵錘人傾向，這個名稱來自那句諺語：「在手裡拿著鐵錘的人眼中，世界就像一根釘子。」

治療鐵錘人傾向的藥方很簡單：如果一個人擁有許多跨領域技能，那麼，他當然會擁有許多工具，因此能夠盡可能少犯鐵錘人傾向引起的認知錯誤。此外，當他擁有足夠的跨領域知識，並從實用心理學中瞭解到，人一生中必須不斷與來自自己和他人的這兩種傾向對抗，那麼他就是在通往普世智慧的道路上，積極地邁出了一步。

如果A是狹隘的專業教條，而B是來自其他領域的超實用概念，那麼很明顯的，擁

威廉・丁道爾

威廉・丁道爾（William Tyndale, 1495-1536），英格蘭神父。丁道爾的譯文是第一個欽定版英文《聖經》的基礎，對英語的發展影響深遠。

1 **阿弗雷德・懷海德**

Alfred North Whitehead, 1861-1947

英國數學家、哲學家和教育理論家，長於邏輯學、數學、科學哲學和形而上學。提出著名的「過程哲學」，認為宇宙的各種基本要素是一些經驗場合。在他看來，具體的客觀存在物，其實是這些經驗場合的延續。懷海德和他的學生羅素（Bertrand Russell）被視為是數學基礎三大學派之一的邏輯主義學派的創始人，他們合著的《數學原理》已成為重要歷史文獻。

有A加上B的專業人士，通常比只掌握A的可憐蟲優秀得多。不然的話，還能怎樣呢？因此，人們不去爭取更多B的理由只有一個：他需要掌握A，而且生活中還有其他重要事情，所以去獲取更多B是不可行的。後面我將會證明，這種只掌握一門學科的理由，至少對大多數有天分的人來說，是站不住腳的。

第二個問題很容易，我不想為它花費太多時間。我們的教育太過局限在單一領域，然而重大的問題往往牽涉到許多領域。相對的，用單一領域知識來解決這些問題，就像玩橋牌時，一心只想靠王牌取勝。這是很瘋狂的，跟「瘋帽匠的茶會」差不多。但在當前的專業實務中，這種事已經非常普遍；更糟糕的是，多年來，人們認為各種軟科學之間是相互獨立的。

早在我們年輕時，各學門之間壁壘分明、拉幫結派、排除異己的情況就已經很嚴重，有些傑出的教授為此深感震驚。例如，懷海德[1]很早就對此提出警告，他曾語重心長的指出：「各個學門之間的割裂，是非常要命的。」此後，愈來愈多精英教育機構認同懷海德的觀點，致力改善這種割裂的狀況，引進跨領域教育，使得許多在各領域邊緣奮鬥的勇士，贏得人們喝采。其中的佼佼者有哈佛的威爾森[2]和加州理工學院的鮑林。

如今高等學府所提供的跨領域教育，比我們當年要多，這麼做顯然是正確的。

那麼第三個問題自然是：現在要達成的目標是什麼？對於大部分軟科學而言，什麼樣的跨領域教育才是可行的、最好的？這個問題也很容易。我們只需要檢驗一下最成功的專業教育，找出裡面有哪些重要元素，然後把這些元素組合起來，就能得到合理的解

2 **威爾森**
E. O. Wilson, 1929-2021
美國昆蟲學家，以研究昆蟲螞蟻的社會性知名。

鮑林
萊納斯・鮑林（Linus Pauling, 1901-1994），美國化學家、量子化學和結構生物學的先驅，先後獲得諾貝爾化學獎和諾貝爾和平獎。

決方法。

要找到最佳的專業教育模型，我們不能去沒有競爭壓力的教育學院之類的學校找，因為它們深受上面提到兩種負面心理傾向和其他不良風氣的影響；相反的，我們應該到對教育品質要求最高、對教育成果的檢驗最嚴格的地方去找。這就把我們帶到一個合理的地方：極為成功且如今已成為「必修」的飛行員訓練。——沒錯，我的意思是，如果偉大的哈佛能夠多借鏡飛行員的訓練，就能變得更出色。和其他行業一樣，在飛行行業，鐵錘人傾向會帶來極大的危險。我們不希望一個飛行員，遇到任何危險的時候都把它當作危險X，因為他腦裡只有一個危險X模型。由於種種原因，飛行員的訓練是依照一個嚴格的六要素系統進行的。這六種要素包括：

一、給予全面的知識，足以涵蓋及應用在飛行中所需的一切。

二、把這些知識統統教給他，不是為了讓他能夠通過一兩次考試，而是為了讓他熟練的應用這些知識，甚至能夠同時處理兩三種相互交織的複雜危險狀況。

三、就像任何一個優秀的代數學家，要學會有時候採用正向思維，有時候採用逆向思維；這樣他就能夠明白，什麼時候應該把注意力放在想要做的事，什麼時候又該放在想要避免的情況。

四、他必須接受各門學科的訓練，把未來因為錯誤操作造成損失的可能性降到最低；最重要的操作步驟，必須用最嚴格的訓練，達到最高的掌控水準。

五、他必須養成核對「檢查清單」的習慣。

蒙格語錄

（美國的大學）有很多問題。如果是我，我會砍掉四分之三的院系，除了自然科學，一個都不留。但沒有人會這麼做，所以我們不得不忍受那些缺陷。（高等教育）錯誤的程度讓人吃驚，學科之間毫無關聯，這很要命。大學裡每個系都有見樹不見林的怪傢伙。

我認為美國各主要大學的人文社科教授的觀點，都經不起推敲，至少他們的公共政策理論是這樣的。（不過呢，）他們對法語的瞭解可能還不少。

六、在接受最初的訓練後，他必須經常保持對這些知識的掌握：經常使用飛行模擬器，以免在遇到罕見卻重要的問題時，對所需的知識生疏了。

這套很正確的六要素系統，對高風險的專業教育提出了嚴格的要求，人類的心智結構，注定了我們需要這樣的系統。因此，培養人們解決重大問題的能力，也應具備這些要素，而且必須大幅擴充這六個要素的內容。不然的話，還能怎樣呢？

下面的道理是不證自明的：把優秀學生培養成優秀人才的精英教育中，如果想要得到最佳的結果，就必須讓學生學習大量的跨領域知識，持續掌握能夠應用自如的所有必要技能，擁有根據實際情況熟練應用各種知識的能力，以及代數問題所需的正向和逆向思考的技巧，再加上核對「檢查清單」的終生習慣。想要得到全面的普世智慧，沒有別的辦法，更沒有捷徑。這個任務涵蓋的知識面非常廣，乍看之下令人望而生畏，似乎是不可能達成的。

但仔細想想，其實沒有那麼難，尤其考慮到下面三個因素時：

首先，「所有必要技能」這個概念讓我們明白，其實並不需讓每個人都像拉普拉斯那樣精通天體力學，也無須讓每個人都精通其他各門學科。事實上，只要讓每個人掌握每個學門中真正的大道理就夠了。這些內容並不算多，相互之間的關係也沒那麼複雜，只要擁有足夠的天賦和時間，大多數人都能夠擁有一種跨領域知識。

其次，在精英教育中，我們擁有足夠的天賦和時間。畢竟，這些學生都是百裡挑一，而老師更是比學生優秀。我們有差不多十三年的時間，可以把十二歲的聰明學生打

拉普拉斯

皮爾賽門．拉普拉斯（Pierre-Simon Laplace, 1749-1827），法國數學家、天文學家和哲學家。在演繹推理和概率、天體運動、因果決定論等領域有極大貢獻。

造成優秀的專業人士。

第三，無論是開飛機時還是生活中，逆向思考和使用「檢查清單」都很容易學會。

此外，掌握跨領域技能確實是可以做到的。我們知道當代也有許多班傑明‧富蘭克林式的人物，他們：一、接受正式教育的時間，比現在眾多優秀的年輕人少，卻獲得了極大的跨領域綜合能力；二、進而使得他們在本業的表現更加出色，而非更糟；儘管他們花了不少時間分心去學本業以外的知識。

我們有這麼多優秀的老師、學生，以及時間，還有許多成功的跨領域大師做為典範，卻仍然未能將鐵錘人傾向的負面影響最小化，這說明了如果我們安於現狀，或者害怕改變，不努力去爭取，你就無法大獲全勝。

這又帶出了第四個問題：自從我們畢業以後，頂尖學府在提供跨領域教育方面有何進展？

答案是頂尖學府做了許多努力，改變教學方向，提供更多的跨領域教育。在犯了不少錯誤後，現在整體的情況已經比以前好多了。但是，尚未令人滿意，仍有許多有待改進的地方。

例如，軟科學界逐漸發現，如果幾個來自不同領域的教授合作研究，或者一個教授曾經取得幾個領域的學位，那麼做出的研究成果會更好。但是，另外一種做法的效果通常是最好的，那就是補充法，或者「拿來主義」（take what you wish）法。這種方法鼓勵各個學科，無論看中其他學科什麼知識，只管拿過來用。這種方法能夠獲得最好的效

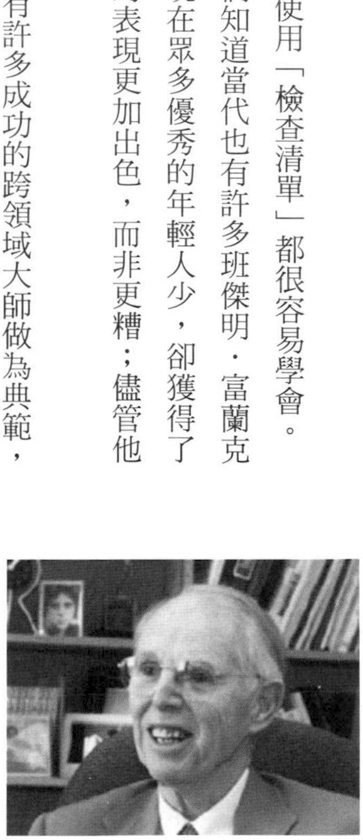

羅傑‧費雪

羅傑‧費雪（Roger Fisher, 1922-2012），談判和解決衝突專家。他和比爾‧尤瑞（Bill Ury）合著的《談判力》（*Getting to Yes*），是雙贏談判技巧的經典教材。

果，也許是因為避開了傳統的學術爭論，以及在單一學術中故步自封而做出的蠢事——而這正是我們現在致力改正的。

不管怎麼說，只要多多實行「拿來主義」，許多軟科學就能減少鐵錘人傾向引起的錯誤。例如，在我們的同學羅傑・費雪的領導下，許多法學院將其他學門的成果，應用到談判研究中去。羅傑那本充滿智慧和道德的談判著作，目前已經賣掉三百多萬冊，他可能是我們班最有成就的同學。這些法學院還汲取了大量有用的經濟學知識，甚至用博弈論來加深經濟競爭原理的理解，進而制定出更有針對性的反壟斷法。

經濟學則汲取了生物學的「公地悲劇」[3]教訓，正確地找到一隻「無形的腳」，與亞當・斯密那隻「無形的手」並存。現在甚至還出現了「行為經濟學」，這門分支學科明智地向心理學尋求幫助。

然而，像「拿來主義」這樣隨性的做法，給軟科學帶來的結果，並不百分之百令人滿意。事實上，它造成了一些後遺症，比如說：一、有些文學系吸收了佛洛伊德的理論；二、許多地方引進了極端的左翼或右翼意識形態，而對於染上這些意識形態的人來說，重新獲得客觀的研究態度，比重新獲得童貞還要難；三、許多法學院和商學院採用了囫圇吞棗的有效市場理論，這些理論是一些研究公司理財的假專家提出的。其中有一個所謂的專家，在解釋波克夏的投資成功時，總是加入運氣標準差（以證明我們是靠運氣成功的）；一直到他用了六標準差[4]後（證明靠運氣的機率非常小），他終於不堪別人的嘲笑，改變了說法。

3 公地悲劇
加勒特・哈定（Garrett James Hardin）於一九六八年在《科學》雜誌上發表的著名論文〈公地悲劇〉，描述公共資源因濫用而枯竭或破壞的現象。

4 六標準差
Six Sigmas
一九八六年由摩托羅拉公司提出的概念，屬於製造業的品質管理範疇，西格瑪（Σ,σ）指統計學中的標準差，指在生產過程中，每重複一百萬次只允許三・四次以下的錯誤。本段指此人以運氣標準差，來指稱波克夏是靠運氣成功的。

此外，就算「拿來主義」能夠避免這些瘋狂做法，它仍然具有一些嚴重的缺點。例如，軟科學借用基礎科學的概念時，通常沒有指出這些概念是怎麼來的，有時候還取了新名字，根本沒搞清楚這些借用來的概念的重要性。這種做法：一、極像一種糟糕的文件歸類方法，一定會影響這些被借用概念的綜合理解和應用；二、使軟科學領域無法出現像萊納斯．鮑林一樣，能有系統地利用物理學來改進化學研究那樣的成果。一定還有更好的方法。

這引出了最後一個問題：在精英軟科學領域，有哪些做法可以加速我們改善學科教育的進程？答案同樣很簡單：

第一，要有更多必修課，而不是選修課。這意味著決定哪門課必修的人，必須熟練的掌握大量的跨領域知識。無論要培養的是跨領域問題解決者還是飛行員，這個論點都是成立的。例如，法學院畢業生必須掌握心理學和會計學。然而，即使到今天，許多精英學府也沒有這樣要求。那些制定培養計畫的人往往知識層面太窄，無法理解哪些課是必需的，也沒有能力修正不足之處。

第二，學生應該有更多應用跨領域知識解決問題的實作，包括類似駕駛飛行模擬器那樣的實習，以免習得的技能由於長期不用而生疏了。讓我來舉個例子。我隱約記得，許多年前，哈佛商學院有個教授非常聰明，但是有點離經叛道，他給學生上的課很有意思。

有一次，這位教授的考試題目是這樣的：有兩位不問世事的老太太，剛剛繼承了新

吉卜林（Kipling）的「拿來主義」

當荷馬撥弄著他
燦爛的豎琴，
他早已聽過人們
沿著陸地和海洋的歌唱；
凡他所需要的思想，
他便採擷自己用
——和我一樣！

市集中的女孩和漁郎，
牧人和水手，
他們聽到舊調重彈，
卻不作聲
——和你們一樣！

他們知道他偷竊；
他也曉得他們知道。
他們不說出來，
也不對此大驚小怪，
只是沿路向荷馬眨眨眼，
荷馬也報以眨眼
——和我們一樣！

英格蘭地區一家鞋廠，這家鞋廠專門製造名牌皮鞋，現在經營上遇到一些嚴重的問題。教授詳細的說明這些問題，並給學生充足的時間，寫下給兩位老太太的建議。結果幾乎所有學生的答案都沒通過，但教授給一位聰明的學生很高的分數。這學生的答案是什麼呢？非常短，大致如下：「這家企業所在的行業和所處的地方競爭都很激烈，再加上當前遇到的問題非常棘手，兩位不問世事的老太太，透過聘請外人來解決問題不是明智的做法。考慮到問題的難度和無法避免的代理成本[5]，兩位老太太應該盡快賣掉這家鞋廠，最好是賣給那家擁有最大邊際效益[6]優勢的競爭對手。」這個得高分的學生作答的根據，並非當年商學院傳授的知識，而是一些更基本的概念，比如說代理成本和邊際效益分別來自本科生的心理學和經濟學課程。

啊，哈佛法學院一九四八級的同學們，要是當年我們也經常接受這樣的測試該多好，那我們現在的成就將會大得多！

巧合的是，現在許多私立精英學校，早在七年級的科學課中，就使用了這種跨領域的教育模式。然而，許多大學研究所卻依然不明白這個道理。這種悲哀的例子，再次證明了懷海德的論斷：「各個學門之間的割裂，是非常要命的。」

第三，大多數軟科學專業學院應該更善用最好的商業刊物，比如說《華爾街日報》、《富比世》《財星》（*Fortune*）等等。這些刊物現在都非常好，可以扮演飛行模擬器的角色：它們報導的那些事件，往往有錯綜複雜的原因，我們可以讓學生試著用各個學科的知識來加以分析。而且，這些刊物有時候能夠讓學生學到新的成因模式，而不僅僅是複

5 代理成本
agency cost
由於企業主與代理人之間目標的差異所造成的成本。包括企業主對代理人或管理者對員工進行監督，所花費非生產性的額外成本，以及代理人為了應付監督，所要從事非生產性的表單製作等等額外的工作成本。

6 邊際效益
marginal-utility advantage
在經濟學中指每一新增單位的商品或服務帶來的效益。如果後一單位的效益比起前一單位的效益大，即為邊際效益遞增，反之則為邊際效益遞減。

習原有的知識。如果學生想要提升自己的判斷力，那麼在校期間就演練他畢業後要終生從事的工作，是非常合理的做法。我認識的那些判斷力非常強的商業人士，也都用這些刊物來鍛鍊智慧。學術界有什麼理由例外呢？

第四，當大學偶爾有職缺，需要招人時，應該避免聘用具有強烈政治意識形態的教授，不管是左翼還是右翼。學生也應該避免受政治意識形態影響。想法激進的人，缺乏掌握跨領域知識所需的客觀態度；受意識形態影響的人，很難擁有綜合跨領域知識的能力。在我們求學那個年代，哈佛法學院有些教授曾指出一個由於意識形態而做了蠢事的典型，那就是耶魯大學法學院的例子。在當時哈佛的教授看來，耶魯試圖植入一種特殊的政治意識形態，以提高法學教育水準。

第五，軟科學應該加強模仿硬科學（這裡指數學、物理、化學和工程學）的基本治學精神與方法。這種治學方式值得效法。畢竟，硬科學在以下兩方面做得較好：一、避免單一學門造成的錯誤，二、促使大量跨領域知識更容易應用，並得到良好的結果。例如，物理學家理查．費曼就能夠用一個橡皮圈，來解釋挑戰者號太空梭爆炸的原因。而且以前軟科學也曾借用這種治學精神與方法，效果很好。例如，在一百五十年前，生物學只是雜亂的描述一些現象，並沒有提出高深的理論。後來生物學逐漸吸收了基礎學科的治學精神與方法，因而取得了非凡的成就：新一代的生物學家，終於可以使用更好的思考方法，成功解答許多問題。硬科學的治學精神與方法既然能夠幫助生物學，就沒有理由幫不到不像生物學那麼基礎的軟科學。在這裡，我想解釋一下我所說的治學精神與

理查．費曼

理查．費曼（Richard Feynman, 1918-1988），一九六五年諾貝爾物理學獎得主，生前任教於康乃爾大學及加州理工學院。費曼對物理學的主要貢獻是量子電動力學、電磁放射和原子以及其他更基本粒子之間的關係。

方法，包括以下四點：

一、依照深淺將各個學門排序並依序應用。

二、不管喜歡與否都須熟練掌握，經常應用這四門基礎學科的精華內容，並且更關注於比你所學領域更基礎的學科。

三、在吸收不同領域的知識時，要弄清楚那些知識是怎麼來的，而且不要背離「經濟原則」：盡可能先透過自己或其他學科的基本原理，來解釋你遇到的現象。

四、如果第三步並沒有對現象解釋提供有用的新觀點，你可以透過提出假設和進行驗證，確立新的原理，就像舊的原理創建的方式一樣。但不能使用任何與舊原理衝突的新原理，除非你們能夠證明舊原理是錯誤的。

你們將會發現，與當前軟科學常見的做法相比，硬科學的這種基本治學精神與方法更為嚴格。這讓我想起飛行員培訓。飛行員培訓能夠那麼成功，絕對不是偶然的，現實是最好的老師。跟飛行員培訓的情況一樣，硬科學的治學精神與方法不是「拿來主義」，而是「不論喜歡與否都必須熟練」。跨領域知識的合理組織模式應該是這樣的：一、必須完全弄清楚所有知識的原始出處，二、必須以最基本的原理為優先。

這個道理太過簡單，似乎沒什麼用；但在商界和科學界，有兩條古老守則往往非常有用：一、找到一個簡單的、基本的道理；二、非常嚴格的按照這個道理去執行。對嚴格遵守這種基本治學精神與方法所具有的價值，我打算舉我自己的人生為證明。

我剛進哈佛法學院時，受過的教育非常少，只有散漫的工作習慣，沒有任何學位。

華倫．希維[7]反對我入學，但在我家的世交羅斯克．龐德的干預下，我還是被錄取了。我在高中上過一門愚蠢的生物課，粗略學習了不完整的進化論，學會解剖草履蟲和青蛙，此外還掌握一個後來銷聲匿跡的荒唐概念——「原生質」。時至今日，我從來沒有在任何地方上過化學、經濟學、心理學或者商學課程，但我很早就學過基本物理學和數學，我花了很多精力，掌握硬科學的基本治學精神與方法，我用這種方法去學習各種軟科學，增加跨領域普世智慧。

因而，我的生活無意間成了一種教育實驗：一個善用自己專業的人，在遼闊的學術領域，試驗這種基本治學精神與方法的可行性和有效性。

在利用非正式的教育來彌補自己知識缺陷的過程中，我發現，雖然學習意願不算非常強烈，但在這種基本治學精神與方法的指引下，我的能力得到了極大的提升，這遠遠超乎意料。我獲得了大量原本想都沒想到的好處，有時候我覺得，我就像「蒙眼釘驢尾」遊戲中，那個唯一沒有被遮住眼睛的人。例如，我本來沒打算學習心理學，但這種基礎治學方法，卻引導我掌握了大量的心理學知識，帶給我很大的好處，這些好處很值得我改天專門來談一談。

今天我不打算再多講了。我已經藉由盡可能簡單回答自己的問題，完成這次演講。我的答案中最讓我感興趣的是，雖然我說的一切並無新意，許多理性和受過良好教育的人早就說過了，但我批評的這些壞現象，在全美國的頂尖學府中仍然非常普遍。在這些高等學府的軟科學院系，幾乎每個教授都養成了單一領域的思維習慣，即便在他自己學

7 華倫．希維 Warren Abner Seavey, 1880 -1966 哈佛大學法學院知名教授。

院的馬路對面，就有更好的思維模型。在我看來，這種荒唐的現象，意味著軟科學院系的激勵機制是很有問題的。錯誤的激勵機制是主要原因，因為正如約翰遜博士曾經一針見血指出，如果真理和一個人的利益背道而馳，那麼這個人就很難接受真理。如果這個問題是高等學校的激勵機制引起的，那麼解決的方法很簡單——激勵機制是可以改變的。

今天我以自己的人生做例子，想要證明的是，軟科學教育機構現在這樣頑固的容忍單一領域的狹隘，不但毫無必要，而且也沒有好處。如果讓我來處理，我認為約翰遜博士的方法是可行的。請別忘了約翰遜博士描繪學術界，那種由於懶惰而無知的狀況時所用的字眼。在約翰遜博士看來，這種行為是「背叛」。

如果責任不能驅使人們改善這種情況，還可以考慮利益。只要法學院和其他學術機構，願意採用一種更為跨領域的方法去解決許多問題，不管是常見的問題還是罕見的問題，就會像查理．蒙格那樣，得到極大的世俗回報；不但能夠獲得更多成就，還有更多樂趣。我推薦的這種精神境界是非常快樂的，沒有人願意從那裡離開，離開就像切斷自己的雙手。

蒙格語錄

你完全可以說這（公立學校的衰落）是我們這個時代的重大災難。我們將地球史上最大的成功之一，變成了地球史上最大的災難之一。

連走路都要看書的蒙格。

另一個提倡閱讀的呼聲

我什麼都讀：企業年報、10-K報表、10-Q報表、傳記、歷史書，每天還要讀五份報紙。在飛機上，我會閱讀椅背後的安全指南。閱讀是很重要的。這麼多年來，是閱讀讓我致富。

——巴菲特

重讀第五講

二〇〇六年，我重讀了第五講，一個字也不想更動。我仍然認為我的觀點是很重要的。這種態度跟我那位早已謝世的前輩如出一轍，他是西奧多．蒙格（Theodore Munger）牧師，擔任過耶魯大學教區的神父。

西奧多曾經將他的布道演說結集出版，用莊嚴的語調指出哪些行為是正確的。晚年時推出了新版，並在前言中說明他沒做任何更改，現在出新版本，只是因為他的傳道文集太暢銷，使得原來的印刷版磨損過度。

第六講

一九九八年十月，蒙格在聖塔莫尼卡（Santa Monica）對基金會財務長聯合會發表這篇演說，甚有助於人們理解蒙格的名言：「說起來挺傷心的，但確實不是每個人都喜歡我。」在這次演講中，蒙格非常幽默卻不帶惡意地抨擊了被聽眾奉為圭臬、並付諸實踐的理論。蒙格向來熱心慈善事業，他本人的慷慨捐贈便是明證；在這裡，他想要將慈善界從錯誤的投資文化中拯救出來。

蒙格認為，基金會應該成為社會的楷模，也就是應該抵制浪費、無益的投資活動。他為聽眾提供兩個選擇：天才政治家班傑明·富蘭克林的模式，或者惡名昭彰的基金經理人伯尼·康菲德的模式。蒙格回憶起自己年輕時擔任經理人的往事，以一貫自我嘲諷和反省的口氣說：「從前的查理·蒙格為這些年輕人，提供一種可怕的職業榜樣。」他似乎想指出，如果蒙格能夠從那種狀態下成功轉型，那麼聽他演講的基金經理人，也可以如法炮製。

像波克夏一樣投資

今天我來這裡演講，是因為我的朋友約翰．阿爾古邀請我來。約翰很清楚知道，我和你們以前邀請的演講者不同，我本身沒有什麼東西需要推銷，因而我講的內容，可能會跟包括慈善基金在內的大型機構的現行投資方法格格不入。因此，我要是在演講中得罪各位，你們應該去找約翰算帳，他的老本行是打官司，說不定他會因此感到高興。

長久以來，大型慈善基金的一貫做法是：在不舉債的情況下，把大部分資金投資在美國證券，主要就是股票。這些股票是由一家或少數幾家投顧協助挑選出來的，但近年卻出現愈來愈複雜的傾向。有些基金會追隨像耶魯大學這樣的基金會，努力向伯尼．康

約翰．阿爾古

約翰．阿爾古（John C. Argue, 1932-2002）為洛杉磯一家律師事務所的高級合夥人，曾對洛杉磯獲得一九八四年奧運會舉辦權發揮關鍵作用，也是位慈善家。

菲德式的「基金中的基金」[1]靠攏，這是一種令人吃驚的發展！想不到在康菲德鋃鐺入獄這麼多年之後，一些主流大學竟然還用康菲德的方式來管理慈善基金會。

如今，有些基金會聘請的投資顧問不在少數。這些基金會先請一批顧問，然後再讓他們來挑選最好的投資顧問，幫忙把資金配置到各個不同的領域，確保不會因為偏好國內證券而忽略海外證券，覆核那些投資顧問聲稱的業績是否真實有效，保證原定的投資風格得到嚴格的執行。再者，根據企業金融教授有關波動性和「Beta」係數的最新理論，進一步分散本來就已經很多元化的投資。

儘管擁有這些極其活躍、貌似什麼都懂的顧問，部分投資顧問在選股時，仍然相當依賴第三級顧問。這第三級顧問主要是投資銀行聘雇的證券分析專家。這些證券分析家領取巨額的薪資，投資銀行為了搶人，有時會開出高達七位數的年薪。聘請他們的投資銀行，會透過以下兩種方式回收這些薪資：一、證券買家產生的手續費和交易價差（包括基金經理人收取的回扣，即所謂「軟錢」），二、掛牌公司為讓證券分析師推薦它們的股票，向投資銀行繳納的服務費。

這個過程很複雜，但有一點是確定的，那就是這裡面缺乏全面的道德約束。別的不談，就以非槓桿（無借貸）的普通股票選擇而言，每年要支付給各級投資顧問的投資管理成本，再加上頻繁買賣產生的摩擦成本[2]，很容易占到基金淨值的三%。這些成本並不會反映在傳統的會計報表中，但這是因為會計制度本身有問題，而不是因為這些成本不存在。

伯尼・康菲德

土耳其裔美國基金經理，一九六〇年代，在瑞士註冊一家名為投資者海外服務公司（IOS）的基金集團，推銷旗下基金，即日後爆發的共同基金龐氏騙局的主角。IOS共募集二十五億美元，現今過著揮霍的生活。

1 **基金中的基金**
fund of funds
或稱組合型基金。指以其他基金為投資標的之共同基金，而不直接投資股票或債券。

2 **摩擦成本**
frictional costs
指各種名目的交易費、管理費等。

3 **五%的捐贈**
美國法律規定，慈善基金會每年必須將不少於本金五%的錢，用於基金會的慈善事業。

下面我們來做一道簡單的算術：假設基金是賭徒，它們每年交給賭場莊家的費用，是起始資金的三%，每年在剔除莊家費用之前的實際收益是一七%。近年來，基金的平均收益確實有一七%，但誰也不能保證，這些基金能夠永遠享有這個投資報酬率。如果幾年後，透過股票指數化投資得到的年均實際報酬率降到五%，而莊家的費用仍是三%，哪怕對實際收益非常一般的賭徒來說也是如此，於是這些基金將會遭遇一段漫長、令人不舒服的資產縮水期。畢竟，五%減去三%，再減去五%的捐贈[3]，意味著基金每年的資產要縮水三%。

總而言之，所有股票投資者將必須忍受這樣的情況：每年賺的錢，有一部分落入莊家的口袋，這是宿命。同樣躲不掉的還有，在支付莊家費用後，正好有一半的投資者，收益率將會低於平均線，而這條平均線（未來）絕對有可能落在中下水準。

出於人性使然，絕大多數的人會忽視我提出的這些憂慮。畢竟，早在基督出生前幾百年，狄摩西尼就曾經說過：「一個人想要什麼，就會相信什麼。」尤其對於未來前景和自身才能的評價，人們往往如同狄摩西尼所料，總是太過樂觀，樂觀到荒唐的程度。例如，瑞典有一項嚴謹的調查顯示，九〇%的汽車司機認為，他們的駕駛技術在平均水準以上；而那些成功的推銷員，比如投資顧問，則會讓瑞典司機相形失色。其實，每個投資專家都宣稱他的績效高於平均，儘管事實恰好相反。

你也許會想，我的基金會至少在平均線以上啦！它規模很大，聘請最好的人才，用客觀的專業態度，謹小慎微地處理投資問題。對此我想說的是，過度的所謂「專業態

蒙格語錄

Beta係數、投資組合理論等等，這些在我看來都沒什麼道理。我們想要做的是，用低廉、甚至是合理的價格，來購買擁有長期競爭優勢的企業。

大學教授怎麼可以散播這種（股價波動是衡量風險的尺度）無稽之談呢？幾十年來，我一直都在等待這種胡言亂語消失，現在這樣亂講的人少了一些，但還沒絕跡。

巴菲特曾經對我說：「我對學術界的總體看法（把它看得這麼糟糕）可能是錯的，因為那些跟我打交道的人也都有一套瘋狂的理論。」

度」，往往反而帶來極大的傷害；也正因為處理過程極其仔細，常常造成人們對預期的結果過度自信。

通用汽車最近就犯了一個這樣的錯誤，那可是魯拉帕路薩級的。它打算生產一種舒適程度堪比五人座轎車的越野車，可是由於「專業過度」，在進行一系列漂亮的消費者調查之後，決定只給這款車設計兩扇車門。通用的競爭對手沒那麼專業，但親眼看到五個人是如何上下車的。除此之外，它們還發現人們已經習慣舒適的五座轎車有四扇車門，而且生物通常偏好固定的活動模式，以便盡可能節省精力，也不喜歡長久以來享有的便利被拿掉。在檢視通用汽車做出這個造成數億美元損失的決定時，人們腦海中浮現了兩個辭彙。其中一個就是「哎呀（oops）！」

那個叫長期資本管理公司的對沖基金，同樣對自己高槓桿的投資方法太過自信，所以，最近破產了，雖然其高層管理者智商肯定超過一百六十。聰明而勤奮的人，未必不會因為過度自信而犯下災難性的專業錯誤。因為他們往往以為自己擁有過人的才華和手法，而為自己選擇一些更困難的航道。

在思考時，格外謹慎不全然是好事，有時竟會造成意外的錯誤，令人懊惱。但大多數好東西都有討厭的「副作用」，思考也不例外。要消除思考的副作用，最好的辦法是：向最優秀的物理學家學習，他們會系統地批判自己，諾貝爾物理學獎得主理查．費曼下面這句話，精簡地點出這些物理學家的心態：「首要的原則是：你不能欺騙自己，因為自己是最好騙的。」

長期資本管理公司（Long-Term Capital Management）

一九九四年成立的對沖基金，創辦人是一位聲譽極佳的華爾街債券交易員，和兩位諾貝爾經濟學獎得主，他們開發出一些複雜的數學模型，利用債券套利。終於在一九九八年因判斷錯誤而造成破產危機，經美國聯準會施以援手才平息風暴。

假設有個基金非常實際，能夠像費曼那樣思考，卻擔心它的無借貸投資組合，在扣掉各種投資成本後，未來的報酬將無法超過股市指數。於是它採用那種「基金中的基金」的方法，頻繁買進賣出，聘請一些自以為他們的水準在平均線以上的投資顧問。那麼這個憂心忡忡的基金，該做出什麼選擇，才能改善未來的投資績效呢？

至少有三種選擇：

一、解雇投資顧問，減少買賣次數，轉而進行指數化投資。

二、效仿波克夏，長期持有少數幾家備受敬仰的公司，不殺進殺出，進而把年均管理成本，降低到資本總額的千分之一。在這個過程當中，當然也可以採納一些外部的建議。支付顧問費的一方，只須適當控制投資顧問機構中那些聰明人，如此一來，「僕人」才會變成「主人」的有用工具，而不是在瘋帽匠的茶會式的錯誤激勵機制下，為自己謀取私利。

三、除了對股市進行非槓桿式投資外，該基金還可以投資一些有限責任的合夥制公司（私募基金），這包括：對一些新創的高科技公司進行非槓桿式投資；利用財務槓桿購併其他公司；依據相對價值策略，對股票進行槓桿式投資；以及對各種債券和衍生性金融商品的投資交易。

其中，指數化投資顯然比較合理，我認為，對於當前正在進行非槓桿式股票投資的一般基金而言，選項一是較明智的選擇。尤其對每年管理成本超過總資產一％的基金來說，更是如此。當然，如果每個人都轉而投資指數型基金，表現就不可能都這麼好了。

蒙格語錄

我寧願將毒蛇丟進襯衣裡，也不願聘用一名薪酬顧問。

但它的好績效，未來仍可以持續很長一段時間。

至於選項三，也就是透過有限責任合夥制公司進行投資，基本上，不在今天演講的範圍內。我只想說，蒙格家族基金不會採取這種投資方式，我還想簡單地談談，我對槓桿收購基金（ＬＢＯ）的兩點看法。

第一點看法是，如果未來的股票指數表現很糟糕，由於要跟兩批人（一批是管理人，一批是基金的合夥人）分錢，用很高的財務槓桿（舉債）收購整個企業，未必比投資股票指數好。本質上來說，槓桿收購基金所做的，只比用抵押貸款去買股票稍微好一點。一旦未來股市表現不佳，你的債務將變成一場災難；而如果這種衝擊是緣於經濟環境整體的不景氣，後果就會更嚴重。

我的第二點看法是，現在對槓桿收購對象的爭奪愈來愈激烈。例如，許多公司都想透過財務槓桿購併優秀的服務性企業，但光是奇異公司下屬的融資公司，每年可用於購併的錢就超過一百億美元，而且這一百億美元完全是借來的，利息則只比美國政府支付的利息高一點點。這種情況已經不是一般競爭，而是過度競爭。現在大大小小的槓桿收購基金非常多，大都錢滿為患，獎勵機制使它們的合夥人熱中於花錢購併。除了奇異公司以外，許多公司也透過舉債和發行股票來募集資金，在市場上競相收購好公司。

總而言之，槓桿收購隱藏著兩大風險：一是在經濟大環境不景氣時，容易引發股市災難性的後果；二是購併競爭過度激烈。

剩下的時間，我們來談談選項二，也就是基金會要多學習波克夏的投資方法，長期

蒙格語錄

我們的文化是非常老派的，像富蘭克林或卡內基的文化。你能想像卡內基聘請公司顧問嗎？讓人吃驚的是，這種方法現在仍然非常有效。我們收購的企業有許多像我們這樣古怪而老派。

對於我們的許多股東而言，我們的股票是他們擁有的一切，這一點非常清楚。我們的（保守主義）文化發揮的作用非常深遠。這裡是個非常可靠的地方，比絕大多數公司更能抵禦災難，不會像別人那樣盲目擴張。

持有少數幾家公司的股票，幾乎從不交易。那麼我們要問了，基金的投資要多元化到什麼程度才好呢？

主流觀點認為，對於不需要投資指數的聰明人來說，高度分散的投資是必需的。我高度懷疑這種觀點。我認為，這種主流觀點錯得離譜。

在美國，一個人或機構，如果用絕大多數的財富，長期投資於三家優秀的美國公司，那麼絕對能夠發大財。那又為什麼要在乎其他投資者，在某個時刻的績效比他好還是壞呢？如果像波克夏一樣，理性地分析，由於他的購入成本更低，更為關注長期績效，而且把大量資金集中投資在幾個最喜歡的選擇上，因此長期收益會非常出色，那麼就更不用關心這樣的問題了。

進一步說，我認為，在某些情況下，一個家族或一個基金用九〇%的資產來投資一支股票，也不失為一種理性的選擇。我希望蒙格家族能夠大體上遵守這樣的投資路線，而且我發現，到目前為止，伍德拉夫基金會九〇%的資產，仍保留其創辦人當初提供的可口可樂股票，事實證明，這種做法是很明智的。假如所有美國的基金會從來沒有賣掉創辦人的股票，現在來計算成果，應該很有意思。我認為，絕大部分會比現在好得多。

你也許會說，分散投資的目的，只是為了可能發生的災難分散風險。我的回答是：這世上有許多事，比某個基金會喪失影響力更糟糕；而有錢的機構跟有錢人一樣，如果想要得到最好的長期結果，應該做許多自我保險的工作。

此外，這世界的好事並非靠基金會的捐贈才能做到。更多的好事，是由基金會投資

羅伯特・伍德拉夫

羅伯特・伍德拉夫（Robert W. Woodruff，1889-1985）出生於美國喬治亞州，最早做汽車銷售，三十三歲掌管可口可樂公司。晚年創辦一個以自己姓氏為名的大型基金會，投入慈善事業。

的對象，在企業日常營運中所完成；且有些企業做的好事比其他公司更多，是因為替投資者提供了高於平均的長期回報。如果有個基金會把大量的資金集中投給一家仰慕、甚至熱愛的企業，我認為，這種做法既不愚蠢，也不邪惡，更不違法。事實上，班傑明・富蘭克林要求依照他的遺囑而創辦的慈善組織，就採取這種方法。

波克夏的股票投資方法，還有一點值得拿出來比較。到目前為止，波克夏幾乎不直接進行海外投資，而現在的基金會則做了很多海外投資。

關於這種背道而馳的歷史，我想說，我同意彼得・杜拉克的觀點：較諸其他方面的利益以及大多數國家，美國的文化和法律制度特別照顧股東的利益。其實，在許多國家，股東權益並沒有得到很好的保護，他們認為還有許多東西比股東權益更重要。我想許多投資機構低估了這個因素的重要性，也許是因為人們很難用現代的金融工具來對這因素進行定量分析，但有些因素並不會因為「專家」也無法理解而失去重要性。總而言之，與其直接投資國外企業，波克夏傾向於透過像可口可樂和吉列這樣的公司，來參與全球經濟。

最後，我將提出一個有爭議性的預測，和一個有爭議性的看法。

這個有爭議性的預測是：如果真採用波克夏的方法，就算沒有巴菲特為你免費工作，長期而言，你也不太可能後悔。波克夏倒有可能後悔，因為會面臨許多聰明的投資競爭對手。但波克夏不會真的因為你們變聰明、能與我們一較短長而後悔。我們不吝於和別人分享對現實的總體看法，因為我們只想得到我們所能獲取的成功。

彼得・杜拉克

彼得・杜拉克（Peter F. Drucker, 1909-2005）出生於奧地利，在奧地利和英格蘭受教育，獲公共法和國際法博士學位。後以經濟學家的身分，在倫敦銀行工作，一九三七年移居美國。為許多企業和非盈利組織擔任數十年顧問，為國際知名管理大師。

在愈來愈多基金會採用高成本的複雜投資方法下，我的看法因而具有爭議性。但即便我的懷疑是錯的，那些方法真的能夠取得極佳的收益，但這種賺錢方式，也很有可能帶來嚴重的反社會效應。因為這種方式，將會加劇目前出現的一種有害趨勢：愈來愈多有道德感的美國青年才俊，醉心於收益豐厚的資產管理業，因而帶來了社會衝突；他們開始對能為別人帶來更多價值的工作，不屑一顧。資產管理界人士並沒有建立起好榜樣。從前的查理．蒙格為這些年輕人提供一種可怕的職業榜樣，因為與他從資本主義得到的好處相比，他對文明做出的貢獻並不夠多。

我並不推薦這些賺錢方法，而是建議基金會採用更有建設性的辦法：對少數幾家聲譽良好的國內公司進行長期的集中投資。

為什麼不模仿班傑明．富蘭克林呢？畢竟，班老在公眾服務方面績效卓著，同時是個非常優秀的投資者。我認為他的模式比伯尼．康菲德好多啦。你們很清楚該選擇哪一種。

蒙格語錄

投資應該愈分散愈好的觀念，簡直是瘋了。我們不認為分散程度很高的投資能帶來好結果，幾乎所有好投資的分散程度都是相對較低的。

如果剔除掉我們十五個最好的投資決策，我們的業績將會非常平庸。你需要的是極大的耐心，而不是「過動症」。你必須堅持原則，等待機會，奮力出擊。

這些年來，波克夏就是透過把賭注押在有把握的事情上而賺錢的。

賽馬就是投資，投資就是賽馬

蒙格喜歡比較賽馬的彩池投注系統和股市的共同點（請參見第二講第一四四頁）。此外，他還把最好的投資機會比喻為賽馬中定錯價格的賭局，他說：「我們要尋找一匹獲勝機率是二分之一、賠率是一賠三的馬。」

巴菲特同樣也喜歡拿賽馬和股市比較。巴菲特小時候曾著迷於有關馬匹體重、速度等級、步伐速度、比賽紀錄和血統等資料，因而對賽馬產生濃厚的興趣。他曾經和朋友合作出版一份叫作《馬童之選》（*Stable Boy Selections*）的投注指南，在奧馬哈一家名為「加斯拉布內」（Ak-Sar-Ben，把內布拉斯加Nebraska倒過來拼寫）的賽馬場銷售。

巴菲特今天的投資績效，可能受益於早年研究賽馬的經歷。這兩個領域都有大量的資料，都有已知和未知的變數，都有不同的學派，研究如何才能最準確評估這些因素。不出所料，巴菲特在這兩個領域所用的方法是一樣的。

下面這段文字便是明證，出自悅詩農場（Innisfree Farms）在一九九三年推出的第十四版《萊斯賽馬年報》（*Rice's Derby Journal*）：

回到賽馬這個主題，大多數賭馬的人分兩派：「速度派」和「旅途派」。速度派的賭徒很像股票市場上的動量投資者，認為跑最快的馬能夠贏得比賽。（我們不都是這樣嗎？）旅途派更關注的是，馬匹在「旅途」中遇到的各種細

蒙格語錄

我們的投資風格有個名稱——集中投資（focus investing），這意味著我們投資的公司只有十家，而不是一百家或四百家。

我們的遊戲是，當好標的出現時，我們必須能看得出來，因為好標的並不常見。機會只眷顧有準備的人。

好的投資標的難尋，所以把錢集中投在少數幾個項目上，顯然是很好的主意，但投資界有九成八的人卻不這麼想。而我們一直以來都是這樣做的，這為我們以及股東帶來了許多好處。

好玩的是，絕大多數大型投資機構的想法不是這樣的。他們聘雇許多人來比較默克製藥和輝瑞製藥到底哪個較有價值、分析標準普爾五百

節：當天的跑道對前導型馬匹有利嗎？那匹馬排位靠後嗎？那條跑道有很多直道嗎，還是沒有直道？股市傳奇人物華倫・巴菲特，年輕時出版過一份賽馬投注指南。他曾在描述他的投資風格時，自稱為「旅途派賭徒」。他的同行幾乎沒有人能聽懂這句話，賭馬的人才聽得懂。

下面這個事實增加《萊斯賽馬年報》上述報導的可信度：該刊物預測一九九三年肯塔基賽馬大會的獲勝者是「海洋豪傑」（Sea Hero），海洋豪傑真的贏了，讓那些花兩美元買它獲勝的聰明人，得到二七・八美元的高額報酬。

指數的每支成分股，以為可以打敗市場，但他們辦不到的。

我們的投資規則是：等待好球的出現。

如果我有機會進入某個行業，而那裡的人用各種指數標準來衡量我，逼我把錢都投出去，還圍在身邊監視，那麼我一定會討厭這個行業，感覺就像戴上腳鐐手銬。

很少人借鑑我們的方法。雖然採用集中投資策略的公司有些增加，但增加更多的是無限制聘用顧問來建議資產配置、評估其他顧問等等等。也許有二%的人會投入我們的陣營，剩下九八%的人將會信奉他們聽來的道理（比如說市場是完全有效的）。

重讀第六講

自我在一九九八年發表這場演講以來，又發生了很多事。現在是二〇〇六年，我所批評過的投資行為卻變本加厲。

特別值得一提的是，股市投資的摩擦成本又提高許多，進入投資界的青年才俊也愈來愈多，可惜他們扮演的角色，跟賽馬情報員在馬會上發揮的功能差不多。

事實上，我最近聽巴菲特說，如果目前的投資風氣蔓延到馬會，大多數賭徒將會花高價聘請私人情報員，試圖以此改善他們的收益。

然而，就在那些熱愛摩擦成本的人，繼續為他們熱中的東西砸更多錢的同時，也有愈來愈多人開始採用成本幾乎可以忽略不計的指數投資法。這個規避成本、追蹤指數的群體，擴增的速度雖然不夠快，還不足以抑制總摩擦成本的增加，但的確有愈來愈多的持股，正在慢慢轉向被動的、指數化的模式。

談衍生性金融商品　我們不幹這種事，這太難了！

人們不去考慮後果的結果，反而只想對利率變化做避險，這是非常困難和複雜的事。然後呢，避險操作導致了利潤的波動，於是再用新的衍生性金融商品來敉平，這個時候他們就不得不說謊了。這種情況經常發生在那些龐大、複雜的公司身上。

應該要有人站出來說：我們不幹這種事——因為這太難了。

我認為，要測試任何大機構管理者的智力和道德水準，最好的方法是問他：「你真的能理解衍生性金融商品的帳目嗎？」如果有人說「是」，那這個人要嘛是瘋子，要嘛在說謊。

很多衍生性金融商品的條款規定，如果一方的信用被調低，那麼就必須增加抵押金，就像股票融資的保證金一樣——會讓你因付不出而破產。他們在試圖保護自己時，引進了不穩定的因素，但似乎沒有人意識到他們所創造的系統是一個大災難。那真是一個瘋狂的系統。

在工程領域的人，會確保很大的安全邊際；但金融界的精英，卻一點都沒有考慮安全邊際。他們只是不斷追求擴張、擴張、擴張，甚至因而做假帳。對此我比巴菲特更悲觀。

第七講

這次演講是在二〇〇〇年十一月帕薩迪納慈善圓桌會議上發表的。《基金會新聞與評論》（*Foundation News & Commentary*）的喬迪．柯帝士（Jody Curtis）對蒙格的評價，讓蒙格的家人和好友感到很意外，她說蒙格很像「一位親切的老伯，為人十分幽默風趣」。

蒙格這次演講的目的跟上次一樣，也是為了讓基金會減少犯錯，教導如何進行有效投資，盡量減少浪費。蒙格指出，許多基金會經常做出不明智的舉動，是因為「不瞭解自身的投資操作和大環境之間的密切關係」，而基金會也是整個大環境的一部分。蒙格可不是會留情面的人，他大膽而坦率地要求聽眾別再無知，因為這種無知已經危及他們的基金會，和那些倚賴基金會的人。蒙格從「黑金」引伸，自創「撈灰金」（febezzlement）這個詞，用來解釋投資經理人和投資顧問，層層剝削基金會財富的現象。

財富效應與灰金效應

今天我要談的是，美國股市上漲帶來的所謂「財富效應」。

首先，我要坦白相告，「財富效應」是學院派經濟學研究的內容，我從來沒有上過一堂經濟學，也從來不曾從預測總體經濟的變化而賺到一分錢。

然而，我認為，在當前這種極端情況下，大多數經濟學博士低估了股票「財富效應」發揮的威力。

現在每個人都同意兩個觀點。第一，股價上漲時，消費意願會跟著提高；而股價下跌時，消費意願也會降低。第二，消費意願對總體經濟至關重要。然而，對於財富效應的規模和時機，財富效應與其他效應之間的連動關係，包括像股市上漲能刺激消費，而消費增加也會推動股價上漲這樣明顯的道理，專家們的意見卻並不一致。當然，即使消費持平，股價上漲也能提升企業盈利，因為股價上漲後，退休金成本會下降，因而推升股價進一步上揚。因此，財富效應涉及許多複雜的數學謎題，尚未像物理學理論那樣被解釋得清清楚楚，我們也沒有能力做到這一點。

對於目前（二〇〇〇年）美股上漲帶來的「財富效應」，有兩個原因使其顯得特別有趣。第一，當前大批上市公司股價飆漲，速度比國民生產總額（ＧＮＰ）的成長快多了，這是史無前例的，因此，相關的「財富效應」肯定也是史無前例的。第二，日本過去十年來的情況，讓經濟學界震驚不已，人們極度擔心「財富效應」的反向作用將引發經濟衰退。

日本金融界非常腐敗，該國的股票和地產價格在很長一段時間內漲幅極大，和美國相比，其整體經濟成長的幅度也很大。隨後資產價格崩跌，經濟一蹶不振。此後，日本這個第三大經濟體，開始把她學到的各種以為管用的「凱因斯理論」和「貨幣政策」，十分努力且長時間地上陣施法。多年來，卻造成日本政府不但背負巨額財政赤字，還不得不讓利率維持在接近零的水準。儘管如此，年復一年，日本的經濟依然沒有起色，因為任何經濟學家的招數，都無法帶動日本人的消費意願。日本股市也始終低迷不振。

日本的前車之鑑，足以讓每個人坐立難安。假如同樣的事發生在美國，財富大幅縮水的慈善基金，會抱怨自己生不逢時。有人認為，日本的悲慘局面，很大程度上是由日本特殊的社會心理效應和腐敗所造成，我們應該希望這種說法是正確的，因為如此一來，美國的經濟才多少有點安全感可言。

好了，現在假設「股價影響消費意願」是很重要的課題，而日本的衰退令人憂心；那麼美國的股市又對經濟產生多大影響呢？如果讓經濟學家依美國聯準會收集的資料來分析，他們的結論可能是這樣的：股票價格帶動消費的「財富效應」並沒有那麼大。畢竟，拋開退休金不算，過去十年來，美國家庭淨資產的成長幅度可能還不到一〇〇%，平均每個家庭的資產仍然不多，而且股市市值可能還占不到扣除退休金後的家庭淨資產的三分之一。除此之外，股票資產在美國家庭的集中程度，高得幾乎不可思議，超級富豪的消費和他們的資產是不成比例的。不算退休金的話，最富裕的一%的家庭，可能擁有大約五〇%的股票市值；而最貧窮的八〇%家庭，卻可能只擁有四%。

根據相關資料，以及過去股價和消費之間不太明顯的關係，經濟學家很容易得出以下結論：像過去十年史無前例的股市連續大漲下，就算每個家庭將其股票資產的三%用於消費，每年對消費支出的拉動效果也不到千分之五。

我認為，這種經濟學思考跟現實大為脫節，這些經濟學家所引用的資料是錯誤的，他們所提出的問題也是錯誤的。讓我這個徹底的門外漢，斗膽提出更好的解釋。

首先，有人告訴我，由於操作上的困難，聯準會的資料收集，並沒有正確地考慮退休金的影響，包括四〇一K[1]和其他相同計畫的影響。這種說法可能是對的。假設有個六十三歲的牙醫，他的私人退休金帳戶裡，有價值一百萬美元的奇異公司股票。當這些股票市值上漲到兩百萬美元，這位牙醫覺得自己發財了，於是把非常破舊的雪佛蘭賣

1 四〇一K
美國鼓勵人民為退休做準備，於一九八一年創立的一種延後課稅退休金帳戶，美國政府將相關規定明訂在國稅條例第四百零一條中。

掉，用一般優惠價格租了一輛全新的凱迪拉克。在我看來，這位牙醫的消費，就明顯展現出很大的「財富效應」。我懷疑在許多使用聯準會資料的經濟學家看來，這只是揮霍無度的行為。而我認為這位牙醫和許多像他一樣的人之所以大手筆花錢，是有一種強大的、跟退休金相關的「財富效應」在作祟。因此，我認為，當前退休金計畫造成的「財富效應」遠比以往大，絕對不可輕忽。

另外，傳統的經濟學家在思考過程中，往往漏掉「黑金」（bezzle）的因素。讓我來重複一下：黑金。

「黑金」這個名詞跟貪污有關，哈佛大學經濟系教授高伯瑞用來指在尚未敗露的貪污中所得到的金錢。高伯瑞發現，黑金對消費有非常強烈的刺激作用。畢竟，貪污者花錢更加闊綽，因為錢來得容易，而其雇主的支出則一如往常，因為雇主還不知道他的錢已經被污走了。

高伯瑞並沒有深掘他的洞見，只滿足於（在經濟學思考上）提供一些牛虻[2]式的刺激。因此，我打算進一步發揚高伯瑞的「黑金」概念。正如凱因斯所指出的，在以勞動換取收入的原始經濟中，當女裁縫把一件衣服以二十美元價格賣給鞋匠，鞋匠就短少二十美元可以消費，女裁縫則增加二十美元可支配。總消費支出並沒有受到魯拉帕路薩放大效應的影響。但如果政府印刷另一張二十美元的鈔票，用來買一雙鞋，鞋匠多獲得二十美元，沒有人會覺得自己的錢變少了。當鞋匠下次再買一件衣服時，這個過程就再度重演，不會無休止地持續放大，但會產生所謂的「凱因斯乘數效應」，這是一種促進

高伯瑞

高伯瑞（John Kenneth Galbraith, 1908-2006），加拿大籍，曾任美國駐印度大使。代表作品有《美國資本主義：抗衡力量的概念》（*American Capitalism: The Concept of Countervailing Power*）、《豐裕社會》（*The Affluent Society*）和《新工業國家》（*The New Industrial State*）。

2 **牛虻**

或稱馬蠅（gadfly），一種大型蠅類，主要攻擊牛馬豬等家畜。

消費的魯拉帕路薩效應。同理，和同等規模的誠實交易相比，從貪污所得到的金錢，對消費的刺激效應更大。高伯瑞是蘇格蘭人，喜歡深刻揭示生活的世態炎涼。畢竟，這個蘇格蘭人仍熱切地接受命中注定、無法改變的嬰兒詛咒這類荒唐的想法。我們大都並不喜歡高伯瑞的觀察，但仍不得不承認，他有關「黑金」的看法，基本上是正確的。

高伯瑞發現了由「黑金」帶來的凱因斯乘數效應，但到這裡就停下來。畢竟「黑金」不可能蔓延到非常大，因為大規模的貪污，遲早會被發現，被吞掉的錢，遲早要吐出來。因而，私人「黑金」的增加，跟政府的消費不同，不能在相當長的一段時間裡驅動經濟發展。

高伯瑞認為，「黑金」對整體經濟的影響顯然有限，他沒有繼續追問：是否有些東西發揮的功效跟「黑金」相同，而且數額夠大，也不會在短時間內自我消亡？我對這個問題的答案是肯定的。我將會像高伯瑞那樣也來創造幾個名詞：第一個是「灰金」（febezzle），代表功效跟「黑金」相同的東西；第二個是「撈灰金」，用來描繪創造灰金的過程；第三個是「灰金客」，專指撈灰金的人。然後我將指出，一個重要的灰金來源就在這個房間裡。我認為你們這些人，剛好創造了大量的灰金，因為你們在處理所持有的大量股票時，在投資管理上採取了許多愚蠢的措施。

如果一個基金會或投資者，每年將三％資產浪費在多餘、不帶來任何收益的管理成本上，而其管理的股票投資組合正處於急速上漲階段，儘管浪費掉不少錢，仍然會覺得變有錢了；而那些得到被浪費的三％的人，雖然其實是「灰金客」，卻認為他們的錢是透過正當管道賺來的。這種情況發揮的功效，跟尚未敗露而肆無忌憚的挪用公款差不多。這個過程能夠自我持續很長的時間，而且在這個過程中，那些得到三%的人，貌似在消費自己賺來的錢，但他們花的錢，其實是來自一種假性的、由股價上漲帶來的「財富效應」。

這個房間裡有許多人過去幾年來飽受摧殘，我指的是我這一代和下一代。我們認為，勤儉節約、避免浪費是好事，這為我們帶來許多好處。可是長久以來，經濟學家指出，愚蠢的開銷是繁榮經濟不可或缺的一部分，這讓我們困惑不安。我們不妨把愚蠢的開銷稱為「傻子消費」。講完「傻子消費」之後，接下來，我要向你們這些老腦袋瓜講的是「撈灰金」，跟挪用公款發揮相同功效的行為。

一大早跟你們說這些可能不太好，但請相信，我並不喜歡「撈灰金」這個話題。我只是認為，現在「撈灰金」的行為很普遍，為經濟帶來巨大影響，而且我也認為，人們應該認清現實，即使並不喜歡。其實，若你不喜歡，就更應該清楚認知。我同時認為，人們應該高興接受經由思辨也無法破解的悖論（paradox）。即使在純數學領域，也無法解決所有悖論；我們更應該明白，不管喜歡與否，我們都必須接受許多悖論。

趁這個機會，我想提一句，剛才我說，投資機構每年將三%的資產浪費在股票投資管理上，但許多機構浪費的遠遠不止這個數字。在我向那些基金會的財務長發表過演說之後，有個朋友寄給我一份有關共同基金投資者的研究報告摘要。這項研究的結論是，在一段為期十五年的時間裡，一般共同基金的投資者年均報酬率是七．二五%，而這些股票基金同期的年均報酬率是一二・八％（可能已扣除成本）。不論扣掉成本後，每年的基金績效比股票市場落後多少個百分點，投資者每年實際的報酬率相差超過五％。如果這份共同基金研究大體上是正確的，慈善基金像共同基金投資人一樣頻繁更換投資經理人的做法，就大有問題。

如果這份研究提到的收益落差確實存在，那麼非常有可能是由以下這種愚蠢的做法引起的：不斷解雇業績落後的投資經理人，把他們選中的股票徹底清倉，然後再聘請新人，給他們施加極大壓力，要他們重新買進一些股份。這種超快速的買進賣出，並無助於改善客戶的投資結果。長久以來，我對這份報告中所提出的問題深感煩惱。我如實描述的現象，看起來太可怕，以致人們往往認為我言過其實。未來還將出現比上述令人難以置信的可怕狀況。怪不得我對現實的看法總是不受歡迎，這也許是我最後一次受邀在慈善基金會發表演說。

當前美國所有公司的員工股票選擇權高達七千五百億美元，由於不斷有舊的選擇權變現，不斷有新的選擇權加入，這筆財富的總數是不固定的，但總是不停增加。如果再考慮到其中的「撈灰金」行為，和股票相關的「財富效應」對消費的刺激作用就更大了。目前標準會計原則沒有把選擇權列為公司成本，在這種腐敗會計行為助長下，由員工股票選擇權引起的「財富效應」，其實是「灰金」效應。

接下來，考慮到標準普爾指數每上漲一百點，股市總值就增加十兆美元，再加上與所有「撈灰金」行為相關的凱因斯乘數效應，我認為，總體經濟的「財富效應」比普遍認知的要大得多。

股票價格造成的總「財富效應」確實非常大。不幸的是，股票市場會因過度投機而出現大幅的、愚蠢的飆漲。股票有些部分像債券，對其價值的評估，大致以合理預測未來產生的現金為基礎。但股票也有點像林布蘭[3]的畫作，人們購買畫作，是因為過去價格一直都在上漲。在這種情況下，再加上先漲後跌的巨大「財富效應」，可能會帶來許多禍害。讓我們透過一次「思想實驗」來弄清楚這個道理。

英國有個大型的退休基金曾經買進許多骨董藝術品，打算十年後拋售，十年後也確實拋售了，賺取的利潤還可以。假如所有退休基金用全部資產來購買骨董，而且只買骨董，那最終會給宏觀經濟帶來什麼樣的糟糕結果呢？就算只有一半的退休基金投資骨董，結果不也很糟？那麼，如果所有股票的價值，有一半是來自瘋狂哄抬的結果，這種情況，難道不跟半數基金資產都是骨董一樣可怕嗎？

我認為，現在的股價被非理性地哄抬，這種觀點與「有效市場理論」恰好相反，這是你們曾經從誤人子弟的教授那裡，像聆聽福音一樣，恭恭敬敬學到的。那些誤人子弟的教授，太過信奉經濟學中的「理性人」假設，對心理學中的「愚蠢人」理論則所知甚少，也缺乏實際的生活經驗。人類跟旅鼠一樣，在某些情況下都有「集體犯傻」的傾向。這種傾向導致聰明人產生許多愚蠢想法，做出許多愚蠢行為，一如出席今天演講的許多基金會的投資管理活動。如今每個機構投資者最害怕自己的投資方法和大家的不同，這是很可悲的。

3 林布蘭
Rembrandt Harmenszoon van Rijn, 1606-1669
荷蘭畫家、版畫家，被視為十七世紀歐洲最偉大畫家，也是荷蘭最偉大畫家。

4 所多瑪和蛾摩拉
Sodom and Gomorrah
《聖經》中記載的兩座罪惡之城，被上帝用天火焚燒毀滅。

好啦，在這個早餐會上，我自不量力的分析就到此為止。如果我是對的，和以前的繁榮時期相比，當前的經濟受與股票相關的各種「財富效應」的影響更大，而其中有些「財富效應」令人感到噁心。如果是這樣，當前經濟愈熱，將來股票下跌的幅度就愈大。那些經濟學家也許終將認識到，**投資人看到股價上漲或下跌趨勢確立時，則股價下跌對選擇性消費帶來的壓力，將大於上漲時帶來的拉力。**我認為，經濟學家要是願意借鑑其他學科的思想精華，或者只要更仔細觀察日本的情況，早就會明白這個道理。

說到日本，在此我也想提出一個想法，我認為，從非常長遠的角度來看，經濟活動中可能存在一種「道德效應」。例如，當年威尼斯之所以盛極一時，即受惠於以道德為基礎的複式簿記會計；反之，目前做假帳的情況氾濫成災，長遠來看，終將引發嚴重惡果。我的建議是，當金融界的情況開始讓你們想到所多瑪和蛾摩拉[4]，你們就算再怎麼想參與其中，也必須戒慎恐懼最後的可怕下場。

最後，我認為，今天的演講以及我上次對一些基金會的財務長所做的演講，並不是要讓慈善基金會掌握一些投資技巧。如果我的看法沒錯，幾乎美國所有基金會都是不明智的，因為沒能理解自身的投資運作和大環境之間的密切關係。果真如此，情況可不太妙。生活中有個淺顯的道理：如果一個機構在複雜的大環境中，有一方面做得不夠好，那麼其他方面也非常有可能做得不夠好。因此，我們不但需要改善基金會的投資方法，也要提高基金捐贈的智慧。有兩個古老的法則能夠引導我們：一個是道德法則，一個是謹慎法則。

蒙格語錄

如果股市未來的報酬率能夠達到一五%，那肯定是因為一種強大的「林布蘭效應」。

這不是什麼好事。看看以前的日本就知道了，日本股市的本益比曾高達五十到六十倍，導致長達十年的經濟衰退。不過我認為日本的情況比較特殊。我猜美國不會出現極端的「林布蘭化」現象，今後的報酬率將會是六%。

如果我錯了，那可能是因為一個糟糕原因。如果未來股市更像林布蘭作品的交易，那麼股市將會上漲，但缺乏堅實的支撐。

如果出現這種情況，那就很難預測會發展到什麼程度、股價將會漲多高，會持續到什麼時候。

道德法則來自薩繆爾．約翰遜，他認為，**對於身居要職的官員而言，保持「可以輕易消除之無知」，就是在道德責任上的背叛**。謹慎法則，則可以用一句廣告詞表示，華納及史瓦塞公司有句機械工具的廣告詞是這樣說的：「需要新的機器而還沒購買的公司，其實已經在付出代價。」我相信這個規則對於思想工具來說，也同樣適用。如果你們缺乏正確的思想工具，你們，以及你們試圖要幫助的人，就已經深受「可以輕易消除之無知」的禍害。

重讀第七講

現在看來，二〇〇〇年十一月發表的這次演講，在當時非常及時，因為自那以後，股市令人不愉快的情況愈演愈烈，尤其是高科技股。

但據我所知，聽過這次演講或者看過這篇講稿的人，完全沒有人做出理論的回應。我仍然認為，多餘的投資成本催生下的「撈灰金」行為，給整體經濟帶來重大影響，可惜沒有任何受過經濟學訓練的人，試圖和我探討這個問題。

這種漠視並沒有讓我灰心，我打算進一步發揮理論，結合第六講和第七講的論述，透過「思想實驗」繼續討論投資成本的問題。

假設在二〇〇六年，股價上漲二〇〇%，而企業的盈餘沒有成長，那麼把全美企業的合理利潤加起來，都還少於股市投資人的投資成本，因為這些成本是隨著股價同步增加的。只要這種情況延續下去，扣除投資成本後，全部企業老闆將分不到一分錢，而摩擦成本製造者所拿到的，反而比全體企業的合理利潤還要多。到了年底，老闆們若想拿到錢，只能將持有的股份賣給「新資金」提供者。提供新資金的人，由於付出了更高的投資成本，只能指望股價可以不停上漲。而持有股票的投資人，除非把股票脫手給另一批「新資金」，否則什麼也賺不到。

在許多摩擦成本製造者看來，這種奇特的狀態是最理想的：企業可合理分配的利潤百分之百地落到他們手裡是天經地義的，落到股東手裡才是浪費。有些經濟學家會認為這樣的結果很好，因為這是自由市場的結果。但在我看來，這種怪異而令人不安的現象，無疑更像是以下三種東西的合體：一、貪婪收取不合理手續費的賭場；二、形同天價藝術品市場的「龐氏騙局」，明顯不適合退休基金參與；三、可能給總體經濟帶來惡果的投機泡沫，極有可能嚴重破壞各種社會文明的制度。

我認為，要是出現這樣的局面，即便沒有我說的那麼嚴重，美國的聲譽也會受到重創，而且罪有應得。

龐氏騙局（The Ponzi Scheme）

現代金融工程術最著名的例子之一，是一九一九年在波士頓發源的龐氏騙局。查理．龐奇（Charles Ponzi,1882-1949）聲稱他有能力利用國際郵政票據套利，承諾九十天可獲利五〇%，吸引了數以千計的投資者。為建立信用，他拿新投資者的錢支付給舊投資者當利潤，這是典型的金字塔騙局所用的花招，龐奇很快就募集數百萬美元的資金。一九二〇年，《波士頓郵報》（*Boston Post*）刊出文章質疑龐奇的做法，於是有關方面對龐奇展開獨立審查，證明是一場騙局，投資人紛紛要求退錢。最後，每位投資人平均只收回了三七%的資金，龐奇則被判了幾年徒刑。一九二〇年代末期，出獄後的龐奇死不悔改，又開始兜售佛羅里達州一些毫無價值的土地。

第八講

在企業的瀆職醜聞中，「會計」扮演了為虎作倀的角色，蒙格透過這篇道德寓言劇，宣泄他對此現象的憤怒。這篇演講稿是二〇〇〇年夏天蒙格在度假時親手寫下的。他的預言提前揭露了二〇〇三年浮上檯面的醜聞，直到今天仍是重要的話題。

蒙格記錄領導階層的更換，如何導致一家非常成功的公司變成平庸企業，甚至更糟，落得聲名狼藉、關門大吉。當新經營者採用現代金融工程技巧，特別是採用股票選擇權做為激勵制度，卻沒有將股票選擇權計入公司的成本時，一切都完了。

莎士比亞的戲劇角色中，亨利六世有這麼一句：「我們首先要做的是，殺掉所有的律師。」曾是律師的蒙格，可能不贊成這個主意，但如果要殺的是會計師呢？那就……

二〇〇三年的金融大醜聞

二〇〇三年爆發的金融大醜聞，使得寬特科技公司[1]突然名聲掃地。寬特科技原本是全國最大的工程公司，也是創辦人、工程師出身的亞伯特．寬特（Albert Berzog Quant）努力多年的經營傳奇。

二〇〇三年以後，人們開始把寬特科技的故事，當作一齣兩幕的道德劇。第一幕是偉大的創辦人寬特時代，被視為道德高尚的黃金時代；第二幕是後繼者的時代，被視為道德淪喪的時代，在這個時代末期，寬特科技變得跟所多瑪和蛾摩拉城差不多。

這篇紀錄將會清楚地剖析，寬特科技由好到壞的轉變，並不是在創辦人於一九八二年去世後突然發生的。一九八二年以後，該公司仍保留許多良好作風；其實早在

1 **寬特科技** Quant Tech 是本書虛構的一家工程公司，卻經歷許多真實公司常見的弊端——特別是沒有在會計報表中，正確地反映出員工股票選擇權成本的致命傷。

一九八二年之前的許多年，寬特科技所處的金融文化環境，就已經出現嚴重的問題。

要理解寬特科技的故事，我們最好把它當作一齣古典悲劇，在劇中，只因為一個瑕疵，就遭到命運女神無情的懲罰。這個瑕疵，就是該國對員工股票選擇權的特殊會計處理方法，而寬特科技與其國家都成了受害者。這次金融大醜聞的情節，就好像是索福克里斯筆下的悲劇。

一九八二年去世時，寬特為繼任者留下一家欣欣向榮的有為企業。寬特科技唯一的業務是設計新型發電廠，這種小型發電廠能夠改善電力供應，而且超清潔、超節能，備受世界各國歡迎，為該公司帶來不菲的收入。

一九八二年，寬特科技成為該行業的龍頭，年營業額十億美元，獲利高達一億美元。寬特的成本主要是員工薪資，直接薪資成本高達營業額的七〇%。在這七〇%裡，三〇%是基本薪資，四〇%是依據創辦人設計的一套複雜方法計算出來的獎金。所有薪資都以現金支付。該公司沒有股票選擇權，因為寬特先生認為，對股票選擇權的法定會計處理方式「軟弱、腐敗、令人鄙視」，他不要公司做出差勁的帳目，正如他不想做出差勁的工程設計。除此之外，這位老先生還堅持嚴格依據業績標準，來發放個人或小組巨額的績效獎金，而不願像其他公司一般，採用股票選擇權做為激勵機制，因為他認為那種做法是不可取的。

在老先生的制度設計下，把畢生心血奉獻給寬特科技的員工，大多數已經變得很有錢，或一定會變得有錢。那是因為員工和一般股東一樣，也從市場上買進寬特科技的股

索福克里斯

索福克里斯（Sophocles,496-406BC），古希臘編劇、劇作家、神職人員，以及雅典政治家，被認為是希臘三大悲劇作家之一，也是古希臘戲劇史上最偉大的編劇，創作的劇本超過一百部。代表作品為《伊底帕斯王》（*Oedipus Rex*）、《安蒂岡妮》（*Antigone*）。

2 **約當現金** cash equivalents
指短期且具高度流動性之投資，因其變現容易且交易成本低，因此可視為現金。

票。老先生向來認為，他的員工既然擁有足以設計發電廠的聰明才智和自律意識，當然會透過這種方式好好為自己謀福利。他有時候會建議員工購買寬特的股票，但也僅此為止，不會表現出更多的家長作風。

等到一九八二年他去世時，寬特科技完全沒有債務，如果不是為提高公司知名度，不管業務成長多快，寬特的營運根本就不需要股東資金。然而，老先生相信班傑明・富蘭克林的名言「空麻袋立不起來」，他想要寬特科技巍然屹立。此外，寬特熱愛他的公司和同事，總是希望手裡持有大量約當現金[2]，以便發生不測時，能有充分準備；或者遇到機會時，能夠抓得住。因此，到一九八二年，寬特科技持有五億美元的約當現金，大概是年營收的五成。

一九八二年，寬特科技不但擁有健康的財務報表和有效能的企業文化，還擁有一個在此快速變化、成長中產業的關鍵技術。只要繼續採用老先生的方法，未來二十年，寬特的年均利潤率必定可以達到一〇%，年營收成長二〇%以上。二十年之後，也就是從二〇〇三年開始，在很長一段時間內，寬特科技的利潤率將維持在一〇%，而年營收成長率將會下降到四%。但沒有人能夠準確預言，這段不可避免的營收成長緩慢期，將會從什麼時候開始。

老先生為寬特科技設定的利潤分配制度非常簡單：從不發紅利，而是把所有利潤轉換成約當現金累積起來。

任何有經驗的股票投資者都能看出，一九八二年是買進擁有大量現金的寬特股票的良機。當時寬特的本益比只有十五倍，公司市值只有十五億美元。既然公司前景看好，市值為什麼這麼低？這是因為在一九八二年，其他績優股的本益比也都只有十五倍，甚至更低；且由於當時利率很高，加上投資人對之前多年的投資報酬率相當失望的緣故。

低市值所造成的後果之一，就是引起寬特的董事不滿，老先生一九八二年一去世，他們就開始蠢蠢欲動。如果這個董事會夠聰明，應利用手頭所有的現金和借來的資金，積極買進寬特股票。然而，這種決策並不符合一九八二年常見的企業經營智慧。因此，董事會做出常見的決策：從外面重金禮聘執行長（CEO）和財務長（CFO），這批人來自一家實施員工股票選擇權激勵計畫的公司，儘管該公司資產負債表比寬特科技遜色很多，利潤成長速度也不如寬特高，但其市值卻是公司財報所揭露淨利的二十倍。寬特董事請來這兩位高階經理人的意圖很明確，就是希望盡快提高公司市值。

但這兩位新上任的經營者很快就意識到，很難再快速增加公司營收，也很難提高利潤率，因為創辦人在這兩方面已經做到盡善盡美；他們也不敢輕率改變運作得如此之好的企業文化。因此，新經營者決定啟動所謂的「現代金融工程術」，迅速採用各種雖然有爭議卻合法的手段，以提高財務報表上的獲利，先從簡單但是重大的改革做起。

造化弄人，這種原本讓寬特科技的創辦人極其憎惡的股票選擇權記帳法，現在卻讓新經營者的工作變得十分輕鬆，而且終將毀掉寬特科技的聲譽。當時美國常見的會計做法是，假如先給員工認股權，公司便可以將股票以低於市價賣給員工，折讓給員工的部分，其實就相當於現金（如果員工同時將股票以市價立刻售出的話），但在做帳時，卻

蒙格語錄

你可以看到股票選擇權帶來許多可怕後果。給一個親手創辦公司、年逾六十的執行長大量選擇權，以激勵他對公司的忠誠，這簡直是精神錯亂。醫院的醫生或律師事務所的律師，在六十幾歲時還會為了選擇權更努力工作嗎？

股東都知道，我們的制度不同於絕大多數的大公司，不那麼變化無常。股票選擇權制度可能會使某些沒做什麼事的人，得到大量報酬；而應該得到回報的人卻什麼都沒拿到。除非我們收購的公司原來就實行這制度，否則我們不會採用這種方法。

不用列為薪資支出，因而不會影響年報披露的獲利。雖然這種奇怪的記帳方法，遭到某些最聰明而正直的會計師反對，但還是普遍被會計業採納了。因行使股票選擇權所得到的收益，企業經營者大都不願意列為公司成本，以免拉低獲利數字。

在這中間，會計業竟然選擇與前輩背道而馳的準則，實在很古怪。這項準則，通常是食不果腹、無權無勢的人才會做的「誰給我麵包吃，我就為誰唱歌」。幸好，稅務部門並沒有遵循會計業這種怪異的記帳方式。稅務部門擁有基本的常識，理所當然將行使股票選擇權獲得的收益視為薪資成本，在計算企業所得稅時，會扣除這部分。

寬特科技的新經營者精通金融業務，他們一眼就看出，只需使用這種特別怪異的記帳方法，再加上完善的所得稅徵收制度，只要這麼簡單的動作，寬特科技就很有機會可以增加年報上的利潤數字。寬特科技每年的成本中，很大一部分本來就是員工的績效獎金，這為「現代金融工程術」提供千載難逢的良機。

例如，經營者很容易看出，如果一九八二年的寬特科技，用行使員工股票選擇權得到的利潤，代替四億美元的績效獎金成本，同時用省下來的獎金，加上員工為股票選擇權支付的金錢，來買回所有因行使選擇權而增發的股份，其他一切保留不變，那麼一九八二年寬特科技年報上的淨利數字，將會增加四〇〇%，從一億美元變成五億美元；而流通的股數，仍跟原來一樣！因此，在經營者看來，最正確的做法就是，用員工行使股票選擇權的獲利，來取代績效獎金。那些精於計算的工程師，怎麼會在意他們的獎金，到底是現金還是現金的等值物呢？只要經營者願意，做出這樣的替換安排，似乎沒有什麼困難。

然而，新經營者心裡很明白，在推動這種新把戲時，必須小心謹慎、有所節制。如果在某一年玩這新把戲的力道太大，就可能引起會計人員抗議，或招致其他方面的敵視，對經營者來說，這無異於殺死一隻會下金蛋的鵝。畢竟，他們非常清楚，這種把戲能夠增加年報上的利潤數字，只是因為把真實的獲利和偽造的獲利相加而已。透過這種把戲所增加的獲利數字，並不會為寬特帶來真正的經濟效應，只會帶來臨時的虛假效應（這跟虛報期末存貨造成的虛假效應相同）。新的執行長私下把這種迷人的、謹慎的做法稱為「明智的節制型造假」。

顯然，新經營者也意識到，用行使員工股票選擇權的利潤來取代獎金的做法，並非一蹴可幾，應該在未來幾年逐步實施。他們私下稱這種謹慎的做法叫作「細水長流」計畫。他們認為，這個計畫有四個優點：

第一，每年虛報一點利潤，較之虛報大筆利潤，被發現的機率較低。

第二，雖然每年虛報的利潤不多，但經過多年累積，這個「細水長流」計畫，將會產生巨大的效應，而且也不容易被人發現。那位財務長私下恬不知恥地說：「如果我們每年只在葡萄乾裡攙入一點點大便，這樣的話，就算最後出現一大堆大便，可能也不會有人發現。」

第三，對於公司外部的會計師來說，一旦包庇過幾份利潤數字成長、但其中有少數造假成分的財務報表，如果不包庇同樣虛報利潤成長的財報，他們可能會覺得不好

蒙格語錄

如果把葡萄乾和大便攪在一起，得到的仍然是大便。（這是把網際網路與科技給社會帶來的好處和這些行業的股票投機的惡果對比時，蒙格說的話。）

意思。

第四，透過「細水長流」計畫，寬特經營者可以防止不名譽或其他更嚴重的傷害。因為其他公司的股票選擇權計畫比寬特更大方，因此，如果有人提出異議，經營者可以解釋說，適當實施員工股票選擇權計畫，有助於吸引和留住人才。的確，考慮到這種記帳方式對企業文化和股市熱情的影響，這種說辭往往是正確的。

具備上述四個優點的「細水長流」計畫，顯然是個好方法，寬特科技的經營者現在只要決定每年增加多少假利潤即可。這個決定也很容易。經營者首先會考慮想要滿足的三個合理條件：

首先，希望這個「細水長流」計畫，能夠持續實施二十年。

其次，希望在這二十年裡，寬特科技每年披露的淨利成長率都差不多，因為他們認為，如果每年財報披露的淨利成長率都很穩定，代表機構投資者的財務分析師，將會給寬特股票較高的評價。

第三，為了維持年報上淨利數字的可信度，不想引起投資人的懷疑，因此，即使在第二十年，寬特科技從設計發電廠得到的淨利率，也不會高於四〇%。

條件確定之後，管理者計算起來就很簡單，因為已經估算出寬特科技的營收和淨利，將會在未來二十年裡，每年增加二〇%。管理者很快就決定，利用「細水長流」計畫，讓寬特科技的財報淨利每年增加二八%，而不是像該公司的創辦人老老實實報出二〇%。

「正確的做法是，永遠別開始錯誤的會計」

一九九一年，金融會計標準委員會提議，將員工股票選擇權的部分真實成本視為支出。由於遭到企業界和國會的強烈反對，這項提案最終大幅縮水，僅僅要求公司在備註中有所披露。然而，目前美國通行的會計準則要求，員工股票選擇權的部分真實成本，在損益表中必須被列為支出。蒙格對此仍持懷疑態度：「等到股票選擇權被行使時，帳目上記錄的總成本，往往比實際發生的總成本低很多。此外，那部分被記到獲利下面的成本，通常會被人刻意以不正當的方法降低。這種事是很難杜絕的。正確的做法是，永遠別開始錯誤的會計。」

就這樣，這個「現代金融工程」大騙局，逐漸將寬特科技推向悲劇深淵。人類歷史上，沒有幾個惡名昭彰的大騙局，能比這場騙局做得更漂亮。根據會計師簽證的年報，寬特科技的利潤每年成長二八%。除了少數幾個被公認為不切實際、過於迂腐、憤世嫉俗的怪物以外，沒有人批評寬特科技的財務報表。該公司的經營者，繼續執行創辦人從不分發紅利的做法，這很大程度上是在維護寬特科技年報的可信度，人們相信，寬特每年的獲利成長確實達到二八%。在那種會削弱對現實認知的巴夫洛夫聯想反射效應下，以為寬特科技擁有大量約當現金的人們，萬萬不會想到：其年報披露的淨利數字竟然是偽造的。

因此，在「細水長流」計畫實施數年後，寬特科技的經營者自然想要讓公司年報披露的每股獲利，繼續以二八%的速度成長，同時大幅虛報約當現金的成長率。這種辦法果然奏效。此時，寬特的股票本益比已經非常高，藉由不成比例地增加選擇權股數，經營者開始相對減少用現金支付獎金和買回自家股票的數量；並且很快意識到，這種改變已幾乎實踐了他們最初的計畫。這不但使得虛報獲利的做法，因現金快速增加而變得更難以察覺，而且還為寬特科技引進龐氏騙局效應或者連鎖信效應，為包括經營者在內的現有股東帶來實質的好處。

在此之際，經營者也解決了最初計畫中的另一個漏洞：他們發現，由於寬特科技虛報的淨利，以每年二八%的速度成長，但公司繳納的所得稅卻逐年下降。這顯然會招致他們不想看到的質疑和批評。但這個問題很快就被消除了：外國的許多發電廠都是由政

蒙格語錄

「選擇權沒有成本」的理論，導致大量公司濫用股票選擇權，員工會認為公司的薪酬不公平，這對美國來說是很糟糕的。

用錯誤的會計法來經營一個文明世界實在很糟糕，這就好比修橋時弄錯了工程設計圖。當有聲望的人也說選擇權不應該列為成本支出時，就太離譜了。

股票選擇權既是企業的成本，也是（對股權的）稀釋。任何反對這種看法的人都是瘋子。

我寧願在妓院彈鋼琴謀生，也不願靠股票選擇權來賺錢。

府出資興建並歸政府所有，寬特很容易說服某些外國政府支付更高的設計費，只要寬特額外交給這些外國政府的所得稅，比增加的設計費多一點點即可。

最後，寬特科技在二〇〇二年的年報中披露，該公司的淨利一百六十億美元，營收四百七十億美元，包括大量由約當現金產生的利息收入，而這些現金，有相當一部分來自這些年來增加的股份。現在寬特科技持有的約當現金，達到驚人的八百五十億美元，大多數投資者認為，一家擁有這麼多現金的企業，每年能夠賺到其年報披露的一百六十億美元，也不是不可能的。二〇〇三年，寬特科技的市值高達一兆四千億美元，是二〇〇二年披露淨利的九十倍。

但是，所有人類對以幾何級數增加的過度追求，在一個有限的地球上，最終都以慘痛收場。二〇〇三年，寬特科技在兩方面都失敗了。

到二〇〇三年，寬特科技的真實獲利能力，只以每年四％的速度成長，因為公司的營收成長已經下降到四％。這時，寬特科技不可避免地讓法人股東大失所望。股東的失望，使得寬特科技的股價直線下滑，一下子跌掉五成。股價暴跌，反過來又促使人們重新審視寬特科技的財務報表。最後，終於人人都看清楚了，原來該公司絕大部分的利潤都是偽造的，而且這種大規模的故意竄改，已經持續很多年。這導致寬特科技的股票繼續狂跌，到二〇〇三年年中，寬特科技市值只剩一千四百億美元，和六個月前的高峰相比，蒸發掉九〇％。

這是一家非常重要的公司，從前廣受推崇，很多人都買了它的股票，如今股價暴跌

信任，但去證實

有一個辦法可以查證企業年報中披露的利潤是否屬實，那就是將年報中披露的好消息，和該企業實際繳納的所得稅做比較。由於經營者不願讓稅務部門看他們用來唬弄股東的灌水報表，因此，（美國）企業的一〇K表格中「支付所得稅的現金」一欄，往往更為準確、忠實地反映該企業的真實獲利。

九成，總共一兆三千億美元的市值從人間蒸發，給投資人帶來巨大的痛苦。寬特科技的醜聞曝光後，大眾和政界自然把滿腔怒火都發向寬特科技，儘管這個國家最好的發電廠，依然是由該公司值得尊敬的工程師所設計。

怒火並沒有因燒到寬特科技就熄滅；很快蔓延到其他公司，有些公司顯然也犯了跟寬特相同的錯誤，只是程度輕重有所不同。來自社會大眾和政治界的怒火，如星火燎原，很快變得不可收拾。這次金融醜聞，不僅令投資者血本無歸，還引發嚴重經濟衰退，就像一九九〇年代，在企業界積年累月做假帳之後，日本經濟陷入蕭條一般。

這次大醜聞之後，社會大眾對各種專業人士非常反感。當然，遭到最多譴責的是會計專業人士。制定會計師準則的機構縮寫是「ＦＡＳＢ」（Financial Accounting Standard Board，金融會計標準委員會），現在每個人都說這四個字母代表「Financial Accounts Still Bogus」（金融會計還在作假）。

經濟學教授也遭到非議，人們責怪他們未能提出警告，沒有提醒大家注意廣泛的做假帳行為會給總體經濟帶來嚴重後果。傳統經濟學家是如此令人失望，乃至哈佛的高伯瑞獲得諾貝爾經濟學獎。畢竟他曾經預言大規模的、尚未爆發的公司舞弊行為，將會對經濟產生極大的衝擊效應。人們發現二〇〇三年之前的情況，跟高伯瑞的預測差不多，而隨後那幾年，果然導致經濟陷入大衰退。

由於美國國會和證監會（ＳＥＣ）的許多成員都是律師，而這些律師參與起草的財務披露法規，現在都被指出漏洞百出，因此，每個星期都有關於「律師」的新笑話。其

不切實際的假設

林肯曾問道：「如果你把尾巴稱為腿，那麼一隻狗有幾條腿呢？還是四條。把尾巴稱為腿，並不能讓尾巴變成腿。」同樣的，會計師說你的退休基金能夠有九％的報酬，空口說白話並不能像魔術般改變未來的實際收益。

——巴菲特

中一個是這樣說的——肉販說：「律師的聲譽最近下跌好多啊！」收銀員說：「他們的聲譽本來就只有薄餅那麼高，哪有好多可以跌啊。」

但大眾對專業人士的敵意，並不僅限於會計師、經濟學家和律師，許多向來潔身自愛的專業人士的聲譽，也遭到池魚之殃，例如工程師，他們根本就不瞭解在這個國家已經氾濫成災的金融詐騙。

到最後，許多對這個國家有益的、也是未來的福祉所需的行業，都遭到廣泛的、不理性的仇視。

這時，天庭採取行動。目睹一切的上帝本人改變主意，決定提前審判二〇〇三年金融大醜聞這樁令人傷心的案子。他召喚來首席大偵探，並說：「史密斯，我要公正嚴明處理這件事，你去把那些最應該為此負責的罪人帶進來。」

史密斯帶來的是一群證券分析師，多年以來，這些人一直為寬特科技的股票搖旗吶喊。大法官很不高興。「史密斯，」他說：「我不能對低級的認知錯誤進行最嚴厲的處罰，這些錯誤大部分是由俗世的標準激勵制度所引起，是在潛意識的情況下發生的。」

接下來，史密斯帶來一群美國證監會的委員，和一些位高權重的政治家。「不，不，」大法官說：「這些人受到許多令人遺憾的力量左右，他們也是身不由己，你指望他們遵守正確的行為規範是不合理的。」

首席偵探這下以為他終於明白了。接著他把在寬特科技落實「現代金融工程」的經營者給抓來。「你差不多抓對了，」大法官說：「但我要你帶來的是造孽最深的罪人。」

蒙格語錄

IBM將退休基金報酬率的預估調高到一〇%。而絕大多數公司（二〇〇〇年）的報酬率是九%，我們認為六%更實際一些。該公司的領導者也許相信這數字是可以達成的，他們都是誠實的人，但從潛意識層面來說，他們相信，是因為「想要」相信。這樣才能讓獲利更漂亮，進而推動股價上漲。

採用鬆散會計標準的人，無異引狼入室。那是罪惡，絕對是造孽。如果你帶著幾大桶鈔票走過貧民窟，又不好好看住，那麼你就犯下嚴重的罪行，因為會引來許多惡劣的行為，而惡劣行為是會傳染的。同樣的，要求會計師草率做帳是真正的罪孽，也是愚蠢的經商方法。

這些經營者當然會遭到嚴厲處罰，因為他們作奸犯科，毀掉那位偉大工程師的遺產。但我要你抓的是很快會被打入十八層地獄的混蛋，那些本來可以輕而易舉阻止這次大災難的人。」

首席偵探終於真正明白了。他記得地獄最底層，是為背叛者所準備的。因此，他現在從煉獄帶來一群老人，這些人在世時，曾是各大會計師事務所的傑出合夥人。「這就是你要的背叛者，」首席偵探說：「他們在處理員工股票選擇權時，採用錯誤的記帳方法。他們在一個高尚的行業中身居要職，那個行業的職責和你差不多，都是透過設定正確的規則，來幫助社會正確運轉。才華出眾、錦衣玉食的他們，居然故意促成如此明顯可預測的謊言和欺騙，真是罪無可赦。他們完全知道自己的所作所為是極其錯誤的，卻還是執迷不悟。由於司法系統受到商界的影響，你一開始誤將他們判得很輕。但現在你可以把他們送到地獄的最底層啦！」

大法官被此慷慨陳辭怔住，沉默片刻。然後他安靜地說：「幹得好，你是我忠誠的好僕人。」

我寫這篇文章的初衷，並非為了預言二〇〇三年的情況。這是一篇虛構作品。除了有關高伯瑞教授的內容，任何與真實的人物，或企業雷同的情節均屬巧合。這篇文章的用意，是提醒人們留意現代社會中的某些行為和信念系統。

蒙格語錄

在我年輕時，大型會計師事務所是非常正派的地方，沒有人賺髒錢。但過去二十五年，它們一步步出賣了自己。你一旦開始做壞事，第二次做就容易多了，到最後，就會道德淪喪。

太多的律師和會計師參與了不可告人的勾當，像是收取應變費和保密費、提供逃稅服務，這真令人厭惡。

做假帳的頂尖事務所壞到什麼程度，有件事說給你聽聽，有個人曾告訴我，他們比其他事務所好得多，因為他們只為前二十大客戶提供這種服務，所以不會被人發現。

不可思議的複利

為了讓年輕的學生領略複利的魔力，有位教師提出一個有趣的方案：

「我打算給你兩個選擇，但選擇後不能改變主意，因此，選之前仔細考慮。第一個，我每天給你一千美元，連給三十天，你拿到後，隨時可以花。第二個，我第一天給你一美分，第二天給你兩美分，第三天給你四美分，每天給你的錢，是前一天的兩倍，這樣持續三十天，但你必須等到三十天結束後才能用這筆錢。」

年輕人想到連續一個月，每天有一千美元可以花就很心動，他可不想一個月後，口袋裡只有一堆零錢可用，因此，他選擇第一個方案。他的選擇明智嗎？

依照第一個選擇，年輕人總共可以得到三萬美元。依照第二個選擇，複利的魔力，將會使總數達到五百三十六萬八千七百零九點一一美元。

重讀第八講

二〇〇〇年夏天，我在寫這篇文章的過程中得到很多樂趣。但我是很嚴肅的想證明，對股票選擇權的標準記帳方法，與欺騙作假的手段，本質上沒有什麼差別。

在我看來，做假帳無異於在蓋高樓時，把鋼筋從水泥中抽走，允許這麼做的行業和國家，必將得到慘痛的教訓，而且做假帳比害死人的豆腐渣工程更惡毒。畢竟，沒良心的建商，很難為自己的骯髒行為找到正當理由；而沒良心的會計行為，比沒良心的建築行為更容易擴散。事實正是如此，股票選擇權的沒良心記帳法，已經變得無所不在。

自從我寫下這第八篇演講稿以來，情況已經有所改善。目前美國的會計規定把員工股票選擇權的成本，在損益表中列為支出項。然而，等到股票選擇權被行使時，帳目上記錄的總成本，往往比實際發生的總成本低很多。此外，那部分記到獲利下面的成本，通常會以不正當的方法故意降低。

這篇關於會計的寓言，是個令人悲傷的案例，再次證明了，能為人們帶來好處的罪行，很難被消除，因為大部分的人都認為，只要能帶來利潤的事，就不可能是罪惡的。

蒙格語錄

當人們取得了很高的地位，就必須遵守某些行為規則。如果你是個愛喝酒的鏟沙工人，可以去脱衣舞俱樂部玩；但如果是波士頓的主教，可就不行了。

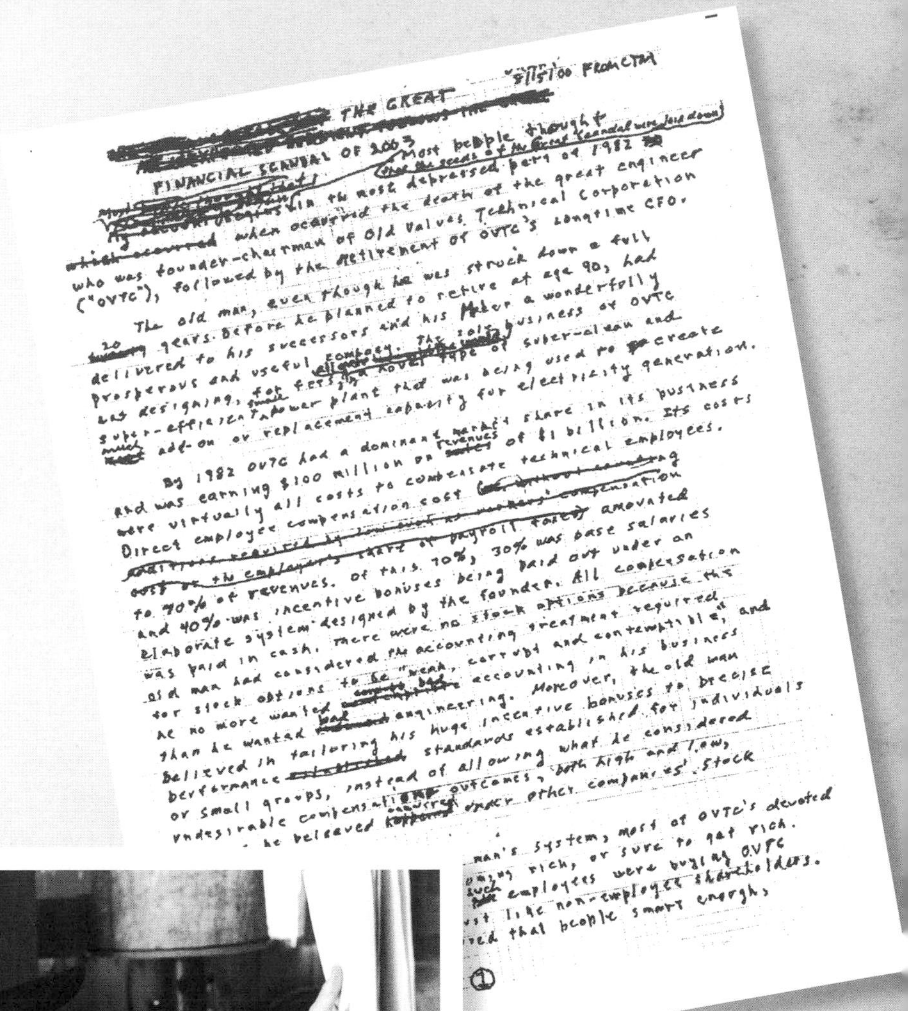

5/15/00 FROM CTM

THE GREAT FINANCIAL SCANDAL OF 2003

Most people thought that the seeds of the Great Scandal were laid down in the most depressed part of 1982 when occurred the death of the great engineer who was founder-chairman of Old Values Technical Corporation ("OVTC"), followed by the retirement of OVTC's longtime CFO.

The old man, even though he was struck down a full 20 years before he planned to retire at age 90, had delivered to his successors and his heirs a wonderfully prosperous and useful company. The sole business of OVTC was designing, for fees, a novel type of super-clean and super-efficient small power plant that was being used to create much add-on or replacement capacity for electricity generation.

By 1982 OVTC had a dominant market share in its business and was earning $100 million on revenues of $1 billion. Its costs were virtually all costs to compensate technical employees. Direct employee compensation cost amounted to 70% of revenues. Of this 70%, 30% was base salaries and 40% was incentive bonuses being paid out under an elaborate system designed by the founder. All compensation was paid in cash. There were no stock options because the old man had considered the accounting treatment required for stock options to be "weak, corrupt and contemptible," and he no more wanted bad accounting in his business than he wanted bad engineering. Moreover, the old man believed in tailoring his huge incentive bonuses to precise performance standards established for individuals or small groups, instead of allowing what he considered undesirable compensation outcomes, both high and low, he believed occurred under other companies' stock

… man's system, most of OVTC's devoted … getting rich, or sure to get rich. … such employees were buying OVTC … just like non-employee shareholders. … ved that people smart enough,

①

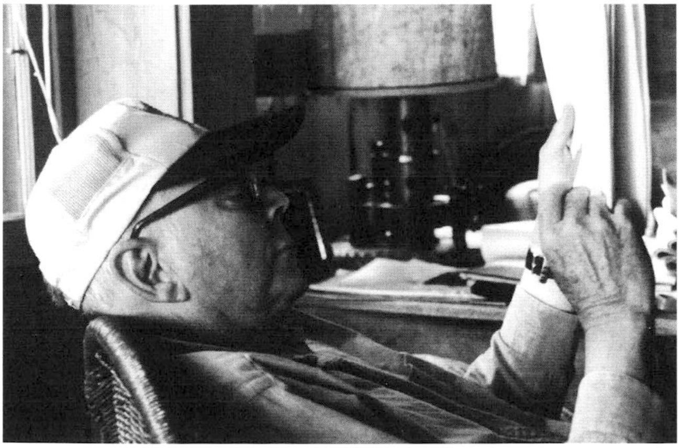

上圖是蒙格 2000 年在明尼蘇達度假時寫下的〈2003 年的金融大醜聞〉初稿。

第九講

蒙格在加州大學聖塔巴巴拉分校發表這次演講那天，本書的編輯，連續十二個小時跟他在一起。我們當天的行程是這樣的：從洛杉磯驅車兩小時至目的地，午飯，演講前會議，演講，演講後招待會，最後到甲骨文（Oracle）集團的財務長（現任副董事長）傑夫．亨利（Jeff Henley）家吃飯。蒙格當時儘管離八十歲生日只有幾個月，但還是表現得像個不知疲憊的大師。他在那天表現出來的犀利、耐力和幽默，令人驚歎和敬佩。

這次演講內容，可以當成蒙格主義的集大成。其中整合許多他從前講過的概念，有條有理地糅合成一種連貫的哲學，呈獻給聽眾。

當天的聽眾是這所名校的經濟系師生，蒙格向他們表達對當時軟科學（編按：指社會科學）中，缺乏跨領域研究的惋惜及改進方案，是再合適不過了。

學院派經濟學的九大缺陷

——從跨領域需求角度談起

我已經粗略列出這次演講的題綱，依照這個題綱講完之後，我就來回答你們的提問；只要你們願意聽，我就會一直講下去，直到有人把我拖到該去的地方。你們也許已經猜到，我答應來演講，是因為這幾十年來，我對如何促進各門軟科學之間的對話這個主題非常感興趣。當然，從各方面來看，經濟學都是軟科學中的皇后。我認為，和其他軟科學領域相比，經濟學在跨領域研究方面做得更為出色。但我仍認為，經濟學的跨領域研究做得不夠好，因此，我願意在這次演講中，談談不足之處。

由於我要談的是學院派經濟學的優點和缺點，你們有權知道一個有趣的事實：我從來沒有上過一堂經濟學。你們可能會覺得奇怪，我既然這麼毫無資格，怎麼還敢大言不慚的發表這次演講呢？答案是，我在膽量方面是黑帶，天生就大膽。據我所知，有些女性在花錢方面是黑帶，天生就會花錢。而我呢，我得到的是膽量黑帶（black belt in chutzpah）。

但是，有兩種特殊經驗，讓我擁有一些有用的經濟洞察力。一種經驗來自波克夏，另外一種來自我個人的教育經歷。當然，我在波克夏的經歷是很有趣的。當華倫．巴菲特接管波克夏時，公司市值大約是一千萬美元。現在距當年已經有四十幾年，波克夏的流通股比當年多不了多少，但市值達到約一千億美元，成長一萬倍。由於多年來波克夏的業績持續成長，很少有投資失誤的例子，因而引起許多關注，人們覺得，巴菲特和我可能在個體經濟學方面有一些獨到的看法。

在很長的一段時間裡，曾經有位諾貝爾獎經濟學家如此解釋波克夏的成功：

起初，他說波克夏能夠在股市投資上打敗市場，是由於運氣標準差，因為在他看來，除了靠運氣，沒有人能打敗市場。這種僵化的有效市場理論[1]，在當時各個經濟學院非常流行。人們學到的理論，是沒有人能夠打敗市場。接下來，這位教授又引進第二個標準差、第三個標準差、第四個標準差，到最後，他總共用了六個運氣標準差，引起人們嘲笑，他才終於不再這麼做了。

後來，他的解釋出現一百八十度轉變。他說：「仍然是六個標準差，但那是六個技能標準差。」這段悲哀的歷史，證實班傑明．富蘭克林在《窮理查年鑑》中說過的話：「如果你想要說服別人，要訴諸利益，而非訴諸理性。」這個人改變他的愚蠢觀點，是

第二條黑帶

在授予自己第一條膽量黑帶之後二十年，蒙格在加州大學聖塔巴巴拉分校發表這次演講時，又給自己授予第二條。

因為再不改的話，就要吃虧了。

在加州大學洛杉磯分校的朱利斯・斯坦因眼科研究所（The Jules Stein Eye Institute），我也觀察到同樣的情況。我曾經問：「你們為什麼用一種早就過時的白內障手術來治療白內障呢？」那個人對我說：「蒙格，這種手術很容易教呀！」後來他不再使用那種手術，因為幾乎所有病人都用腳投了反對票。這再次說明，如果你想要改變別人的想法，要訴諸利益，而非訴諸理性。

波克夏取得非凡業績，但我們從來不在乎僵化的有效市場理論或從這種概念衍生出來的各種理論。人們將這些學院派經濟學理論應用於公司財務，進而衍生出諸如「資產定價模式」等荒謬的理論，我們從來不去注意。誰說只要投資高風險的股票，就能獲得比市場年均報酬率高七個百分點的收益？鬼才相信！

然而，說了你們也許不信，就跟朱利斯・斯坦因眼科研究所的醫師一樣，人們一度對這樣的理論深信不疑。直到看到相信者的下場，大家才慢慢懂了。至今仍有許多人相信這堆理論，但波克夏從來不予理會。現在，我相信有更多人認同我們的看法，而那種以為市場完美無瑕的想法則無比愚蠢。

我向來非常清楚，**股票市場不可能是完全有效的**。因為我十幾歲時，經常去奧馬哈馬會，那裡用的是彩池投注系統。我發現，如果馬會，也就是莊家，拿走一七%，有些人輸掉的錢，總是遠遠少於他們全部賭注的一七%；而有些人輸掉的錢，總是多於一七%。因此，奧馬哈馬會的彩池投注系統並非完全有效。因此，我並不接受股市總是

1 **有效市場理論**
指投資人很難光靠聰明和勤奮，獲取比市場平均報酬率高出很多的收益。請參閱本書第二章第一四三頁。

能夠創造合理價格的絕對有效理論。

事實上，有紀錄證明，有些精通馬匹和賠率的人，確實能夠靠賭馬賺錢。這種人不多，但總有些人做得到。

接下來談談我個人的教育經歷，這很有趣，因為正統教育不足，以及性格中的獨特性，最終讓我擁有一些優勢。不知道怎麼回事，我從小就有一個跨領域的大腦。如果籬笆那邊，在別人的領域裡有更好、更重要的思想，我就無法乖乖待在自己的領域裡。因此，我就四處尋找真正有用的重要思想。沒有人教我那麼做，我天生如此，我還天生喜歡追根究柢。遇到難題是家常便飯，我會努力去摸索；如果失敗了呢，就先放在一邊，以後再回來對付。我花了整整二十年，才搞清楚邪教如何招攬信徒，以及這種方法為什麼會有效。但大學心理學系到現在還沒搞清楚，所以，我走在它們前面。

反正我有這種想弄清楚各種問題的傾向。二戰時我入伍服役，並在期間學到一些物理學知識。空軍兵團把我送到加州理工學院，打算培養我成氣象學家，因此在那裡學到更多物理學。當時我非常年輕，能掌握硬科學（編按：多指自然科學）中基本的「全歸因」（full attribution）治學方法，對我來說非常有用。以下就來解釋這種方法。

依照這種治學方法，凡是比你的主修更基礎的學科，裡面所有的重要概念，都必須要懂。**只有掌握最基礎的知識和原理，才能夠用最根本的方式來解釋問題。**而且永遠要承認，你所用的基礎知識來自哪個領域。當你應用物理學，要說是在應用物理學；在應用生物學，要說是在應用生物學，諸如此類。我很早就明白這種治學方法，能夠讓我的思想變得有條理。我強烈懷疑，在軟科學領域，這種方法也會像在硬科學領域那麼有效，因此，我加以掌握，終生運用於軟科學和硬科學領域。對我來說，這是非常幸運的想法。

讓我解釋一下，硬科學領域是多麼嚴格遵守這種治學方法。物理學裡有一個很重要的常數，叫作「波爾茨曼常數」，你們可能已經很瞭解。有趣的是，發現「波爾茨曼常數」的人並不是波爾茨曼，那為什麼以波爾茨曼命名呢？因為和那個最先發明這個常數的可憐蟲相比，波爾茨曼應用更基礎的物理學知識，以更基礎的方法得出這個常數。硬科學的知識組織模型，提倡知識應該盡可能簡化，因此，如果有人以更簡潔的方法闡明一個原理，這個原理最初的發現者就會被歷史遺忘。我想這是正確的。我認為，「波爾茨曼常數」確實應該以波爾茨曼命名。

反正在我個人和波克夏的歷史中，波克夏完全無視於一度在學院派經濟學中非常流行的有效市場教條，也無視於這種教條在企業財務方面的衍生理論，其應用結果，簡直比經濟學中的有效市場教條還要愚蠢，卻不斷取得巨大的經濟成就。這當然鼓舞了我。

最後，我的特殊經歷，使我膽敢在今天來到這裡，因為至少我年輕時，並不完全是個蠢蛋。在哈佛大學法學院的第一年，我們班人數眾多，而我名列第二。我向來認為，雖然總有許多人比我聰明得多，但是在思考競賽裡，我未必會落後。

下面我開始來談學院派經濟學一些顯著的優點。學院派經濟學第一個顯著的優點是：生逢其時、生逢其地。許多學科都是因為這個原因而獲得好名聲的。兩百年前，在

波爾茨曼常數（Boltzmann's Constant 1.381E-23）

來自奧地利物理學家路德維希·波爾茨曼（Ludwig Boltzmann, 1844-1906），它界定絕對溫度和氣體分子所含的動能之間的關係。一般而言，氣體分子的能量與絕對溫度直接相關。當溫度上升，每個分子的動能就會增加。氣體受熱時，其分子就會迅速移動。如果氣體被裝在體積固定的空間裡，這種運動就會使得氣壓升高；如果氣壓保持不變，這種運動會使氣體的體積增加。

1.381E-23

技術發展和各種文明制度的推動之下，文明世界的人均產值每年複合成長率達到二%；而在那之前的幾千年裡，成長率只比零多一點點。經濟學就在這種巨大的成功裡茁壯起來。經濟學一方面推動這種成功，同時也解釋了它。因此，學院派經濟學很自然得到發展。後來，共產主義經濟一一崩潰，而那些自由或半自由市場經濟都蓬勃發展，這又提升了經濟學的地位。如果你想要在學術界發展，經濟學是一門非常熱門的學科。

經濟學總是比其他軟科學更強調跨領域研究，總是從其他學科汲取所需的養分。在格里高利・曼昆[2]撰寫的教材中，我們可以發現，這位經濟學家從其他領域汲取所需養分的本領非常高明。我絕對是美國少數在那本書剛出版時就買下來的商業人士之一，因為聽說作者拿到一大筆預付版稅，我想知道那傢伙到底做了些什麼。因此，我就這麼湊巧把曼昆這本為大一學生所寫的教材給看完。書中列舉許多經濟學原理：機會成本是一種超級力量，所有希望獲得正確答案的人都可以使用。還有，激勵機制也是超級力量。

最後，還有「公地悲劇理論」，這個理論是由我的老朋友，加州大學聖塔巴巴拉分校教授加勒特・哈定[3]提出的。哈定為經濟學引進一隻邪惡的無形之腳，足以和亞當・斯密那隻做好事的無形之手相提並論。我認為哈定的理論使經濟學變得更加完善。哈定當年向我介紹他的理論時，我就知道他這個「公地悲劇理論」遲早會被寫進教科書，二十年過去了，終於被寫進教材。曼昆這種借鑑其他領域、汲取哈定的理論和其他有用知識的做法是很正確的。

經濟學的另外一個優點是，從一開始就吸引軟科學領域最優秀的人才。和其他領域

2 **格里高利・曼昆**
N. Gregory Mankiw, 1958-
國際上公認的經濟學奇才之一，不到三十歲就成為哈佛大學終身教授。一九九七年出版《經濟學原理》（*Principles of Economics*）一舉成名，被翻譯成二十種語言，銷量破百萬冊。另一本《總體經濟學》（*Macroeconomics*）則已成為國際上最有影響力的經濟學教科書。

3 **加勒特・哈定**
Garrett Hardin, 1915-2003
史丹佛大學生物學博士。他於一九六八年在《科學》雜誌上發表的著名論文〈公地悲劇〉，描述公共資源因濫用而枯竭或破壞的現象，已成為生物學中的經典。

4 **喬治・舒茲**
George Shultz, 1920-
出生於紐約，在普林斯頓大學主修經濟學，於麻省理工學院獲得工業經濟學博士學位。曾任教於麻省理工學院，後轉任芝加哥大學。曾擔任尼克森、雷

的研究者相比，經濟學家入世更深，對社會的影響很大，例如，經濟學家喬治・舒茲[4]博士就曾經三次進入美國內閣，賴瑞・桑默斯[5]也曾被委任為財長、經濟顧問。因此，經濟學在學術界是很受歡迎的。

此外，經濟學很早就吸引人類歷史上一些最傑出的作家。就以亞當・斯密為例。亞當・斯密是極其出色的思想家和作家，乃至當時德國最偉大的知識分子康德（Emmanuel Kant）直截了當地聲明，德國沒有人像亞當・斯密那麼厲害。伏爾泰（Voltaire）的措辭則比康德[6]還要直接和犀利，聽到康德的話之後，他立刻說：「哦，法國甚至沒有人可以跟亞當・斯密相比。」因此，經濟學從一開始就擁有一些非常偉大的學者和作家。

斯密之後，經濟學領域也誕生許多偉大的作家，例如凱因斯。我總是喜歡引用他說過的妙語，他對我的生活有很大的啟發。至於當代，去看看保羅・克魯曼[7]的文章，你們將會佩服他的文筆。我並不贊成他的政治立場，但我喜歡這個人的文章。我認為，克魯曼足以躋身當今最優秀的雜文家之列。經濟學總是能夠吸引這些了不起的作家，他們非常優秀，而他們的影響力則遠遠超出經濟學的範疇，這在其他學科中是很罕見的。

好啦，讚美的話就說到此，下面要談的是經濟學的不足之處。我們已經認識到經濟學在各方面都比其他軟科學更加出色，是文明社會的輝煌成就之一。為了公平起見，現在應該簡單談談學院派經濟學的少數缺點。

經濟學有哪些缺點呢？

根兩任總統的財政部長、國務卿，現職胡佛研究所成員。

5 **賴瑞・桑默斯**
Larry Summers, 1954-
美國經濟學家，曾任歐巴馬總統首席經濟顧問、柯林頓總統的財政部長、哈佛大學校長等職。

6 **康德**
Immanuel Kant, 1724-1804
德國哲學家，德國古典哲學創始人。他被認為是對現代歐洲最具影響力的思想家之一，也是啟蒙運動最後一位主要哲學家。

7 **保羅・克魯曼**
Paul Krugman, 1953-
美國經濟學家，二〇〇八年諾貝爾經濟學獎得主，現任普林斯頓大學教授。

第一、致命的自閉，導致「鐵錘人症候群」，通常會讓經濟學家過度強調某些可以量化的因素。

我認為經濟學有九個不足之處，其中一些是由一個大的整體缺陷衍生出來的。經濟學的這個大的整體缺陷，就是封閉性。懷海德曾經指出，學科各自孤立的情況是致命的，教授並不瞭解其他領域的思想模式，更別提彼此融會貫通。

懷海德討厭的這種研究者，我幫他們取了一個現代的名字，叫「精神病」，因為這種做法是很瘋狂的。不幸的是，和大多數學科一樣，經濟學也一樣自閉。

這種缺陷會引發我所說的「鐵錘人症候群」。那個名稱來自以下這句諺語：「在手裡拿著鐵錘的人眼中，世界就像一根釘子。」在所有行業、所有學科和日常生活中，這會讓問題變得一團糟。鐵錘人症候群能夠把人變成徹底的白癡，而治療的唯一良方，是擁有全套工具。你不能只擁有一把鐵錘，必須擁有所有的工具，而擁有的方法必須不只一種。在使用這些工具時，應該列成一張檢查清單，因為如果指望在需要的時候，合適的工具會自動跳出來，你會錯過許多好機會。但如果掌握了所有的工具，並在腦中排列成一張檢查清單，你會得到許多用其他方法得不到的答案。因此，彌補這種讓懷海德十分苦惱的缺陷是非常重要的，有些思考技巧能幫助你完成這項工作。

不僅在經濟學領域，其實，在各個商業領域，這種特殊的鐵錘人症候群都是很可怕的。商業領域的鐵錘人症候群真的很糟糕：你擁有一個複雜的系統，它吐出許多數字，讓你能測量某些因素。但還有些別的因素非常重要，可是你沒有相關的準確數據，你知道它們很重要，但就是沒有數據。其實，每個人都會：一、過度強調數據化因素的重要性，因為這讓人們有機會使用在高等學府學來的統計學技巧；二、排除可能更重要、但沒有數據化的因素。這是我終生試圖避免的錯誤，我從來不後悔自己這麼做。

已故的湯瑪斯・摩根[8]是有史以來最偉大的生物學家之一，曾在加州理工學院任教。他使用一種非常有趣、非常極端的辦法，以免犯下這種錯誤——過度重視能夠被測量的因素，卻忽視無法被測量的因素。當時還沒有電腦，科學界和工程界用的是弗萊登計算機[9]。但摩根禁止生物系的學生使用計算機。有人說：「摩根博士，你到底在搞什麼鬼啊？」他回答說：「我就像一個在一八四九年的沙加緬度河邊尋找黃金的人。雖然才智有限，但我能夠彎腰撿起大金塊。只要能夠撿到大金塊，我就不會讓我系裡的人浪費稀有資源，用砂金開採[10]的方法去找金子。」這是摩根終生奉行的信條。

我也採用相同的辦法。我今年已經八十歲了，還沒有做過砂金開採，而幸好我這輩子不必做這種該死的工作。當然，如果我是物理學家，特別是學院派物理學家，將不得不做一些統計工作，做那種開採砂金的事情。但只要擁有幾種管用的思考技巧，不斷用摩根的方法去解決問題，那麼在生活中，你毋需開採砂金，也能取得驚人成就。

第二、沒有採用硬科學基本的「全歸因」治學方法。

曼昆在經濟學研究上的錯誤之處在於：他吸收其他領域的知識，卻沒有指出這些知

8 **湯瑪斯・摩根**
Thomas Hunt Morgan, 1866-1945
美國著名遺傳和胚胎學家，創立現代遺傳學「基因學說」，一九三三年獲諾貝爾生理學及醫學獎。

9 **弗萊登計算機**
Friden Calculator
由弗萊登公司生產的一種早期的電子計算機。

10 **砂金開採**
placer mining
一種在露天礦場用水槍或挖掘設備，將細小的貴重礦物，從大量的泥土中分離出來的方法。採礦效率遠低於蒙格偏好的「彎腰撿起大金塊」的方法。

識的來源。他並沒有給他借鑑的知識，貼上物理學、生物學、心理學、博弈論，或者其他這些知識所屬領域的標籤，沒有完全指出這些基礎知識的來源。**如果不這麼做，就像經營企業時使用糟糕的檔案歸類方法。這削弱你的能力，無法做最好的自己。**只是，因為曼昆十分聰明，因此，雖然他的方法不完善，但還是做得很出色，他的成就比其他任何教科書作者都大。但要是採用了向來給我很大幫助的硬科學治學方法，他將更出色。

我給曼昆這種「借鏡其他領域知識，卻不指明出處」的方法取了一個名字，有時我叫它「拿來主義」，有時稱之「吉卜林主義」（Kiplingism）。之所以管它叫「吉卜林主義」，是因為吉卜林有一首詩是這樣寫的：「當荷馬撥弄著他燦爛的豎琴，他早已聽過人們沿著陸地和海洋的歌唱；凡他所需要的思想，他便採擷自己用，和我一樣！」曼昆用的就是這種方法。他只是拿過來，雖比不拿好得多，但這和能汲取各領域精華、指出借鏡來源，並盡可能化繁為簡應用所有知識，距離還差得遠。

第三、物理學崇拜。

我把經濟學的第三個缺陷稱為「物理學崇拜」（Physics Envy）。當然，這個名詞參考了佛洛伊德的術語：「陽具崇拜」（Penis Envy）。佛洛伊德是世界上最愚蠢的白癡之一，卻在他那個年代很受歡迎，「陽具崇拜」這個概念也變得很流行。

採用有效市場理論教條，是「物理學崇拜」帶給經濟學的惡果之一。如果你根據這種錯誤的理論進行推理，那麼得到的結論將是，任何公司購買自家的股票都是不正確的。因為按照這種理論，股票的價格是完全有效的，不可能有便宜可以占。證明完畢。

吉卜林

約瑟夫．吉卜林（*Joseph Rudyard Kipling*, 1865-1936）出生在印度孟買，其父是當地一家藝術學校的教師。一九〇七年獲得諾貝爾文學獎。著有《叢林之書》（*The Jungle Book*）、《勇敢的船長》（*Captains Courageous*）和《營房謠》（*Gunga Din*）等。有關該詩請參閱第五講第二五〇頁。

麥肯錫有個合夥人，他以前念的商學院採用這種瘋狂的經濟學推理方式，這位合夥人後來被《華盛頓郵報》聘為顧問。當時《華盛頓郵報》的股價非常低，就連大猩猩也能算出來，股價只有其真實價值的五分之一。但他對自己在商學院學到的理論深信不疑，認為《華盛頓郵報》不該購買自家的股票。幸運的是，華倫·巴菲特當年是《華盛頓郵報》的董事，他說服董事會買回超過一半的流通股票，這為其餘的股東帶來超過十億美元的財富。因此，至少有一個地方曾經很快地消滅這種錯誤的學術理論。

我認為，經濟學可以避免許多由物理學崇拜引起的這種錯誤。我希望經濟學採用硬科學的基本治學方法，養成指明其借鏡來源的習慣，但我並不希望經濟學因為「物理學崇拜」而追求一種不可能達到的準確度。大體上來說，那種像「波爾茨曼常數」一般準確又可靠的公式，是不可能在經濟學中出現的。經濟學涉及的系統太複雜，追求做到像物理學那麼精確，不會帶來任何好處，只會讓你陷入麻煩，就像麥肯錫那個可憐的白癡。

我認為，經濟學家要是能多關注愛因斯坦和莎朗·史東[11]，應該能做得更好。要多關注愛因斯坦較易理解，因為愛因斯坦說過一句名言：「科學理論應該盡可能簡單，但不能過於簡單。」這句話有點同義重複，但是非常有用；有個經濟學家——可能是赫伯·斯坦因[12]——也說過一句同義重複的話，我很喜歡那句話：「如果一件事情無法永遠延續下去，最終就會停下來。」

經濟學家之所以應該關注莎朗·史東，是因為有人曾經問她，是否有過「陽具崇拜」之類的煩惱。她回答說：「絕對沒有。我自己有的東西，已經夠讓我煩惱了。」

11 **莎朗·史東**
Sharon Stone
美國著名影星。

12 **赫伯·斯坦因**
Herb Stein, 1916-1999
美國經濟學家，曾任尼克森和福特總統的首席經濟顧問。

當我談到經濟學這種虛偽的精確，即「追求可靠而精確的公式」傾向，我想起亞瑟・拉弗[13]。他的政治立場跟我一樣，但在經濟學研究方面有時方法錯誤。他的麻煩在於追求虛偽的精確，那可不是研究經濟學的成熟方法。

拉弗等人遇到的情況，讓我想起一位來自鄉下的參議員，這件事真的發生在美國，而非我捏造，現實總是比我接下來要告訴你們的更加荒唐。反正這位鄉下參議員，在州議會上提出一項新法案。他想要通過一項法律，把圓周率 π 改為三・二，以便小學生更容易進行計算。你們可能會說這太荒唐了，拿拉弗之類的經濟學教授，和這樣一個鄉下參議員相比太過分了！但我認為，我算是給這些教授留了情面，至少那個鄉下參議員把圓周率訂為三・二，犯的錯誤還算比較小。如果你在經濟學這麼複雜的系統中，試圖達到虛偽的精確，那麼你犯的錯就會比那個不稱職的麥肯錫合夥人還糟糕。因此，經濟學應該模仿物理學的基本治學方法，但是永遠不應該追求像物理學公式那麼精確的理論。

第四、太過強調總體經濟學。

我的第四點批評是，經濟學界太強調總體經濟學，而對個體經濟學則不夠重視。我認為這是錯誤的。這就像不懂解剖學和化學，卻想要掌握醫學一樣。除此之外，個體經濟學是很好玩的，它能夠幫助你正確理解總體經濟學，就像耍雜技那麼好玩。反之，我並不認為，人們研究總體經濟學能夠得到那麼多樂趣。最重要的原因是，他們經常犯錯，因為這個系統實在是太複雜了。

13 亞瑟・拉弗 Arthur Laffer, 1940-
美國經濟學家，曾任雷根總統經濟顧問。

為了讓你們領略個體經濟學的魅力，我打算解決兩個個體經濟學問題。一個比較簡單，一個有點難。第一個問題是：波克夏剛剛在堪薩斯州的堪薩斯市開了一家家具和電器商店。在波克夏開這家店時，世界上最大的家具和電器商店也是波克夏開的，每年銷售三億五千萬美元的產品。而這家開在陌生城市的新商店卻刷新這個紀錄，年銷售額高達五億美元，從營業的那天起，三千兩百個停車位總是滿的。女性顧客不得不在洗手間外排隊，因為建築師並不懂得生物學。這家店非常成功。

好了，現在我來向你們提問。請告訴我，這家新商店迅速獲得成功、銷售額比全世界其他家具和電器商店都要高的原因是什麼？讓我來替你們解答吧！這是一家廉價商店，還是一家高價商店？在陌生城市開一家高價商店，不會馬上成功，那需要時間。第二，如果每年流轉的家具高達五億美元，那麼肯定是一家其大無比的商店，因為家具的體積都很大。大型商店的特點是什麼呢？提供大量的選擇。因此，除了是一家提供大量選擇的低價商店，還能是什麼？

你們可能會問，為什麼以前沒有人開這樣的商店，輪到它來當第一家呢？答案同樣很明顯：開這麼大的商店，需要一大筆錢，因此以前沒人開過。所以，你們很快就知道答案。只要懂得一些基本道理，這些看起來很難的個體經濟學問題就能迎刃而解。我喜歡這麼輕鬆而又能帶來許多回饋的思考方式，我建議大家也應該提高掌握個體經濟學的能力。

現在我要給你們難一點的問題。中西部有一家輪胎連鎖店，過去五十年來一步步慢慢成功，那就是勒斯施瓦伯輪胎連鎖店，開始嶄露頭角，能夠與大型輪胎公司的直營店競爭。有些大公司生產所有型號的輪胎，就像固特異（Goodyears）等，這些製造商當然會照顧自己的直營店，所以它們的輪胎商店擁有很大的成本優勢。後來，勒斯．施瓦伯又先後面臨西爾斯、好市多和山姆俱樂部（Sam's Club）等折扣商店的競爭。出現這麼多對手，現在施瓦伯每年的營業額還是達到幾億美元。勒斯．施瓦伯當時已經八十幾歲，沒有受過教育，卻完成如此壯舉。他是怎麼做到的呢？你們很多人想不透吧！讓我們從個體經濟學的角度來思考這個問題。

施瓦伯趕上了什麼潮流嗎？一問到這個問題，答案就跳出來了。日本人原本在輪胎業界毫無地位，現在他們做得很大。因此，施瓦伯這個傢伙肯定很早就趕上賣日本輪胎的潮流。接下來呢，這種漸進式的成功，必定有其他原因，這個傢伙一定是做了很多正確的事。而在這些事情裡面，一定擁有曼昆所說的那種激勵機制帶來的超級力量。他一定有一套非常棒的激勵機制來驅動員工；必定有一套很好的員工甄選系統；也必定非常善於做廣告。他確實是，他是個藝術家。日本人的輪胎生意做得那麼成功，他一定是率先銷售日本輪胎。一個成功的生意人必須做對很多事，並用良好的制度來確保不會犯錯。同樣的，這個問題的答案也不難，但這種特殊的成功背後，還有其他原因嗎？

我們聘雇了一些商學院畢業生，但他們解決問題的能力並不比你們出色。也許這就是我們很少聘用他們的原因吧！我該怎麼解決這些問題呢？顯然，我會利用大腦裡的搜尋引擎，核對我的檢查清單，運用某些在大量複雜系統中都非常有用的粗略運算法則，

勒斯．施瓦伯

勒斯．施瓦伯（Les Schwab, 1917-2007）出生於奧勒岡州的本德市。二戰退役後回到奧勒岡州，買下OK輪胎店。在他的經營下，營業額從每年三萬兩千美元，成長到十五萬美元。該公司目前分店超過三百家，每年營業額超過十億美元。

這些運算法則的原理差不多是這樣的：極度的成功，很可能是由以下這些因素共同造成的——

一、將一到兩個因素最大化或最小化。例如，好市多或我們的家具電器商店。

二、增加一些成功因素，以達到更大成效，這種成效的提高通常是非線性的，讓人想起有關臨界點，或物理學中的臨界質量的理論。結果通常是非線性的。你們只要再增加一點點物質，就能得到一種魯拉帕路薩效應。當然，我這輩子都在尋找魯拉帕路薩效應，因此，我對能夠解釋這種效應如何發生的模式特別感興趣。

三、將幾個優點發揮得淋漓盡致。例如，豐田汽車或勒斯．施瓦伯。

四、順應某些重大的潮流。例如，甲骨文。順便一提，我在今天的招待會上，認識了甲骨文的財務長傑夫．亨利，但我在認識他之前就稱讚過甲骨文了。

總而言之，我建議你們在解決問題時，使用一些快刀斬亂麻的運算法則，你們必須學會正向和反向地加以使用。讓我來舉個例子：我經常用一些難題來考家人，不久前，我給家裡人出了一個難題：「美國有一項運動，這項運動是一對一的，會舉辦全國冠軍比賽。有一個人獲得兩次冠軍，但是中間隔了六十五年。」「現在，說出這項運動的名字。」我看你們許多人又是一臉茫然，我家人也大都被這個問題給搞糊塗了。但我有個兒子是物理學家，已養成我欣賞的思考方式。他馬上得出正確的答案，以下是他的推理過程：

這不可能是一項需要手眼協調的運動。沒有八十五歲的老人家能夠贏得全國撞球巡迴賽冠軍，更別提全國網球冠軍了。總之不可能。然後呢，他認為不可能是國際西洋棋，因為那太難了。不過，倒有位物理學家下得很好。國際西洋棋的規則太過複雜，而且下國際西洋棋需要很大的耐力，但西洋跳棋是有可能的。他想：「找到啦！只要經驗足夠豐富，哪怕你已經八十五歲，也能成為這項運動最好的玩家。」

當然，他的答案是正確的。

總之我推薦你們使用這種解決問題的方法，**遇到問題要進行正向思考和逆向思考**。我還建議學院派經濟學要更致力於我在這裡談的這些小小的個體經濟學問題。

第五、經濟學的整合太少。

我的第五個批評是經濟學中的整合太少了，不但沒有整合傳統經濟學以外的知識，也沒有整合經濟學內部的知識。我曾經向兩個不同的商學院班級提出以下問題：「你們已經學過供應和需求曲線，懂得在一般情況下，商品的價格提高，銷售量就會下跌；價格降低，銷售量就會上升，對吧？你們學過這個理論吧？」他們全都點頭表示同意。然後我說：「現在請給我幾個例子，證明你們要是想提高銷售量，正確的做法是提高價格。」他們沉默了非常久。在我提出這個問題的兩所商學院裡，也許五十個人裡面，只有一個人能舉出一個例子。他們的想法是，在特定的條件下，人們會認為價格較高的商品品質也較好，所以，提高價格能夠促進銷售。

我的朋友比爾．巴爾豪斯（Bill Ballhaus）遇到的情況就是如此。他曾經擔任貝克曼

成功商人及西洋棋大師——亨利・辛格頓

亨利・辛格頓（Henry E. Singleton, 1916-1999）是泰鼎（Teledyne）公司的共同創辦人，擔任這家位於洛杉磯的跨國公司總裁長達三十年之久。他原先讀的是海軍學院，後來轉學到麻省理工學院，在那裡拿到學士、碩士和博士學位，專業是電子工程學。他是極優秀的棋手，距離特級大師（Grandmaster）只差一百點積分，能夠不看棋盤跟人對弈。

從一九六三年到一九九〇年，泰鼎每年給股東的複合報酬率達到了令人震驚的二〇・四%——標準普爾的同期報酬率只有八%。在一九七二年到一九八四年間，辛格頓聰明地買回了九〇%的泰鼎流通股份，他是現代商業史上稱得上鳳毛麟角的經營者和資產配置大師。

和華倫・巴菲特一樣敬佩辛格頓的蒙格問：「想想這個人的才華和績效，我們好好汲取了他的經驗了嗎？」

亨利・辛格頓擁有美國商界最傑出的經營和資產配置紀錄……如果有人挑出 100 名頂尖商學院的畢業生，把他們的成就加起來，也比不上辛格頓。」

——巴菲特

漲價賣更多——蒙格的四個答案

這個問題有四種答案。少數人知道第一種，但不知道還有別的答案。

一、奢侈品：提高價格能夠提升奢侈品的「炫耀」功能，例如，奢侈品提高價格後，在某些存在炫耀心理的消費者看來，其性能也隨之提升。此外，人們往往認為價格高等於品質好，這有時也能促進銷售量。

二、非奢侈品：和上面提到的第二個因素一樣，消費者看到價格更高的商品，通常不會認為它賣貴了，而會認為價格更高代表品質更好。這種方法，對需要耐久的工業用品尤其適用。

三、提高價格，把額外的收入，以合法的方式用於改善產品性能，或改善銷售系統。

四、提高價格，把額外的收入，以非法或不道德的方式來促進銷售。例如，透過賄賂採購代理人，或其他對終端消費者有害的做法——例如，開放式基金的銷售回扣。「這個答案是我最喜歡的，但我從來沒有聽到。」

儀器公司（Beckman Instruments）的總經理，那家公司生產的是一種複雜的產品，這種產品如果運轉失靈，就會給顧客帶來重大損失。它不是油井底的泵（幫浦），不過，你們把它當成油泵就好理解啦！他的產品雖然比別家公司好，但是銷售卻很糟糕，他發現，原因在於這種產品的售價太低，使得人們以為是劣質品。因此，他把價格提高大約二〇%，銷售量立即攀升。

在這兩所現代化的商學院，五十個人裡，居然只有一個人能夠舉出一個例子，其中一所還是很難考上的史丹佛商學院，而且沒有人能夠提出我所欣賞的主要答案。假如你們提高價格，並用額外賺來的錢去賄賂採購人員呢？這麼做有效嗎？個體經濟學裡，還有其他辦法可以提高價格，並用額外的收入來促進銷售嗎？辦法當然不計其數，只要開竅就能想得到。就是這麼簡單。

最典型的例子來自投資管理業。假如你是某開放式基金的銷售經理，想要提高業績。人們通常會得出下面的答案：如果提高佣金，最終投資人所得到的基金單位數就會較少。因此，若提高每單位的價格，就等於是在出賣客戶。然而你們可以利用額外收取的佣金，來賄賂客戶的交易經紀人。通過賄賂，使得經紀人背叛客戶，用客戶的錢來購買高佣金的產品。這種做法，已經為共同基金增加至少一兆美元的銷售額。

這種伎倆可不是人性美好的部分，我想告訴你們，我這輩子非常徹底地避免這種伎倆。我認為你們這一生，沒有必要去推銷自己永遠不會買的東西。即使那是合法的，我也不認為那是個好主意。但你也不能完全接受我的觀點，因為可能會讓你找不到工作，除非你甘願冒著只能在少數幾個地方謀得一職的風險。

我認為，那個簡單的問題所引起的反應，足以說明人們很少對經濟學問題做整合性思考，哪怕是受過高等教育。這是淺顯的問題，簡單的答案。然而，那些人上過四門經濟學，讀過商學院，智商都很高，寫了許多論文，但卻一點整合能力都沒有。這種失敗的情況，並不是因為教授知道如何整合各種知識卻留了一手，而是教授本身也不擅長整合，因為他們沒受過這種訓練。我記得凱因斯或高伯瑞說過一句話：經濟學教授的思想是最經濟的；他們終身所用的就是在研究所學到的那一點點知識。

第二個和整合有關的有趣問題，涉及到經濟學中兩個最著名的範例。第一個是李嘉圖提出的貿易中的比較優勢原理，另外一個是亞當·斯密的大頭針工廠。當然，兩者都能大大提高人均經濟產出，都能將各種職能分配到非常善於執行這些職能的人手裡。然而，二者也有很大不同：大頭針工廠是中央計畫的極端典型，它的整個系統是由某個人設計出來的；而李嘉圖的比較優勢，則完全是自主的國際貿易產生的後果。

當然，只要體會到整合的樂趣，你馬上就會想到：「這些事情會相互影響嗎？」當然相互影響，而且是很大的影響，這就是現代經濟體系如此強大的原因之一。許多年前，我就親眼見到一個多種因素相互影響的例子。波克夏當年擁有一家信貸公司，這家公司貸款給一家就在好萊塢公園賽馬場正對面的飯店。後來那裡的環境發生變化，到處充斥流氓、強盜和毒販。他們為籌買毒的錢，甚至把牆壁上的銅管拆下來賣，飯店周邊出現許多帶槍遊蕩的人，沒人敢住到這家飯店。波克夏兩三次法拍這家飯店，貸款眼看

李嘉圖

大衛·李嘉圖（David Ricardo, 1772-1823），英國經濟學家。出生在倫敦，十四歲開始跟隨父親在倫敦股票交易所工作。家財萬貫，很早就不工作，在英國議會謀得一席次。比較優勢理論解釋了為什麼兩國之間的貿易是有益的，哪怕其中一個國家製造的產品比另一方便宜得多。

是收不回來了。我們似乎遇到一個無法解決的經濟學問題，一個個體經濟學問題。

喏，我們原本可以去找麥肯錫，或者一群哈佛大學教授，那樣我們將會得到一份十英寸厚的報告，闡述各種方法，建議我們如何讓這家位於治安不佳城區的飯店走出困境。但我們沒有那麼做，而是在飯店外面貼了一張海報，上面寫著：「出售或出租」。有個人看到海報來找我們。他說：「你們要是能夠取得地目變更許可，能讓我把停車場改建為高爾夫球推桿練習場，我就願意花二十萬美元來裝修你們的飯店，並透過貸款高價買下來。」「可是你總得讓飯店有停車場啊，」我們說：「你是怎麼想的呢？」他說：「用不著。我的業務是從佛羅里達用飛機把一些銀髮族送過來，讓他們住在機場附近（好萊塢公園離洛杉磯國際機場很近），然後用遊覽車將他們送到迪士尼樂園和其他地方，再把他們接回飯店。我不在乎周邊的環境有多麼糟糕，因為圍牆以內就可以滿足客人的所有需求。他們只需要早上坐遊覽車出發，傍晚再回來即可；他們不需要停車場，他們需要的是高爾夫推桿練習場。」因此，我們和這個傢伙做成這筆生意。這件事進行得非常順利，我們收回了貸款，所有問題都解決了。

很明顯的，這是一個李嘉圖和大頭針工廠發生相互影響的例子。這個傢伙設計用來娛樂銀髮族的奇怪系統，純粹是大頭針工廠式的；而找到擁有這種方法的傢伙，則純粹是李嘉圖式的。因此，這些事情發生交互作用。

這只是一個整合性思考問題的簡單例子。如果你們想要弄清楚私有企業應該承擔哪些職能，政府應該擁有哪些職能，哪些因素確定這些職能分工等問題，那就要難得多。

亞當．斯密的大頭針工廠

亞當．斯密在一七七六年出版的《國富論》中，記錄他在一家大頭針工廠觀察到的現象。那家工廠只有十個人，每天能生產四萬八千支大頭針，原因是實施專業化的勞動分工。如果每個工人要獨自完成製造大頭針的所有工序，那麼每人每天只能製造二十支，整個工廠一天只有兩百支總產量。斯密不吝讚美地指出，這家實施專業化勞動的大頭針工廠，大大提高了生產力，代表了經濟發展的方向。

在我來看，每個高智商的經濟系畢業生都應該能夠坐下來，寫出一篇十頁長、說服力十足、能綜合這些思想的論文。我敢用一大筆錢來跟你們打賭，如果我在美國所有經濟系進行這個測驗，考生交上來的肯定是大雜燴。他們將提到羅納德・寇斯、談到交易成本，將會想起教授教給他們的一點可憐知識，並且寫出來。但說到真正能夠把各種知識整合起來，我敢說，大多數人不會做得非常好。

順便一提，如果有人願意嘗試，那麼請加油，但我想你們會發現這很難。我來告訴你們一件有關的趣事，那就是諾貝爾物理學獎得主、發現普朗克常數的偉大物理學家普朗克曾經研究過經濟學。他後來放棄了。有史以來最聰明的人之一普朗克，為什麼要放棄經濟學呢？答案是：「經濟學太難了。你想盡辦法得到的結果，卻總是混亂而不確定的。」這滿足不了普朗克追求秩序的願望，所以他放棄了。如果普朗克早就明白，在經濟學裡，永遠得不到完美秩序，我敢說，你們也將得到同樣的結果。

有個關於普朗克的傳言非常有名：得到諾貝爾獎之後，到處都有人邀請普朗克去開講座。他有位司機，專門開車送他到德國各地演講。司機對演說的內容都倒背如流了，然後有一天，他說：「喂，普朗克教授，你何不跟我互換角色呢？」於是他走上講台發表演說。演講結束後，有位物理學家站起來，提出一個極其困難的問題，但司機早已胸有成竹。「好吧，」他說：「慕尼黑這麼發達的城市，居然有市民提出如此簡單的問題，這讓我太吃驚了，因此，我想請我的司機來回答。」

羅納德・寇斯

羅納德・寇斯（Ronald Coase, 1910-2013）出生於倫敦郊區，十二歲即初中畢業，兩年後考進倫敦大學，獲得法律和經濟雙學位，並開始研究交易成本。一九五一年遷居美國，在水牛城大學開始學術生涯。一九六四年轉任芝加哥大學擔任教授直到退休。一九九一年獲諾貝爾經濟學獎。

第六、對心理學的極度無知及其造成的負面後果。

好啦，現在我要來講第六個缺陷，這個缺陷其實也是對跨領域研究不夠重視所造成的：對心理學的極度無知，及對經濟學所造成的負面影響。在這裡，我想要問你們一個簡單的問題。我善於提出簡單的問題。

假如你們在拉斯維加斯擁有一家小賭場，賭場裡面有五十台標準的吃角子老虎機，外表和功能都是相同的，（吐回籌碼）支付率也一模一樣，需要支付籌碼的圖案組合也相同，以同樣的比率出現。但這些吃角子老虎裡，有一台無論你把它擺到哪裡，當每天營業結束檢查這些機器時，這台機器所贏的籌碼，總是比其他機器多二五%。我相信你們絕對能夠回答這個問題。這台贏更多籌碼的機器，有什麼特別的地方呢？有人能夠回答嗎？

男生：更多人玩。

蒙格：不，不，我想知道的是，為什麼會有更多人去玩。這台機器的特別之處在於，人們利用現代的電子技術，使這台機器的「近似中獎」率[14]更高。和正常的機器相比，這台機器會更常出現BAR-BAR-檸檬，BAR-BAR-葡萄的情況，這會促使玩家下注下得更重。這個答案很難嗎？很容易的。這當中顯然存在著一個心理因素；那台機器能夠引發某種基本的心理反應。

如果你能瞭解各種心理因素，在頭腦中列成一張檢查清單，那麼只要核對這張清單，一定可以找出能解釋這種現象的因素。沒有任何其他方法，能夠有效完成這項任

14 「近似中獎」率 在玩吃角子老虎時，出現接近中獎的組合。

務。沒有掌握解決問題方法的人，不會得到答案。生活就像踢屁股比賽，如果你們想要成為獨腿人[15]，那麼歡迎你們來找我玩。但如果你們想要成為有兩條腿的壯漢，就必須掌握這些方法，包括在瞭解心理學的前提下，對宏觀和微觀經濟學進行研究。

為證明這一點，我下面來談談某個拉丁美洲國家，是如何整頓停滯不前的經濟。那是一個小國家，國內偷盜成風，所有人都喜歡行竊，他們從公司挪用公款、偷走社區裡一切能弄到手的東西，經濟因而停滯不前。但這個問題最後解決了。我是在哪裡看到這個案例的呢？給你們一點提示：並不在經濟學刊物上，我是在心理學刊物上看到的。那個國家出現一些聰明人，他們運用一些心理學方法，解決了這個問題。

我認為，既然有這些解決經濟問題的漂亮案例及解決技巧，做為經濟學家，卻不知如何解決和理解這些問題，那是說不過去的。為什麼對心理學一無所知，你不知道有些心理學方法，能夠解決自己遇到的經濟問題嗎？

在這裡，我想要給你一個極端的要求。這是薩繆爾．約翰遜提出來的。他說：如果一個人保持「可以輕易消除之無知」，就是在道德責任上的背叛。這是他的原文，「背叛」。這樣你們應該明白我為什麼喜歡這些東西。他說如果你是一個學者，就有責任努力別讓自己成為白癡，所以，你們必須盡量完備知識體系，盡可能消滅無知。

第七、不夠重視後果的後果。

接下來談談第七個缺陷：忽略了後果的後果。這個缺陷是相當容易理解的，因為後

15 獨腿人

蒙格常以踢屁股比賽中的獨腿人來指稱將絕佳的優勢拱手讓人。

果會產生後果，而後果的後果也會產生後果，這變得非常複雜。以前我是氣象學家，這種現象曾讓我非常苦惱。不過，和經濟學相比，氣象學的問題太簡單了。

當年有些專家，包括一些經濟學博士，在訂定醫療保險法時進行成本預估，而他們卻只拿以前的成本做推估。

結果他們的成本預估，誤差高達百分之一千，也就是預估的成本，還不到真正發生成本的一成。從他們實施各種新的激勵機制開始，人們的行為便隨之改變，使得實際發生的醫療費用，跟預估天差地別。而他們也忘了絕對會有昂貴的新療法發明，因而提高支出。一大群專家怎麼會犯下如此愚蠢的錯誤呢？答案是：為了輕鬆得到結果，把問題過度簡化，就像把圓周率改為三．二是一樣的！他們選擇不去考量後果的後果。

這種思考錯誤很常見，在學術界看來，生意人在個體經濟學問題上所犯的錯誤更加愚蠢；而商界也不乏類似醫療保險成本預估的蠢事。例如，你擁有一家紡織廠，有個傢伙找上門來說：「哇，這豈不是太棒了！有一種新型紡織機，能夠大大提高生產效率，如果買下來，只要紡織品價格維持不變，只需三年就可以回本。」於是你在二十年間，不停買進新型紡織機，而利潤率依然只有四％；結果什麼好處也沒得到。答案是這樣的：並不是新技術沒有發揮作用，而是經濟學法則已經決定了，新紡織機帶來的好處，只會落到購買紡織品的人手裡，而不是落進紡織廠老闆的口袋中。一個人只要選修過大一的經濟學，或曾經上過商學院，怎麼可能不明白這個道理呢？我認為教育機構是在誤人子弟，否則這種蠢事怎麼會經常發生。

我通常不會使用正式的預測分析。我不讓別人幫我做預測，是因為我不喜歡辦公桌上亂糟糟的，但我總是看到一些用很愚蠢的方法做出的預測，但不管有多愚蠢，許多人卻仍然相信。在美國，丟一份愚蠢的預測分析在辦公桌上，是一種有效的銷售技巧。

投資銀行家更是精於此道，我也從來不看投資銀行家的預測分析。巴菲特和我曾經收購過一家公司，賣方請一個投資銀行家做詳細研究。那份可行性研究報告有這麼厚，而我們只是扔到一邊，彷彿是病死的屍體。他說：「我們花了兩百萬美元。」我說：「我們從不用這類報告，連看都不看。」

不管怎麼說，就和醫療保險的例子一樣，所有人類的制度都是基於深層心理學的博弈遊戲，而人們在此遊戲中表現出高超的技巧，因為博弈理論的潛力是很大的。加州的工傷賠償制度就是如此，人們在利用制度漏洞的博弈遊戲上，已經出神入化；在利用制度漏洞的過程中，變得愈來愈狡猾奸詐。這對文明社會有好處嗎？這對經濟表現有好處嗎？當然沒有。設計出漏洞百出制度的人，應該被打入十八層地獄。

我有個朋友，他的家族控制了大約八%的貨櫃拖車市場。為了工傷問題，他剛剛關掉加州最後一家工廠，他在德州還有一家，那家情況更糟糕。在德州工廠，工傷賠償成本占總薪資成本的一成以上。製造貨櫃拖車本來就沒什麼利潤，因此，他把工廠關掉，遷到猶他州的奧格登市。奧格登市住著大批需要養活一大家子的虔誠摩門教徒，他們從來不鑽工傷賠償制度的漏洞，使得現在工傷賠償成本只占總薪資成本的二%。

和摩門教徒相比，在德州工廠上班的那些拉美人，難道天生就不誠實、道德敗壞

蒙格語錄

我們被（美國企業界氾濫的）激進會計法嚇壞了，所以盡量採用保守的會計法。保守的會計法有助於我們做生意決策並保護波克夏。我們怎麼可能去做那些違背道德準則的事？

創造性會計法（做假帳）絕對是對文明的詛咒。複式簿記法可說是歷史的一大進步，可是利用會計法來造假和騙人卻令人不齒。在民主國家，似乎得靠醜聞才能刺激改革。安隆就是企業文化長久以來脫軌的典型案例。

嗎？不是的。罪魁禍首是立法機構。這些機構的許多成員是從法學院畢業的，可是他們卻審查通過鼓勵欺騙的法律；他們不認為自己的所作所為，對文明社會有極大的破壞作用，因為並沒有考慮到說謊和欺騙造成的第二層或第三層後果。這種情況隨處可見，經濟生活中也充滿詐欺。

哈佛大學經濟系的維克多．尼德霍夫的故事，是一個利用制度漏洞的絕佳例子。尼德霍夫是一名警官的兒子，他必須在哈佛大學取得甲等成績，但他並不想在哈佛大學認真學習，因為他真正喜歡的事情有四件：一、和大師級的對手玩西洋棋；二、不分日夜用他非常精通的撲克牌進行豪賭；三、繼續蟬聯已經連續好幾年拿到的美國壁球冠軍；四、成為最好的業餘網球選手。

如此一來，他可以用在哈佛大學拿到甲等成績的時間就不多啦，所以，他選擇讀經濟系。你們可能以為他會選擇法國文學，但別忘了，這個人能夠參加西洋跳棋冠軍賽。他覺得以他的智商，玩弄哈佛大學經濟系根本綽綽有餘。確實如此，他發現該系的研究生承擔大部分原本應該由教授完成的乏味工作，他還發現，由於要成為哈佛大學的研究生特別難，因此，這些研究生都非常聰明，做事有條不紊，而且十分勤奮。教授很需要他們，也對他們心存感激。

因此，基於心理學上的「互惠傾向」，在研究生的高級課程中，可以預料教授評出來的分數總是甲等。所以，尼德霍夫專門選經濟系那些最高級的研究生課程，當然啦，結果他得了一個甲、再一個甲、又一個甲、全都是甲，而且幾乎沒有去上過一堂課。當

維克多．尼德霍夫

維克多．尼德霍夫（Victor Niederhoffer, 1943-）在哈佛大學攻讀統計學和經濟學，並在芝加哥大學獲博士學位。曾在柏克萊大學教書五年，在此期間，同時經營尼德霍夫、克羅斯和薩克豪瑟有限公司（Niederhoffer, Cross and Zeckhauser, Inc.），把一些私人企業賣給上市公司。

時哈佛大學的人，還以為學校又出了一個天才呢！儘管這故事很荒唐，但這招確實有效，因此尼德霍夫可出名了：人們管他這種方式叫「尼德霍夫選課法」。

這證明所有人類的制度都會被鑽漏洞。另外一個不考慮後果的後果的例子，是經濟學界對李嘉圖的比較優勢定律的標準反應。李嘉圖認為，比較優勢能讓貿易雙方都得利，他的解釋非常具說服力，所以直到今天，人們仍為這個理論著迷，因為這是非常有用的觀念。經濟學界的人都知道，如果從李嘉圖效應來看，比較優勢較之初始優勢，更能夠讓貿易雙方獲得極大的利益。但假如你們進行貿易的對象，是一個非常有才華的族群，例如，中國人，他們現在很窮，很落後，你則處在一個發達國家，一旦你和中國建立自由貿易關係，這種關係就會持續很長的時間。

現在讓我們來看看第二層和更高層的後果。如果美國和中國進行貿易，那麼美國人的生活水準會得到改善，對吧？李嘉圖已經證明了這一點。但哪個國家的經濟會發展得更快呢？顯然是中國。在自由貿易推動下，他們吸收世界上各種現代科技，而且正如亞洲四小龍已經證明的，很快就會走到前面去。看看香港，看看台灣，看看早年的日本。所以，一開始，和你們進行貿易的，是一個有十三億落後農民的弱小國家，但到最後，這個國家會變得比你們的國家更強大，甚至還可能擁有更多更好的原子彈。原來領先的國家，會得到這麼美好的結果，李嘉圖並沒有證明這一點，他沒有試圖去確認第二層以後的效應。

如果你試圖與經濟學教授討論這個話題，這我已經試過三次，他們會吃驚的迴避，

比較優勢

透過自由貿易所帶來的「比較優勢」經常會被忽略。在一八一七年出版的名著《政治經濟學與賦稅原理》（*The Principles of Political Economy and Taxation*）中，大衛．李嘉圖如此闡釋：

「葡萄牙生產紅酒和布料的成本可能比英國低。然而，這兩個國家生產這兩種產品的相對成本是有差別的。在英國，生產紅酒很難，但生產布料並不難。在葡萄牙，兩者都很容易。因此，儘管葡萄牙生產布料的成本比英國低，但如果葡萄牙生產更多紅酒，來交換英國的布料，那麼葡萄牙的布料成本會更低。相反的，英國也會從中獲益，因為它生產布料的成本沒

就好像你冒犯了他，因為他們不喜歡這種討論。這種討論會讓他們美好的理論變成一團糟，因為只要你忽略第二層和第三層的後果，事情就單純得多。

在那三次嘗試中，我得到的最好答案來自喬治・舒茲。他說：「查理，我認為呢，就算我們停止和中國進行貿易，其他發達國家反正也會繼續的，我們無法壓制中國相對我們的上升趨勢，那樣的話會失去李嘉圖所說的貿易優勢。」這當然是正確的。我說：「好吧，喬治。你剛剛創造一種新的『公地悲劇』。你身陷其中，卻無能為力。你會遇到一種極為糟糕的狀況：你原本是世界領袖，最後卻失去了地位，被籠罩在其他國家的陰影之中。」他說：「查理，我不願意去想這個問題。」我想他是很明智的，他的年紀甚至比我還大，也許我應該向他學習。

第八、不夠重視「撈灰金」的概念。

好啦，下面我要講經濟學的第八個缺陷：經濟學界對最簡單、最基本的數學原理的關注太少。居然說經濟學界不關注數學問題？這聽起來有點過分，對吧？我想舉個例子，雖然這例子可能不很貼切。我已經老了，而且很頑固；儘管這樣，我還是想說出來：我認為，經濟學界對「撈灰金」的概念關注太少。我的觀點源自高伯瑞的理論。高伯瑞認為，尚未敗露的貪污行為，會對經濟產生很大的凱因斯乘數效應，因為被污了錢的傢伙，以為他仍像以前那麼富裕，於是延續原來的消費方式；而那個貪污的傢伙則真正增加了購買力。我認為高伯瑞的分析是正確的，這個觀點的問題在於，他描繪的是一種影響範圍

有改變，但現在能用更接近於布料的成本得到紅酒。」

國家之間相互「委派」任務，能夠獲得比較優勢。同樣的，管理人員在安排工作時，也可以利用李嘉圖的這個原理，這是很多人都沒想到的。雖然一個管理者有辦法親自做好所有工作，但把這些工作分散到各人手裡，仍然是對大家都有利的做法。

較小的現象。因為一旦貪污行為敗露（這是遲早的事），那種效應很快會反轉、消失了。

我猜高伯瑞不太關心數學問題，但假如你關心的話，就會想：「有一條基本的數學定律是：如果A等於B，B等於C，則A就等於C。」明白這個原理之後，你就會努力去尋找相同道理的東西。所以，你也許會問：「經濟學中有跟『撈灰金』相同的行為嗎？」順便一提，高伯瑞創造「黑金」一詞，用來指尚未敗露的貪污中所涉及的錢。因此，我發明了「撈灰金」這個詞：作用跟撈黑金是相同的。

我提出「經濟學中有跟撈黑金相同的行為嗎？」這個問題，我想到許許多多的答案，所以創造出「撈灰金」這個詞。有些「撈灰金」行為，就出現在投資管理界。畢竟我跟投資管理界的關係較密切，我認為，美國的股東在投資股票的過程中，總計有數十億美元被浪費掉了。只要股市繼續上漲，浪費這些錢的投資者就不會有感覺，因為他看到的是股價正在穩定上漲。而在投資顧問看來，這些錢是正當收入，雖然他銷售的是有害的投資建議。這種行為無異於尚未敗露的貪污。你們現在可以明白，為什麼很少有人會邀請我演講了。

所以我說，如果你在經濟生活中，尋找其作用跟「撈黑金」相同的「撈灰金」行為，將會發現一些非常強大的力量。它們創造出比原有的「財富效應」更為強大的新「財富效應」。但其實，沒有人和我持相同看法，如果有哪位研究生想要在論文中證實這個假設，我願意把這個理論的發明權轉讓給他。

蒙格語錄

共同基金每年收取二％的費用，然後經紀商讓人們在不同基金之間轉來轉去，多付三％到四％的費用。可憐的基金投資人把錢交給專業人士，卻得到糟糕的結果，真令人噁心。投資人買你的產品，你應該讓他們的資產增值，但在這個國家，基金管理者卻只顧著自己賺錢。

這個行業很滑稽，因為從淨收益來看，整個投資管理業加起來並沒有對客戶的資產提供附加價值，這就是這個行業的運作方式。

第九、不夠重視美德效應和惡行效應。

好啦，經濟學的第九個缺點是：不夠重視經濟生活中的美德效應和惡行效應。我很早就明白，經濟生活中，有巨大的美德效應，也有巨大的惡行效應。但如果你跟經濟學家談起美德和惡行，他們會渾身不自在，因為美德和惡行無法用大量的資料圖表來表示。但我認為，經濟生活中存在著很大的美德效應。在我看來，修道士盧卡．帕喬利發明的複式簿記法，在經濟生活中產生巨大的美德效應，讓商業變得更容易掌握、更誠實。接下來是收銀機，收銀機對人類道德的貢獻，比公理會[16]還要大；真的大大促使經濟體系運轉得更好。相反的，一種容易被鑽漏洞的系統，就會毀掉一個文明社會。而一種讓人很難鑽漏洞的系統，例如，以收銀機為基礎的收銀系統，就可以透過減少罪惡行為，而使得文明社會的經濟有更好的表現，但經濟學界很少有人討論這些話題。

我想進一步指出，絕對的誠信精神能夠讓經濟體系運轉得更好。傳統的誠信精神來自宗教，至少美國過去幾個世代是如此。宗教灌輸了罪惡感。我們住的城區，有一位很有魅力的愛爾蘭天主教牧師，他常常講：「罪惡感可能是猶太人發明的，但我們讓它更完備。」這種來自宗教的罪惡感，對推動誠信精神和提高人類的經濟產出，有很大的幫助。

許多惡行造成的負面效果是很明顯的。現在出現許多虛假的繁榮景象，和稀奇古怪的促銷手段，你們只要翻翻過去六個月的報紙就能看到，裡面的惡行多到令我們全部人氣結。順便一提，每個人都對美國企業的高階經理人領那麼多錢感到忿忿不平，人們的

盧卡．帕喬利

盧卡．帕喬利（Luca de Pacioli, 1445-1517），一四九四年出版巨著《算術、幾何、比與比例概要》（*The Collected Knowledge of Aritbmetic, Geometry, Proportion, and Proportionality*），提出一個全新的概念：複式簿記。此一發明改革了商業行為，讓帕喬利成為知名人物。

16 **公理會**
Congregational Church
基督新教的宗派之一。

確該生氣。如今我們看到許多律師和教授就如何解決薪資不公平，提出各種瘋狂的管理辦法，但這些辦法毫無用處。其實好辦法就在眼前：如果董事會的成員都是不支薪的大股東，那麼我們將會吃驚地發現，由於降低了互惠傾向的效應，公司高階經理人領取高薪酬的現象會消失不見。

有個奇怪的地方曾經採用一種制度，與這種無報酬的系統差不多。英國的地方刑事法庭有一些非專職的治安法官，他們有判處犯人入獄一年以下或科以罰金的權力。每個地方刑事法庭有三名法官，並不支薪。他們的開支可以報銷，但有一定的限制，每年做志工大約四十個半天。這種制度已經很完美運轉了約七百年，那些有能力而誠實的人，爭先恐後想擔任這裡的法官，履行義務，但不領酬勞。

這也是班傑明．富蘭克林在晚年時希望美國政府採用的制度。他認為，政府高官不應該支薪，應該像他本人或摩門教會的那些富裕領袖，完全不支薪。當我看到加州現在的情況，我不敢說他錯了。反正現在的情況與富蘭克林的期望完全相反，其中一個現象是，許多需要錢的教授被各種企業委任為董事。

人們往往沒有認知到，人世間大多數結果都是不公平的，而且道德規範有時候必須不公平，才能取得最好的效果。過於追求公平，會給社會制度帶來嚴重的功能障礙。有些制度應該故意制定得對個體不公平，因為這樣，整體上對我們大家會更加公平。我經常舉一個例子，在海軍，如果船擱淺了，即使不是你的錯，你的軍旅生涯也會終結。我認為，和追求對每個人都公平的制度相比，對那個沒有犯錯的人不公平的制度，更能讓

南海泡沫事件（The South Sea Bubble）

南海泡沫事件是英國在一七二〇年春天到秋天之間發生的一次經濟泡沫。南海公司在一七一一年西班牙王位繼承戰爭期間創立，表面上是專營英國與南美洲等地貿易的特許公司，但實際上是一所協助政府融資的私人機構，分擔政府因戰爭而欠下的債務。

透過誇大業務前景和舞弊，南海公司普遍被外界看好。一七二〇年，南海公司更透過賄賂政府，向國會推出以南海股票換取國債的計畫，促使南海公司股票大受追捧，股價由當年年初約一百二十八英鎊，飆漲到同年八月的一千英鎊以上，全民瘋狂炒股。

每艘艦艇的船長全力確保他的艦艇不會擱淺。容忍對某些人有一點不公平，以便對所有人更公平，這是我向你們所有人推薦的模式。但同樣的，如果你想要得到好成績，別把這個觀點寫進報告裡；如果你念的是那種極度熱中於追求程序公平的現代法學院，那就更別這麼做。

當然，惡行也給經濟生活造成巨大影響，欺詐與愚蠢造成的經濟泡沫無所不在。泡沫破裂的結果，通常令人非常不愉快，我們最近就深有體會。歷史上，最早的大泡沫，當然是英國那次可怕的「南海大泡沫」，它引發的餘波非常有意思。你們許多人或許不記得，它曾給人們帶來巨大的損失和痛苦。在隨後的數十年裡，除少數特例，英國當局禁止企業公開交易股票。議會還通過一項法律，規定人們可以成立合夥制公司，但合夥人不能公開交易股份。順便一提，英國儘管沒有公開的股票交易，但經濟仍然繼續發展。如果像賭徒般瘋狂炒股並發財的人仔細研究這個案例，他們是不會喜歡的。長時間禁止股票公開交易的做法，並沒有毀了英國。

然而，市場上隨即出現不少「泡沫公司」混水摸魚，試圖趁機分一杯羹。為規範這些不法公司，國會在六月通過《泡沫法案》，炒股熱潮隨之減退，連帶觸發南海公司股價暴跌，至九月跌回到一百九十英鎊以下，不少人血本無歸，就連知名的物理學家牛頓也虧本離場。

房地產的情況也一樣。我們過去曾有很長一段時間，也禁止公開交易房地產公司的股份，但我們照樣興建那麼多需要的購物中心、汽車專賣店等。人們總是以為，資本市場就應該像賭場一般，能讓他們快速而有效地賺大錢；但資本市場並不是賭場。

惡行效應引發的另一個有趣問題和妒忌有關。妒忌在摩西的律法中是飽受指責的，你們可能記得希伯來人刻在墓碑上的文字：你們不能覬覦鄰居的驢子，你們不能垂涎鄰居的女僕，你們不能貪圖……這些古代猶太人知道妒忌的人是什麼德性，也知道這種人會惹出什麼麻煩。他們對妒忌真的絕不姑息，這麼做是正確的。但曼德維爾，你們記得他的〈蜜蜂的寓言〉嗎？他令人信服地（至少我是信服的）證明妒忌能大大刺激消費意願。所以，妒忌既是摩西十戒嚴格禁止的惡行，卻又是促使經濟成長的動力。經濟學中總有一些人們無法解決的悖論。

在我年輕時，每個人都對戈德爾的發現感到十分興奮。戈德爾證明數學系統必定有許多不完備之處。從此以後，優秀的數學家都說，他們在數學中發現更多無法解決的缺陷，他們終於明白，數學中如果沒有悖論，就不成其為數學。如果你是數學家，不管怎麼努力，總會發現有一些悖論是無法破解的。

好了，如果連數學家都無法在自己創造的系統中破解悖論，那麼可憐的經濟學家將永遠無法擺脫悖論，我們這些人就更甭提啦！沒有關係，生活有悖論才有趣。每當遇到悖論，我就會想，要嘛我是一個徹頭徹尾的白癡，所以才覺得這是悖論，要嘛我的研究已經很有成果，已經達到這個領域的頂尖。光是弄清楚我到底屬於哪一類，就能給生活增添許多樂趣。

我想再告訴你們一個故事，以證明人們從有限的知識庫存中學到錯誤的觀念卻堅持到底，是非常可怕的事情。這個故事的主人翁是海曼．利伯維茨（Hyman Liebowitz），他是從國外移民到美國來的，家族在移民之前開了一家鐵釘工廠，來美後，利伯維茨決定繼續製造鐵釘。他十分努力工作，把工廠經營得很成功。他的老婆對他說：「你年紀大啦，海曼，是時候去佛羅里達享受生活，把工廠交給兒子吧！」

曼德維爾

伯納德．曼德維爾（Bernard Mandeville, 1670-1733）在一七〇五年發表一首諷刺時局的詩歌〈蜜蜂的寓言或，私人的惡行，公共的利益〉。其哲學觀是，利他主義損害國家利益和學術進步，人類的自私反倒是真正推動進步的引擎。因而得到「私心即是公益」的悖論。

戈德爾

庫爾特．戈德爾（Kurt Gödel, 1906-1978）出身奧匈帝國，是邏輯學家及數學家。在維也納大學攻讀博士學位，在其博士論文中提出兩條有點難懂的不完備定律。第一條定律是：人們可以利用一個數學系統，來構造一個在此系統中於是他移居佛羅里達，把工廠交給兒子，但每週都會收到財務報告。沒多久，這些報告上的財務數字就急轉直下，表現十分糟糕。因此，他坐上飛機，回到工廠所在的紐澤西州。在離開機場、前往工廠的路上，他看到一塊巨大的戶外燈箱看板，看板上是被釘在十字架上的耶穌，耶穌像下面有一行文字：「他們使用利伯維茨牌鐵釘。」所以，他氣急敗壞趕到工廠對兒子說：「你這個白癡！你知不知道你在幹什麼？這家工廠花了我五十年的心血！」「爸爸，」他兒子說：「相信我。我會解決這個問題的。」

因此，他又回到佛羅里達。在佛羅里達期間，他收到更多財務報告，工廠業績繼續惡化。於是他又坐上飛機。離開機場、路過那塊看板，他抬起頭，看著這塊巨大的燈箱看板，現在上面是一個空的十字架。哇，快看，耶穌就趴在十字架下面的地上，廣告詞寫著：「他們沒有使用利伯維茨牌鐵釘。」

嗯，你們儘管笑吧！這個故事很荒唐，但人們執迷不悟堅持錯誤觀念的做法也同樣荒唐。凱因斯說：「介紹新觀念不難，難的是清除舊觀念。」愛因斯坦說得更好，他把他那些成功的理論歸功於「好奇、專注、毅力和自省」。他說的自省，就是摧毀自己最熱愛、最辛苦才得到的觀念。**如果你們確實能夠善於摧毀自己的錯誤觀念，那是一種了不起的才華。**

好了，該來複習一下這次小演講中的大教訓啦。我呼籲大家熟練地掌握更多的跨領域知識，這樣才能對經濟生活和其他一切有更好的理解。我還呼籲大家，別因為遇到無法消除的複雜性和悖論而喪氣，那只會增加問題的樂趣。我的靈感同樣來自凱因斯：**大**

既不能被證明、也不能被證偽的命題。第二條定律是：從第一條定律推斷出來的——沒有一個前後一致的系統，能夠被用來證明其自身的前後一致性。

致的正確好過精準的錯誤（Better roughly right than precisely wrong.）。

最後，我想重複以前在相同場合講過的一句話：如果你輕車熟路地走上跨領域的途徑，你將永遠不想往回走。那就像砍斷你的雙手。

好了，就講到這裡吧！下面我來回答問題，直到沒人提問為止。

學生問答

問：巴菲特說過，大禍即將臨頭，企業的衍生性金融商品規模愈大，損失就會愈慘重。你可以替我們預測一下這場災難會有多嚴重嗎？

答：當然可以。成功地對未來的災難進行預言向來是很難的。但我敢說，大麻煩就要來了。衍生性金融商品系統簡直是瘋狂，完全不負責任。人們以為的固定資產，並不是真正的固定資產。太複雜了，我在這裡沒辦法說清楚，但是你想像不到它涉及的金額高達幾兆美元、你想像不到有多複雜、會計作業有多難；更想像不到人們對企業的價值和清算能力的期望，會產生多大的激勵作用。

查核衍生性金融商品帳本是很痛苦而且浪費時間。看看人們在試圖查核安隆公司的帳本時遇到的情況就知道了，安隆曾被會計認證過的淨值不見了。在美國的衍生性金融商品帳本上，有許多從來沒有被賺進來的利潤，和許多從來不曾存在的資產。

蒙格語錄

金融機構的本質決定了它很容易陰溝裡翻船：超額放款、愚蠢收購、過度借貸，不僅僅是衍生性金融商品（會讓你倒閉）。

也許沒有人像我們這樣，對金融風險特別敏感。當金融機構想努力表現時，就會讓我們緊張。我們尤其害怕大量舉債的金融機構。如果他們開始談論風險管理有多麼好，我們也會很緊張。

我們總是先天下之憂而憂。如果感到不安，我們很快就會把大量的錢抽出來，這是我們的經營方式：你必須適應它。

衍生性金融商品交易引起了大規模的「撈灰金」效應，和一些的「撈黑金」效應。這些效應一旦被逆轉，將會帶來極大的痛苦。我沒有辦法告訴你這種痛苦有多大，將會被如何處理。但如果你是頭腦正常的人，曾經用一個月認真鑽研大規模的衍生性金融商品業務，肯定會感到噁心。你會覺得它是路易斯・卡羅的「瘋帽匠茶會」。

這些人的錯誤，離譜得令人無法置信。他們讓最糟糕的經濟學教授看起來無比偉大，而愚蠢之外還有貪婪在發揮作用。去看《華爾街血戰》（*F.I.A.S.C.O.*）那本書，作者是做過衍生性金融商品交易員的法學教授法蘭克・派特諾（Frank Partnoy），他揭露華爾街規模最大、聲望最佳的公司之一的衍生性金融商品交易黑幕。這本書會讓你想吐。

第十個缺陷

問：你曾經說過，在加州大學聖塔巴巴拉分校演講時，你故意漏掉了「神秘的第十個缺陷」，那是什麼？

答：哦，對。我應該把它也包括進去，但我沒有。我認為，我們應該保留第九篇演講稿的原貌。第十個缺陷就是我說的「在個體經濟學層面，對嵌入性龐氏騙局的效應不夠重視」。這個很容易證明：有些大型律師事務所，用在職員工繳納的養老金，來支付退休員工的養老金，明明知道這樣做會造成可怕的後果，但還是這麼做了，而且是很高興地這麼做了。

重讀第九講

這次關於經濟學的打趣演講發表於二〇〇三年，寫的時候，給我帶來許多樂趣。但我希望提供的不僅僅是沒有惡意的玩笑而已。我甚至希望，我的某些思想最終能夠進入學院派經濟學，倒不是因為想要被認可，而是因為我覺得學院派經濟學需要一些改善。

這次演講之後，我看到一本書，是諾夫書屋（Alfred A. Knopf）在二〇〇五年出版，作者是傑出的哈佛大學經濟學教授傅利曼（Benjamin M. Friedman）。如我在演講中所希望的一般，這本書討論經濟學和道德之間的關係，書名叫《經濟成長的道德後果》（*The Moral Consequences of Economic Growth*）。讀者從書名可以看出，傅利曼教授尤其感興趣的是，經濟成長對道德的影響，而我感興趣的則與此相反，主要是道德對經濟成長的影響。這差別不大，因為任何受過教育的人都能明白，這兩者會相互產生或好或壞的影響，造成通常所說的「良性循環」或「惡性循環」。傅利曼教授為這個主題增添了一句來自阿薩里亞拉比[17]的名言：沒有麵包就沒有法律，沒有法律就沒有麵包。

17 艾利沙・阿薩里亞 Rabbi Elizar Ben Azariah 西元一世紀前後的猶太學者。

關乎信任

信任能讓資本主義運轉得更好。——蒙格

這本書最重要的主題，可以說就是我們需要「信任」：我們需要信得過那些和我們共同生活、共同工作的人的性格、價值觀和品德。查理．蒙格和華倫．巴菲特向來以道德高尚、品行端正著稱，他們像亞伯特．蓋瑞（Elbert Gary，一九〇一到一九二七年擔任美國鋼鐵公司董事長）那樣認為「正直的行為是好的，並不是因為正直能夠帶來好處；正直能夠帶來好處，是因為正直是好的」。

蒙格說，他許多年前曾在聖地牙哥參加過「班傑明葛拉漢小組」的會議。葛拉漢為他那些聰明的追隨者進行了一次「認知評估測驗」，其中安插一些陷阱題。不出葛拉漢所料，受試者紛紛中招，他藉此發表了一次談話，點出信任的重要性：

「無論你們多麼聰明，總有一些更聰明的人，如果他們真的想騙你們，你們就會上當。因此，要確定與你們共事的聰明人是值得信賴的。」

第十講

二〇〇七年，暮春溫暖的一天，在南加州大學的校友公園，蒙格向剛獲得學位的一百九十四名法學博士、八十九名法學碩士，以及三名比較法碩士發表演說。他告訴大家如何獲得成功，成為世界級大富豪。他指出，獲得智慧是一種道德責任，並強調雖然他讀的是法學院，但若要在生活中和學習上取得成功，最好的辦法是：掌握跨領域的知識。

聽眾對這次演講的回響十分熱烈，之後南加大法學院院長愛德華．麥卡弗（Edward J. McCaffery）授予蒙格白帽協會（The Order of the Coif）榮譽會員的稱號。白帽協會是一旨在促進法學教育品質的學術組織。

蒙格的普通常識

嗯，你們當中一定有許多人覺得奇怪：這麼老還能來演講啊！（聽眾大笑……）嗯，答案很明顯：他還沒有死。（聽眾大笑……）為什麼要請這個人來演講呢？我也不知道。我希望學校的發展部跟這件事沒有什麼關係。

無論如何，我想我來這裡演講是合適的，因為我看到後面有一排年紀較大，並且沒有穿學位禮服的（家長）聽眾。我自己養育過許多子女，知道他們真的比坐在前面這些穿學位禮服的學生更加光榮。父母為子女做出許多犧牲，把智慧和價值觀傳授給子女，他們應該永遠受到尊敬。我還很高興看到左邊有許多亞洲面孔。我這輩子一直很崇拜孔子，很喜歡孔子關於「孝道」（filial piety）的思想，他認為，孝道既是天生的，也需要教育，應該代代相傳。你們大家可別小看這些思想，請留意在美國社會中，亞洲人的地位上升得有多快。我認為這些思想很重要。

讓自己配得上想擁有的東西

好了，我已經把今天演講的幾個重點寫下來，下面就來介紹對我來說最有用的道理和態度。這些未必對每個人而言都是完美的，但我認為，這裡頭有許多具有普世價值，也有許多是顛撲不破的道理。

是哪些核心的觀念幫助我呢？我非常幸運，在很小時就明白這樣一個道理：「**要得到你想要的東西，最可靠的辦法，是讓自己配得上擁有它。**」這是個十分簡單的道理，這是黃金法則。你們要學會己所不欲，勿施於人。在我看來，無論是對律師還是其他人來說，這都是最應該有的精神。總而言之，擁有這種精神的人，在生活中能夠贏得許多東西。他們贏得的不只是金錢和名譽，還有尊敬，他值得那些與他們交往的人信任。能夠贏得別人的信任，是人生一大樂事。

有時候，你會發現，有些徹頭徹尾的惡棍，死的時候卻能享有財富和名望，但是周圍的絕大多數人都知道，他死有餘辜。如果告別式上充滿參加葬禮的人們，其中大多數只是為慶祝這個人終於死了。這讓我想起一個故事。有個像這樣的混蛋死掉了，神父說：「有人願意站出來，對死者說點好話嗎？」沒有人站出來，還是沒有人站出來，依然沒有人站出來。最後有個人站出來了，他說：「好吧，他的兄弟更糟糕。」（聽眾大

蒙格語錄

找到好配偶的最佳方法是什麼呢？唯一之道是你首先必須值得擁有好配偶，因為從定義上來說，好配偶可絕不是傻瓜。

笑……）這不會是你想要的下場。以這樣的葬禮告終，不是你想要的人生。

我很小就明白的第二個道理是，正確的愛，應該以仰慕為基礎，而且我們應該去愛對我們有教育意義的先賢。不知道怎麼的，我懂得這個道理，並且一輩子都在實踐。薩默塞特・毛姆（Somerset Maugham）在他的小說《人性枷鎖》（*Of Human Bondage*）中描繪的愛，是一種病態的愛。那是一種病，如果你發現自己有那種病，應該趕快治好。

另外一個道理可能也會讓你想起孔子，獲得智慧是一種道德責任，不僅是為了讓生活更美好，而且有一個相關的道理非常重要，那就是必須堅持終身學習。如果沒有終身學習，是不會有很高成就的。光靠已有的知識，在人生中走不了多遠；離開這裡以後，你們還要繼續學習，這樣才能走得更遠。

就拿世界上最受尊敬的公司波克夏來說，波克夏長期而大規模的投資績效，可能是人類有史以來最出色的。讓波克夏在這個十年賺大錢的方法，在下一個十年未必那麼管用。因此，華倫・巴菲特不得不成為不斷學習的機器。即使是層次較低的生活也一樣，我不斷的看到，有些人的生活愈來愈好。他們不是最聰明的，甚至不是最勤奮的，但他們是學習機器。**他們每天夜裡睡覺時，都比那天早晨聰明一點點**。孩子們，這種習慣對你們是很有幫助的，特別是在你們還有很長的路要走時。

懷海德曾經說過一句很正確的話，他說，只有當人類「發明了發明的方法」之後，人類社會才能夠快速發展。他指的是人均國民所得的大幅成長，和其他許多今天已經習以為常的好東西。人類社會在幾百年前才出現大躍進，在那之前，每個世紀的文明發展幾乎原地踏步。**人類社會只有發明了發明的方法之後才能進步，同理，你們只有學習了學習的方法才能進步。**

我非常幸運，在讀法學院之前，就已經學會學習的方法。這漫長的一生當中，沒有什麼比持續學習對我的幫助更大。再拿巴菲特來說，如果你們拿著計時器觀察他，你們會發現他醒著時，有一半時間是在看書。他把剩下的時間，大部分用來跟一些非常有才華的人進行一對一的交談，有時候是打電話，有時候是面對面，那些都是他信任而且也信任他的人。仔細觀察，華倫很像個學究，雖然他在世俗生活中非常成功。

學術界有許多非常有價值的東西。不久之前，我就遇到一個案例。我是一家醫院的理事會主席，在工作中，接觸到一個叫作約瑟夫·米拉的醫學研究人員。這位仁兄是醫學博士，他經過多年的鑽研，成為世界上最精通骨癌病理學的人。他想要傳播這種知識，以有助於骨癌的治療。他是怎麼做的呢？嗯，他決定寫一本教科書，雖然我認為，這種教科書最多只能賣幾千冊，但世界各地的癌症治療中心都買了。他休假一年，把所有X光片掃進電腦，仔細地保存和編排。他每天工作十七個小時，而且每週工作七天，整整持續一年。這也算是休假啊？在假期結束時，他寫出世界上最好的兩本骨癌病理學教科書中的一本。如果你們的價值觀跟米拉差不多，想獲得多大的成就，就能獲得多大的成就。

另外一個我非常受用的道理，是當年在法學院學到的。那時有個愛開玩笑的教授說：「什麼是法律頭腦？如果有兩件事交織在一起，彼此關聯影響，你只考慮其中一

約瑟夫·米拉

約瑟夫·米拉（Joseph M. Mirra），洛杉磯西達斯奈（Cedars-Sinai）醫學中心病理學暨實驗醫藥部的骨科和軟組織病理學家。研究領域是骨病理學，曾發表超過一百五十篇論文。

件，而完全不顧另外一件，以為這種思考方式既實用又可行的頭腦，就是法律頭腦。」我知道他是在說反話，他說的那種「法律」方法是很荒唐的。這給我很大的啟發，促使我去學習所有重要領域的所有重要觀念，這樣自己就不會變成那位教授所說的那種笨蛋。

因為真正重要的大道理，占了每個領域的九五%內容，所以，對我而言，從每個領域汲取自己所需要的九五%知識，變成思維習慣的一部分，倒也不是很難的事。當然，掌握這些道理以後，還必須不斷透過實踐去應用，就像鋼琴家如果不持續練習就不可能彈得好。因此，我這輩子不斷的實踐跨領域的方法。

這種習慣幫了我很多忙，讓生活更有樂趣，讓自己變得更有建設性，對別人更有幫助，也讓我變得非常富有，而這無法只用天分來解釋。只要適當練習，這種思維習慣真的很有用。但這也會帶來危險，因為太有效了。當你在其他領域的專家面前運用時（這專家甚至可能是你的老闆，很容易能傷害你），你往往會發現，原來自己的知識比他更豐富，比他更能解決問題。當他束手無策時，你卻知道怎麼做。這樣的情況是非常危險的，如果讓其他有身分、有地位的人沒面子，可能會招來極大的報復心理。而我還沒有找到避免因此受傷的完美辦法。

儘管我年輕時撲克牌玩得很好，但當自認為懂得比上級多時，卻不太擅長掩飾自己的想法。我並沒有很謹慎的努力掩飾自己的想法，所以總是得罪人。現在，人們常把我當成一個行將就木、沒有惡意的古怪老頭。但那段日子，自己過得挺辛苦。我建議你們不要學我，最好學會隱藏睿見。我有個同事，從法學院畢業時是全班第一名，曾在美國最高法院工作。他年輕時當過律師，總是表現出見多識廣的樣子。有一天，他的高級合夥人上司把他叫進辦公室，對他說：「聽好了，查克，我要跟你說清楚，你的工作職責是讓客戶認為他才是房子裡最聰明的人。如果你完成這項任務之後，還有多餘的精力，那麼應該用來讓你的高級合夥人，顯得像是房子裡第二聰明的人。只有在履行這兩條義務之後，才可以表現你自己。」嗯，那的確是在大型律師事務所往上爬的好辦法，但我並沒有那麼做。我總是率性而行，如果有人看不慣我的作風，那就隨便囉，我又不需要每個人都喜歡我。

我想進一步解釋，為什麼人們必須擁有跨領域的態度，才能有效率而成熟地生活。在這裡，我想引用古代最偉大的律師西塞羅的一個重要思想。西塞羅有句話很有名，他說如果一個人不知道他出生之前發生過什麼事，那麼此生就會過得像個無知的孩童。這是非常正確的道理，那些愚蠢得對歷史一無所知的人，是應該被嘲笑。但如果將西塞羅這句話推而廣之，那麼我認為，除了歷史，還有許多東西是應該去瞭解的，這些東西就是所有領域的重要思想。但如果你對知識只是死記硬背，以便能夠在考試中取得好成績，那麼這種知識不會有太大幫助。你必須掌握許多知識，在腦中形成一個思維框架，在往後的日子裡能夠自動地應用。如果能做到這一點，我鄭重向你們保證，總有一天，你會在不知不覺中發現，自己已經成為同齡中最有效率的人之一。反之，如果不努力實踐這種跨領域的方法，你們當中許多最聰明的人，將只會取得平庸的成就，甚至生活在陰影之中。

避免極端的意識形態

我發現的另外一個道理，蘊含在麥卡弗院長剛才講過的故事中，故事裡的鄉巴佬說：「要是知道我會死在哪裡就好啦，那我將永遠不去那個地方。」這句話雖然聽起來很荒唐，但卻蘊含著深奥的真理。對於複雜的適應系統以及人類大腦而言，如果採用逆向思考，問題往往更容易解決。

如果把問題反過來思考，通常能夠想得更清楚。例如，如果你想要幫助印度，應該考慮的問題不是：「我要怎樣才能幫助印度？」相反的，應該問：「我要怎樣才能傷害印度？」應該找出會對印度造成最大傷害的事情，然後避免去做。也許從邏輯上來看，這兩種方法其實是一樣的，但精通代數的人都知道，如果問題很難解決，利用反向證明，往往就能迎刃而解。生活就和代數一樣，逆向思考能夠幫助你解決正面思考無法處理的問題。

讓我現在就來使用一點逆向思考。什麼會讓我們一生失敗呢？我們應該避免什麼呢？有些答案很簡單。例如，懶惰和言而無信會讓我們人生失敗。如果言而無信，就算你優點再多，也無法避免悲慘的下場。因此，應該養成言出必行的習慣，避免懶惰和言而無信。

另外一個要避免的是極端的意識形態，因為會讓人們喪失理智。你在電視上可以看到最糟糕的宗教布道者，他們對神學中的枝微末節持有不同的、強烈而前後矛盾的觀點，我看他們當中，有許多人的腦袋已經萎縮成捲心菜了。（聽眾大笑……）政治意識形態的情況也一樣。年輕人特別容易陷入強烈而愚蠢的政治意識形態當中，而且永遠走不出來。當你宣告自己是某個類似邪教團體的忠實成員，並開始宣導該團體的意識形態，那麼你們所做的，就是將這種意識形態不斷往自己的頭腦裡塞。如此一來，你們的頭腦就會壞掉，而且有時候是以驚人的速度壞掉。因此，要非常小心提防強烈的意識形態，這對你們寶貴的頭腦具有高度危險性。

每當感到自己有陷入某種強烈政治意識形態的危險時，我就會拿下面這個例子來提醒自己。有一批玩獨木舟的斯堪地那維亞人，征服了斯堪地那維亞的所有激流，因此自認為也能駕馭獨木舟征服北美洲的大漩渦，結果死亡率是百分之百。大漩渦是你們應該避開的東西，我想強烈的意識形態也是，尤其是在同伴全都是虔誠的信徒時。

我有一條鐵律，能幫助自己在傾向於支持某種強烈的意識形態時保持清醒。我覺得，除非我能比我的對手更有力反駁自己的立場，否則我沒資格擁有一種觀點。我認為，只有在達到這個境界時，我才有資格發表意見。迪安．艾奇遜[1]有一條「鐵律」，它來自奧蘭治的「沉默者威廉」[2]說過的一句話，那句話大概是：「**未必要有希望才能夠堅持。**」我的做法聽起來跟這條鐵律一樣極端。這對多數人而言可能太難，但我希望永遠不會太難。我的鐵律其實比艾奇遜的更容易做到，也更值得學習。避免陷入極端的意識形態是非常、非常重要的，如果你想要成為有智慧的人，強烈的意識形態，非常有可能

1 **迪安．艾奇遜**
Dean Acheson, 1893-1971
美國著名政治家及律師，在制定美國冷戰時期外交政策上曾扮演重要角色。

2 **奧蘭治的沉默者威廉**
William the Silent of Orange, 1533-1584
即奧蘭治親王威廉一世，在荷蘭獨立戰爭中，領導荷蘭人反抗西班牙人的統治，被尊為荷蘭國父。

導致事與願違。

另一種叫「自我服務偏好」（self-serving bias）的心理因素，也經常讓人做出傻事；它往往是潛意識的，所有人都難免受其影響。「自我」認為有資格去做想做的事，例如，花費透支來滿足需求，有什麼不對嗎？嗯，從前有一個人，他是全世界最著名的作曲家，可是他大部分時間過得非常悲慘。原因之一就是他總是入不敷出。那位作曲家就是莫札特。連莫札特都無法擺脫這種愚蠢行為的毒害，我覺得你們就更不應該去嘗試啦。（聽眾大笑……）

一般而言，妒忌、怨憎、仇恨和自憐，都是災難性的思想狀態。過度自憐，可以讓人近乎偏執。偏執是最難逆轉的東西之一，你不要陷入自憐的情緒中。我有個朋友，總隨身攜帶一疊厚厚的卡片，每當有人說了自憐的話，他就會慢慢地、誇張地掏出那一大疊卡片，拿起最上面那張交給那個人。卡片上寫著：「你的故事讓我很感動，我從來沒有聽過有人像你這麼倒楣。」你也許認為這是開玩笑，但我認為，這是精神衛生。每當發現自己產生自憐情緒，不管是什麼原因，哪怕是自己的孩子罹患癌症即將死去，你也要想到，自憐是於事無補的。每當這時候，要給自己送一張我朋友的卡片。自憐總是帶來負面影響，是一種錯誤的思維方式。如果能夠避開，你的優勢就遠遠超越其他人，甚至超越幾乎所有人，因為自憐是一種標準的反應，但可以透過訓練擺脫。

你當然也要在思維習慣中，消除自我服務的偏好。別以為對個人有利的，就是對整個社會有利，也別根據這種自我中心的潛意識傾向，來為自己愚蠢或邪惡的行為辯解，

莫札特揮霍無度？

莫札特（Wolfgang Amadeus Mozart,1756-1791）窮困的主要證據，是他在一七八八到九一年間，寫給共濟會教友向他借錢的信件。他的收入雖然波動很大，但在音樂家裡算是非常豐厚。他的錢都到哪裡去了呢？莫札特的妻子康絲坦茲（Constanze）疾病纏身，需要定期進行昂貴的溫泉療法。他們在收入豐厚時又不儲蓄，收入較差時期，莫札特夫婦仍然依照習慣的方式生活，這使他們的現金流出現問題。一七九一年，莫札特的一場官司敗訴，使得財務雪上加霜。有學者引用證據指出，莫札特經常利用撞球和紙牌進行賭博。

那是一種可怕的思考方式。要讓自己擺脫這種心理因素，因為我們想成為智者而不是傻瓜，想做好人而不是壞蛋。同時必須在自己的認知和行動中，允許別人擁有自我服務的偏好，因為大多數人無法非常成功清除這種心理因素，人性就是如此。如果不能容忍別人表現出自我服務偏好，那人就是傻瓜。

所羅門兄弟公司的法律總顧問曾經做過《哈佛法學評論》（*Harvard Law Review*）的學生編輯，是個聰明而高尚的人，但我親眼看到他毀掉自己的前途。當時那位能幹的執行長說，有位下屬做錯事，總顧問說：「哦，我們在法律上沒有責任彙報這件事，但我認為，那是我們應該做的，我們有道德責任。」從法律上和道德上來說，總顧問是對的，但他的方法卻錯了。他建議日理萬機的執行長去做一件令人不愉快的事，而執行長總是把這件事一延再延，因為他很忙嘛，這完全是可以理解的，他並不是故意要犯錯。後來呢，主管部門責怪他們沒有及時通報，因此，執行長和總顧問都完蛋了。

遇到這種情況，正確的說服技巧，是富蘭克林所指出的那種。他說：「如果你想要說服別人，要訴諸利益，而非訴諸理性。」人類自我服務的偏好是極其強大的，應該被用來獲得正確的結果。因此，總顧問應該說：「喂，這種情況再持續下去，會毀掉你的，會讓你身敗名裂，家破人亡。我的建議能夠讓你免於陷入萬劫不復之地。」這方法會有效的。你應該多訴諸利益，而不是理性，即使你的動機是高尚的。

另外一件應該避免的，是受到「不當誘因」（perverse incentives）的驅動。不要陷入一個表現得愈愚蠢或愈糟糕，就提供愈多回饋的「不當誘因」系統當中。「不當誘因」

具有控制人類認知和行為的強大力量，應該避免受其影響。

你也應該避免不當的工作關係，尤其避免在不尊敬或不想像他一樣的人手下工作，那是很危險的。你我在某種程度上，都受到權威人士的控制，尤其是為你我提供回饋的人。要正確應付這種危險，必須同時擁有才華和決心才行。在我年輕時，我的辦法是，找出我尊敬的人，然後想辦法調到他手下，但是別批評任何人，這樣我就可以在好的上司手下工作。總之，在你所仰慕的人手下工作，你的人生成就會更令你滿意。

還有，養成一些讓你能保持客觀公正的習慣，當然對認知非常有幫助。我們知道，達爾文特別留意相反的證據，尤其在當證據是在反駁某種他信奉和熱愛的理論時。如果想在思考的時候盡量少犯錯誤，就需要有這樣的習慣。你還應養成核對檢查清單的習慣，核對檢查清單能夠避免很多錯誤，不是只對飛行員有用而已。你不應該光是掌握廣泛的基礎知識，而是應該把這些知識在腦中列成一張檢查清單，然後再加以利用。除此之外，別無他法。

將不平等最大化

此外，我認為很重要的道理就是，將不平等最大化，通常能夠收到奇效。這句話是什麼意思呢？加州大學洛杉磯分校的約翰．伍登（John Wooden）提供一個典型的例子。伍登曾經是世界上最優秀的籃球教練，他有一次對五個水準最差的球員說：「你們得不到上場的機會，你們只是陪練。」比賽幾乎都是水準較高的七個球員在打。結果，

蒙格語錄

（由於通貨膨脹）大多數人將會發現投資報酬率下降了。如果你擔心通貨膨脹，最好的預防手段之一就是，在生活中不要有太多愚蠢的欲望，你並不需要很多物質商品。

你一旦走進負債裡，就很難走出來。千萬別欠信用卡債，在支付一八%利息的情況下，你的財富不會有進展。

這七個水準高的球員學到了更多。別忘了學習機器的重要性，因為他們獨享所有的比賽時間。在他採用不平等主義的方法時，伍登比從前贏得更多的比賽。我認為，生活就像比賽，也充滿競爭，我們要讓最有能力和最願意成為學習機器的人，發揮最大功效。如果想要獲得很高的成就，就必須成為那樣的人。你總不希望在五十個輪流動手術的醫生中，用抽籤的方式決定誰來為你的孩子動腦外科手術；你總不希望搭的飛機，是以一種太過平等主義的方式設計出來的；你也不會希望波克夏採用這種方式經營。你們想要讓最好的球員，長時間在場上比賽。

我經常講一個有關馬克斯·普朗克的笑話。普朗克獲得諾貝爾獎後，到德國各地演講，每次講的內容大同小異，都是關於量子物理理論。時間一久，他的司機記住了演講內容。司機說：「普朗克教授，我們老這樣也挺無聊的，不如這樣吧，到慕尼黑時就讓我來講，你戴著我的司機帽坐在前排，你說呢？」普朗克說：「好啊。」於是司機走上講台，就量子物理發表了一篇長篇大論。後來有個物理學教授提了一個非常難的問題。演講者說：「哇，我真沒想到，我會在慕尼黑這麼先進的城市遇到這麼簡單的問題。我想請我的司機來回答。」（聽眾大笑。）

我講這個故事，並不是為表揚主角很機靈。我認為，世界上的知識可以分為兩種：一種是普朗克知識，屬於真正懂的人，他們付出努力，擁有那種能力。另外一種是「司機知識」，掌握鸚鵡學舌的技巧，他們可能有漂亮的髮型，聲音很動聽，能給人留下深刻的印象；但其實他們擁有的，是偽裝成真實知識的司機知識。我想我剛才形容的其實是美國所有的政客。（聽眾鼓掌……）當你一輩子努力成為擁有普朗克知識的人，避免成為擁有「司機知識」的人，你將遭遇許多問題，遇到許多與你作對的龐大勢力。

勤奮與節儉的價值

從某種程度上來說，我這一輩的人辜負了你們，我們給你們留下爛攤子，現在加州的立法機構裡面，大多數議員是左派的白癡和右派的白癡，這樣的人愈來愈多，而且沒有一個人是可以被請走的。這就是我這一輩的人為你們做的事。但是，你們不會喜歡太過簡單的任務，對吧？

另外一件我發現的事情是，**如果你真的想在某個領域出人頭地，那麼必須擁有強烈的興趣**。我可以強迫自己把許多事情做得相當好，但我無法將沒有強烈興趣的事情做到非常出色。從某種程度上來說，你們也跟我差不多。因此，如果有機會，要想辦法去做你們有強烈興趣的事情。

還有就是，你們一定要非常勤奮才行。我非常喜歡勤奮的人，我這輩子遇到的合夥人都極其勤奮。我想我之所以能夠和他們合夥，部分因為我想努力做到能與他們匹配，部分因為我很聰明的選擇了他們，還有部分原因是我運氣好。我早期曾有兩位合夥人，他們在大蕭條期間合資成立一家建設公司，達成很簡單的協議：「這是兩個人的合夥公司，」他們說：「一切平分。如果我們沒有完成對客戶的承諾，我們就要每天工作十四個小時，每星期工作七天，直到趕上進度為止。」不用說你們也知道，這家公司經營得

蒙格語錄

這是一句你的投資顧問可能會反對的實話：如果你已經相當有錢，而別人的財富增加速度比你更快，比如說，靠投機股賺了錢，但那又怎樣呢？總是會有人的財富增長速度比你快的，這並不可悲。

看看道肯米勒（Stanley Druckenmiller，管理索羅斯的基金，曾因投機高科技和生技股而嚴重虧損）吧：他總是必須做第一名，無法忍受有人在這些領域擊敗他。

索羅斯無法忍受有人從科技產業賺錢而自己沒賺到，因而虧得一塌糊塗。但我們根本就不在乎（別人在科技產業中賺了錢）這種事。

很成功，我那兩位合夥人備受尊崇。這種簡單的老觀念，幾乎保證能得到很好的結果。

另外一個要應付的問題是，人生可能遇到沉重、不公平的打擊。有些人能挺過去，有些則不能。我認為愛比克泰德的態度，能夠引導人們做出正確的反應。他認為，生活中的每一次不幸，無論多麼倒楣，都是一個磨練的機會。每一次不幸，都是汲取教訓的良機。人們不應該在自憐中沉淪，而應該利用每次打擊來自我提升。他的觀點是非常正確的，影響了最優秀的羅馬帝國皇帝馬可·奧里略[3]以及之後幾百年的許多人。你們也許記得，愛比克泰德自擬的墓誌銘：「這裡安葬著愛比克泰德，一個奴隸，身體殘疾，極其窮困，卻蒙受諸神的恩寵。」嗯，現在愛比克泰德就是這樣被銘記的：「蒙受諸神的恩寵。」說他蒙受恩寵，是因為他變成智者，變成頂天立地的男子漢，而且教育其他人，包括他那個時代和之後許多世紀的人。

我還有個道理，想簡單的說說。我的爺爺蒙格曾是他所在城市唯一的聯邦法官，他擔任這個職位長達四十年之久，我很崇拜他，名字也跟他一樣。我對他非常孝順，剛才自己還在想：「蒙格法官看到我在這裡會很高興的。」爺爺去世許多年，我認為自己有責任接下棒子，傳達他的價值觀。他的價值觀之一是，節儉是責任的僕人。蒙格爺爺擔任聯邦法官時，聯邦法官的遺孀是得不到撫恤金的。因此，如果他不存錢，我奶奶將變成淒涼的寡婦。除此之外，家有積蓄也能讓他提升服務品質。由於他是這樣的人，所以終生量入為出，為遺孀留下舒適的生活環境。

但他的節儉還有別的功勞。我爺爺還在世時，那是三十年代的事了，我叔叔的小銀

3 馬可·奧里略 Marcus Aurelius, 121-180
羅馬帝國「五賢帝時代」最後一個皇帝，於一六一至一八〇年間在位。他不但是一個很有智慧的君主，也是很有成就的思想家，有以希臘文寫成的《沉思錄》傳世。

查理·蒙格法官

查理·蒙格法官（Judge Charles Munger, 1861-1941），美國內戰前夕出生於俄亥俄州，父母是居無定所的農民和學校教師。儘管出身寒微，但在父母的努力以及自己的勤奮學習下，獲得良好教育。一九〇七年被羅斯福總統任命為美國聯邦地區法官，以不懈鑽研法律、簡潔而清晰的司法觀點聞名（有關查理·蒙格法官拯救銀行之事，可參見第一章）。

行倒閉，如果沒有外力的援助，將無法重新開業。爺爺用他三分之一的優質資產，去交換那家銀行的劣質資產，進而拯救了它。我總是記得這件事，讓我想起豪斯曼[4]的一首短詩，那首詩好像是這樣寫的：

別人的想法
是飄忽不定的，
他們想著和戀人幽會
想走大運或出大名。
我總是想著麻煩，
我的想法是穩重的，
所以當麻煩來臨時
我早已做好準備。

你很可能會說：「誰會在生活中，整天期待麻煩到來啊？」其實我就是如此。在這漫長的一生中，一直都在期待麻煩的到來。現在我已經八十四歲，就像愛比克泰德一樣擁有蒙受恩寵的生活。我總是期待麻煩的到來，準備好麻煩來臨時，如何對付。這並沒有讓我感到不安，這根本沒有任何壞處。事實上還有很大的幫助，所以，我要把豪斯曼和蒙格法官的道理傳授給你們。

4 **豪斯曼**
A. E. Housman, 1859-1936
英國古典文學學者以及詩人。

信任是最好的制度

由於在你們將要從事的行業中，有大量的程序和繁文縟節，我想要告訴你們的最後一個道理是，複雜的官僚制度，並非文明社會的最佳制度。更好的制度是一張無縫的、非官僚的信任之網。沒有太多稀奇古怪的程序，只有一群可靠的人，他們彼此之間有正確的信任。那是妙佑醫療中心[5]手術室的運作方式。如果那裡的醫生像律師一般，訂定許多像法律程序那麼繁瑣的規矩，將會有更多的病患死於非命。因此，當你成為律師，永遠記得，雖然在工作中要遵守程序，但不用總是被程序牽著鼻子走。在生活中，應該追求的是盡可能培養一張無縫的信任之網。如果你們擬定的婚前協議書長達四十七頁，那麼我建議你們這婚不結也罷。（聽眾大笑……）

好了，在畢業典禮上，講這麼多已經夠啦。我希望這些老人的廢話對你們有用。最後，我想用《天路歷程》中，那位真理劍客年老之後，唯一可能說出的話，來結束這次演講：「我的劍留給能揮舞它的人。」

5 妙佑醫療中心
Mayo Clinic
總部位於明尼蘇達州羅徹斯特市的美國知名非營利醫療機構。

「我的劍留給能揮舞它的人。」

一六七八年出版的《天路歷程》，是約翰．班揚（John Bunyan, 1628-1688）所著的寓言故事，被視為英語文學中最重要的作品之一。《天路歷程》描寫主角在夢中跟隨一位基督徒，走過許多虛擬的地方：萬念俱灰之沼澤、美不勝收之宮殿、卑賤低下之山谷、死神陰影之山谷、虛榮浮誇之市集，以及猶疑猜忌之城堡，最終到達他要尋找的天空之城。真理劍客是一位武功高強的朝聖者，獨力打敗三個匪徒，在那位基督徒快要到達終點時，加入他的朝聖之路。

我沒有什麼要補充的……

有時候，蒙格會向他的聽眾提出一個很難回答的問題，或者被問到這樣的問題，卻置之不理。他說他這麼做是為了鼓勵聽眾親自去「尋找」答案，從而更能理解和掌握他們發現的資訊。蒙格說他父親從前常常對他使用這種技巧，讓他一生受用不盡。

為了履行透過這本書來展現蒙格的智慧和妙語的承諾，我們覺得有責任和義務來回答蒙格長久以來留給我們去「尋找」答案，然而我們又未能徹底掌握的謎團和問題。我們先從一九九四年十月六日蒙格在哈佛教職員俱樂部發表題為〈人類誤判心理學〉的演講時的一個問題開始：

問：你提到巴菲特對待公開競拍的原則是「別去」。還說：我們也不參加封閉式投標拍賣，不過那是出於另外一個原因，一個薩克豪瑟（Richard Zackhauser）會理解的原因。

答：薩克豪瑟是哈佛教授，也是橋牌高手。封閉式投標拍賣的問題與公開競拍不同，贏得拍賣的往往是那些犯了技術錯誤的人，殼牌（Shell）花兩倍價錢買下貝爾里奇油田（Belridge Oil）的情況就是如此。在公開競拍會上，你付的價錢不應該是你對手的兩倍。你不會遇到這樣的問題，但你會遇到別的問題。封閉式拍賣容易讓人犯下定錯價的失誤。

問：你在〈人類誤判心理學〉中提到一個陌生的例子，你說有個拉丁美洲國家的改革者運用心理學，而不是經濟的補救措施，改變了一個極其腐敗的市場系統。你能告訴我們那個國家的名字，並提供更多細節嗎？

蒙格辦公室的電腦從來沒有開過，布滿灰塵。

答：哦，是的——我看到這個好玩的故事，不是在經濟學著作中，而是在一篇心理學論文裡面。我可以從我的檔中把這篇論文找給你，不過那樣太費事了，所以我不想找。

問：為了理解總體的經濟環境，你通常監控哪些總體的統計資料呢？或者說你覺得哪些資料比較有用呢？

答：我覺得都沒有用。我只是密切關注波克夏的各家子公司，常常閱讀商業報紙和雜誌而已，由此我能接觸到大量宏觀層面的東西。我發現只要這麼做，就足以瞭解宏觀層面正在發生什麼情況了。

問：許多人問我，有沒有傻瓜也能懂的辦法，可以確保有足夠的錢花用，不必為退休後的生活發愁？我總是設法逃避這些問題。（編者：但是這次，蒙格，你逃不掉啦。）

答：量入為出，養成儲蓄的習慣。把存起來的錢放進一個延期納稅帳戶。日積月累，它就會變成一大筆錢。這就是傻瓜也能明白的辦法。

問：你用電腦嗎？

答：不用。我辦公室有一台，但沒有打開過。事實上，我甚至不知道如何給它接上電源。

在生活中，我沒有遇到太多用我那個四十美元的計算機，和那張破舊的複利表不能解決的問題。

問：你會彈鋼琴嗎？

答：我不知道。我沒彈過。

蒙格的資料櫃，是他思維模型框架的基地。

第十一講

就在本書即將出版時，蒙格說他想對一篇我們選中很重要的演講稿「人類誤判心理學」，進行「細微的修改」，讓這篇文章能夠反映他對這個主題的最新想法。我們沒有料到蒙格的「細微」修改其實差不多是徹底重寫，增加了大量的新材料，而且是在本書預定出版時間的最後一刻才改完。這篇演講稿全面呈現了蒙格在「行為財務學」方面的原創理論，現在「行為財務學」已經蓬勃發展成為一門自成體系的學科。正如參加講座的唐納德．霍爾（Donald Hall）所說的，「查理早在行為財務學這個名稱被發明之前，就提出了這門學科的主要觀點。」

蒙格還強調了各種認知模式的重要性，這些模式可以用來理解人們的理性行為和非理性行為。他和我們分享了導致人類做出誤判的二十五種標準成因清單，其中不乏令人驚喜、具創造性的真知灼見，正如蒙格所景仰的史上偉大思想家一樣。他還強調了各種心理性誤判成因結合起來所產生的「魯拉帕路薩」的力量。

蒙格這篇傑作探討了我們某些行為的成因，是專為《窮查理的普通常識》而寫的。我們希望讀者在人生和事業中能成功應用這些道理。

蒙格將三次演講的內容，整併成一篇從未發表的演講稿，二〇〇五年重作修訂，並增加大量新材料，這三次演講分別是：

一、一九九二年二月二日，在加州理工學院教職員俱樂部布雷（Bray）講座；

二、一九九四年十月六日，劍橋行為研究中心邀請，於哈佛教職員俱樂部；

三、一九九五年四月二十四日，劍橋行為研究中心邀請，於波士頓港酒店。

二〇〇五年，蒙格全靠記憶，在沒有任何人的協助下，對這篇講稿做了大刀闊斧的修改。蒙格認為八十一歲的他能夠比十年前做得更好，原因有兩個：一、當時他的知識沒有如今豐富，而且因為生活忙碌而過於匆忙定稿；二、當時他是依據粗略的筆記進行演講，而現在是對演講稿進行修改。

人類誤判心理學

在我閱讀十五年前心理學講座的講稿時，我覺得現在的我可以寫一篇邏輯性更強，但是篇幅也更長的「演講稿」，將以前講過的大部分內容都含括在內。

但我立刻發現這麼做有四個缺點。

第一，由於我在撰寫這篇更長的「演講稿」時更追求邏輯完整性，所以和先前的演講稿相比，顯得更加枯燥難懂。這是因為我為那些心理傾向所下的定義，會讓人想起心理學教科書和歐幾里得。誰會在閱讀教科書或者重讀歐幾里得中找到樂趣呢？

第二，我只在十五年前瀏覽過三本心理學教材，對正式心理學的瞭解就這麼多，所以基本上並不瞭解後來學院派心理學取得什麼進展。然而，在這篇更長的演講稿中，我將會對學院派心理學提出許多批評。這種班門弄斧的做法肯定會引起許多心理學教授反感，若是發現我有錯誤之處，他們會非常高興，說不定還會寫文章來批評，以此回應我對他們的批評。我為什麼會在意新的批評呢？嗯，誰喜歡與擁有資訊優勢的尖刻批評家結下新的梁子？

第三，這篇更長的文章，肯定會讓某些本來喜歡我的人感到不滿。他們不但會對文風和內容提出異議，還會覺得我是個目中無人的老頭，對傳統智慧不夠尊敬，大言不慚談論一門他從來沒有上過課的學問。我在哈佛大學法學院的老同學艾德．羅斯柴爾德（Ed Rothschild）總是把這種大言不慚稱為「鞋扣情結」（the shoe button complex）。這個名字來自他的一位世交，那人在鞋扣行業取得領先地位之後，不管聊到什麼話題總是一副無所不知的口氣。

第四，我也許會讓自己看來像個傻瓜。

儘管考慮到這四個缺點，我還是決定發表這篇內容增加甚多的文章。這幾十年來，我基本上只做我有把握能夠做好的工作和事情，而現在我卻選擇了這樣的行動，而這：一、非但不會給我個人帶來多大好處；二、有可能讓我的親人和朋友感到痛苦；三、更有可能讓我自己丟人現眼。我到底為什麼要這樣做呢？

這也許跟性格有關，我向來喜歡指出和談論傳統智慧中的錯誤。雖然這些年來自己因為這種脾氣而吃了不少苦頭，但是江山易改，本性難移，我並沒有因此改掉自視過高的性格。

做這個決定的第二個原因是，我贊成第歐根尼[1]的說法。第歐根尼說過：「從來不得

1 第歐根尼
Diogenes, 412-323BC
希臘哲學家，力行儉僕與崇尚自由的生活方式。

罪人的哲學家有什麼用呢？」

第三個原因是最重要的。我愛上了這種編排心理學知識的方法，它一直以來對我很有用。所以在蒙主寵召之前，我想在某種程度上仿效三位人物，給世人留點東西。這三位人物分別是：約翰・班揚的《天路歷程》的主角、班傑明・富蘭克林，以及我的第一位雇主，恩尼斯特・巴菲特。班揚筆下的人物，也就是那位外號「真理劍客」的騎士，在臨終時留下這樣的遺囑：「我的劍留給能揮舞它的人。」跟這個人一樣，只要我曾經試圖正確地對待我的劍，就不在乎我對它的讚美是對還是錯，也不在乎別人並不願意使用，或者使用之後發現根本沒有用。對我助益極大的富蘭克林，為世人留下了他的自傳《窮理查年鑑》和許多資產。恩尼斯特也盡他最大的努力，同樣留下了「如何經營雜貨店，以及我瞭解的一些垂釣知識」。他的遺贈發揮作用是不是最大，我在這裡就不多說。但我想告訴大家的是，我認識恩尼斯特・巴菲特的四代後裔，我對他們的瞭解，促使我決定仿效他們的先人。

我早就對標準的思維錯誤非常感興趣。

然而，在我受教育的年代，非臨床心理學在解讀人類誤判的貢獻，完全遭到主流社會的漠視。當時研究心理學的人非常少，只有一群自得其樂的教授。這種故步自封的情況自然造成許多缺失。

所以呢，我從加州理工和哈佛法學院畢業時，對心理學是完全無知的。這些教育機構並沒有要求學生掌握這門學問。學校根本就不瞭解心理學，當然更無法將心理學和其他學科整合起來。此外，這些機構就像尼采筆下那個以瘸腿為傲的人物，因為能刻意避開「混亂的」心理學和「混亂的」心理學教授而感到光榮。

很長一段時間裡，我和大家一樣，有這種無知的想法。其他許多人也是。例如，加州理工學院長年只有一位心理學教授，他自稱「心理分析研究教授」，為學生開設「變態心理學」和「文學中的心理分析」，看到這樣的情況，我們會怎麼想呢？

離開哈佛不久，我開始了漫長的奮鬥，努力掌握一些最有用的心理學知識。今天，我想報告我這次追求基本智慧的漫長奮鬥，並簡要陳述最後的心得。之後，我將會舉一些鮮明而有趣的例子，說明心理學知識的用處，以及如何解決人類心理的問題。最後我將針對曾講過的內容提出一些普遍問題並解答。這將會是一次很長的演講。

在我開始當律師時，很相信基因進化論，也知道人類與認知能力較低的動物和昆蟲之間，有許多相似之處，這是物種進化造成的。我明白人是「社會動物」，會觀察周圍人的各種行為，並受到影響。我還知道人類就像被馴養的動物和猴子，也生活在一種階級結構中，傾向於尊重當權者，喜歡和同一階層的成員合作，同時對比自己低階的競爭者，表現出極大的不信任和不喜歡。

但這種以進化論為基礎的理論架構太過粗略，不足以應付我在現實生活中遇到的問題。很快的，我發現自己身邊出現各種我無法理解的現象。於是我終於明白，要解決生活中的各種問題，必須擁有更好的理論架構，才能解釋我的所見和經驗。長久以來，我一直渴望學習更多理論。部分因為我總是喜歡把理論當作破解難題的工具，同時滿足自己猴子般的好奇心；部分因為我發現理論架構非常有用，能夠幫助人得到想要的東西。

這道理是我從小讀書時發現的。當時我利用理論，輕輕鬆鬆就拿到好成績；而別人即使花了很大力氣去學習，卻還是不及格。我認為更好的理論對我來說總是有用的，如果能掌握，就能更快獲得財富和獨立，以及我所熱愛的一切。所以我慢慢培養了自己的心理學體系。在這過程當中，我靠的是自學，這多少有點像富蘭克林，還有那個托兒所裡的故事展現出來的決心：「『那我就自己來吧，』小紅母雞說。」

在追求知識的過程中，有兩種思維習慣對我影響很大。第一，透過偉大的代數數學家雅各比提倡的逆向思維來思考問題。雅各比說過：「反過來想，總是反過來想。」我通常會先蒐集各種錯誤判斷的例子，仔細思考如何避免這些下場，由此得到正確的判斷。第二，因為熱中於蒐集誤判例子，所以我完全不管不同行業、不同領域之間的界線。畢竟，既然各個領域充斥著顯而易見的愚蠢事例，為什麼還要在自己的世界裡搜尋某些無足輕重的新蠢事呢？除此之外，我已經明白，**現實世界的問題不會恰好落在某個學科的界線之內，總是跨越了彼此界線**。如果兩件事物的關係密不可分，只考慮其中一個而無視另外一個，那麼這方法是大有問題的。我擔心，如果用這種方法解決問題，最終就會像路易斯[2]的名言所說的：「沒有腦袋，只有一個頂上長著頭髮的脖子。」

後來，純粹的好奇心驅使我去思考邪教的問題，那些毀形滅性的邪教，通常只需要一個長週末，就能把完全正常的人變成被洗腦的行屍走肉，並永遠讓他們保持那種狀態，他們是怎麼做到的呢？原因是什麼呢？我覺得如果透過大量的閱讀和反覆思考，應

2 **約翰・路易斯**
John L. Lewis,1880-1969
美國勞工領袖，於一九二〇年到一九六〇年擔任美國聯合礦工工會主席。

3 **雅各・維納**
Jacob Viner,1892-1970
加拿大籍經濟學家，芝加哥學派主要導師，也是經濟思想史大師。

該能完全解答這個問題。

我也對社會性的昆蟲很好奇。有生育能力的雌蜂和有生育能力的雌收穫蟻，牠們只要在空中進行一次群交，彼此就能將壽命延長整整二十倍，這種事情總是令我著迷不已。螞蟻的高度進化也讓我入迷，它們形成了幾種簡單的行為規範：同一群體的螞蟻會合作無間，而對群體外的螞蟻，哪怕是同類，則幾乎總表現出致命的敵意。

像我這麼熱愛學習的人，到了中年本來應該翻開心理學教材，但卻沒有，這證實了那句德國諺語所言不假：「我們老得太快，聰明得太慢。」我後來發現，沒有去讀當時教科書上介紹的學院派心理學，可能是件幸運的事情。那些教科書無助於我理解邪教，而蒐集心理實驗的教科書作者，就像蒐集蝴蝶標本的小男孩，只想蒐集更多的蝴蝶，和其他蒐集者有更多的接觸，根本不想對已經擁有的標本進行綜合研究。我後來看了那些心理學教科書，讓我想起偉大的經濟學家雅各．維納[3]說過的一句話。他說許多學者就像松露獵犬，人們餵養和訓練它來尋找地下的塊菌，除了這項專長，它什麼都不會。那些教科書花了數百頁篇幅，探討先天和後天因素對人類的影響，可是他們所用的思考方式是極其不科學的，真讓人吃驚。

我發現大多數心理學入門書並沒有正確處理一個基本問題：各種各樣的「心理傾向」對生活的交互影響。而那些作者卻對釐清心理傾向的交互作用，及其如何造成複雜的後果，避而不談。這有可能是因為作者不希望把教材寫得太複雜，以免沒有人敢投入他們的行列。他們做得不夠好，也有可能是出於薩繆爾．約翰遜所說的原因：曾經有位女士問約翰遜，是什麼原因導致他的詞典把「pastern」（馬蹄腕）這個詞的定義給弄錯了。約翰遜的回答是：「純粹的無知。」最後，那些教科書作者也沒有興趣討論該用哪些標準的辦法，去對付心理因素造成的標準蠢事，所以他們恰恰避開了我最感興趣的話題。

學院派心理學雖然有許多缺點，但也有一些非常重要的優點。我在廣泛閱讀的過程中，看到一本叫《影響力》的書。這是本通俗讀物，作者是傑出的心理學教授羅伯特．西奧迪尼，任教於規模非常大的亞利桑那州立大學。西奧迪尼設計大量巧妙的實驗，讓人利用人類思維的缺陷，操縱別人做出傷害自己利益的事，西奧迪尼對這些實驗進行了描述和解釋，並因此在非常年輕時就榮任終身董事講座教授。

我立刻給我的孩子每人寄了一本西奧迪尼的著作，還送給西奧迪尼一股波克夏的A級股票（編按：二〇一一年四月時股價約為十二萬美元），感謝他為我和社會做出貢獻。西奧迪尼這本社會心理學大作賣出了幾十萬冊，這是很了不起的，因為西奧迪尼並沒有宣稱他的書將會改善你的性生活或讓你發財。

許多讀者買西奧迪尼這本書，是因為他們跟我一樣，想知道怎樣才不會常常被推銷員騙了。然而，正直的西奧迪尼沒想到，很多業務員也買了他的書，想知道怎樣才能更有效誤導顧客。下面我會談到激勵機制引起的認知偏誤，我希望不會有人將我的理論用於不正當的目的。

在西奧迪尼這本書的驅動下，我很快瀏覽了最廣為流行的三本心理學入門書。在此期間，我還進行嚴謹的思考，想把以前的訓練和經驗整合起來。蒙格的「非臨床、非先天後天對立的非發展心理學」就這樣誕生了。許多理論是從它們的發現者那裡借用來的，我甚至不知道其中大多數人的名字，但我通常會給它們配上新的表述和標題。因為我沒有去查證資料，而是怎樣回憶起來就怎麼寫，然後再進行修改，以便能很方便地應用這些理論，來避免犯錯。

在開始綜述我的理論之前，先來講一個有助於理解後面內容的觀點。這個觀點是從我們對社會性昆蟲的瞭解中萃取出來的。這些昆蟲完美地證明神經細胞在進化過程中固有的局限，昆蟲的整個神經系統細胞通常只有十萬個左右，而人類光是大腦細胞就有上百億個。

螞蟻和人類一樣，都是由活體結構加上神經細胞中的行為程式組成的。就螞蟻而言，其行為程式只有少數幾種，而且幾乎完全來自遺傳。螞蟻能夠根據經驗學到新的行為，但大多數時候，它只能根據神經系統中設定好的程式，對十種左右的神經刺激做出幾個簡單的反應。

因為螞蟻的神經系統功能很有限，自然使它的行為系統也很簡單而受限。例如，有一種螞蟻，在蟻穴裡嗅到螞蟻屍體散發出的外激素時，就會合力把屍體運出蟻穴。偉大的哈佛大學教授威爾森做過一個非常出色的心理學實驗，他將死螞蟻分泌的外激素塗在一隻活螞蟻身上。毫無意外地，儘管這隻小螞蟻在整個過程中不斷踢腿掙扎，它的同伴仍然把它活生生拖出蟻穴。這就是螞蟻的大腦，反應程式特別簡單，在許多情況下，只會生搬硬套地根據程式做出機械反應。

另外一種螞蟻則證明，有限的大腦不但容易被環境欺騙，也可能遭到其他生物操控。這種螞蟻的大腦有一種簡單的行為程式，引導它們在行進時跟著前方的同伴走。如果把行進中的蟻群弄成一個圓圈，它們有時會不停走下去，直到死亡為止。

有個道理在我看來是很明顯的：由於存在許多過度簡化的思維程式，人類大腦的運轉必定和螞蟻一樣，常常出現問題；只是人類試圖解決的問題要難得多，至少螞蟻不必設計飛機。

人類的知覺系統清楚證實大腦的確會失靈。人是很容易受到愚弄的，無論是人類精心設計的騙局，還是偶然出現的環境因素，抑或人們刻意習得有效的控制術，都很容易就讓人上當。導致這種結果的原因之一，是人類感知中的「微量效應」：如果刺激被維持在一定水準之下，便察覺不到它的存在。因為這樣，魔術師能夠在黑暗中做一招虛張聲勢的動作，然後讓自由女神像消失。觀眾並不知道，雕像其實被置於一個緩慢旋轉的平台上，因為轉得非常慢，以致沒有人能夠察覺。當平台上的圓形黑簾幕一拉上，自由女神就像是不見了。

即使在有所知覺時，人類的大腦也會錯估感知到的東西，因為大腦只能感知到明顯的對比，無法像科學儀器那樣精密地感知到變化。

魔術師證明人類神經系統確實會因為對對比的感知而誤判。他們還能在你毫無察覺的情況下摘掉你的手錶。他摘手錶時，如果只接觸到你的手腕，你一定會感覺到；但他同時還觸碰了你身體的其他地方，而且透過施加更高的力道造成強弱對比，讓你感覺不到他在你手腕上的施力。

有些教授喜歡用實驗來證明對比引起的感知缺陷。他們讓學生把一隻手放進一桶熱水裡，另一隻手伸進一桶冷水，然後突然要求學生把雙手放進一桶常溫的水裡。讓學生一隻手感覺好像剛放進冷水，一隻手感覺好像剛放進熱水。當人們發現有溫度計為證下，單純的對比就能輕易地欺騙感知，並意識到認知和感知一樣，也會受單純的反差所騙，那麼他不但懂得魔術師是如何愚弄觀眾，也領悟了生活是如何作弄人。人類的感知和認知系統中，那些看似有用的傾向往往會誤導你，如果不加以提防，很容易就會受到別人的操控。

導致人類經常出錯、但通常很有用的心理傾向相當多，而且相當不同。大量的心理傾向導致的結果，就是社會心理學的重要原理：認知往往取決於情境，所以不同的情境通常會引起不同的結論，哪怕是同一個人在思考同一個問題時也是如此。

有了螞蟻、魔術師和這條社會心理學的重要原理做開場，接下來我想簡單列出通常很有用，但也經常誤導人的心理傾向。後面我們再來詳細討論每種傾向引發的錯誤，及如何避免犯錯，並進行總體的討論。以下是這些傾向：

一、獎勵和懲罰超級反應傾向（Reward and Punishment Superresponse Tendency）

二、喜歡／熱愛傾向（Liking/Loving Tendency）

三、討厭／憎恨傾向（Disliking/Hating Tendency）

四、避免懷疑傾向（Doubt-Avoidance Tendency）

五、避免不一致性傾向（Inconsistency-Avoidance Tendency）

六、好奇傾向（Curiosity Tendency）

七、康德式公平傾向（Kantian Fairness Tendency）

八、羨慕／妒忌傾向（Envy/Jealousy Tendency）

九、回饋傾向（Reciprocation Tendency）

十、簡單聯想誤導傾向（Influence-from-Mere-Association Tendency）

十一、簡單的、避免痛苦的心理否認（Simple, Pain-Avoiding Psychological Denial）

十二、自視過高傾向（Excessive Self-Regard Tendency）

十三、過度樂觀傾向（Overoptimism Tendency）

十四、被剝奪超級反應傾向（Deprival-Superreaction Tendency）

十五、社會認同傾向（Social-Proof Tendency）

十六、對照誤導傾向（Contrast-Misreaction Tendency）

十七、壓力影響傾向（Stress-Influence Tendency）

十八、易取得性誤導傾向（Availability-Misweighing Tendency）

十九、不用就忘傾向（Use-It-or-Lost-It Tendency）

二十、毒品誤導傾向（Drug-Misinfluence Tendency）

二十一、衰老誤導傾向（Senescence-Misinfluence Tendency）

二十二、權威誤導傾向（Authority-Misinfluence Tendency）
二十三、廢話傾向（Twaddle Tendency）
二十四、師出有名傾向（Reason-Respecting Tendency）
二十五、魯拉帕路薩傾向（Lollapalooza Tendency）——數種心理傾向共同作用造成極端後果

一．獎勵和懲罰超級反應傾向

最先討論這個傾向，是因為每個人都自以為完全明白激勵機制和懲罰機制，在改變認知與行為方面有多麼重要，但真相並非如此。例如，我自認成年以來，對於理解激勵機制的威力，比九五％同齡者要好；然而我總是低估那種威力。每年總會有些意想不到的事情，促使我對激勵機制的超級威力有更深體會。

說到激勵機制的威力，在所有案例中，我最欣賞聯邦快遞。聯邦快遞系統的核心和精神是保證貨物按時送達，必須在三更半夜讓所有飛機集中到一個地方，然後把貨物快速轉發到各架飛機上。若有哪個環節延誤了，就無法及時把貨物送到客戶手裡。曾有一段時間，夜班工人總是無法按時完成工作。他們對工人動之以情、曉之以理，嘗試了各種各樣方法，但就是沒效果。最後有個人終於想通了：公司並不希望員工工作的時間愈長愈好，而是希望他們快速、無差錯地完成任務，所以按照時數來支付夜班薪水的做法是很傻的。如果改成按照班次來計算薪水，並允許夜班工人在把所有貨物裝上飛機之後

提早下班，那麼遞送系統會運轉得更好。你瞧，這種方法果然奏效。

約瑟夫・威爾遜[4]早期在全錄（Xerox）也遇到相同問題。他那時已離開全錄轉任公職，但不得不回鍋救火，他無法理解為什麼全錄的新機器，總是賣得比性能欠佳的舊機器還差。回到全錄之後，才發現原來業務員的佣金協議書中，賣掉舊機器才能抽很高的佣金；在這種偏差的激勵機制推動下，舊機器當然賣得比較好。

還有馬克・吐溫那隻貓的案例。那隻貓被熱火爐燙過之後，以後不管火爐是冷是熱，它是再也不願意坐在火爐上了。

我們還應該聽取富蘭克林的建議。富蘭克林在《窮理查年鑑》中說：「如果你想說服別人，要訴諸利益，而非訴諸理性。」這句睿智的箴言，引導人們在生活中掌握一個重要而簡單的道理：當你該考慮動用激勵機制時，不必考慮其他事情。我認識一個非常聰明的法律顧問，曾在一家大型投資銀行任職，從來沒犯錯，卻丟掉了工作，因為他忽略了富蘭克林這句箴言中蘊含的教訓。這位顧問沒能成功說服客戶，他對客戶說，你有道德責任去做某件事。在這一點上，顧問雖沒有錯，可是他沒有告訴客戶，如果不依照他的建議去做，客戶會陷入萬劫不復之地。結果，這位顧問和他的客戶都丟了飯碗。

我們也應該記住蘇聯共產黨的下場。蘇聯共產黨對於激勵的超級威力完全無知，結果造成什麼情況呢？有個蘇聯工人這麼說：「他們假裝給薪水，我們假裝在工作。」也許最重要的管理原則就是「制定正確的激勵機制」。

但是太過強調激勵機制的超級威力也有缺點。哈佛大學心理學教授史金納就因為過

4 約瑟夫・威爾遜 Joseph c. Wilson, 1909-1971 美國全錄公司創辦人、慈善家。

度強調激勵機制而鬧了個笑話。史金納曾是世界知名的心理學教授，能夠取得這種如日中天的地位，部分原因在於，他早年別出心裁利用老鼠和鴿子做實驗，得到驚人且重要的結果。和其他方法相比，他所用的激勵法能夠引發更多的行為改變，也能更有效讓老鼠和鴿子養成條件反射。他聲稱在教育兒童或管理員工方面，獎勵你不希望的行為是極其愚蠢的。藉由食物獎勵，他甚至如願地讓鴿子培養出強烈迷信。他再三證明自然界存在一種重複出現且普遍的行為公式：「重複有效的行為」。他還證明在改變和延續行為方面，即時的回饋遠比延遲回饋有效。在老鼠和鴿子於食物獎勵下養成條件反射之後，他又發現，能夠使反射行為維持最久的方式是，隨機的撤銷獎勵模式。

史金納認為，這已經能充分解釋人類明知十賭九輸，卻還忍不住要賭博的原因。但是，正如我們在後面討論導致濫賭行為的其他心理傾向時，將會發現史金納只說對了一部分。史金納的個人聲譽後來江河日下，是因為：一、他過度強調激勵機制的超級威力，乃至誤以為以此就能創造出人間烏托邦，而且；二、他幾乎沒有認識到心理學其他部分的威力。因而他就像雅各・維納的松露獵犬，只會用激勵效應解釋一切。但話說回來，史金納的主要觀點是正確的：獎勵機制確實有強大的力量。他那些基礎實驗的結果會在實驗科學史上流芳千古。在他死後數十年裡，在治療兒童自閉症方面，他那種完全依賴獎勵的方法，的確比任何療法都有效。

我在哈佛法學院念書時，教授們有時會談起耶魯大學法學院某個像史金納那麼死心眼的教授。他們常說：「艾迪・布蘭夏德（Eddie Blanchard）這老兄真可憐，他還以為宣告式判決能夠治療癌症呢。」極度強調激勵機制的超級威力的史金納，恐怕跟這位耶魯法學教授差不多。我總是把這種只看片面，以致毀掉史金納聲譽的思維習慣稱為「鐵錘人傾向」，因為有句諺語說：「在手裡拿著鐵錘的人眼中，世界就像一根釘子。」連布蘭夏德和史金納這麼聰明的人也無法免於鐵錘人傾向，如果不注意，它也不會放過你的。在這篇演講稿中，我會經常提到鐵錘人傾向，因為正好有一些辦法，能夠有效減少這種心理傾向所造成的傷害。

激勵機制的超級威力會帶來另一個重要結果，就是我所說的「激勵機制引起的偏見」。某些受過教育而成為道德高尚的人，在激勵機制的驅動之下，卻有可能有意無意做出不道德行為，以便得到他想要的東西，而且還會找藉口，就像全錄公司那些為了得到高佣金，而不惜傷害顧客利益的業務員。

我很早就學會這個道理。故事發生在我祖父的故鄉，內布拉斯加州的林肯市。當地有個外科醫生，他年復一年地將大量的健康膽囊，送到該市最好醫院的病理實驗室。眾所周知，社區醫院的管理體系很不健全，以致這位醫生在多年之後才被革職。那位決定開除他的人，是我們家的世交，我問他：「難道這名外科醫生以為：『這麼做能顯示我的醫術很高明』，或『藉由切掉健康的膽囊來謀害幾個病人，能讓我有好日子過』？」我的朋友說：「不是這樣子的，查理。他認為膽囊是所有疾病的禍根，如果你真的愛護病人，就應該盡快把這個器官切除掉。」

這個例子很極端，但每個專業人士和每個人身上，或多或少都有這名外科醫生的認

蒙格語錄

一般基金的管理系統要求人們假裝去做他們做不了的事情，假裝喜歡他們不喜歡的事情。這種生活方式很可怕，卻能拿到很高的薪水。

知傾向，這會引發極其可怕的行為。就拿推銷商業地產和生意的掮客來說吧，我從沒見過一個有一點點客觀的經紀人；在漫長的一生中，我遇到過的管理顧問，沒有人不在他們的報告結束時寫上相同的建議：「這個問題需要更多的管理顧問服務。」由於激勵機制引起的偏見非常普遍，所以，人們往往必須懷疑，或者有保留地接受專業顧問的建議，哪怕這個顧問是一名工程師。一般的對策如下：一、如果顧問提出的專業建議對他本身特別有利，你就應該更加提防這些建議；二、在和顧問打交道時，學習和使用你的顧問所在行業的基本知識；三、複核、質疑，或者更換你得到的建議，除非經過客觀考慮後，這些建議看起來是合適的。

激勵機制導致人在做壞事時覺得自己是正當的，國防部的採購歷史也證明了這一點。從前國防部採購時簽署的都是成本加成合約（在成本加上一個比例的利潤作價），從而產生許多貪污舞弊的事情，這促使美國政府做出決定，國防部負責採購的官員簽署這樣的合約是違法的，而且犯的不是輕罪，而是重罪。

順便一提，雖然政府部門簽署成本加成合約，已經被正式定為重罪，但其他地方，包括許多律師事務所和大量的企業，依然採用一種成本加成的獎勵系統。在這種普遍的激勵模式之下，有些人受到激勵機制引起的偏見驅使，做出許多極其可怕的事。而這些行為不軌的人當中，有許多原本正派得足以讓你會很樂意和他結為親家。

人類大腦就是以這種方式運轉的，這裡面蘊含著幾個大道理。比如，收銀機的發明能夠使不誠實的行為難以得逞，所以對社會很有貢獻。正如史金納十分瞭解的，得到獎

蒙格語錄

選擇基金管理者愈來愈難了，因為人們發現，不少基金經理人接受賄賂，出賣了股東的利益。這就像某個人走過來說：「我們為什麼不把你母親殺死，然後瓜分她的保險金呢？」很多人說：「好啊，我正需要那筆保險金呢。」可能有許多人覺得自己被冤枉了。如果共同基金的監事是獨立的，那麼我就是俄羅斯波修瓦芭蕾舞團（Bolshoi Ballet）的首席男舞者。

勵的壞行為特別容易變成習慣。所以收銀機是一種偉大的道德工具。順便一提，收銀機的發明者派特森對此深有體會。他曾經擁有一家小商店，店裡的員工經常趁他不注意時偷錢，所以他從來沒賺到什麼錢。後來有人賣給他兩台收銀機，他的商店馬上開始盈利。派特森很快關掉商店，投入收銀機行業。他創辦的公司就是那家在當時叱咤風雲的安迅公司。派特森把「重複有效的行為」做為指南，獲得巨大成功。派特森的道德也很高尚，他脾氣古怪，但熱中慈善（不過他對競爭對手冷酷無情，把所有競爭對手都看作潛在的專利盜竊者）。派特森的口頭禪是「壽衣沒有口袋」，他和卡內基一樣，在離開人世之前，把大量財產捐作公益了。派特森的收銀機對文明貢獻非常巨大，在改善和推廣收銀機方面所做的工作也非常有效果，所以，他很可能配得起羅馬詩人賀拉斯[5]自撰的墓誌銘：「我並未徹底死去。」

由於員工會為了得到好處，而對自己糟糕的行為找理由的強烈傾向，所以除了派特森發明的手段以外，企業還需要其他對策。也許最重要的對策是採用合理的會計理論和會計實務。西屋電氣的案例剛好可以證明這一點。西屋電氣旗下有一家信貸公司，這家子公司放出許多和西屋電氣其他業務毫無關聯的貸款。西屋電氣的管理人員也許是因為妒忌奇異，所以想要從對外貸款中獲取更多利潤。西屋電氣的會計實務是這樣的，根據從前為自家子公司提供貸款的經驗，來為這些對外貸款提撥壞帳準備金，而它原來貸款給子公司，根本不太可能出現巨額壞帳。

有兩類特殊的貸款一定會給借款人惹來大麻煩。第一類是房地產開發商，貸款額度

蒙格語錄

在企業界，如果聘請的分析師在購併時勤奮的做調查，卻缺乏常識，那麼你就會掉進地獄。

往往高達建設經費的九五％；第二類是酒店的建築貸款。正常來講，如果有人願意按照酒店實際建築成本的九五％貸款給開發商，那麼利率應該比一般利率高很多，因為風險比一般貸款高。所以，按照合理的會計方法，在提撥金額占建築成本九五％的貸款給酒店開發商時，西屋電氣應該在財報中將這些貸款記為零利潤，甚至記為損失，直到許多年後把貸款收回來為止。但西屋電氣沒這麼做，而是把大筆貸款視同以前那些很少產生壞帳的貸款，把帳做得很漂亮，讓負責放貸的管理人員顯得很優秀，因為財務報表顯示貸款帶來極高收入。國際和外部的會計師也認可西屋電氣這種糟糕的做帳方法，因為他們的所作所為就像那首老歌所唱的：「誰給我麵包吃，我就為誰唱歌。」

結果西屋電氣虧損了數十億美元。這應該怪誰？怪那個從電冰箱部門調到公司高層，並突然決定貸款給酒店開發商的傢伙嗎？還是怪那些會計和其他高層管理者？他們對那種幾乎肯定會使信貸管理人員做出偏激行為的激勵機制坐視不管。我認為最應該受到指責的，是創造出這種會計系統的會計和高層管理者。這些人的所作所為，無異於運鈔公司突然決定不用武裝車輛押運現金，改讓手無寸鐵的侏儒，用敞開的籃子提著現金走過貧民窟。

我希望能夠告訴你們，這種事情以後再也不會發生，但實際情況不是這樣的。在西屋電氣東窗事發後，奇異電氣旗下的吉德．皮博迪投資銀行[6]採用一種愚蠢的電腦程式，讓債券交易員利用這種程式虛構出巨額利潤。從此以後，許多公司的會計工作變得更加糟糕了，也許最糟糕的例子就是安隆。

5 賀拉斯
Quintus Horatius Flaccus, 65-8BC
古羅馬詩人、批評家。其美學思想見於詩體長信《詩藝》。

6 吉德．皮博迪投資銀行
Kidder Peabody
一九八六年奇異電氣收購該行八〇％股份，一九九四年，該行因雇員的交易行為損失十二億美元，奇異電氣因此損失七億五千萬美元。

所以激勵機制引起的偏見是非常重要的，我們擁有非常重要的對策，比如說收銀機和合理的會計系統。但是當我在幾年前翻閱心理學書籍時，發現那些書雖然有一千頁那麼厚，卻很少談到激勵機制引起的偏見，對派特森或者合理的會計系統更是隻字不提。儘管世界許多偉大的文學作品早就描寫了不少這類故事，儘管企業界早就有了應付這種偏見的對策，但反正不知怎麼回事，心理學概論完全未討論。最後，我得出的結論是，如果有的事情在生活中極為明顯，但很難透過簡易、可重複的學術實驗得到證明，那些心理學的「松露獵犬」就會忽略。

有時候，其他學科對各種心理傾向的興趣，反倒比心理學教科書還要濃厚。例如，站在雇主立場思考問題的經濟學家，早就為激勵機制引起的偏見所產生的後果取了個名字：「代理成本」。從這個名詞就能看出，經濟學家知道，就像稻穀總是被老鼠吃掉一樣，雇主的利益總是因為員工不正當地以私利為優先而蒙受損失。因而雇主紛紛制定嚴格的內部審計制度，對敗露的行為進行嚴厲的公開懲處，引進防止鑽營的規章制度和收銀機等設備。站在員工的立場來看，激勵機制引起的偏見，促使雇主對他們進行壓迫：血汗工廠、危險的工作場所等等。為了解決這些問題，不但工會對雇主施加壓力，政府也採取了行動，包括制定工資和工時法規、工作場所安全規章、讓工人組織工會，以及完善的薪酬系統。看到勞資雙方由於激勵機制所引起的偏見而相互對峙，也就難怪中國人會提出陰陽對立的理論了。

這種偏見無所不在，造成一些普遍而嚴重的後果。例如，與有底薪的業務員相比，

蒙格語錄

（巴菲特和我）覺得我們這些非常幸運的人有責任回饋社會。至於是像我這樣在活著時捐贈大量的錢，還是像巴菲特那樣，先捐一點，（等去世之後）再捐很多，那是個人喜好的問題。我恐怕不喜歡人們整天向我要錢，巴菲特更無法忍受這種事。

單純拿抽成的業務員更容易做出不道德的事。從另一方面來說，無底薪的業務員工作績效會更加突出。因此，企業在制定業務員的薪酬制度時，往往面臨兩難的選擇。

自由市場資本主義這種經濟體系成功的原因之一，是避免了許多由激勵機制偏見造成的不良影響。能在自由市場的殘酷競爭中存活下來的資本家，均非等閒之輩，他們會防止企業出現任何浪費行為，因為這是生死攸關的事。畢竟，他們要在有競爭力的價格和成本之間爭取利差活下去，一旦成本高於營收，就難逃滅頂的厄運。如果用公務員來取代資本家，那麼市場經濟的總體效率將會大大降低，因為每個公務員在考慮為領那份薪水應該提供什麼服務，以及如何面對同儕競爭的壓力時，就容易受到激勵機制偏見的影響。

激勵機制偏見引起的另一個後果是，人們傾向於「鑽營」各種制度，在損人利己方面表現得極有創意。因此，幾乎所有制度設計都必須具備防鑽營的特性。制度設計還需要遵守這個指導原則：盡量避免獎勵容易作假的事情。然而我們的議員、法官，以及許多在明星大學受過教育的律師，卻往往忽略這個原則。社會因此付出巨大代價：道德風氣敗壞，效率低落，出現不公平的成本轉嫁和財富轉移。因此，如果高等學府提高教育品質，傳授更多的心理學知識，學生也能吸收更多心理學知識，那麼立法機構和法院將能設計出更好的制度。

當然，現在用來驅動人的主要獎勵是金錢。只要一個毫無實際價值的籌碼能固定換到一根香蕉，人們就可以訓練猴子為籌碼而工作，彷彿籌碼就是香蕉一樣。同樣道理，

蒙格語錄

我想向大家道歉。昨晚提到某些當代的商業巨頭時，我說：「當他們說話時，就是在說謊；當他們沉默時，就是在偷竊。」這句話不是我獨創的，很多年前就有人用來形容江洋大盜。

人類也會為了錢而工作，而且賣命地工作，因為金錢除了可以換到食物，還能換到許許多多美好的東西，擁有或花掉金錢通常也被拿來炫耀身分。此外，富人往往會因為習慣而更努力賺錢，儘管他早就不需要更多的錢。總之，金錢是現代文明的主要驅動力，這在非人類動物的行為中是沒有先例的。金錢獎勵也跟其他形式的獎勵混在一起。例如有些人花錢買身分，有些人靠身分撈錢，而有些人同時做這兩件事。

雖然金錢在各種獎勵中是最主要的，但並非唯一有效的激勵工具。人也會為了性、友誼、伴侶、更高的地位和其他因素改變行為和認知。

「祖母規矩」也證實獎勵是非常有效的。因為特別有效，所以我在這裡必須談到。你可以用這個規矩有效控制行為，哪怕你要的獎品是你已經擁有的。其實，許多心理學博士顧問仍經常要求企業管理者，用「祖母規矩」來管理日常行為，或藉此改善公司的獎勵系統。具體來說，祖母規矩就是要求孩子在吃甜點前，先把胡蘿蔔吃掉。應用在企業界，就是要求管理者每天強迫自己先完成不喜歡卻重要的任務，再以處理喜歡的任務做為獎勵。這種做法是明智而合理的。此外，這個規矩也可以應用在生活中。那些顧問這樣強調在生活中應用這種做法絕非偶然。因為根據史金納的教導，他們知道即時的獎勵是最有效的。

當然，懲罰也強烈地影響行為與認知，儘管彈性和效果不像獎勵那麼好。例如，以前在美國常見非法操縱物價的行為，遇到這種問題，政府往往是罰款了事。但自從有幾個知名企業高階管理者被送進聯邦監獄服刑後，操縱價格的行為就大大減少了。

蒙格語錄

押了那麼多錢，有人想要竄改財報也是很自然的。做這種事的人太多，就出現了「謝畢科效應」，即每個人都覺得自己的行為沒有錯，因為其他人也那麼做。事情總是這樣的。

現在，這種機制類似於連鎖信。由於和諸如創投之類的合法活動綁在一起，這種做法看起來冠冕堂皇。但我們正把冠冕堂皇和偷雞摸狗的活動攪在一起。所以我在波克夏的年會上說，如果把葡萄乾和大便攪在一起，得到的仍然是大便。會計學沒有辦法阻止道德敗壞的經營者從事連鎖信式的騙局。

陸軍和海軍部隊在利用懲罰來改變行為方面，做得很極致，這可能是因為需要士兵的絕對服從。大約在凱撒[7]時代，歐洲有個部落，每當集結號角響起時，最後一個到達的士兵就會被殺死，於是沒有人敢跟這個部落打仗；喬治・華盛頓（George Washington）則把少年逃兵吊死在四十呎高的地方，以此殺雞儆猴。

二・喜歡／熱愛傾向

在遺傳因素作用下，剛孵出來的小鵝破殼而出後，會「愛上」並跟隨第一個對它友善的生物，那幾乎總是它的母親。但是，如果小鵝孵出來那一刻，出現的並不是鵝媽媽，而是一個人，那麼小鵝將會「愛上」並跟隨這個人，把他當作自己的母親。

同樣的，人類的新生兒也是「天生就喜歡和熱愛」對他好的人。也許最強烈且出於天性、隨時會被誘發的愛，就是母親對孩子的愛。從另外一方面來說，老鼠同樣也有愛小老鼠的行為，但只要拿掉某個基因，老鼠的這種行為就會消失。這意味著老鼠媽媽和小鵝一樣，體內都有某種誘發基因。

就像小鵝，孩子們不僅會受天性的驅使去喜歡和愛，也會在父母家庭之外的社會群體中去喜歡和愛。現在這種極度浪漫的愛情，在人類的遠古時代是不可能出現的。我們早期的人類祖先絕對更像猿類，以非常原始的方式來挑選伴侶。

除了父母、配偶和孩子之外，還有什麼是人類天生就喜歡和熱愛的呢？嗯，人類喜歡和熱愛「被喜歡和被熱愛」。許多情場上的勝負皆因對方能否表現出特別的關懷和愛

7 凱撒
Galus Jullus Caesar, 100-44BC
古羅馬將軍及政治家，是將羅馬共和國建制為羅馬帝國的關鍵人物。

護，一般而言，人終身都渴望得到他人的憐惜和欣賞，而且是來自與他毫無關係的人。

一個由喜歡／熱愛傾向造成的實質後果就是，這成為一種條件反射工具，促使喜歡／熱愛中的人：一、忽略熱愛對象的缺點，對其百依百順；二、偏愛能夠讓自己聯想起熱愛對象的人、物和行為（這一點我們將會在「簡單聯想誤導傾向」中討論）；三、為了愛而扭曲其他事實。

喜歡／熱愛會引發傾慕，反之亦然。傾慕也會引起並且強化喜歡／熱愛傾向。這種「回饋模式」一旦形成，通常會造成極端結果，有時候會促使人為了幫助自己心愛的人而不惜故意自我毀滅。

喜歡／熱愛和傾慕彼此交織並相互作用，往往在許多和男女情感無關的領域具有重大的實質意義。例如，如果一個人熱愛值得敬仰的對象或思想，這些對象或思想將對此人一生擁有重大優勢。巴菲特和我在這方面就很幸運，有時讓我們受益的是同一個人或思想。有一個人就激勵了我們兩個，他就是華倫的叔叔弗雷德·巴菲特（Fred Buffett）。他在雜貨店有幹不完的活，但幹活時總是很快樂，華倫和我對他特別佩服。即使到今天，在我認識了這麼多人之後，我仍然認為弗雷德·巴菲特是最好的人，他讓我變得更好。

能引起別人極度熱愛和傾慕的人，往往能夠發揮榜樣作用，這對社會政策有極大示範意義。例如吸引許多令人敬愛、值得傾慕的人進入教育界，就是很明智的做法。

三．討厭／憎恨傾向

在這種與「喜歡／熱愛傾向」相反的模式中，人類的新生兒也會「天生就討厭和憎恨」對他很壞的人。猿類和猴類也是如此。

因此，戰爭在人類漫長的歷史中幾乎是持續不斷的。大多數美洲印第安人部落曾無休止地相互征伐，有些部落偶爾會把俘虜帶到家裡的婦女面前，讓她們也享受把俘虜折磨致死的樂趣。儘管有廣為流傳的宗教和發達先進的文明制度，現代社會的戰爭依然非常野蠻。但我們也觀察到，在當今的瑞士和美國，人類巧妙的政治制度，已經將個體和群體的討厭與仇恨，「引導」到包括選舉在內的非致命模式當中。

但討厭和憎恨並沒有徹底消失。這些心理傾向是天生的，依然很強烈。所以英國有這樣的格言：「政治是正確地處理仇恨的藝術。」我們還看到美國非常流行對政敵進行詆毀的廣告。

就家庭層面而言，經常可以看到這樣的情況：有的人憎恨自己的兄弟姐妹，只要負擔得起，就會不停上法院控告他們。有個很風趣的人叫作巴菲特，他反覆向我解釋，「窮人和富人的主要區別是，富人能夠一輩子起訴親戚。」我父親在奧馬哈當律師時，也處理許多這種家庭內部的仇恨。我在哈佛念法學院，教授只教我「物權法」，可絲毫沒有討論兄弟鬩牆這碼子事。那時我就說，這所法學院是非常脫離現實的地方，就像古代拉牛奶車的馬那樣蒙上了眼罩。我猜現在哈佛法學院的物權法課程，依然不會提到兄弟鬩牆。

討厭／憎恨傾向也是一種條件反射工具，促使深陷其中的人：一、忽視討厭對象的優點；二、討厭那些會讓自己聯想起討厭對象的人、物和行為；三、為了仇恨而扭曲其他事實。

這種扭曲往往很極端，導致人的認知出現極大偏差。紐約世貿中心被摧毀時，巴基斯坦人立刻認為是印度人幹的，而穆斯林則認為是猶太人幹的。這種致命扭曲，常常使得相互仇視的雙方很難或者不可能握手言和。以色列和巴勒斯坦之間很難和解，就是因為一方歷史中的記載，與對方歷史中的記載大相徑庭。

四．避免懷疑傾向

人類的大腦天生就有一種傾向，會盡快做出決定以便消除懷疑。

這很容易理解，漫長的進化，促使動物傾向盡快清除眼前的懷疑。畢竟，對一隻受到威脅的獵物來說，花很長時間去決定該怎麼做，肯定是件不妙的事情；人類的遠祖也是動物，這種避免懷疑傾向與其遠祖的歷史很契合。

人類藉由盡快做出決定以消除懷疑的傾向十分明顯，所以法官和陪審團必須採用抵制這種傾向的行為。他們不能立刻做出判決，而是必須經過慎重的考慮。人在做決定之前，必須讓自己習慣戴上客觀的「面具」。這個「面具」能夠讓人客觀看待問題，這一點我們將在下面討論「避免不一致性傾向」時看出來。

當然，明白人類具有強烈的避免懷疑傾向後，邏輯上我們可以理解，人對宗教信仰的接受，必然也受到這種傾向的驅使。即使有人認為他自己的信仰來自神的啟示，他仍然需要思考其他人與此不一樣的信仰。幾乎可以肯定地說，避免懷疑傾向是最重要的答案之一。

是什麼引發了避免懷疑傾向？如果一個人沒有受到威脅，又無須考慮任何問題，他是不會急於做出決定來消除懷疑的。正如我們在後面談到社會認同傾向和壓力影響傾向時將會看到的，引發避免懷疑傾向的因素通常是：一、困惑及；二、壓力的綜合作用。面對宗教問題時，這兩種因素當然都存在。

因而，大多數人的自然狀態，就是需要有某種宗教信仰。這是我們觀察到的事實。

五．避免不一致性傾向

為了節省運算空間，人類的大腦不願意做出改變，這是「避免不一致性」的表現。在所有人類習慣中，無論是好是壞，我們都能看到這種情況。沒幾個人能夠列出一串他們已經改掉的壞習慣，而有些人恐怕連一個都列不出來。相反的，幾乎每個人都有一堆持續已久的壞習慣，儘管自己也知道這些習慣不好。這樣看來，在我們說「三歲看老」不是沒有道理。狄更斯筆下可憐的雅各．馬里[8]鬼魂說：「我戴著自己打造的鎖鏈。」他說的「鎖鏈」，就是那些起初輕微得難以察覺，在察覺之後又牢固得無法打破的習慣。

維持好習慣，避免或者戒除壞習慣，這樣的生活才是明智的。同樣能夠幫助人們過

8 **雅各．馬里**
英國小說家狄更斯（Charles Dickens,1812-1870）作品《聖誕頌歌》（*A Christmas Carol*，或譯《小氣財神》）中的角色，是一齣維多利亞時代的道德劇。故事描寫一個吝嗇刻薄的守財奴，如何在一夜間被不斷的靈異經歷所救贖的過程。

著明智生活的偉大原則，還有來自富蘭克林的《窮理查年鑑》：「一盎司的預防，比一磅的治療更值錢。」富蘭克林這句話的部分含義是，為了避免發生「不一致性傾向」，預防習慣的養成要比改變習慣容易得多。

大腦的抗拒改變傾向，還使得人傾向於保留以下幾種東西：以前的結論、忠誠度、身分、社會認可的角色等等。人類大腦在進化的過程中，為什麼會產生這種伴隨著「避免懷疑傾向」的抗拒改變模式，現在還不是很清楚。我猜這種抗拒改變模式，主要是由以下幾種因素共同作用引起的：

一、當人類的遠祖還是動物時，「迅速做出決定」對生存至關重要，這種抗拒改變的模式，有助於更快做出決定。

二、這使得我們的遠祖能夠透過群體合作取得生存優勢，因為如果每個人的反應總是不停地改變，群體合作就會變得很困難。

三、從人類開始識字到今天複雜的現代生活，演變的時間並不是很長，這是短期內最好的進化方式。

可以想見，如果「避免懷疑傾向」引發的「快速決定」和「抗拒改變」兩種傾向相結合，將使人的認知出現大量錯誤，實際情況也確實如此。我們都曾和許多冥頑不靈的人打交道，那些人死抱著從小養成的錯誤觀念，直到進了墳墓還不肯放手。

在「避免不一致性傾向」下做的決定，所造成的問題特別嚴重，所以法院採用一些重要措施來對付。例如，做出判決之前，法官和陪審團必須先聆聽辯方的長篇大論，讓辯方列舉證據為自身辯護。這有助於防止法官和陪審團在判決時犯「第一結論偏見」（first conclusion bias）的錯誤。同樣地，現在一些決策者也會要求各種團體在做出決定前，先考慮反方意見。

正確的教育應該是一個提高認知能力的漫長過程，讓我們有足夠的智慧，摧毀那些在「拒絕改變傾向」下保留的錯誤想法。正如在世界頂尖大學任教的凱因斯談到他那些高級知識分子同事時指出的，新思想之所以很難被接受，並不是因為新思想太過複雜，而是因為它們與舊思想不一致。凱因斯言下之意，就是人類頭腦和人類卵子的運作方式非常相似。當精子進入卵子，卵子就會自動啟動封閉機制，阻止其他精子進入。人類頭腦也有強烈的類似傾向。

所以，人們傾向累積大量僵化的結論和態度，而且不常去檢查，即使有大量證據證明其錯誤，仍然不輕易改變。

社會科學院系就會發生這樣的情況，比如說，曾經有人認為佛洛伊德應該是加州理工學院心理學教授的唯一人選。但自然科學院系也有人堅持錯誤的舊觀點，不過這種情況比較少見，也沒那麼嚴重。在這方面，諾貝爾獎得主馬克斯．普朗克最有發言權了。普朗克不但以科學研究聞名，而且他還說過一句著名的話。他說即使在物理學領域，守舊人士也甚少接受激進的新思想。普朗克說，唯有新的一代成長起來，較少受到舊理論毒害的他們才能接受新理論。其實，這種阻塞大腦的情況，也曾經某種程度上發生於愛因斯坦身上。處在巔峰期的愛因斯坦非常善於摧毀自己的思想，但是愛因斯坦晚年卻從未完全接受量子力學。

達爾文是成功化解「第一結論偏見」的其中一人。他很早就訓練自己努力考慮任何有可能推翻他假設的證據，尤其當自認為所做假設特別出色時更是如此。與達爾文相反的做法現在被稱為「確認偏見」（confirmation bias），這是一個貶意詞。達爾文會這樣做，是因為他清楚地認知，人類會由於天生「避免不一致性傾向」而認知錯誤。他本身是一個偉大的例子，證明心理學洞見一旦被正確使用，就能夠對人類歷史上最優秀的思想有所貢獻。

「避免不一致性傾向」也為社會帶來許多正面影響。例如，大多數人在生活中不會表現出與社會責任、社會共識不一致的行動，而多半會忠於職守，扮演好牧師、醫師、公民、士兵、配偶、教師、職員等角色。

「避免不一致性傾向」造成的結果之一是，人在獲取新身分的過程中做出的重大犧牲，將會提高他對這種新身分的忠誠度。畢竟，如果他們認為某樣東西並不好，卻又為之做出重大犧牲，那將會顯得自己表裡不一。所以人們發明許多莊嚴肅穆的公開入會儀式，可讓新成員更加忠心。

莊嚴的儀式能夠強化好的關係，也能夠強化壞的關係。黑手黨新成員因為「投名狀」而對組織更加忠誠，德國軍官因為「血誓」而對希特勒更加忠心，這些都是「避免不一致性傾向」帶來的效果。

此外，這種傾向通常會使人們成為有心人士所操控的「受害者」，那些人懂得透過激發別人潛意識中的「避免不一致性傾向」來博取對方的好感。很少人比班傑明・富蘭克林更精於此道。班傑明・富蘭克林原本是費城沒沒無聞的小人物，當時為了獲得某個重要人物的垂青，於是經常請那個人幫他一些無關緊要的小忙，比如說借一本書給他之類的。從那以後，那個大人物就更加欣賞和信任富蘭克林了，因為如果富蘭克林不值得欣賞、信任，就和他把書出借的行為中所隱含的認同，發生不一致。

韓戰期間，富蘭克林的這種技巧，也被用在中國人對戰俘的洗腦工作；和酷刑相比，這種漸進式的做法，更能讓戰俘的認知轉變成對中國人有利的方向。

富蘭克林這種操縱別人幫自己忙，從而讓別人對自己產生好感的做法，如果反過來利用，會產生非常變態的效果。如果有個人受到操控，故意不停地去傷害另外一個人，那麼他就會傾向於貶低、甚至憎恨那個人。這種「避免不一致性傾向」造成的效應，呼應了「人永遠不會忘記自己做過的壞事」這句諺語。這種效應也解釋了監獄中的守衛和囚犯勢不兩立的現象。許多守衛會虐待囚犯，這種做法使他們更加討厭和憎恨囚犯，而被當作畜生一樣的囚犯又會反過來仇視守衛。若要消除監獄中囚犯和守衛之間相互敵視的心理，獄方應該持續不斷致力於：一、從一開始就防止虐待囚犯；二、虐囚現象出現時要立刻予以制止，因為這會像瘟疫那樣蔓延擴散。如果在更有遠見的教育幫助下，人對這個問題能夠獲得更多心理學知識，也許能夠提高美國軍隊的整體效率。

「避免不一致性傾向」是如此強大，乃至一個人只要假裝擁有某種身分、習慣或者結論，他自己通常就會信以為真。因此，扮演哈姆雷特的演員，有時會以為自己就是丹

蒙格語錄

喜歡當監獄守衛的人，不會是天生品德高尚的人。

麥王子；偽善者假扮好人，可能弄假成真；假裝公正的法官和陪審團，會變得愈來愈公正無私；律師或觀念的鼓吹者，最後會相信他們假裝相信的東西。

「避免不一致性傾向」造成的「維持現狀偏見」，會對健全的教育造成莫大傷害，但也帶來一些好處。「避免不一致性傾向」導致老師不太可能把自己不相信的知識教給學生。所以臨床醫學教育要求學生必須遵守「先看，後做，再教」的原則，只有自己看過和做過的，才能教給別人。當然，影響老師認知的這種力量，未必有益於社會。這種力量若進入政治和邪教中，通常會給社會造成負面影響。

例如，當年輕的學生被灌輸了有問題的政治理念，然後熱情地將這些理念推銷給其他人時，就會給社會帶來很大傷害。儘管這種推銷很少能讓別人信服，但是學生會把推銷的東西變成自己的思維習慣，進而受到永久傷害。我認為有這種風氣的教育機構是很不負責任的。在一個人心智尚未完全成熟前，不能在他頭腦套上鎖鏈，這是很重要的。

六．好奇傾向

哺乳動物天生就具有好奇心，在所有非人類的哺乳動物裡面，好奇心最強烈的是猿類和猴類，而人類的好奇心又比這些近親更強烈。在人類文明中，好奇心能促進知識發展，而文化背景則能提高其效率。例如，雅典（及其殖民地亞歷山大）人純粹的好奇心推動了數學和科學發展，羅馬人則對數學或科學幾乎沒有貢獻。羅馬人更專注於礦藏、道路和水利等「實用」工程。最好的現代教育機構（為數不多）能夠增強人的好奇心，而好奇心則幫助人避免或者減少各種心理傾向造成的不良後果。好奇心還能讓人在正式教育結束很久之後，繼續擁有許多樂趣和智慧。

七．康德式公平傾向

康德以其「絕對命令」（categorical imperative，又譯為「定然律令」）而聞名。所謂絕對命令是某種「黃金法則」，要求人遵守某些行為方式，如果所有人都遵守這些方式，就能保證社會制度對每個人來說都是最好的。或者應該說，現代文明人都遵守並期待著，能從別人身上得到康德所定義的這種公平。

美國一些規模不大的社區裡，通常會有只供一輛車通過的橋梁或地下道，在這些社區，可以看到很多相互禮讓的情況，儘管那裡並沒有交通標誌或者紅綠燈。許多在高速公路上開車的駕駛，包括我自己在內，通常會讓其他想要超車的司機開到前面，因為那是一種當自己想超車時也希望得到的禮貌行為。此外，在現代的文明社會中，陌生人之間有排隊習慣，這樣所有人都能按照「先來後到」的規矩得到服務。

此外，陌生人往往會自願平分飛來的橫財，或者分攤意外損失。當人們期待卻沒有得到公平分配時，往往會表現出不滿的情緒。

過去三百年來，世界各地已經廢除了奴隸制度，這是很有意思的事，因為在此之前，奴隸制度已經和各大宗教共存了幾千年。我認為「康德式公平傾向」是促成這種結果的主要因素。

八．羡慕／妒忌傾向

如果某種動物在演化過程中經常挨餓，當它們看到食物時，就會產生占有食物的強烈衝動；如果同儕已經占有食物，那麼往往會出現衝突局面。這可能就是深深扎根在人類本性中的羨慕／妒忌傾向的進化起源。

兄弟姐妹間的妒忌顯然是非常強大的，而且小孩往往比大人更容易妒忌兄弟姐妹，這種妒忌甚至比對陌生人更強烈。這也許是「康德式公平傾向」造成的。

各種神話、宗教和文學作品，用一個又一個案例來描寫極端的羨慕／妒忌是如何引起仇恨和傷害。猶太文化認為這種心理傾向是極其邪惡的；摩西戒律一條又一條明令禁止妒忌，這位先知甚至警告人們不要貪圖鄰居的驢子。

現代生活中的妒忌也無所不在。例如，當某些大學的財務人員或者外科醫學教授，拿到遠遠超出行情的薪水時，會引起校園一片譁然。而在投資銀行、律師事務所等組織的羨慕／妒忌效應，通常比大學更加明顯。許多大型律師事務所擔心這種效應會造成混亂，所以付給資深合夥人的薪酬一向都差不多，完全不管他們的貢獻如何。我跟巴菲特一起工作，分享對生活的觀察已經幾十年了，聽到他不只一次明智地指出，「**驅動這個世界的不是貪婪，而是妒忌。**」

這句話基本上是正確的，你可能會以為心理學書籍會用大量篇幅討論羨慕／妒忌。但我翻讀那三本心理學教科書時，並未看到。其實，那些教科書的索引上根本就找不到

「羨慕」和「妒忌」這兩個詞。

這種現象並不限於心理學教科書。在你們參加過的大型學術研討會上，有人曾利用成年人的羨慕／妒忌心理，來解釋某些觀點嗎？似乎有一條普遍的禁忌，禁止人們做出這樣的發言。如果真是這樣，又是什麼導致這條禁忌出現的？

我猜這是因為人們普遍認為，解釋某人的立場是出於羨慕／妒忌心理，等於在說對方像孩子一樣幼稚，會對那個人造成極大侮辱；如果那個人的看法是正確的，這種指稱就更嚴重了。這樣來看，出現這種禁忌就完全可以理解了。

但心理學教科書就應該受這種禁忌影響，導致心理學無法對一種普遍的重要現象做出正確解釋嗎？我的答案是否定的。

九．回饋傾向

人們早就發現，和猿類、猴類、狗類，及其他許多認知能力較低的動物相同，人類身上也有以德報德、以牙還牙的極端傾向。這種傾向顯然能夠促進提升成員利益的團隊合作。這一點跟許多社會性動物的基因程式很相似。

我們知道，在有些戰爭中，以牙還牙的心理傾向是很有威力的，會激發出很強的仇恨情緒，引發非常野蠻的行為。許多戰爭中沒有活的戰俘，交戰雙方非置敵人於死地不可。而且有時候殺死敵人還不夠，比如說成吉思汗，就堅持要把敵人的屍體剁得粉碎。

拿成吉思汗和螞蟻來做對比是很有意思的。成吉思汗對別人殘暴無度，動輒殺戮；

螞蟻對同一群體以外的螞蟻，也表現出極端的、致命的敵意。和螞蟻相比，成吉思汗簡直太和藹可親了。螞蟻更加好鬥，而且在打鬥中更加殘忍。威爾森曾經開玩笑說，如果螞蟻突然得到原子彈，那麼所有螞蟻將會在十八個小時之內滅亡。人類和螞蟻的歷史給我們的啟發是：一、大自然並沒有一條法則，可使物種採取「以德報怨」以促進物種繁榮；二、如果一國的外交放棄以牙還牙政策，則這個國家的前景堪虞；三、如果國與國之間都同意以德報怨是最好的相處之道，那麼人類的文化將承擔極大的重任，因為人類的基因是幫不上多少忙的。

接下來我要談談戰場之外的以牙還牙。現代有許多「公路暴怒」[9]事件，或者運動場上也有因為受傷而引起的情緒失控事件，由此可見，即使在和平時代，人們之間的敵意也可能非常激烈。

化解強烈敵意的標準做法是：延遲自己的反應。我有個聰明的朋友名叫湯馬斯．墨菲[10]，他經常說：「如果你覺得罵人是很好的主意，你可以留到明天再罵。」

當然，「以德報德」的心理傾向也非常強烈，所以有時能夠扭轉以牙還牙的局面。有時候，在戰火正酣時，交戰雙方會莫名地停止交火，因為有一方先做出細微的友善舉動，另外一方則投桃報李，這樣往返下去，最後戰鬥會停止很長一段時間。第一次世界大戰期間，開戰雙方在前線的戰壕不只一次像這樣停戰，讓雙方將軍非常惱火。

商業貿易做為社會繁榮的主要動力，顯然也受惠於人類投桃報李的天性。利己利人的原則和回饋傾向相結合，會帶動許多有建設性的行為。婚姻生活中的日常交流也受到

9 **公路暴怒**
road rage
指汽車駕駛人在行車時，對別的汽車駕駛人做出的攻擊性或過於激烈的行為。

10 **湯馬斯．墨菲**
Thomas Murphy, 1925-
大都會美國廣播公司前董事長和執行長。

回饋傾向幫助，如果不這樣，婚姻就失去大部分的魅力。

回饋傾向不但能和激勵機制的超級威力結合，產生好結果，還跟「避免不一致性傾向」共同促使：一、人們履行在交易中的承諾，包括在婚禮上宣誓忠於對方；二、牧師、鞋匠、醫師和其他所有職業人士恪守職責，做出正確行為。

就像人翻筋斗的能力一樣，回饋傾向多半是在潛意識層面發揮作用。所以有些人能夠把它做為誤導他人的強大力量，這種事經常發生。

例如，當汽車業務員慷慨請你到一個舒服的地方坐下，端給你一杯咖啡，你非常有可能因為這個細小的禮貌動作當了一回冤大頭，買車時多花五百美元。這還不是業務員用小恩小惠換得的最大成就。然而，在這種買車情境中，你會處於劣勢，害自己從口袋中額外掏出五百美元。這種潛在的損失多少會讓你對業務員的示好保持警覺。

但假如你是採購員，花的錢來自別人，比如說某個有錢的老闆，那麼你就不太會因為要多付額外的錢而對業務員的小恩小惠提高警覺，因為多付出的成本是別人的。在這種情況下，業務員通常能將優勢最大化，尤其是當採購方是政府時。

因此，聰明的老闆會試圖壓制公司採購人員的回饋傾向。最簡單有效的對策是：別讓他們從供應商那裡得到任何好處。山姆．華頓就是一例，他不許採購員從供應商那裡接受任何東西，哪怕是一根熱狗也不行。基於回饋傾向大都是在潛意識層面發揮作用，所以華頓的政策是非常正確的。如果我是國防部部長，也會學他這麼做。

在一個著名的心理學實驗中，西奧迪尼吩咐研究員在大學校園裡閒逛，遇到陌生人就請他們幫忙帶領一群少年犯去動物園參觀。因為這是在大學校園裡發生的，所以在他們抽中的大量樣本中，每六個人就有一個人願意這麼做。得到這個六分之一的統計資料之後，西奧迪尼改變實驗程式，研究員又在校園裡閒逛，遇到陌生人就要求他們連續兩年每週花大量時間去照顧少年犯。這個荒唐的請求得到百分之百拒絕。但研究員接著又問：「那麼你願意至少花一個下午帶少年犯去參觀動物園嗎？」這將西奧迪尼原來的實驗接受率，從六分之一變成二分之一，提高整整三倍。

西奧迪尼的研究員所做的小小讓步，讓對方也做出小小讓步。由於西奧迪尼的實驗對象在潛意識中做出這種回饋式讓步，所以有更多人非理性地答應帶少年犯去動物園。這位教授開發出如此巧妙的實驗，強有力地證明某個重要的道理，他理應得到更廣泛的肯定。事實上，西奧迪尼確實得到了肯定，因為許多大學向他學習了大量知識。

回饋傾向為什麼如此重要？假如法學院學生畢業後進入社會，代表客戶去談判，卻完全不瞭解西奧迪尼的實驗所代表的潛意識思維過程的本質，那該是多麼愚蠢的事。然而這種蠢事在世界各地的法學院已經發生了好幾十年，其實，是好幾個世代。這些法學院簡直就是在誤人子弟，他們不知道也不願意去傳授山姆．華頓已經透徹掌握的事。

回饋傾向的重要性和效用，也可以從水門事件[11]看出。當時美國司法部有個膽大包天的下屬提議，為了謀取共和黨的利益，不妨使出結合妓女和豪華遊艇的手段。部長拒絕這個荒唐的請求後，那位下屬做了很大讓步，只要求得到批准，以便潛進水門大廈去盜竊，於是司法部長默許了。西奧迪尼教授認為，潛意識的回饋傾向，是導致美國總統在水門醜聞中下台的重要因素。我也持相同觀點。回饋傾向微妙地造成許多極端而危險的結果，而且這種事一直以來所在多有。

數千年來，回饋傾向在宗教界製造出許多令人毛骨悚然的事。特別令人髮指的例子來自腓尼基人（Phoenicians）和阿茲提克人（Aztecs），他們會在宗教儀式中殺死人，作為犧牲品獻給神靈。我們不應該忘記近如在迦太基之戰[12]中，文明的羅馬人由於擔心戰敗，重操了幾次殺人獻祭的舊業。從另一方面來說，人們基於回饋心理，認為只要行為端正，就能得到上帝的幫助，這種觀念一直以來都是非常具有建設性的。

大體而言，我認為無論是在宗教內還是宗教外，回饋傾向帶給人類的貢獻仍遠多於破壞，且可以拿來「以毒攻毒」。比如說，利用心理傾向來戒毒戒酒，回饋傾向在當中往往能發揮很大的效果。

人類生活中最美好的部分也許就是情感關係，關係中的雙方最感興趣的是如何取悅對方，而非如何被取悅；在回饋傾向的作用下，這樣的情況並不罕見。

最後要討論的是人類普遍受到罪惡感折磨的現象。如果說罪惡感有其演化基礎，我相信**最有可能引起罪惡感的因素是：「回饋傾向」和「獎勵超級反應傾向」之間的精神衝突**。獎勵超級反應傾向建立在人追求享受的心理；然而，人類文化卻讓這種天性受到罪惡感的折磨。例如，宗教主張常會提出很高的道德和奉獻要求。我家附近住著一位很有魅力的愛爾蘭天主教神父，他經常說：「罪惡感可能是猶太佬發明的，但我們天主教徒使其更為完善。」如果你像我和這位神父一樣，都認為罪惡感總體上是利多於弊，那

11 **水門事件**
Watergate scandal
是美國歷史上最不光彩的政治醜聞之一。一九七二年的總統大選中，為了取得民主黨內部競選策略的情報，以美國共和黨尼克森競選團隊首席安全問題顧問詹姆斯．麥科德（James W. McCord, Jr.）為首的五人，闖入位於華盛頓水門大廈的民主黨全國委員會辦公室，在安裝竊聽器並偷拍有關文件時，當場被捕。事件發生後尼克森一度竭力掩蓋開脫，但在隨後的調查中，尼克森政府裡的許多人被陸續揭發，迫使尼克森辭職，為美國歷史上首位辭職的總統。

12 **迦太基之戰**
Punic Wars
也稱布匿戰爭，是羅馬人在向地中海擴張中，於西元前二六四至一四六年與迦太基人之間的三次戰役。

麼你就會和我一樣，對回饋傾向心存感激，無論你覺得罪惡感是多麼令人不愉快。

十．簡單聯想誤導傾向

史金納研究的條件反射是最常見的條件反射。在這種條件反射中，創造出新習慣的反射行為，**是由以前得到的獎勵直接引起的**。例如，有個人買了一罐名牌鞋油，發現這種鞋油能把鞋擦得特別亮，由於這種「獎勵」，下次他需要再買鞋油時，還是會買這個牌子。

但條件反射還有另外一種，其反射行為**單純是由聯想引發的**。例如人會根據以前的經驗得到這種結論：同類商品中，價格最高的，品質最好。有的工業製品廠商知道這種心理，於是改變產品包裝，把價格提得很高，希望追求高品質的顧客上當。這就是純粹經由包裝和高價所引發的聯想，讓顧客掏錢出來。這種做法對提高銷量甚至利潤都很有用。例如長期以來，高價的電動工具都賣得很好；如果要銷售的產品是油井用的幫浦，這招也會管用。這種銷售策略對奢侈品尤其有效，因為買得起的人能藉此展示高品味和購買力，以贏得更高的社會地位。

即使是微不足道的聯想，只要好好利用，也能對消費者發揮極大作用。鞋油的目標購買者或許很喜歡美女，所以會選擇外包裝上印著美女圖案的鞋油，或者找美女做廣告的那種鞋油。

廣告商瞭解簡單聯想的威力，所以你不會看到可口可樂廣告中有兒童死亡的場面，而是呈現比實際生活更快樂的場景。

同樣的，軍樂團演奏的音樂那麼動聽也絕非偶然。人聽到那種音樂就會聯想起軍旅生活，有助於吸引人入伍，並讓士兵留在軍隊裡。大多數軍隊懂得如何用這種方法來應用簡單聯想傾向。

然而，簡單聯想造成最具破壞力的後果，往往並不來自廣告和音樂。有的事物碰巧能讓人聯想起他從前的成功，或喜歡、討厭和憎恨的事物，包括人天生就討厭的壞消息。

要避免受到「以前的成功所帶來的簡單聯想」誤導，請記住下面這段歷史。拿破崙和希特勒的部隊在各地戰無不勝，於是決定侵略俄羅斯，結果都一敗塗地。現實生活中也有許多像這樣的例子。例如有個人去賭場賭博竟然贏了錢，這種虛無縹緲的關聯促使他一再去那家賭場，結果虧得一塌糊塗。也有些人把錢交給資質平庸的朋友投資，碰巧賺了大錢，嘗到甜頭之後，他決定再次嘗試這種模式，下場非常慘。

避免因為過去的成功而做蠢事的破解對策是：一、謹慎審視以往的每次成功，找出成功的偶然因素，以免受這些因素誤導，進而誇大新計畫成功的機率；二、看看新的行動計畫中，將會遇到哪些在以往成功經驗中沒有出現的風險。

喜歡和熱愛會傷害人的心智，這可由下面的事例看出。在某件官司中，被告的妻子原是一名非常值得尊敬的女性，可是卻做出了明顯不實的證詞。控方律師不忍心攻擊這位可敬的女士，然而又想反駁其證詞，於是他搖搖頭悲傷地說：「我們該如何看待這樣的證詞呢？答案就在那首老歌裡：

> 丈夫是什麼樣，
> 妻子就會是什麼樣。
> 她嫁給了小丑，
> 小丑的卑鄙無恥，
> 拖累了她。」

法官因此沒有採信這位女士的證詞。他們一下子就看出她的認知已經受到愛情的嚴重扭曲。我們常常看到，有些母親受到愛的誤導，在電視上聲淚俱下，發自內心認為她們罪孽深重的兒子是清白無辜的。

關於這種被稱為「愛」的聯想，會令人變得如何盲目，眾說紛云。在《窮理查年鑑》中，富蘭克林提議：「結婚前要睜大雙眼，結婚後要睜一隻眼閉一隻眼。」也許這種「睜一隻眼閉一隻眼」的方法是正確的，但我喜歡一種更難做到的辦法：「務實地看清真相，但仍然去愛。」

憎恨和討厭也會因簡單聯想而引起認知錯誤。在企業界，**人們常貶低競爭對手的能力和品德。這是一種危險的心態，且通常不易察覺，因為這是發生在潛意識層面的。**

有關某人或者某個討厭結果的簡單聯想，也常會造成另一種惡果，這可以從「波斯使者症候群」中看出來。古代波斯人真的會殺掉使者，而這些使者唯一的罪過只是把真實的壞消息（比如說戰敗消息）帶回家。對使者來說，逃跑並躲起來，真的要比使命必達安全得多。

波斯使者症候群在現代生活中仍很常見，儘管已經不會動輒出人命。在很多行業，傳遞壞消息的人真的很危險。工會談判專家和雇主代表最懂這個道理，也因而在勞資關係中造成許多悲劇。有時律師知道，如果建議一種不受歡迎卻明智的解決方案，會招致客戶怨恨，所以他們繼續把官司打下去，乃至造成災難性後果。

幾年前，兩家大型石油公司在德州打起官司，因為他們在合作開發西半球最大油田的協議中有含混不清的地方。我猜想他們打官司的起因，是某位法律總顧問先前發現合約有問題，卻不敢把壞消息告訴一位剛愎自用的執行長。

哥倫比亞廣播公司（CBS）在公司走下坡前，就以波斯使者症候群著稱，因為董事會主席佩利特別討厭告訴他壞消息的人。結果是，佩利生活在謊言的殼子中，一次又一次做出錯誤的交易決策，甚至用大量公司股票收購一家後來很快被清算的公司。

要避免類似下場，正確的對策是：**有意識地養成歡迎壞消息的習慣**。在波克夏有一條普遍的規矩：「有壞消息要立刻彙報；只有好消息是可以等待的。」還有就是要保持明智和消息靈通，讓人們知道你有可能從別處聽到壞消息，這樣他們就不敢隱瞞了。

「簡單聯想誤導傾向」很可能會抵消「以德報德」的人性傾向。有時候，當某個人在窮困潦倒、疾病纏身、飽受欺凌的境遇下，接受了別人的恩惠。但受惠者可能會妒忌施惠者優渥的處境，從而討厭施惠者。因為施惠的舉動讓受惠者聯想起自身的不幸遭遇，使受惠者不但可能討厭幫助他的人，甚至會企圖傷害他。

這解釋了某個著名反應（有人認為是亨利．福特[13]說的）：「這人為什麼如此憎恨我呢？我又沒有對他做什麼。」我有個朋友，姑且稱他「格羅茲」吧，樂善好施的他有過一次啼笑皆非的遭遇。格羅茲擁有一座公寓大樓，他先買下來準備日後用那塊地來開發一個專案。基於此，格羅茲對房客非常大方，租金價格遠低於行情。後來格羅茲準備拆掉整座大樓，在舉行公聽會時，有個積欠許多租金的房客顯得特別激動：「這個計畫太讓人氣憤了。格羅茲根本就不需要更多的錢。我清楚得很，因為我就是靠格羅茲的獎學金才念完大學的。」

最後一類由簡單聯想引起的嚴重思維偏誤，常見於「刻板印象」。彼得知道喬伊今年九十歲，也知道絕大多數九十歲的老頭腦袋都不太靈光，所以就認為老喬伊是個糊塗蛋，即使老喬伊的腦袋依然非常清醒。或者因為阿珍是一位白髮蒼蒼的老太太，而且彼得知道沒有老太太精通高等數學，所以彼得認為阿珍也不懂高等數學，即使阿珍其實是數學天才。這種思考錯誤很自然，也很常見。要防止這種錯誤，彼得的對策並非去相信九十歲的腦袋會跟四十歲一樣靈活，或者獲得數學博士學位的女性和男性一樣多。相反地，彼得必須認識**趨勢未必能夠正確預測終點**，彼得必須知道他未必能夠依據群體的平均屬性，來準確推斷個體特性，否則將犯下許多錯誤，就像一條平均水深十八吋的河流中也會淹死人一樣。

13 **亨利．福特** Henry Ford, 1863-1947 福特汽車公司創辦人，美國現代汽車工業之父。

十一．簡單的、避免痛苦的心理否認

我最早遇到這種現象，是在二戰期間。當時我們家有位世交的兒子學業成績非常出色，也非常有運動天賦，可惜他乘坐的飛機在大西洋上空失事，再也沒有回來。他母親的頭腦十分正常，但拒絕相信兒子的死訊。那就是簡單的、避免痛苦的心理否認。現實太過痛苦，令人無法承受，所以人會扭曲各種事實，直到它們變得可以承受。我們或多或少都有這種傾向，而這經常會引發嚴重問題。引發這種極端後果的心理傾向，經常跟愛情、死亡，或酒精、毒品等的依賴有關。

當心理否認被當成面對死亡的方式時，沒有人會批評這種行為，誰忍心落井下石呢？但有些人會在一生中堅持這條鐵律：「未必要有希望才能夠堅持。」能做到這一點的人是非常可敬的。

對毒品和酒的依賴常會導致道德淪喪，上癮的人往往誤以為自己的處境仍然很不錯，依舊會有不錯的前途。因此，他們在愈來愈墮落的過程中，會表現得極不實際，且會極端否認現況。在我年輕時，佛洛伊德式療法對戒除酒癮完全沒有效果，但現在戒酒組織利用數種心理傾向一起來對抗酒癮，能夠把成功率穩定在五成。然而整個治療過程都很難，很耗費精力，而且五成的成功率也意味著五成的失敗率。你應該避免任何可能染上毒癮或酒癮的機會，這會帶來極大傷害，所以哪怕只有很少的機率會上癮，也應該絕對避免。

十二·自視過高傾向

自視過高的人比比皆是。這種人會錯估自己，就好像九〇%的瑞典司機都自認為駕駛技術在平均水準之上。人也會對重要的「私人物品」給予過高評價，比如過度稱讚配偶，不太會以客觀角度看待自己的孩子，甚至對一些小東西都一樣。人一旦擁有某個東西，對其評價就會比擁有之前還要高。這種過度高估私人事物的現象，在心理學裡面有個名詞，叫「稟賦效應」（endowment effect）。**人做出決定之後，就會覺得自己的決定很好，甚至比做決定之前還要好。**

自視過高傾向往往會使人偏愛和自己相似的人。心理學教授用很好玩的「丟錢包」實驗證明這種效應。他們的實驗全都證明，如果撿到錢包的人根據錢包裡的身分線索，發現失主跟自己很相似，那麼他把錢包還給失主的可能性是最高的。由於這種心理特性，由相似的人組成的團體，在人類文化中總是很有影響力。

現代生活中有一些非常糟糕的團體，被一群自視過高的人把持，並只從和他們一樣的人中挑選新成員。因此，如果某個明星大學的英語系學術水準變低落，或者某家經紀公司的銷售部門養成詐騙的習慣，這些問題自然而然會愈來愈糟，變得難以扭轉。這現象充斥在腐敗的警察部門、監獄守衛、政治團體，以及無數充滿壞事和蠢事的地方，比如說美國有些大城市的教師工會就很糟糕，不惜傷害我們的孩子，力保那些本該被開除的低能教師。因此，社會中最有用的人，常常是那些發現他們的組織內部出問題時，願意「清理門戶」的負責人。

當然了，各種形式的自視過高也會導致錯誤。怎麼能不會呢？讓我們以愚蠢的賭博決定為例。玩家在買彩券時，如果號碼是隨機分配的，下的賭注會比較少；如果號碼是自己挑選的，下的賭注就比較多。這是非常不理性的。這兩種選號法中獎的機率幾乎是完全相同的，玩家中獎的機會都是微乎其微。現代人本來不會買那麼多彩券的，但因為彩券發行機構利用人們對自選號碼的非理性偏好，讓他們每次都很愚蠢地買了更多彩券。

過度稱讚自己私人物品的「稟賦效應」，強化了人對自己結論的熱愛。一個在商品交易所投資五花肉期貨的人，到現在還愚蠢地相信，甚至比以前更加堅信他的投機行為具有許多優點。

有些人熱愛體育運動，自以為對各隊間的相對優勢十分瞭解，這些人會愚蠢地去買運動彩券。和賽馬博彩相比，運動彩券更容易上癮，部分原因就在於人會自動過度讚賞自己得出的複雜結論。

在講究技巧的比賽，比如說高爾夫球或撲克牌比賽中，人們總是一次又一次地挑選水準明顯較高的玩家做對手，這種傾向同樣會帶來事與願違的後果。自視過高傾向誤導了這些賭徒對自我能力的評估。

然而更負面的作用是，人通常會高估自己為公司提供的服務，而這些對未來貢獻的過度評價，常常會造成災難性的後果。自視過高往往會造成錯誤的雇傭決定，因為大部分雇主會高估面試印象所得的結論。避免這種蠢事的正確對策是：不要太重視面試印象，而要看重求職者以往的業績。

我就曾經這樣做。當時擔任某個學術招聘委員會主席的我，說服其他委員別再對求職者做面試，直接聘用書面資料比其他求職者優秀很多的人就可以了。有人對我說，我沒有尊重「學術界的正常程序」，我說我才是真正尊重學術的人，因為學術研究證明，從面試中得來的印象，其預測價值很低，我正在應用這個成果。

人非常有可能過度受到當面印象的影響，因為從定義上來說，當面印象包括了人的主動參與。也因此，現代企業在招聘高層管理者時，如果遇到的求職者能言善道，那麼就有可能遭遇很大的危險。依我之見，惠普（Hewlett-Packard）當年面試口齒伶俐的凱莉・菲奧莉娜[14]，想任命她為新執行長時，就面臨著這樣的風險。我認為：一、惠普選擇菲奧莉娜女士是一個糟糕的決定；二、如果惠普懂得更多心理學知識，採取了相應的預防措施，就不會做出這個失敗的決定。

托爾斯泰[15]的作品中有一段著名的文字，顯示了自視過高的威力。在他看來，那些惡貫滿盈的罪犯並不認為自己有那麼壞。他們或者認為：一、自己從來沒有犯過罪；或二、由於自己所經歷的種種壓力和不幸，迫使他們犯下這樣的罪，變成這樣的人，是完全可以理解且值得原諒的。

「托爾斯泰效應」的後半部分是很重要的，也就是**人不去改變自己，而只為自己的表現找藉口**。由於絕大多數人都會找太多荒唐的理由，試圖讓自己心安理得，所以從個

14 **凱莉・菲奧莉娜** Carly Fiorina, 1954- 一九九九年至二〇〇五年期間擔任惠普公司執行長。

15 **托爾斯泰** Lev Nikolayevich Tolstoy, 1828-1910 俄國著名作家，著有《戰爭與和平》、《安娜・卡列尼娜》等偉大作品。

人和組織雙管齊下採取對策，是非常有必要的。從個人層面來說，應該面對兩個事實：一、如果一個人不去改正不好的行為，只會找藉口，那就是品德有問題，而且他會愈來愈糟；二、在要求嚴格的團體，比如田徑隊或者奇異電氣，如果一個人不做出應有的表現，而是不停地找藉口，那麼他遲早會被開除。

組織化解這種「托爾斯泰效應」的對策是：一、建立一種公平、唯才是用、要求嚴格的文化，加上能提升士氣的人力資源管理方法；二、開除最糟糕的違規者。當然啦，如果你不能開除對方，比如說不能開除你的孩子，就必須盡最大努力去幫助孩子解決問題。我聽過一個教育孩子的故事很有效，那孩子過了五十年還對那次教訓念念不忘，他後來成了南加州大學音樂學院的院長。小時候有一次，他從父親老闆的倉庫裡偷了糖果，被父親發現了，孩子辯解說，他打算晚點就放回去。他父親說：「兒子，你還不如想要什麼就拿什麼，然後在每次這麼做時，都稱自己為小偷。」

避免受到自視過高傾向而做出傻事的最佳方法是：當你評價自己、親人朋友、財產，和你過去及未來的行為時，要強迫自己更加客觀。這很難，你也不可能完全客觀，但比起放任、什麼都不做，卻又好太多。

雖然自視過高傾向常常會對認知帶來負面影響，但也能引起某些神奇的效果，因為過度自信而剛好促成某件事的成功。這個因素也解釋了下面這句格言：「千萬別低估那些高估自己的人。」

當然，有時候高度的自我讚美是正當的，比虛偽的謙虛要好得多。此外，如果人因為出色地完成任務，或者擁有美好的人生而感到驕傲，那麼這種自我讚賞會是非常有建設性的力量。如果沒有這種自豪感，可能會有更多的飛機墜毀。「驕傲」是另外一個經常被心理學書籍漏掉的辭彙，而這種省略並不是個好主意。把聖經中關於法利賽人和稅吏的寓言，解讀為對驕傲的譴責，也並不是個好主意。

在各種有益的驕傲中，也許最值得欽佩的是因為自己值得信賴而產生的驕傲。此外，一個人只要值得信賴，哪怕他選的道路崎嶇不平，他的人生也會比不值得信賴的人好得多。

十三・過度樂觀傾向

大約在耶穌出生前三百年，**古希臘最著名的演說家狄摩西尼就說過：「一個人想要什麼，就會相信什麼。」**

從語法上來分析，狄摩西尼這句話的含義是，人在失意時不但會表現出簡單的、避免痛苦的心理否認傾向；當他已經成功時，則會過度樂觀。

我認為這位希臘演說家是對的，人們就算並不處在痛苦之中，也確實會有過度樂觀的傾向。看看人們是如何興高采烈地購買彩券；或者堅信那些接受刷卡、以快遞送貨的商店，將會取代採用現金付款、自提貨物的高效率超市。

解決愚蠢的樂觀傾向，正確的方法是透過學習，習慣於應用費馬／帕斯卡的機率論。在我年紀輕輕才高二時就能學到這種數學知識。光靠自然演化所提供給大腦的經驗法則，是不足以應付危機的。就好比若想成為高爾夫球員，不能只靠長期的進化賦予你的揮桿方式；你們必須掌握不同的抓桿和揮桿技巧，才能變成好的高爾夫球員。

十四．被剝奪超級反應傾向

一個人獲得十美元的快樂，並不會正好等於失去十美元的痛苦。也就是說，失去造成的傷害，比獲得帶來的快樂多得多。此外，如果有個人即將得到某樣他非常渴望的東西，那東西卻在最後一刻飛走了，那他的反應就會跟他已經擁有很久，卻被突然奪走一樣。不管是損失已有的，或損失即將擁有的，我這裡用一個名詞來含括人類對這兩種損失經驗的自然反應，那就是被剝奪超級反應傾向。

在被剝奪超級反應傾向中，人常會小題大做，對眼前的損失斤斤計較，而忘了真正重要的事。例如一個擁有千萬美元股票資產的人，往往會因為錢包裡原來有三百元，不小心掉了一百元而氣急敗壞。

我們夫妻曾養過一隻溫馴善良的狗，這隻狗會表現出犬類的被剝奪超級反應傾向。只有一種方法會讓這隻狗咬人，那就是企圖從它嘴裡奪走食物；如果你那麼做，這隻溫馴的狗就一定會咬你，它控制不了。對狗來說，沒有什麼比咬主人更愚蠢的事。但這隻狗沒辦法不幹蠢事，它天生就有一種被剝奪超級反應傾向。

人類和我家的狗差不多。在失去或有可能失去財產、愛情、友誼、權力、機會、身分或者其他任何有價值的東西時，經常會做出不理性的激烈反應，哪怕只是失去一點點。因此，因為權力受到威脅而引起的內耗，往往會給整個組織造成極大破壞。正是由於這個因素和種種原因，傑克．威爾許長期致力於掃蕩奇異電氣中的官僚作風，是很明智的行為；很少企業領袖在這方面做得比威爾許更好。

被剝奪超級反應傾向通常能夠保護某些意識形態或宗教觀點，因為這能激發對公開質疑者的憎恨心理。發生這種情況的部分原因，在於這些觀點擁有強大的信念維護體系，使其此刻能高枕無憂；而質疑者的思想一旦擴散開來，將會削弱它們的影響力。大學的人文社科院系、法學院和各種商業組織都表現出這種以意識形態為基礎的團體意識，他們拒絕幾乎所有有衝突的外來東西。若公開批評者是從前的信徒，敵意就會更加強烈，原因有兩個：一、失去一名同志的被背叛感，會激發被剝奪超級反應傾向；二、因為對立的觀點來自前同志，他們擔心會顯得特別有說服力。這些考量因素有助於我們理解古代人對異教徒的看法。數百年來，正統教會基於這樣的理由，殺害了許多異教徒，而且在殺死他們之前還會施以酷刑，或者乾脆將他們活活燒死。

教徒們藉由激烈的形式，和對非信徒的極大敵意，來鞏固極端的意識形態；而這也造成極度的認知功能障礙。這種情況屢見不鮮，我認為這種可悲的結果通常來自兩種心理傾向：一、避免不一致性傾向；二、被剝奪超級反應傾向。

有個辦法能夠化解這種受到刻意維護的團體意識，那就是建立一種極端講禮貌的文化，哪怕雙方意識形態相左，彼此之間仍舊能以禮相待，就像美國最高法院那樣。另外一種方法是：刻意引進一些對現在的團體意識抱持懷疑態度，而又能力突出、能言善辯的人。德瑞克．伯克[16]曾經成功改變一種負面的團體思維。他在擔任哈佛大學校長期間，否決了不少由哈佛法學院那些意識形態很強的教授所推薦的終身教職人選。

一個一百八十度的景觀哪怕少了一度，有時也足夠引發被剝奪超級反應傾向，讓鄰居反目成仇。像我買過的一棟房子，原屋主和他的鄰居就因為其中一人種了一棵小樹苗，導致兩人結下梁子。

就像這兩個鄰居的例子，在區域規畫的聽證會上，有些鄰居常會為了一些枝微末節而吵得不可開交，表現出非理性的、極度的被剝奪超級反應，這種場面可不太好看。這種負面行為還導致某些公務員離職。我曾向一位工匠買高爾夫球桿，他原本是個律師，當我問他以前從事哪方面的法律工作時，我以為他會說「婚姻法」，但他的答案是「區域規劃法」。

被剝奪超級反應傾向對勞資關係的影響很大。第一次世界大戰之前發生的勞資糾紛中的死亡事件，絕大多數起因於雇主削減工資。現在出人命的情況比較少見，但更多的公司消失了，因為激烈的市場競爭只提供兩種選擇，要嘛工資降低，而工人是不會同意的；要嘛企業死掉。被剝奪超級反應傾向促使許多工人抗拒降薪，但是接受降薪往往對他們比較有利。

在勞資關係以外，剝奪人們原已擁有的利益也很難。因此，如果能夠更理性思考，在潛意識層面上免於受被剝奪超級反應傾向的驅使，那麼許多悲劇是完全可以避免的。

被剝奪超級反應傾向也是導致某些賭徒傾家蕩產的主要原因。首先，這使得賭徒在

16 德瑞克．伯克 Derek Bok, 1930- 美國律師和教育家，哈佛大學前校長。

輸錢後急於扳平，輸得愈多，不服輸的心理就愈嚴重。其次，最容易讓人上癮的賭博形式，就是設計出許多差一點點就贏的情況，而這會激發被剝奪超級反應傾向。部分吃角子老虎機的程式設計師，惡毒的利用這個人性弱點，電子技術允許他們製造出大量無意義的「BAR-BAR-檸檬」，害那些以為自己差點贏得大獎的蠢貨拚命加碼。

被剝奪超級反應傾向也常讓參加公開拍賣會的人加重損失。我們下面就要討論到的「社會認同」傾向，會讓人相信其他競標者的最新報價是合理的，然後被剝奪超級反應傾向就會強烈驅使他喊出一個更高的價格。要避免在公開拍賣會上付出愚蠢代價，最好的辦法就是巴菲特的簡單做法：「別去。」

被剝奪超級反應傾向和避免不一致性傾向，通常會共同造成某種形式的經營失敗。在這種形式中，一個人會耗盡所有的優質資產，只為徒勞地挽救一個變得很糟糕的投資項目。要避免這種蠢事，最好的辦法之一是趁年輕時好好掌握打撲克牌的技巧。撲克牌的教育意義在於，並非所有有效的知識都來自正規的學校教育。

在這裡，我本人的教訓可能很有示範意義。幾十年前，我曾犯了一個大錯，部分原因就是在潛意識中受到被剝奪超級反應傾向的影響。當時有個股票經紀人朋友打電話給我，說要以低得離譜的價格賣給我三百股交易清淡的貝爾里奇石油公司的股票，每股只要一百一十五美元。我用手頭的現金買下這些股票。第二天，他又想以同樣的價格再賣給我一千五百股。這次我謝絕了，部分原因是我沒那麼多現金，除非賣掉某些東西或者舉債才能籌到所需的十七萬三千美元。這是個非常不理性的決定。當年我生活很好，也

蒙格語錄

成功投資的關鍵因素之一就是擁有良好的性格——多數人總是按捺不住，或者總是擔心過度。成功意味著要非常有耐心，然而又能在知道該採取行動時，主動出擊。不要只從失敗的經驗中學習，汲取教訓的來源愈廣，就能變得愈好。

我想談談怎樣才能培養氣定神閒長抱股票的性情。光靠好脾氣是不夠的，你需要在很長很長的時間裡，一直保持著好奇心。對許多事情發生的背後原因，必須有高度的興趣追根究柢。如果能夠長期保持這種心態，就能提升專注於現實的能力。若沒有這個態度，就算智商再高，也註定會失敗。

不欠債，買這支股票沒有賠本的風險，而這種機會並不常有。不到兩年，殼牌收購了貝爾里奇石油，價格是每股大約三千七百美元。如果我當時懂得更多心理學知識，買下那些股票，就能多賺五百四十萬美元。正如這個故事所展現的，對心理學的無知可能會導致昂貴的代價。

有人可能會覺得我對被剝奪超級反應傾向的定義太廣泛，把人失去即將得到的好處也包括在內，比如說那些老虎機玩家的反應。然而，我認為我對這個傾向的定義還應該更寬一些，理由是，我知道許多波克夏股東在公司市值大幅成長後，從來不肯賣掉或者送掉一股股票。這種反應有些是出於理性的計算，有些則一定是以下幾種因素引起的：一、獎勵超級反應；二、避免不一致性傾向造成的「維持現狀偏見」；三、自視過高傾向造成的「稟賦效應」。但我相信最主要的非理性因素，還是受到被剝奪超級反應傾向的驅使。有些股東就是無法忍受減持波克夏股票，部分原因在於，他們認為這支股票是身分和地位的象徵，減少持股無異自貶身分；但更重要的原因是，他們擔心把股票賣掉或者送掉之後，就無法分享未來的收益。

十五・社會認同傾向

如果一個人依照別人的思考和行動方式，自動地去思考和行動，就能簡化一些原本很複雜的行為；這種從眾的做法往往很有用。例如，如果你到一個陌生城市，想去看一場盛大的足球比賽，那麼跟著街上的人流走，會是最簡單的辦法。因為這個緣故，進化給人類留下了社會認同傾向，也就是一種根據他觀察周邊人們的思考和行動方式，自動去進行思考和行動的傾向。

心理學教授喜歡研究社會認同傾向，因為在他們的實驗中，這種傾向造成了許多可笑的後果。例如，如果一名教授安排十名實驗員靜靜站在電梯裡，並且背對著電梯門，那麼當陌生人走進電梯時，通常也會轉過身去，擺出相同的姿勢。心理學教授還能利用社會認同傾向，促使人出現很大、很荒唐的量測誤差。

當然，家有兒女的父母經常無奈地體認到，青少年特別容易因為社會認同傾向而出現認知錯誤。最近，茱蒂．哈里斯[17]對此一現象的研究有了新突破。哈里斯證明，年輕人最尊重的是同儕，而不是父母或者其他成年人，這種現象主要是由年輕人的基因決定的。**所以對於父母來說，與其對子女耳提面命，不如控制子女朋友的品質，才是明智的做法。**哈里斯女士基於新的研究發現，提供了如此出色而有用的見解，像她這樣的人生真是有價值。

在企業高層中，像青少年一樣有從眾心理的也不乏其人。如果有家石油公司愚蠢地買了一個礦場，其他石油公司通常會很快加入收購礦場的行列。如果被收購的是一家化肥廠，情況也一樣。事實上，石油公司的這兩種收購曾經蔚然成風，而下場都很糟。

當然，對石油公司來說，尋找並正確評估各種投資案是很困難的。就像一般人，石油公司的高層也會因為遲疑不決而心生煩躁，因此匆匆做出許多錯誤的決定。追隨同業腳步所帶來的社會認同，就能幫助他終止這種遲疑不決。

17 **茱蒂．哈里斯**

Judith Rich Harris, 1938-2018

是一名獨立的研究人員和作家。重要學術成就包括一種視覺語言的數學模型、幾本發展心理學教科書和許多具有影響力的論文。她最著名的作品是一九九八年出版的《教養的迷思》（*The Nurture Assumption*）和二〇〇六年出版的《沒有兩個人是相同的》（*No Two Alike*，繁體中文版書名為「基因或教養」）。

社會認同傾向在什麼時候最容易被激發呢？許多經驗提供了明顯的答案：人在感到困惑或壓力下，尤其是既困惑又有壓力時，最容易受社會認同傾向影響。

由於壓力會強化社會認同傾向，有些卑鄙的銷售業者會操縱目標客戶，讓他們進入封閉和充滿壓力的環境，進行一些像把沼澤地賣給中小學老師之類的銷售活動。封閉的環境強化了那些騙子和率先購買者的社會認同效應，而壓力（疲憊通常會增加壓力）則使目標客戶更容易受到社會認同的影響。當然，也有些邪教組織模仿這些詐欺性的銷售技巧。有個邪教組織甚至利用響尾蛇來對目標對象施壓，威逼他們加入該組織。

由於壞行為和好行為都會透過社會認同傾向傳播出去，所以對人類社會而言，下面兩種措施非常重要：一、在壞行為散播之前加以阻止；二、宣導和展現所有的好行為。

我父親曾告訴我，他剛在奧馬哈當上律師不久，和一大幫人從內布拉斯加州去南達科他州獵殺野雞。當時取得該州的打獵許可證是要付錢的，比如說本地居民要繳兩美元，非本地居民要繳五美元。在我父親之前，所有內布拉斯加居民都假造南達科他州的地址去申領許可證。我父親說，輪到他時，他禁止自己跟其他人一樣，做出從某種程度上來講是違法的事。

並非所有人都能抗拒壞行為的社會傳染，因此，往往會發生「謝畢科症候群」：指的是法蘭克．謝畢科當時所處的極其腐敗的紐約警察局情況。謝畢科因為拒絕和警察局同僚同流合污，差點遭到槍殺。這種腐敗現象是由社會認同傾向和激勵機制引起的，這兩種因素共同造成了「謝畢科症候群」。我們應該多宣揚謝畢科的故事，因為這個可怕的故事揭示了社會認同傾向這種極為強大的力量，會造成非常重大的惡行。

而就社會認同而言，人不僅會受到別人行動的誤導，也會受到別人不行動的誤導。當人處於遲疑狀態時，別人的不行動變成了一種社會認同，證明不行動是正確的。因而，許多旁觀者的不行動導致凱蒂・吉諾維斯[19]之死，這是心理學入門課程中一個常討論的知名事件。

在社會認同的範圍下，企業的外部董事通常也不會採取任何行動。他們不會反對任何不比拿斧頭砍人嚴重的事，只有發生了某些令董事會難堪的情況，他們才會干預。我的朋友羅森菲爾德[19]曾經很貼切地描述這種典型的董事會文化：「他們問我是否願意擔任西北貝爾公司（Northwest Bell）的董事，那是他們問我的最後一個問題。」

而在廣告和商品促銷中，社會認同發揮的重要作用簡直超乎想像。「有樣學樣」是一句老話，指的就是這種情況：約翰看到喬伊做了某件事，或者擁有某樣東西，於是強烈希望自己也去做那件事或擁有那樣東西。這造成的有趣結果就是，廣告商願意支付大量的錢，就為電影某個一閃而過的喝湯鏡頭中出現的罐頭是其生產的牌子，而非別家的牌子。

社會認同傾向經常以一種負面的方式，和羨慕／妒忌傾向、被剝奪超級反應傾向結合在一起。在這些因素的共同作用下，許多年前曾發生了一件讓我家人後來想起來就忍俊不住的事。當時我的表弟羅斯三歲，我四歲，我們倆為了一塊小木板而爭奪吼叫，而其實周圍有許多同樣的小木板。

18 **凱蒂・吉諾維斯**
Kitty Genovese, 1935-1964
在紐約皇后區所住的公寓附近被暴徒刺死，鄰居們卻反應冷漠，因而引起美國社會對「旁觀者效應」社會心理現象的廣泛討論。

19 **約瑟夫・羅森菲爾德**
Joseph Rosenfield,
1904-2000
美國律師、商人和慈善家。

但如果是成年人，在維護意識形態的心理傾向下也做出類似的舉動，那就一點都不好笑了，而且會對社會造成極大傷害。中東現在就面臨這樣的威脅，猶太人、阿拉伯人等，為了一小塊有爭議的土地而浪費了大量的資源，其實他們隨便把那塊地分掉，結果對大家都好，而且還能大大降低爆發戰爭（甚至核子戰爭）的風險。

目前人們很少用討論心理傾向的影響等技巧，來解決家庭以外的糾紛。彷彿這樣做會太孩子氣，而且學校所教的心理學知識也不足，所以這種情況也許算合理。但由於當今全球存在核子戰爭的風險，有些重要的談判持續了數十年仍沒有進展，我經常想，是否有那麼一天，人們會以某種形式、應用更多心理學理論，使事情得到更好的結果。如果真的這樣，那麼正確的心理學教育將非常重要。而如果心理學的老教授比物理學的老教授更難以接受新知識（這一點幾乎是肯定的），那麼我們也許會像馬克斯·普朗克預言的那樣，需要等待思想開放的新一代心理學教授成長起來。

如果要從各種關於社會認同傾向的教訓中挑出一個，並用於自我提升，我會選擇下面這個教訓：學會忽略別人的錯誤示範，因為很少有比這個更值得掌握的技能。

十六．對照誤導傾向

由於人類的神經系統並不是精密的科學儀器，因此必須依賴某些更簡單的東西來掌握外界資訊。比如說眼睛，只能看到在視覺上形成對比的東西；同樣的，其他感官也是依靠對比來捕捉訊息。更重要的是，不但感知是如此，認知也是如此，結果就造成了人類的對照誤導傾向。

對於正確思維的破壞，很少心理傾向會比對照誤導傾向更嚴重。小規模的破壞比如一個人花一千美元的高價購買了皮質儀表板，僅僅是因為這個價錢和他用來買轎車的六萬五千美元相比，實在太便宜了。而大規模的破壞經常會毀掉終身的幸福，比如說有的女性很優秀，可是她的父母非常糟糕，結果她可能會嫁給一個只和她父母相比還算不錯的男人；或者說有的男人娶的第二任妻子，只有跟第一任妻子相比才算過得去。

某些房地產經紀公司採用的推銷方法特別應該受到譴責。由於買家是外地來的，也許急於把家搬到這座城市，於是匆匆來到房地產經紀公司。經紀人故意先帶這位顧客看了三間條件十分糟糕而且價格貴得離譜的房子，再帶顧客去看一間條件一樣不好、價格普通貴的房子。這樣一來，通常很容易就能成交。

對照誤導傾向常被用於從購買商品或服務的顧客身上，賺取更多的錢。為了讓正常的價格顯得很低，商家通常會瞎編一個比正常價格高很多的假價格，然後在廣告中把他的售價標示為其偽造價格的折扣價。人們即使對這種操縱消費者的伎倆心知肚明，也往往忍不住會上當。這種現象解釋了報紙上有那麼多廣告的部分原因。這還證明一個道理：**儘管能識破心理操縱伎倆，卻無法不受其操縱**。

當一個人逐步走向滅亡時，如果他每一步都很小，大腦的對照誤導傾向，通常會任由這個人走向萬劫不復之地。會發生這種情況，是因為每一步和他當前位置的對比，變化太小了。

曾有個橋牌牌友告訴我，如果把青蛙丟到熱水裡，青蛙會立刻跳出來；如果把青蛙放到常溫的水裡，然後用很慢很慢的速度來加熱這些水，那麼這隻青蛙最終會被燙死。雖然我的生理學知識不多，但還是懷疑這種說法是不是真實的。不管怎樣，的確有許多企業就像我朋友提到的青蛙那樣死去。在對比前後變化程度細微的誤導下，人經常無法認清通往終點的趨勢。

我們最好記住富蘭克林那句最有用的格言：「小小漏洞，能沉大船。」這句格言的功效是很大的，因為大腦經常會錯失能沉大船的小紕漏。

十七·壓力影響傾向

每個人都知道，突然而至的壓力，比如遭遇威脅，會導致體內的腎上腺素激增，引發更快、更極端的反應。每個讀過心理學概論的人都知道，壓力會使社會認同傾向變得更加強大。

有一種現象，知道的人不少，但還沒有被充分認識：輕度的壓力能夠稍微改善人的表現，比如說考試時；沉重的壓力則容易引發功能障礙。

但是除了知道壓力可能引起憂鬱症外，很少人有更多的瞭解。例如，急性壓力憂鬱症會使人發生思想功能障礙，因為會引起極端的悲觀態度，而且這種悲觀態度往往持續很長時間，導致病人身心俱疲，什麼都不想做。幸運的是，這種憂鬱症是較容易治癒的疾病之一。甚至早在現代藥物出現以前，許多憂鬱症患者，像薩繆爾·約翰遜和邱吉爾等人，就在人生中取得了非凡的成就。

大多數人對受到沉重壓力導致的非憂鬱性精神問題瞭解不多，但至少有個例外，那跟巴夫洛夫在七、八十歲時所做的研究有關。巴夫洛夫很早就獲得諾貝爾獎，因為他利用狗成功地闡述了消化功能的生理機制。後來他因為「讓狗養成單純聯想喚起的反應」而聞名於世，**今天人們通常把各種由單純聯想喚起的反應，包括狗聽到鈴聲就流口水，以及大多數現代廣告引起的行為，稱為「巴夫洛夫條件反射」**（Pavlovian conditioning）。

巴夫洛夫後來所做的研究特別有趣。在一九二〇年代的列寧格勒大洪水期間，巴夫洛夫有很多狗被關在籠子裡。在「巴夫洛夫條件反射」和標準獎勵反應的共同作用之下，這些狗在洪災之前已經養成一些特殊、各不相同的行為模式。在洪水消退前，這些狗差點被淹死，有一段時間，它們的鼻子和籠子的頂部只有一點點空間可供呼吸，這讓它們感受到極大的壓力。洪水退後，巴夫洛夫很快發現狗兒的行為改變了。例如，有隻狗原來很喜歡它的訓練師，現在不喜歡了。這個結果不由得讓人想起現代某些人的認知轉變：有的人原本很孝順，但突然皈依邪教之後，便會仇視自己的父母。巴夫洛夫的狗這種突然而極端的轉變，讓優秀的實驗科學家產生極大的好奇心。那確實引起巴夫洛夫的好奇。但沒有多少科學家會採取巴夫洛夫接下來的行動。

在隨後漫長的餘生中，巴夫洛夫對許多狗施加壓力，讓它們精神崩潰，然後再來治療這些崩潰。所有過程他都保存了詳細的實驗記錄。他發現：一、他能夠對這些狗進行分類，然後具體預測某隻狗有多麼容易崩潰；二、最不容易崩潰的狗也最不容易恢復到崩潰前的狀態；三、所有的狗都可以被弄到崩潰；四、除非重新施加壓力，否則無法讓崩潰的狗恢復正常。

現在，幾乎每個人都會抗議拿狗這種人類的朋友來做實驗。除此之外，巴夫洛夫是俄羅斯人，他晚年的研究工作是在共產黨執政期間完成的。也許正因這些原因，現在絕大多數人才會對巴夫洛夫晚年的研究一無所知。許多年前，我曾經跟兩個信奉佛洛伊德的精神病學家討論這個研究，但他們對此一無所知。事實上，幾年前有個主流醫學院的院長問我，巴夫洛夫的實驗是否可以被其他研究人員的實驗「複製」。顯然，巴夫洛夫是當今醫學界被遺忘的英雄。

我最早看到描述巴夫洛夫最後研究成果的文字，是在一本平裝版的通俗作品中，作者是某個得到洛克菲勒基金會資助的精神病學家。當時我正在試圖弄清楚：一、邪教是如何造成那些可怕的禍害；二、如果父母想讓被邪教洗腦、變成行屍走肉的子女重新做人，法律應該做出什麼樣的規範。當然，現在主流的法律反對父母把這些行屍走肉抓起來，對他們施加壓力，以便抵消邪教在威逼他們皈依時所施加壓力的影響。

我無意介入這個問題的法律爭議，但確實認為，如果要以最理智的態度來處理這個爭議，那麼雙方必須借鑑巴夫洛夫最後的研究成果：施加大量的壓力可能是治療「喪失心智」的唯一方法。我在這裡談到巴夫洛夫，是因為：一、我對社會禁忌向來很反感；二、談到壓力議題能讓我的演講更合理、更完整；三、我希望在座有人能繼續我的研究，取得更大的成果。

十八・易取得性誤導傾向

這種傾向正好可以和一句歌詞相呼應：「如果我愛的女孩不在身邊，我就愛身邊的女孩。」人類的大腦是有限而不完美的，很容易滿足於容易到手的東西。大腦無法使用記不住或不認識的東西，因為大腦會受到一種或幾種心理傾向影響，比如上述歌詞中的傢伙就受到身邊女孩的影響。所以對容易得到的東西，大腦會高估其重要性，因而表現出易取得性誤導傾向。

避免受此傾向影響的主要對策，通常是按程序辦事，包括使用總是很有幫助的檢查清單。

另一種對策就是模仿達爾文那種特別重視反面證據的做法。尤其應該注意不容易量化的因素，而不是只考慮可以量化的因素。再一個辦法是，找來一些知識淵博、富懷疑精神、能言善辯的人，請他們扮演反方觀點的角色。

這種傾向的一個後果就是，那些極其鮮明的證據，由於容易被記住，因而更容易被認知，因此在實驗中，應刻意低估其重要性，而多重視不那麼鮮明的證據。

然而，極其鮮明的印象對大腦的特殊影響力，可以被積極地應用於：一、說服其他人達成正確結論；或者二、把鮮明的形象一一做連結，做為強化記憶的工具。事實上，古希臘羅馬偉大的演說家，正是利用形象連結做為記憶輔助手段，不用寫小抄，就能滔滔不絕、有條有理地發表言論。

應付這種傾向時所需要記住的偉大原理很簡單：別因為一樣事實或一個點子很容易取得，就以為特別重要。

十九．不用就忘傾向

所有技能都會因為不用而退化。我曾經是個微積分天才，但二十歲以後，這種才能很快就因為完全沒有使用而消失了。避免這種損失的正確對策，是運用一些類似飛行員訓練中的飛行模擬器。這種模擬器讓飛行員能夠持續演練所有很少用到、但必須保證萬無一失的技能。

一個有智慧的人，終其一生都會不斷練習他所有有用卻很少用得上、且多半來自其他學科的技能，並把這當作是一種自我提升的責任。如果他減少練習的項目，因而減少了能掌握的技能，就會陷入「鐵鎚人傾向」的錯誤。他的學習能力也會下降，因為他需要用來理解新經驗的理論框架，已經出現了缺口。對善於思考的人而言，把自己的技能列成一張檢查清單並經常應用，一樣很重要。

許多技能唯有天天練習，才能維持在非常好的水準。鋼琴演奏家帕德瑞夫斯基[20]曾經說過，如果他一天不練琴，就會發現自己的演奏技巧退步；如果連續一星期不練，那就連聽眾都能發現了。

人只要勤奮就能降低不用就忘傾向的影響。如果能夠精通一種技能，而不是草草學

20 帕德瑞夫斯基
Ignacy Jan Paderewski, 1860-1941
波蘭鋼琴家、作曲家、外交家和政治家，曾任波蘭總理。

來應付考試，就比較不會失去這種技能；就算生疏了，只要重新學習，也很快就能再度掌握。這些優勢可不算小，聰明人在學習重要技能時，除非練到精通，否則是不會停下來的。

二十．毒品誤導傾向

眾所周知，這種傾向的破壞力極大，常常會對認知和人生帶來悲劇性的後果，所以在此不需多說了，請參見「簡單的、避免痛苦的心理否認」一節的相關內容。

二十一．衰老誤導傾向

年齡增長自然會造成認知衰退，每個人認知衰退的時間早晚和速度快慢不盡相同。基本上沒有人已經很老了還善於學習複雜的新技能；但有些人即使到了晚年，也能得心應手運用原已掌握的技能，這種事在橋牌比賽中屢見不鮮。

像我這樣的老年人，就算不必太刻意喬裝，只要利用衣著打扮之類的社會習慣，也能巧妙掩飾許多衰老的痕跡。

持續快樂思考和學習，多少能夠延緩終將面對的衰老。

二十二・權威誤導傾向

和所有祖先一樣，人類也生活在階級分明的權力結構中，所以大多數人生下來就要跟隨領袖，而只有少數人能夠成為領袖。因此，人類社會被組織成階級分明的權力結構，這些結構所形成的文化，則增強了人類追隨領袖的天性。

但由於人類的反應大都是自然而然的，追隨領袖的傾向也不例外，所以當領袖犯錯，或其想法並沒有被充分傳達而被誤解時，追隨者就難免承受極大的痛苦。我們看到的許多例子都顯示，人類的權威誤導傾向會造成認知上的錯誤。

有些錯誤的影響是很可笑的，就好像西奧迪尼教授講過的一個故事。有個醫生留了張字條給護士，吩咐她如何治療病人的耳疾。紙條上寫著“Two drops, twice a day, r. ear.”（每次兩滴，每天兩次，右耳。）護士把 r. ear（右耳）看成 rear（屁股），於是讓病人翻過身，把滴耳液滴進了病人肛門。

錯誤的理解權威人物的指示，有時會釀成悲劇。二次世界大戰期間，某部隊為一位將軍安排了新的飛行員。由於將軍就坐在副機長的位子上，讓新飛行員非常緊張，他很想取悅這位新老闆，以至於把將軍在座位上挪挪身體的細微動作，誤解為某種讓他去幹傻事的命令。於是飛機墜毀了，飛行員落得半身不遂的下場。

當然，像巴菲特老闆那樣深謀遠慮的人，早就知道這類事情，他坐在飛行員旁邊時總是表現得像一隻過於安靜的老鼠。

在飛行模擬訓練中，人們也注意到這類情況。副機長在模擬訓練中必須懂得忽略機長某些愚蠢的命令，因為機長有時也會犯下嚴重錯誤。然而，即使經過嚴格的訓練，副機長仍然經常由於機長的某些明顯錯誤，而造成模擬飛機墜毀。

平步青雲的陸軍下士希特勒在成為德國元首後，帶領大批虔誠的路德教徒和天主教徒倒行逆施，進行了慘絕人寰的種族大屠殺和種種大規模的破壞活動。後來有個聰明的心理學教授，也就是史丹利・米爾格蘭，決定做一個實驗來探索權威人物到底如何促使普通人做出罪大惡極的事。在這個實驗中，有個人假扮成權威人物：一個主導這次正式實驗的教授，這個人能夠讓許多人將他們信以為真的假電刑，施加於自己的無辜同胞。這個實驗證明了權威誤導傾向能造成多可怕的結果，但也證明了二戰剛結束時的心理學界是極其無知的。

只要用我的心理傾向清單逐項對照，每個聰明人都應該明白，米爾格蘭的實驗涉及六種強大的心理傾向，它們共同發揮作用，造成極端的實驗結果。例如，那個按下電擊鈕的人，一定有從在場無動於衷的旁觀者那裡得到許多社會認同，那些人的沉默，意味著他的行為是沒有問題的。然而，在我討論米爾格蘭之前，心理學界發表了上千篇相關論文，可是這些論文對米爾格蘭實驗的意義，最多只理解九成。任何聰明人只要做到下面兩點，就能立刻完全理解這個實驗的意義：一、依照我這篇演講稿中談到的內容，合理地組織心理學知識；二、核對檢查清單。這種情況說明那些早已謝世的心理學教授思考混亂，因此我們需要一個更好的解釋。下面我會不情願地談談這個話題。

接下來我要講的是一個受權威誤導傾向的故事。我們應該慶幸上一代心理學家的頭腦沒有錯亂到像這位釣客一樣嚴重。

有次去哥斯大黎加的科羅拉多河垂釣，我的嚮導在震驚之餘，告訴我一個釣客的故事。那個釣客比我早到科羅拉多河，他之前從來沒有釣過海鰱魚，所以也雇了一位垂釣嚮導。那位嚮導既負責開船，也提供許多垂釣建議，因此樹立了絕對權威的角色。那個嚮導的母語是西班牙語，而釣客的母語則是英語。釣客釣上一條很大的海鰱魚，於是開始遵從這位權威嚮導的各種指示：抬高點、放低點、收線等等。最後，魚上鉤了，釣客必須把釣竿往上拉才能把魚釣上來，但是嚮導的英語並不好，把收竿說成了「給它竿，給它竿」。哇！這釣客竟把他那根昂貴的釣竿扔給了魚，那支釣竿就沿著科羅拉多河漂向大海去了。

這個例子證明，**跟隨權威人物的心理傾向是很強大的，能夠使人的腦袋變成漿糊。**

最後一個例子來自商界。有個心理學博士在當上某家大公司的總裁後就發狂了，花大筆錢在一個偏僻的地方蓋了新總部大樓，還建了很大的酒窖。後來，他的部屬彙報說資金快用完了。「從折舊準備金帳戶撥錢，」這位總裁說。那可不太容易，因為折舊準備金帳戶是負債帳戶。

對權威人物不應有的尊敬造成了這種情況：這位總裁和許多比他還糟糕的管理者，明明早就該被革職，卻持續擔任一些重要企業組織的領導人。此事蘊含的意義不言而喻：選擇把權力交給誰時要很謹慎，因為權威人物一旦上台，將會得到權威誤導傾向的幫助，那就很難被推翻。

二十三・廢話傾向

做為一種擁有語言天分的社會動物，人生來就有本事囉里囉唆，說出一大堆廢話，給正在專心做正經事的人造成許多麻煩。有些人會製造大量廢話，有些人則很少廢話。

曾經有個很好玩的實驗，證明蜜蜂說廢話也會引起麻煩。在正常情況下，蜜蜂會飛出去找蜜源，然後飛回蜂巢，跳起一種舞蹈，以此來告訴其他蜜蜂蜜源的位置，然後其他蜜蜂就會飛出去，找到蜜源。某位像史金納般聰明的科學家，決定要看看蜜蜂遇到麻煩之後會怎麼辦。他把蜜源放得很高，非常高。大自然中並沒有那麼高的蜜源，可憐的蜜蜂缺乏一種足以傳達這個資訊的基因程式。你也許以為蜜蜂會飛回蜂巢，然後縮到角落裡，什麼也不做，但結果不是這樣。蜜蜂回到蜂巢，開始跳起一種莫名其妙的舞來。我這輩子總是在跟那些很像這隻蜜蜂的人打交道。聰明的行政機構應該採取一種非常重要的方法，就是讓那些囉里囉唆、喜歡說廢話的人遠離嚴肅的工作。加州理工學院有個名副其實的名教授，他有深刻的見解，然而說話比較魯莽。他曾直言不諱地說：「學術管理機構的首要任務，就是讓無關緊要的人不要去干預有關緊要的人工作。」我引用這句話，部分原因在於，我跟這位教授一樣直言不諱，經常得罪人。雖然做了很多努力，我還是沒能改掉說話魯莽的積習，所以我引用這位教授的話，是希望至少和他比起來，可以顯得我還算委婉。

二十四．師出有名傾向

人，尤其是文明社會的人，天生就熱愛追求準確的認知，以及在這過程中得到的快樂。正因如此，填字遊戲、橋牌、西洋棋等等所有需要思考技巧的智力遊戲，才會如此廣受歡迎。

這種傾向給人的啟發不言而喻。如果老師在傳授知識時解釋正確的原因，而非不做任何說明，只是高高在上地把知識條列出來，那麼學生往往會學得更好。因此，不僅在發布命令之前要想清楚原因，還應該把這些原因告訴命令的接收者，沒有什麼比這更明智的了。

對於這番道理，沒有人比卡爾．布萊恩更瞭解了。他為人正直，以過人的技巧設計了許多煉油廠。他掌管的那家德式大企業有一條非常簡單的規矩：**你必須講清楚何人將在何時何地因何故做何事**。如果你給屬下寫紙條，吩咐他去做事情，卻沒有交代原因，布勞恩可能會解雇你，因為他非常清楚，**只有一絲不苟把某個想法的原因都攤開來，這個想法才最容易被接受**。

總而言之，如果人畢生致力於將他們的直接和間接經驗，懸掛在一個解釋「為什麼」的理論框架上，那麼就更容易吸收和應用知識。事實上，「為什麼」這個問題是一塊豎在精神寶庫門外的羅塞塔石碑[21]。

不幸的是，重視理由傾向是如此強大，乃至一個人隨便給出毫無意義或不正確的理由，也能使他的命令和要求更容易被遵從。有個心理學實驗證明了這一點。在這個實驗

21 **羅塞塔石碑** Rosetta Stone 刻有古埃及國王托勒密五世的書的石碑，因為以希臘文、古埃及文，和當時的通俗文字三種不同語言版本刻寫，因而成為後人研究古埃及曆的重要歷史文物。

中，實驗人員成功地插隊到排在影印機前面的隊伍前頭，他的理由是：「我要複印幾份東西。」重視理由傾向這種不幸的副作用，其實是一種條件反射，會出現這樣的條件反射，是因為大多數人都認為有理由的事就是重要的事。自然而然，某些商業機構和邪教組織便經常利用各種有噱頭的理由，來達到不可告人的目的。

二十五：魯拉帕路薩傾向——數種心理傾向共同作用造成極端後果

這種傾向在我翻閱過的那幾本心理學書裡面是找不到的，至少沒有有系統的介紹，然而這在現實生活中卻占據重要地位。這解釋了米爾格蘭的實驗結果為什麼會那麼極端，也解釋了某些邪教組織為什麼能夠成功地透過各種手段，將許多心理傾向引起的壓力，施加在傳教對象身上，從而迫使他們皈依。被邪教盯上的目標，跟巴夫洛夫晚年研究的那些狗是一樣的，他們的抵抗力因人而異，但有些被盯上的人在邪教的壓力之下，頓時變成了行屍走肉。事實上，有些邪教管這種皈依現象叫作「咔嚓」（snapping）。

從前的心理學書籍作者極其無知，對此我們應該如何解釋呢？哪個曾經在高等學府上過物理學或化學入門的人，會不去考慮各種心理傾向將如何結合，並導致什麼結果？為什麼有些人對各種心理傾向之間相互影響的複雜關係毫無所知，卻自以為他的心理學知識已經夠豐富了？那些心理學教授研究的是「大腦運用過度簡化的運算法則，對認知產生的影響」；而他們本身用的卻同樣是過度簡化的概念。還有什麼比這更諷刺的？

我將提出幾個初步的解釋。也許很多早已上天堂的心理學教授，想要透過一種狹隘、可複製的心理學實驗，來撐起整個心理科學；這種實驗必須能夠在大學校園中進行，而且每次只針對一種心理傾向。如果那些心理學前輩是以這樣有限的方法來研究學問，那就大錯特錯了。這就好像物理學忽略了天體物理學（因為這種實驗不可能在實驗室中進行），以及所有的複合效應。是哪些心理傾向導致早期的心理學教授這麼做呢？其中一個可能答案是，他們偏好採用容易控制的資料而引發的「易取得性誤導傾向」，然而這終將創造出一種極端的鐵鎚人傾向。另外一個答案可能是「羨慕／妒忌傾向」：早期的心理學家誤解了物理學，並對物理學懷有一種奇怪的妒忌心理。這種可能性證明學院派心理學完全不研究妒忌，絕對是錯誤的。

現在我想把所有這些歷史謎團交給比我優秀的人去解決。

好啦，我對各種心理學傾向的簡短描述就到此為止。

心理學的綜合應用

現在，正如前面說過的，我將會自問自答幾個普遍被問到的問題。

第一個是綜合性問題：和歐幾里得的系統相比，這份心理傾向清單是不是顯得有點重複？這些傾向之間是否有重疊之處？這個系統能用其他有說服力的方法羅列出來嗎？這三個問題的答案為：是的、是的、是的；但這些事並不很重要。進一步精簡這些心理傾向雖然也不錯，但卻會使其實用性受限，因為像心理學這樣的軟科學，總會有許多模糊地帶。

我的第二個問題是：你能否舉出一個現實生活中的事例，而不是米爾格蘭式、受控制下的實驗，然後用你的系統來對這些心理傾向間的相互作用，提出有說服力的分析？答案是肯定的。我最喜歡的例子是麥道（McDonnell Douglas）飛機公司的乘客疏散測試。政府規定，在銷售新型飛機之前，必須通過這項測試，要求能讓滿載的乘客在短時間內全部撤出機艙；而且測試時應該貼近現實，所以你不能找一堆二十歲的運動員來扮乘客，那肯定過不了關。於是麥道安排在某個陰暗的停機棚進行疏散測試，請了許多老年人來扮演乘客。飛機客艙門離水泥地面大概有二十呎（約六公尺）高，而疏散通道是一些不怎麼結實的橡膠滑梯。第一次測試在早晨進行，結果有二十個人受了重傷，且整個疏散耗時超過了規定時間。麥道接下來怎麼辦呢？在當天下午進行了第二次測試，也失敗了，還多了二十個重傷者，其中一個甚至終身癱瘓。

這個可怕的結果要歸因於哪些心理傾向？用我的心理傾向清單來檢視，可以這樣解釋：「獎勵超級反應傾向」驅使麥道迅速採取再次測試的行動，因為只有通過測試才能銷售新飛機；另外還有「避免懷疑傾向」，讓它做出這個決定，並很快執行。此外，政府要求測試要貼近現實，然而在「權威誤導傾向」下，麥道過度遵從政府指示，採取一種顯然太過危險的測試方法。這個時候，整個行動已經決定了，於是「避免不一致性傾向」使得這種沒腦袋的計畫得以繼續進行。當麥道員工看到那麼多老人走進陰暗的停機棚，看到飛機客艙是那麼高，而停機棚的水泥地面是那麼硬，他們肯定覺得非常不安，但又發現其他員工和主管對此並未表示反對；於是「社會認同傾向」消除了他們的不安。這使得行動能夠依照計畫進行；而計畫能夠得以重來，也是受制於「權威誤導傾向」。接著出現了災難性的結果：當天早上的測試失敗了，許多人受了重傷。再由於「確認偏見」，麥道忽略了第一次測試失敗中強大的反面證據；而失敗則激發了強烈的「被剝奪超級反應傾向」，促使麥道繼續原來的計畫。被剝奪超級反應傾向讓麥道變成賭徒，在輸掉一大筆錢之後急於扳平，狠狠賭上最後一把。畢竟，如果不能如期通過測試，麥道將蒙受重大損失。對這個案例，也許我們還能提出更多心理學方面的解釋，但我的解釋已經夠完整了，足以證明以我的系統來檢查是很有用的。

第三個也是綜合性問題：這個心理傾向的思想系統，在現實生活中有什麼用處？廣義的演化（包括基因演化和文化演化）早已將這些心理傾向深深根植在我們的大腦裡，這些我們無法擺脫的心理傾向能帶來什麼實質的好處？我的答案是，這些心理傾向帶來的好處可能比壞處多，不然就不會存在於人類容量有限的大腦中，而且還對人類處境產生很大的作用。所以這些傾向不能、也不該被主動地清除。儘管如此，這種心理學思考系統如果得到正確的理解和應用，將可以傳播智慧和端正的行為，有助於避免各種災難。心理傾向是可以改變的，認識各種心理傾向和因應對策，通常能夠防患於未然。下面列出的這些例子讓我們明白一個道理：基本的心理學知識是非常有用的——

一、卡爾．布萊恩的「五何」溝通法。

二、飛行員訓練中對模擬器的使用。

三、戒酒組織的制度。

四、醫學院中的臨床培訓方法。

五、美國制憲大會的規則：絕對保密的會議，最終投票之前所有的投票都不記名；大會結束前隨時可以重新投票，但對整部憲法只投一次票。這些是非常聰明且尊重心理學的規則。如果開國元勳當時使用的是另外一種表決程序，許多人將會受到各種心理傾向的影響，從而採用一些前後不一、僵化的立場。我們的憲法能順利通過表決，正因為他們摸透了人們的心理。

六、使用祖母的激勵機制（祖母規矩），讓人約束自己，進而把工作做得更好。

七、哈佛大學商學院對決策樹的強調。在我年少無知時，經常嘲笑哈佛大學商學院。我說：「他們居然在教那些二十八歲的人，如何在生活中應用高中的代數知識？」等我聰明一些，才明白這樣做是很重要的，有助於預防某些心理傾向所引起的糟糕後果。雖然有點後知後覺，但總比不知不覺好。

八、嬌生公司（Johnson & Johnson）所用的類似「驗屍」的做法。大部分公司的企業購併，最終會變成一場災難；但所有造成這次愚蠢購併的人、資料和簡報，很快都會被忘記，再也絕口不提。但是嬌生公司規定：每個人都要審視已完成的購併，將預測和結果進行比較。這麼做是非常明智的。

九、達爾文在避免確認偏見方面的偉大典範。美國食品藥物管理局（ＦＤＡ）效仿了達爾文的做法，很明智地要求開發新藥物的研究中，必須採用反確認偏見的「雙盲試驗法」[22]。

22 **雙盲試驗法**
double blind
雙盲試驗通常試驗對象為人類，受試驗的對象及研究人員並不知道哪些對象屬於對照組，哪些屬於實驗組。目的是避免受試者或實驗人員的主觀偏向影響實驗結果，故得出的結果會更為嚴謹。

23 **柯林・卡莫爾**
Colin Camerer, 1959-
美國行為經濟學家。

十、巴菲特對公開競標會的原則：別去。

我的第四個問題是：這份清單所展現的思維系統中，隱藏著什麼特殊的知識問題？嗯，答案之一就是悖論。在社會心理學領域，人對這個系統瞭解得愈多，它的真實性就愈低；也因為這樣，悖論能成為壞事情的預防針、好事情的催化劑。這個結果也很矛盾，但有什麼關係呢？就連純數學都無法不自相矛盾，心理學有些矛盾之處，又有什麼值得大驚小怪的？

這種認知改變當中還有一個矛盾：人即使明知自己被人操控，也會心甘情願被對方牽著鼻子走。這在矛盾中又創造了矛盾，但還是那句話，這有什麼關係呢？我曾經非常享受這種情況。許多年前，我在晚宴上認識了某位漂亮女士，她先生是洛杉磯一位有頭有臉的人物。她坐在我旁邊，仰起那張美麗的臉龐，對我說：「查理，你能用一個詞來說明你在生活中取得非凡成就的原因嗎？」我明知道這肯定是她的例行問話，但還是覺得很高興，每次見到這位美女都會讓我精神一振。順便一提，我跟她說答案是我很理性。至於這個答案是不是真的，你得自己判斷，因為我可能陷入了某些我原來不想陷入的心理傾向。

我的第五個問題是：我們需要將經濟學和心理學更加緊密結合起來嗎？我的答案是肯定的，好像已經有人開始這麼做了。我聽說過這樣一個例子。加州理工學院的柯林·卡莫爾[23]研究的是「實驗經濟學」。他設計出一個有趣的實驗，讓一些智商很高的學生用實體的錢來模擬股市投資。結果有些學生為某支股票付出了A＋B的價格，儘管他們明知道當天的收盤價只會到Ａ。會發生這種愚蠢的事，是因為學生被允許在一個流動市場上自由買賣股票；而會付出Ａ＋Ｂ的價格，是因為他們希望能在當天收盤前，以更高的價格賣給其他學生。現在我敢自信的預言，大多數經濟學和企業財務學教授將會無視於卡莫爾的實驗結果，繼續堅定信奉原來那種「嚴格的有效市場理論」。果真如此，那麼這將再次證明：聰明人在受到心理傾向影響下，會變得多不理性。

我的第六個問題是：這些心理傾向的知識，難道不會帶來道德問題和不夠謹慎的問題嗎？我的答案是「會的」。例如，心理學知識能夠用來增加說服力，而說服力和其他力量一樣，可以用來做好事，也可以做壞事。庫克船長曾經用心理學伎倆耍了水手，讓他們吃下酸泡菜來預防壞血病。在我看來，儘管庫克船長有操控水手之嫌，但在當時的情況下，這種做法是道德且明智的。但更常見的是，你會利用心理傾向的知識來操控別人，以便獲取他人信任，達到自己不可告人的目的，這樣，你就是犯了道德錯誤和不夠謹慎的錯誤啦。道德錯誤很明顯，不用多說。而之所以犯了不夠謹慎的錯誤，是因為許多聰明人會發現你正在試圖操縱他們，而反過來憎恨你。

最後一個問題是：這篇演講稿存在事實上和合理性的錯誤嗎？答案是「是的」，幾乎一定是的。這篇稿子是一個八十一歲的老人，憑記憶花了大概五十個小時改寫出來的，而且這個老頭從來沒有上過一堂心理學，在過去將近十五年的時間裡，除了一本發展心理學著作，沒有讀過半本心理學的書。即使如此，我認為我這篇演講稿整體上是非常站得住腳的；我希望我的後代和朋友會認真考慮我所說的話。我甚至希望會有更多的

「彼得，你和華倫騙我重寫這篇東西，占用我太多時間啦！」（2005 年 2 月）

心理學教授和我一起致力於：一、大量採用逆向思維；二、完整闡述心理學系統，讓心理學能夠像檢查清單那樣，發揮更大的作用；三、更為強調多種心理傾向共同作用下的效應。

我的演講到這裡結束了。如果你在思考我所談的內容當中得到的快樂，有我在寫作時得到的快樂的十分之一，那麼你就是一個幸運的聽眾啦！

重讀第十一講

在二〇〇〇年發表的這次演講中，我稱讚了茱蒂．哈里斯那本非常暢銷的《教養的迷思》。你們應該記得，這本著作證明了同儕壓力對年輕人而言是非常重要的，而以往普遍認為很重要的父母的教養，反而沒那麼重要。這本具有深遠意義的成功作品背後的故事很有趣：早在這本書出版之前，現年六十七歲的哈里斯女士還在哈佛大學攻讀心理學博士，但卻被開除了，因為哈佛大學認為她缺乏從事心理學研究必備的素質。由於罹患了某種無法治癒的免疫性疾病，哈里斯女士成年之後，大多數時間都待在家裡。疾病纏身、沒沒無聞的她，發表了一篇學術論文，《教養的迷思》就是根據這篇論文的基本觀點寫成的。這篇論文讓她獲得由美國心理學協會頒發、聲譽很高的一個大獎，而這個獎的名稱，恰恰是以那個把她從哈佛開除的人的名字命名的。

從她那本令人印象深刻的作品中得知這件荒唐事後，我寫信給哈佛大學，我的母校，敦促它授予我並不認識的哈里斯女士名譽博士學位，或者授予她真正的博士學位，那就更好啦。信中引用了牛津大學的例子：這所偉大的大學曾經開除它最優秀的學生薩繆爾．約翰遜，因為他窮得繳不起學費。但牛津大學後來親切的做了補救，在約翰遜戰勝疾病、從窮困潦倒中逐漸成名後，牛津大學授予他博士學位。我試圖說服哈佛效仿牛津的努力完全失敗了。但哈佛後來確實從麻省理工學院挖來當世最著名的心理學家史蒂芬．平克，而平克則十分景仰哈里斯女士。從這個舉動，我們能明白哈佛人文社科學院的聲譽，為什麼比其他大學要高。該學院的底蘊極其深厚，因而能夠修正別人放任而行的愚蠢錯誤。

二〇〇六年，與不治之症奮戰的哈里斯女士出版了第二部作品，《沒有兩個人是相同的》。這個書名很貼切，因為作者要解決的核心問題之一就是，同卵雙胞胎最終在性格方面為什麼會截然不同。帶著好奇心嚴謹探討這個問題的她，讓我想起了達爾文和名偵探福爾摩斯。她從心理學文獻中蒐集和解讀了許多資料，提出一種非常可信的答案。她引用了一個有趣的案例：有一對同卵雙胞胎，其中一個在生活和事業上都很成功，另外一個則淪落到貧民窟。哈里斯女士對這個核心問題做出了極具概括性的解答，在這裡我不想透露她的答案，因為對本書讀者來說，先猜猜答案，然後再去讀她的書會更好。如果哈里斯女士大致上是正確的（在我看來非常有可能），那麼處境艱辛的她，已經兩度提出在兒童培育等方面，具有重大實務意義的學術理論。

這種少見而值得讚歎的成就是怎麼發生的？用哈里斯自己的話來說，她「為人傲慢而多疑，從小就是這樣」，這些性格特徵加上耐心、決心和技巧，顯然讓她直到六十七歲還在探求真理的道路上走得很順利。毫無疑問的是，熱中於摧毀自己的觀念，也是她成功的因素之一，就像她現在會為以前撰寫的書中，重複了某些錯誤的理論而致歉。

在這篇演講稿中，我也展現了傲慢，因為我對自己所說的話非常有信心。這篇演講稿無非就是宣稱：一、學院派心理學是非常重要的；二、儘管如此，該領域中的那些博士學者的心理學理論，和他們對心理學的闡述，往往是有問題的；三、和絕大多數教科書相比，我對心理學的闡述方式，在實用性方面多半擁有很大的優勢。當然，我相信這些極度自負的言論內容是正確的，畢竟我為這篇演講稿蒐集的資料，是為了促進我的實務思維，而不是藉由發表一些聰明的理論來得到好處。

如果我的看法是正確的，哪怕只有部分正確，未來這個世界理解心理學的方法，將會跟本文所談的方法差不多。果真如此，我敢說，這種實踐的改變，將會普遍提高人們的能力。

寫完這篇之後，我沒有什麼要補充的了。（2006 年 3 月 7 日）

Charles T. Munger

老年萬歲

——受西塞羅《論老年》啟發

一七四四年，班傑明．富蘭克林還是費城一個從事印刷業的無名商人。出於和商業無關的愛好，他在當年出版了一本書，書中包括了西塞羅的《論老年》的譯文，這是美國第一次有人將其從拉丁文翻譯成英文。西塞羅在大約六十歲時，寫下了這部歌頌老年的作品。

我最早聽說這本書，是在二〇〇六年，當時我的朋友安格斯和露西．麥克拜恩夫婦（Angus and Lucy McBain）送我一本富蘭克林一七四四年譯文的重印版。那本書名叫《西塞羅論美好人生》（*Cicero, On a Life Well Spent*）。我忘了之前是否聽說過這本書，但一看到西塞羅這部充滿了對老年歌頌的作品時，就高興到幾乎上天了。也許麥克拜恩

長壽的西塞羅

馬爾庫斯．圖盧斯．西塞羅（Marcus Tullus Cicero, 106-43BC）活到六十三歲，在那個年代算是長壽的羅馬人。西元前四三年，因為西塞羅反對獨裁制度（Mark Antony）復辟，遭馬克．安東尼派人暗殺，結束了這位羅馬最偉大的作家、演說家、律師和頂尖政治家的生命。

夫婦思忖著我需要一本權威的書，以便讓我明白八十二歲的老人仍舊可以得到許多機會和安慰。不管他們是怎麼想的，麥克拜恩夫婦啟發了我如下的反思。

第一次聽說西塞羅這個人，是在大蕭條快結束時，我正在奧馬哈中央高中學習拉丁文。那時候我並不覺得西塞羅在他熱愛的共和政體終結之後不久喪命，有什麼值得悲傷的。畢竟，他就算當時不被暗殺，也會很快因為其他原因而死。而且，我從身邊的事物體認到，從某種意義上來說，西塞羅並沒有完全死去。其實，死後的他顯然比生前的他，對更多人產生正面影響。而這種結果並非因為殉道，而是緣於這位偉大作家的傳世作品。

他深愛的共和政體也沒有完全滅亡。其實，就以我所處的內布拉斯加州而言，這裡的政治制度正是西塞羅所描繪的。此外，這裡不但有西塞羅式的政府體制，還有西塞羅式的政府建築。中央高中的建築和雕塑本質上是希臘羅馬風格，反映了早年內布拉斯加州百姓，將當今的幸福歸功於祖先典範的一份景仰之情。

我在中央高中時，並沒有完全領略這種特殊政治體制的優點。但後來也認同西塞羅的政府觀。他認為好的政府制度應該是將有限選舉（limited-franchise）民主制、寡頭政治和臨時君主制三種制度的某些方面綜合起來，形成一套縝密的權力制衡系統，以便防止任何政客造成不可容忍的破壞。他背後的基本哲學觀點，是基於一種深刻而現實的、對於人性的懷疑精神，包括了對多數暴政及蠱惑人心的政治宣傳的厭惡。當然，與這種懷疑精神相輔相成的另一面，是他對公民責任的信仰，他認為全體公民，尤其是最優秀的人，有責任為國家及其價值觀付出智慧和勤奮，即使需要做出很大的犧牲。眾所周知，「責任」是最難以下嚥的處方。確實，西塞羅當時就發現有必要為此創造拉丁文「moralis」，也就是我們現在所說的「道德」（moral）的字根，用來鞭策羅馬同胞走上正確的道路。

習知西塞羅的政治觀點後，我曾多次暗中以為，提倡這種政治制度，是為自己的同胞著想。但現在我相信，其實一個人很少完全清楚自己的動機。當初打動我的潛在原因，是因為我意識到，在西塞羅的價值系統中，自己將非常有可能成功。

事實果真如此，我在生活中得到的多過應得的。如果某個人的思維模式在生活中為他帶來好處，那麼這種思維往往會變成他最堅定的信念。所以，隨著時光流逝，我愈來愈喜歡西塞羅。而在我讀了特洛普所寫的西塞羅傳記後，我甚至決定絕對要推薦給非西塞羅迷。

儘管送一本論老年的書給一個老人，並不怎麼高明，但麥克拜恩夫婦這樣做倒是絕對正確的。若我在高中時看本書，那麼西塞羅的談話，對當時一心只想給某位大美女留下好印象的我來說，是毫無用處的。但在二〇〇六年，西塞羅關於老年的討論，卻深得我心。

例如，該書的第一頁就減輕了我的精神負擔。西塞羅如是報告：「在寫作這本書的過程中……我所產生的種種想法……既輕鬆又有趣……以至於它們已經使老年生活顯得……美好而舒適。」顯然，說這話的是我的同路人，對自己的話堅信不疑並為之沾沾

特洛普

安東尼．特洛普（Anthony Trollope, 1815-1882）維多利亞時代最成功、最多產、最受尊敬的英國小說家之一。其小說尖銳地反映了政治、社會和性別的問題和衝突。

喀提林陰謀（Catiline Conspiracy）

喀提林（108-62BC）是羅馬政治家，曾經企圖顛覆羅馬共和國，尤其是推翻當權的貴族議員，是羅馬共和國晚期最重要事件之一。而西塞羅是他最大政敵。

自喜。長久以來，我總是很熱心想告訴別人他們應該知道些什麼，但這其實是一種社交缺陷，最終只得到別人的反感，而我往往又以令人生厭的慷慨來中和這種反感。令人高興的是，在西塞羅筆下，這種好為人師的性格是有益的品德，有助於在世上傳播知識。但是中央高中怎麼會讓這位偉人只提供兩段有關喀提林陰謀的文字，而不是讓他教我應該對自己說的話更有自信呢？我想答案是這樣的：要嘛中央高中是那個時代一所非常好的學校，而無須教學生們自信；要嘛是那些校友們自信心極強，根本不像年輕的我那樣需要鼓勵。

我繼續在西塞羅這部作品中，發現更多肯定自己生活方式的內容。隨著年歲增長，我愈來愈常因為陷入自己的思維中，而對別人的談話無動於衷，因此備受責難。但這種行徑也被西塞羅視為優點，他在稱讚天文學家伽魯斯[1]這一類人時這樣說：「當他專注於整夜都沒解開的數學問題時，如何還會為日出而驚喜呢？還有多少睿智而可敬的老人，會因沉浸在思考學習中而表現得興高采烈呢？」

西塞羅的話還提升了我的自我滿足感，支持我長久以來對一個正統觀點的抵制。我向來拒絕接受人們對基督教聖經中法利賽人和稅吏寓言的解釋。依照這種解釋，法利賽人既有學問，也很虔誠，終生循規蹈矩，卻因為他慶幸自己沒有像為非作歹的稅吏那樣墮入不道德的境遇，而反遭指責。和我一樣，西塞羅也不認為人們因這樣的對比而欣喜有什麼不對。在他看來，把工作做好產生的自豪感，是非常有建設性的。例如能夠激發年輕時的鬥志，因為當年老時，你回憶起來會倍感快樂。對於他這種看法，我想

1 伽魯斯 Gaius Sulpicius Gallus 羅馬共和國時代的天文學家和執政官。

用現代知識來補充一句：「此外，當你為自己表現良好而感到滿意時，你以後會做得更好。」

為了證明老年人也有能力做好各種事，西塞羅不惜長篇大論引用許多在戰場、治國和文學方面取得偉大成就的傑出老者做例子，並指出這些老者為自己長期的優異表現而感到幸福。例如，他提到某位偉大的將軍：「要是他能夠再活一百年，你以為他會覺得打仗是一種負擔嗎？」

西塞羅不光讚美老年人的美德，還批評年輕人的不足和愚蠢。有一次，他將某個偉大政府的垮台歸咎於下述原因：「幾個開始表現得像政治家、並通過各種辦法暗示他們能夠管理人民的幼稚而無知的年輕演說家。」

西塞羅認為，年輕人的平均優勢比不上老年人。為了證明這一點，他指出，在特洛伊戰爭中，領導人阿伽曼農（Agamemnon）「不求有十個孔武有力的猛將，只求有十個聰明睿智的謀士」。

西塞羅的年齡偏好很明顯來自於他對智力和體力的看法，而他認為前者的價值遠遠高於後者。他在書中寫道：「據說米洛進入奧林匹克競技場時背著一頭牛。現在如果讓你選擇，你是願意選擇米洛的體力呢，還是選擇畢達哥拉斯的智力？」對於西塞羅來說，這是只有一個答案的反問句。

西塞羅的知識雖然很淵博，但仍認為只要一息尚存，就該不斷學習，自我提升，並舉蘇格拉底晚年學習演奏提琴和某個羅馬老人學習希臘語為例。事實上，西塞羅認為，

米洛

米洛（Milo或Milon），西元前六世紀晚期古希臘著名運動員，曾六次贏得奧運摔角競賽。傳說他每天都背一頭初生小牛做訓練，奧運比賽時，他就會背一頭四歲的牛。

老加圖

老加圖（Cato the Elder, 234-149BC），羅馬學者、鐵面無私的審查官。史書稱其「老加圖」，以區別於他的曾孫「小加圖」。

最令人傷心的噩耗莫過於那個你正在向其學習的人死了。所以他在書中讓老加圖這樣談論羅馬共和國的將軍昆圖斯（Quintus Fabius Maximus）：「我非常喜歡聽他的教導，真擔心他會撒手離我們而去，到時我恐怕再也找不到第二個這樣的人來提升自己了。」西塞羅並兩度意味深長地引用早期雅典偉人索倫常說的話：「活到老，學到老。」

西塞羅指出，試圖解決人生根本問題的哲學研究，是一種理想的活動，適合所有年紀的人，哪怕是行將就木的老人。

他對這種學習讚不絕口：「我們對哲學的仰慕永無止境；人們只要獻身於哲學，就永遠不會在任何人生階段或遭遇中迷失自我。」回顧前述談到西塞羅熱愛知識的段落，我忽然想起西塞羅不用一個字，而對羅馬做出的我認為最明智、最尖銳的批評：在擔任西西里的大法官後，他找到古代最偉大數學家阿基米德的墳塚，卻是一片荒煙蔓草的景象。羅馬文明對數學和科學毫無興趣的缺陷，在此表露無遺。

不難想像，在這本書裡，西塞羅的論述也包括各種各樣的行動建議，其中許多極具說服力。例如，西塞羅反對有錢老人的貪婪行為：在我們愈來愈接近人生終點時，還有什麼比財迷心竅更荒唐且沒有意義的事？

在這位羅馬人看來，害怕死亡是愚蠢和不可接受的。因為他認為，人死後只有兩種可能：一、要嘛在來世過上永恆的、更好的生活；二、就算得不到這樣的結果，你也不會感覺到任何痛苦。

在西塞羅看來，老年人不應該只追求生前的享受。他認為有價值的生活方式是努力為後人造福，哪怕可能看不到自己努力的結果。

西塞羅批評了提前退休的做法，認為這是不可思議的。他同意畢達哥拉斯的道德觀，認為「如果沒有得到上帝這位將軍的命令，沒有人應該放棄自己的崗位」。

總而言之，西塞羅並不認為晚年是人生較差的那一部分，不是年輕時美好生活的殘留。西塞羅也不贊同契斯特菲爾德（Lord Chesterfield）爵士的態度，後者「先把人生這杯美酒喝掉四分之三，剩下的便與一些貴婦人分享」。在西塞羅看來，如果你的生活方式是正確的，那麼你在晚年只會比年輕時更幸福。

西塞羅認為人們應該高度尊重年長者。這點倒是跟孔子一致。此外，他建議老年人保護權利：老年人更應該保護他們的正當權利，不應軟弱放棄，而要堅持到最後。

西塞羅從不抱怨個人的不幸，而且總有理由。例如，他認為老年人不應該抱怨性能力的減退，反而應該為此高興，因為他們因性醜聞蒙羞或者染上性病的機率大大降低了。西塞羅在變老過程中找到的這些優點，我有個朋友也曾發現過。在這裡姑且稱這位朋友為「格羅茲」。就在去世之前，七十五歲的格羅茲告訴我：「從前我很苦惱，因為總是對朋友的妻子有非分之想，但謝天謝地，現在我終於沒有這種念頭了。」然而，西塞羅並不滿意人們像格羅茲那樣到了七十五歲才覺悟。六十歲出頭的西塞羅曾如此誇耀他的思想境界：他認為「感官的愉悅」比起「演說和訴訟辯護」差遠了。這名偉人這樣推己及人可能有點過了頭。做為當時全世界最好的律師，他可能被自己的專長誤導了。我們其他人在六十幾歲時，當然不太可能像西塞羅那樣好打官司。

西塞羅一向反對抱怨，他認為抱怨年紀變老是很愚蠢的。依照西塞羅的說法，年輕人最大的希望應該是不要未老先死，而且呢，抱怨你得到了合理預期下的最好結果，顯然是不太合適的。

和老加圖一樣，西塞羅也同意與志同道合的好友歡聚小酌能讓生活更美好，偶爾到鄉間別墅小住也是。

西塞羅就像個法官，心中自有一把尺，所以能夠客觀地看待問題。他遣人去問老加圖說，老加圖的晚年生活圓滿，是否與他的道德態度和智慧比較有關，而和他的大筆財富無關。加圖回答：跟財富可能也有一些關係。

西塞羅也從反面來說明這個道理。他說，一個人如果正直又勤奮，那麼就算最終貧困潦倒，也跟那些事業有成的人一樣值得尊敬；但他也承認，太過貧窮會讓晚年的生活變得很艱難。

但西塞羅也認為，對道德水準低下而又缺乏信仰的人，財富並不能讓他們躲過悲慘的遭遇。在西塞羅看來，富人如果缺乏良心和信仰，肯定會遭受痛苦。

《論老年》中最有名的當屬下面這段偉大的總結：「晚年的最佳保護鎧甲，是一段在老之前被好好地度過的生活；一段被用於追求有益知識、光榮功績和高尚品德的生活；過這種生活的人從年輕時就致力提升自己，而且在其晚年收割最幸福的果實；這不僅是因為有益的知識、光榮的功績和高尚的品德將陪伴他終生，直到生命最後一刻，也因為他見證了人生的良心，和對美好成就的回憶，將會給靈魂帶來無比的安慰。」

他們讓我這個 80 歲老頭坐在這裡的主要目的，是讓巴菲特顯得很年輕。
──蒙格，2004 年波克夏年會

如果完全聽從西塞羅這些忠告，真的能使我們過得更好嗎？嗯，非常巧的是，率先在美國出版《論老年》的班傑明．富蘭克林身體力行，結果他很長壽，謝世時流芳後世，他的晚年是史上最有建設性和最幸福的，儘管那時他無法躲過病痛等等的折磨。

一如往常，富蘭克林總是能發揚光大。富蘭克林並不滿足於只是愉悅接受老年生活，而且還快樂地將這個角色演繹得淋漓盡致，並為子孫後代造福。因此，西塞羅的思想對富蘭克林而言是很受用的，對其他人無疑地也都很有用。這個原因加上西塞羅在政治和科學上的貢獻，難怪我們在公眾場所能看到那麼多的西塞羅雕像。從這點來看，儘管馬克．安東尼試圖將西塞羅從人世間清除，但直到兩千多年後的今天，西塞羅依然影響著人們。

此外，做為西塞羅思想的現代傳人，華倫．巴菲特正追隨著西塞羅和富蘭克林的腳步。巴菲特很像老加圖，他堅守崗位，毫無退休的計畫。他快樂地工作，為耐心且信任他的人提供很好的回報。在一個由世俗的成功高高堆起的講台上，他學著西塞羅、老加圖和富蘭克林，巴菲特也不厭其煩地告訴其他人應該如何思考和行動。他的話語充滿智慧而又幽默，讓人非常樂於接受。

我認為巴菲特是個異數，一般人沒必要像他那樣奉行西塞羅的所有忠告。在現代社會，儘管財富與壽命與日俱增，仍有許多人在晚年可能遭逢重大疾病；而有些人就算身體健康，還有很多年可活，也會因故被迫離開世俗的高位。所以呢，如果老年人沒有像巴菲特那樣工作一輩子，而能對他們失去的世俗角色稍做愉快的調整，那通常也是明智

馬克．安東尼

馬克．安東尼（Mark Antony, 83-30BC），在西元前四四年凱撒遇刺身亡後，與西塞羅成為政敵。最終擊敗西塞羅，控制羅馬，並在上台後將西塞羅處死。

富蘭克林論衰老

「我想除非又老又胖，我並不那麼介意變老。我應該不會拒絕同樣的一生再活一遍：只是希望獲得惟有作家才有的特權——在再版時修正初版的錯誤。人生的悲哀在於，我們總是太快變老，而又太慢變聰明。等到你不必再修正時，你也就玩完了。」

富蘭克林以求知欲強、天才和興趣廣泛聞名。他在發明、寫作和從政方面均有所建樹，而且晚年的他涉足的範圍更廣：六十二歲時，他發明了一套音標字母系統。五年之後，出版了他最著名的兩篇支持美國獨立的諷刺文章：〈使泱泱大國淪為蕞爾小國的方法〉（*Rules by Which a Great Empire May Be Reduced to a Small One*）和〈普魯士國王之詔書〉（*An Edict by the King of Prussia*）。一七七六年，七十歲的富蘭克林參與《獨立宣言》的定稿，大刀闊斧編輯了哲斐遜（Jefferson）的草稿。同年稍後，他以合眾國大使的身分前往法國，並擔任該職位到一七八五年。回國之後，富蘭克林成為廢奴主義者，解放了他的兩個奴隸，最終成為「釋放遭非法禁錮的自由黑人協會」的會長，一七八七年，八十一歲的富蘭克林代表參加制憲會議，參與制定了取代《聯邦條例》的《美國憲法》。他是唯一同時參與制定三份為美國奠定基礎的重要文件：《獨立宣言》、《巴黎和約》和《美國憲法》的開國元勳。一七九〇年四月十七日，高齡八十四歲的富蘭克林於費城家中溘然與世長辭，留下了尚未完稿的著名自傳。由於只寫到一七五七年，富蘭克林許多為後世銘記的功勳並沒有出現在他的自傳中。

的選擇。最後，好為人師者最好記住蕭伯納身後留下的教訓：愛說教的人很少受到世人歡迎，少數例外者，是因為他們和蕭伯納一樣，懂得將智慧和道德結合在一起。

4
附錄

【附錄一】沒有他，就沒有巴菲特

王之杰（摘自《商業周刊》第一二二三期）

用什麼方法，能把一個破敗紡織廠，打造成資產達新台幣十兆元的企業帝國？華倫．巴菲特主持的波克夏公司，用五十年的時間，告訴世人答案：一條電話線。

沒錯，這條電話線的一端，是在美國中西部小城奧馬哈掌舵的巴菲特，另一端是長住在洛杉磯的二當家查理．蒙格。

巴菲特與蒙格，兩人相距兩千五百公里，不常見面、興趣相異，不靠祖蔭，也沒有歃血為盟的換帖拜把儀式，憑著一身的本事及獨到的眼光，靠著電話溝通，讓四十六年前破敗的波克夏紡織廠脫胎換骨，成為資產價值十兆元的企業帝國、史上效率最高的賺錢機器。

因此，如果奧馬哈是波克夏真正的總部，那麼在洛杉磯市中心的蒙格辦公室，就是另一個隱形的總部、腦力及智慧的中心。每當巴菲特碰到難題，「幫我接查理！」電話通常就會撥向洛杉磯這頭。

巴菲特說，因為蒙格，「讓我從猩猩進化到人類，如果我不認識他，我會比現在窮得多！」

二〇一一年四月五日的早上，《商業周刊》踏入了這個「隱形總部」，成為亞洲第一個親身採訪巴菲特「智慧合夥人」查理．蒙格的新聞團隊。蒙格的辦公室隱身在他一手創立聯合律師事務所的三十四層樓，簡單、明亮的鵝黃色內裝，沒有律師盛氣逼人的強勢，反而有一種厚實的寧靜。十點鐘一到，老先生梳著整齊的西裝頭，帶著厚重的白內障矯正眼鏡，緩步走進了會議室。

五十年來的默契養大了波克夏，「怎麼做到的？」是《商業周刊》丟出的第一個問題，「我們講了五十年的電話，之前每天打，後來也用傳真及電子郵件，」老先生回答。「你們竟然沒有爭吵過，是真的嗎？這簡直是童話故事？」「我們看法一致，意見相通。」

如果夥伴關係，是由一連串的「給」與「受」組成，那麼，在巴菲特從「猩猩」到「股神」的進化過程中，蒙格這個亦師亦友的夥伴，給了他三個最重要的人生禮物：戒貪、勇氣及遠見。協助巴菲特克服了所有投資人可能都會犯的貪婪、恐懼及短視的壞毛病，逐漸邁向不凡，讓巴菲特說出「我對查理的感激，無以言表！」的肺腑之言。

第一樣禮物：戒貪。

雖然惺惺相惜，但一開始，蒙格的投資思維，卻帶給巴菲特相當大的衝擊，因為「蒙格主義」衝撞的是他最尊敬的恩師班傑明．葛拉漢。身為首席高徒，巴菲特一直謹守葛拉漢學派崇尚的「菸屁股哲學」——再好的標的，一定要等價錢低到不能再低的程度，才能買進，出脫時才能大撈一票，「菸屁股哲學」的背後，其實是貪念作祟。

但蒙格始終反對這種「撿便宜貨」的哲學，他認為，只要謹守「安全邊際」原則，平價的好貨，比便宜的爛貨，更值得投資！要擴張，就必須找到價格合適的「偉大企業」。

一邊是恩師，一邊是一見如故的夥伴，巴菲特承認，確實相當掙扎，他把這段自我「進化」的過程，與影響西方文明的「新教徒革命」相提並論。他說，一天得聽蒙格這個馬丁．路德的「新教」言論，一天又得聽葛拉漢這個「教宗」的正統思想。

最後，是「現實」讓巴菲特站到蒙格這邊。一九七〇年代，巴菲特當初低價買進的「菸屁股」公司——波克夏紡織廠，在國外廉價紡織品的競爭下，面臨關廠、裁員的風暴，在求售無門的狀況下，最後只得結束虧損多年的紡織製造。

而美國股市，在一九七〇年代的頭兩年，也因為中產階級大量興起，欣欣向榮，連家庭主婦上理髮院也是滿口股票經，一點也不像恩師所言危機重重。巴菲特不得不承認，蒙格「把我從葛拉漢的局限理論中拉了出來，這是股強大的力量，他擴大了我的視野」。

像打通任督二脈一樣，巴菲特戒掉「菸屁股」的習慣之後，波克夏規模開始快速成長，五十年來，巴菲特口中會下金蛋的金雞，包括：喜詩糖果、可口可樂、箭牌口香糖及至最近的柏林頓鐵路運輸公司（BNSF），都不是菸屁股股票。「追求價值而非價格」這個概念，成為波克夏文化的基石。

第二樣禮物：勇氣。

巴菲特自傳《雪球》的作者施洛德（Alice Schroeder）認為，外表樂觀的巴菲特，在個性上有先天的缺點，他「害怕衝突，閃躲是他的本能，如果有人像母親那樣對他發作，他會像貓一樣溜走！」反觀蒙格，博學及法律世家的背景，他常說：「凡事一定要反過來想！反過來想！」練就一身反骨及對權威說「NO」的勇氣及能力，在處理經營上的紛爭時，適時補足巴菲特的缺點。

最經典的戰役，就是「所羅門醜聞」事件，波克夏靠著蒙格，度過了公司成立以來的最大危機。

一九八七年，在友人的請託下，波克夏以七億美元取得所羅門兄弟證券一二%的股份，當時的所羅門是華爾街資產第二大的金融機構，資產規模僅次於花旗銀行，在債券利差市場，更是呼風喚雨、叱咤風雲。不僅有私人飛機、隨傳隨到的五星級主廚，「只要員工想吃什麼，立刻送到！」在這些人士眼中，巴菲特及蒙格，雖然坐進了富麗堂皇的董事會，但充其量只是一對喜歡啃漢堡的中西部鄉巴佬。

依巴菲特本來的規畫，買進所羅門後，希望蒙格分身去管其他公司，但似乎是聞到了臭錢即將發酵爆發的味道，蒙格請纓留任，「所羅門可能會惹上大麻煩，會大到同時需要我們兩人！」果然一語成讖。

一九九一年夏天，一連串醜聞在所羅門引爆，先是債券交易員盜用客戶帳戶競標國債，後來又發生包庇事件，兩人早就在董事會要求據實以告，但是卻被一再忽略，情勢在八月達到最高，美國政府勒令歇業，所羅門資產一度以每日十億美元的速度萎縮。

忍耐到了極限，八月中一個關鍵的會議上，蒙格勃然大怒，要求經營階層一五一十交代所有的內情，這金剛震怒，成為化危機為轉機的關鍵，在蒙格的強勢主導下，所有的藏污納垢，被迫攤在陽光下。

九月四日，巴菲特站上國會作證，原本預期的嚴厲拷問，在開誠布公表現下，竟成為企業道德的典範。

每年波克夏股東年會，幾乎都會將這段播放一次，提醒大家「不能讓公司賠上一絲一毫聲譽」的堅持。

所羅門事件雖結束，但並沒有畫上句點。從所羅門出走的交易員，在一九九四年，結合兩位諾貝爾經濟學獎得主，另起爐灶，成立長期資本公司（ＬＴＣＭ），本來無堅不摧的套利模型，卻在亞洲金融風暴一夕崩盤。

這時他們找上了巴菲特救火，但蒙格卻極力反對，認為若出手協助，「會帶領其他動物走進畜欄接受宰殺！」還好，最後交易未成，否則波克夏恐將隨ＬＴＣＭ埋沒在歷史灰燼中。

為提醒自己，巴菲特還把ＬＴＣＭ寫給他的信掛在辦公室，當成暮鼓晨鐘的警惕。

第三樣禮物：遠見。

在兩人合作的後期，東方勢力開始在全球投資市場快速崛起，但波克夏在一九九〇年代，在亞洲投資市場上交了好幾年白卷，巴菲特不只一次調侃自己，太晚認識日本，錯失了投資時機。及至二十一世紀，大中華經濟崛起，醉心中華文化及儒家思想的蒙格，成為波克夏帝國東擴的引路人，特別是中國及南韓。

蒙格在專訪中表示，他住在加州，看到太多傑出的東方人在美國出人頭地，可見「只要制度對，勤奮的亞洲人，一定能在經濟上有傑出的表現」。因為他的亞洲人脈及瞭解，讓深居美國中部的巴菲特，也開始探索亞洲的投資機會。

二〇〇三年，波克夏在SARS（嚴重急性呼吸道症候群）恐慌達最高點時，大量買進中國石油，四年後全數出脫，大賺三十五億美元；在原物料狂潮前，波克夏就買進南韓浦項鋼鐵，成為持股近五%的大股東，到去年（二〇一〇）底為止，潛在獲利高達近新台幣三百億元。

最轟動的戰役，就是在蒙格主導下，波克夏買進中國電動車先驅比亞迪近一〇%的股份，在股神的加持下，比亞迪股價一度衝高到港幣八十四元，雖然最近（二〇一一年四月初）已從高點回跌到二十八元（按：二〇一四年七月已回升至五十元上下），但波克夏這筆投資，帳上還是有四倍獲利。蒙格更被巴菲特戲稱為「比亞迪先生」。

目前，比亞迪投資績效還沒蓋棺論定，但蒙格在專訪中認為「中國走對了路」，爆發力就像黃金年代的美國。

一路以來，面對詭譎多變的資本市場及人事浮沉，蒙格總是一貫用最基本、最老派的態度應對。

自律，更表現在他對金錢的態度上，身為美國開國元勳富蘭克林的信徒，他堅信，抱守大筆財富進棺材，是件可恥的事，賺來的錢必須到原來的起點——社會大眾。雖然五十六歲時，蒙格因一場失敗的白內障手術，喪失七成視力，但一點也不影響他後來的成就，他在商周專訪中表示，只要還有一口氣在，「就該投身工作」，為他人做出貢獻。

不像巴菲特高調的捐錢，蒙格默默的成立醫院、捐助大學，但要求捐款須用在對的地方。當巴菲特已用私人飛機往來世界時，年逾八十、身價逾新台幣百億元的蒙格，有時仍情願搭商務客機，與一般民眾脫衣、卸裝，在層層的安檢隊伍中排隊。

界定自己的「能力圈」，一直是蒙格眼中投資成功的不二法則，他把這個概念，落實在與巴菲特的夥伴關係上。他瞭解，自己雖優秀，但巴菲特的生意頭腦及天分，是他怎麼也學不來的，要讓波克夏卓越、偉大，就須跟這個渾身都是生意細胞的天才合作才行，施洛德就觀察指出，蒙格「視巴菲特為投資之王，像照顧花園般維護與巴菲特的關係」。

在專訪中，問到了他希望下一代人如何看查理．蒙格這個人？他不擔心自己，反而說：「非常慶幸能當巴菲特的夥伴，他賺錢不是為了炫耀，只是靜靜的將波克夏經營成巨人，大家一定會記得，波克夏是用不一樣的方法經營企業，最後讓股東也享受非常好的報酬！」

蒙格一再提及自己對東方文化那種勤奮樸實的嚮往，更說他的基本理路，與孔子思想並無二致，殊不知，他跟巴菲特的夥伴關係，是在君臣父子五倫關係之外的新血統，五十多年的夥伴關係，用財富當舞台，把「友直、友諒、友多聞」這個大同世界的理想，在充滿不完美的資本主義世界中，具體實踐了出來。

管理大師柯林斯（Jim Collins）曾說，企業要從A（優秀）到A+（卓越），必須有謙沖為懷的個性和專業上堅持到底的意志力的第五級領導人，很幸運，波克夏有了兩個。不僅創造了財富，更樹立了典範！

【附錄二】波克夏亞洲投資大策略

王之杰（摘自《商業周刊》第一二二三期）

在蒙格之前，「我一直以為我爸爸是世界上最聰明的人，但認識蒙格之後，我的想法改變了！」說這話的是巴菲特的長子豪爾（Howard Graham Buffett），其實抱持這樣看法的人，不只是他，許多專業人士更是這樣認為，波克夏智慧的巨塔其實不在奧馬哈，而在洛杉磯，因此不少機構法人在聽完波克夏股東會後，會特地再飛往洛杉磯參加蒙格主持的威斯科金融公司（Wesco Financial Corporation，現已併入波克夏旗下）的股東會，參加另一場真正「專業級」的資本家盛會，享受大師的醍醐灌頂。

二〇一一年，威斯科將併入波克夏前的最後一次股東會問答，以往充滿「微言大義、智慧火花」的蒙格開講，也正式走入歷史。《商業周刊》特地藉專訪蒙格之行，捉住最後一次機會，請他分析全球經濟大勢及人生智慧。對於（當時）美國債務及全球復甦問題，他仍表憂心，但談到中國及比亞迪，卻立刻轉為一片樂觀，被問及一手拉拔的波克夏當時熱門接班人索科爾（David Sokol）捲入內線交易，臉上難得飄過一絲惆悵，但仍謹守分寸，將發言權交給巴菲特。以下是專訪內容：

《商業周刊》問（以下簡稱問）：美國政府債務過高，會不會對美國經濟復甦產生負面影響？

蒙格答（以下簡稱答）：我認為，債務過高，對於老牌或已發展的資本主義社會，都是大問題，他們讓消費者貸太多款，太多投機活動在其中，讓金融部門發展得太投機，是個大錯誤。大學畢業生，都投入了金融產業，連學工程的畢業生，也不幹本行，美國就是這樣，真是個大錯誤。

問：經過金融海嘯，情況沒改善嗎？你在去（二〇一〇）年九月認為痛苦未結束，那現在？

答：當然改善啦，但還是太多債務沒有償還，眾多衍生性商品至今仍然還未到期，對美國經濟是一種毒藥，狀況仍不好。

問：葛洛斯（William H. Gross）說海嘯過後，世界經濟呈現一種「新常態」，你同意這個說法嗎？

答：我完全同意，葛洛斯說得對，對西方世界而言，新常態下，實質投資報酬率一定會降低，財富累積的速度變慢。

問：一些西方經濟學家認為中國儲蓄太多，造成全球失衡，所以希望中國等國家能採取措施。

答：中國或印度找到了方法，讓國家經濟發展，財富累積很快擴及到窮人身上，一點也沒錯。我認為，中國照顧好中國人民就好，不用為了取悅外國人行事。

問：巴菲特擔心債務過高，會讓美元在未來五至十年內，愈走愈低，你的看法？

答：從人類文明歷史發展來看，強盛國家的貨幣走下坡是有前例的，這現象發生在羅馬身上，也發生在英國身上，假如你看羅馬的銀幣（Denarius），在五百年的發展過程中，通貨膨脹非常快，現在各國不斷印鈔票，這是很不好的現象。

中國情況跟這些老牌資本主義國家不一樣，因為沒有好的社會福利制度，中國人靠著家庭體系、靠著儲蓄，中國的建設，靠的都是經常帳盈餘，人民就是儲蓄機器，也是投資機器，中國現在走的路，跟新加坡一樣，台灣、韓國也走過這樣的路。中國的劇本跟他們差不多，只是規模大得多。

問：所以，你對中國經濟持續看好？

答：當然啦，大家要知道，中國會怎樣發展，真的沒有人知道，人類歷史以來，沒有一個像中國這樣大的國家，以這樣快的速度發展，是一種無人曾走過的境界。

這麼多中國人到美國後，短期間內就表現得相當突出，中國之前經濟沒起飛，完全不是因為中國人沒本事，中國人口過多，之前陷入所謂「馬爾薩斯陷阱」，每個人只能求溫飽，沒有多餘的能量，加上政府施政不彰，自以為是，太坐井觀天，一旦中國脫離愚蠢的政治體系後，跳脫馬爾薩斯陷阱，開始有剩餘產出，前進的速度就會相當驚人了。

問：但中國目前遭遇通膨、工資上漲的衝擊，中國人民銀行又陸續提高了利率，中國經濟將面臨轉型，你認為對中國未來發展會有怎樣的影響？

答：身為一個美國的資本家，我認為中國政府管國家的能力，比美國政府好得多，哈哈哈，特別是近幾年來，中國政府的政策是奏效的。

問：但我們被教育說，民主與經濟最終是分不開的，中國的民主發展與經濟成長不對等，這是一種獨有的體制？

答：中國這種制度，運行得非常好呀！新加坡也非常好，有一個強有力的華人政府，我不認為政治體制與經濟有絕對的關係。擁抱資本主義，可以是中國這樣的政權，也可以是美國這樣全面民主的政權，我覺得兩種政治體制都可以實行得來。若中國泡沫膨脹，問題當然不小。

問：你不擔心目前中國的不動產泡沫？

答：當然有理由擔心泡沫，這種笨蛋泡沫，造成過多剩餘產出，讓西班牙、英國、愛爾蘭、甚至之前的日本，都造成相當大的影響，但中國已經開始採取措施抑制過多的炒作，如果任由泡沫膨脹，問題當然不小。

問：去年你與巴菲特訪問中國時，曾表示中國投資機會非常多，既然看好中國，為何去年的年報中，沒有看見波克夏增持中國股票或是資產？

答：嗯，中國目前盛行一種文化，就是比誰能在短時間最快變為富有，股市有泡沫的傾向，我們不喜歡泡沫，我們投資中石油（中國石油天然氣公司）的時候，股價很便宜呀，現在已經沒有這種價錢啦。

問：但你們把中石油全賣啦，從三年前買進比亞迪後，就不見有其他中國投資？

答：我們在歐洲也沒有增加多少投資呀！得找到喜歡的公司呀，我們有發現不錯的亞洲公司，而且持有非常長一段時間，那就是韓國浦項鋼鐵，持有五％。對我們來說，韓國公司與中國企業差不多，同樣的儒家思想，韓國可以有這樣傑出的鋼鐵廠，中國也會有。

問：比亞迪最近營收下跌，股價更是重挫，你不擔心？（編按：香港掛牌的比亞迪在本刊訪問時的過去一年股價表現，從港幣八十四元的高點，最低曾跌至二十八元左右。）

答：不，我不擔心，比亞迪營收連續五年來以倍數成長，但可能他們自己也知道，他們衝得太過頭了，衝太快總是不太好嘛，哈哈哈！此外，此外，此外（停三秒鐘），比亞迪創辦人王傳福沒有製造業的背景，這家公司靠他一個人建立起來，他才四十五歲呀，一個鄉下的創業家，沒有外國技術的幫忙，我們不希望把比亞迪變成波克夏的公司，它是王傳福自己的公司，呵呵呵。

問：所以他們需要休息一下？

答：汽車產業是一個複雜的行業，配銷體系也很複雜，當然會有低谷出現。當我參觀工廠時，我才驚訝發現，汽車電池組裝是這麼複雜的工作，他們從無到有自己摸出來的，其間花了非常多工程人力及技術，我對比亞迪有超乎尋常的信心，我是比亞迪的仰慕者，我喜歡王傳福創造的企業文化，他對待員工的方式、從錯誤中學習的方式。我是王傳福的粉絲，會跟隨他很長一段時間，我相信我們能度過這低潮。

問：你曾說王傳福是愛迪生與亨利・福特的綜合體？

答：愛迪生從早到晚工作，睡眠很少，王傳福也不眠不休，睡眠也很少，他們都不停嘗試新東西，這點真的很像，他們工作方法也很像，只是王傳福手下有更多工程師幫他工作。愛迪生發明非常多東西，但他事業經營上，比起王傳福就不如。王傳福就很多方面來說，比愛迪生優秀。

問：跟富士康的紛爭呢？

答：這些年發生很多事情，富士康及比亞迪，是兩種不同的商業模式，不同的文化，我對比亞迪企業文化比較感到安心。

問：富士康哪裡不好嗎？

答：我不評論其他公司。

問：最近波克夏對印度興趣很高，你怎麼看印度的發展？

答：印度跟中國非常不同，印度傳承了民主制度，好的壞的都接受了，學習到壞的比好的多，貪污非常嚴重，近年經濟雖然發展不錯，但比不上中國。我從來不曾看到中國有乞丐，但印度非常多。

問：為何波克夏對印度的保險業有興趣？

答：印度與中國在發展上當然類似，印度人到美國發展一樣很成功，波克夏負責再保業務的經理人阿吉特（Ajit Jain）就是從印度來的，很自然的，我們會喜歡印度。

問：那波克夏應該投資中國的保險業呀！例如：平安保險、中國人壽，符合波克夏要求規模大的需求。

答：沒這麼簡單，而且中國的投資法規，外人不容易大規模投資，雖然我對法規不是很瞭解啦，波克夏買公司，有時也看巧合（incident）及緣分，像我們投資以色列的Iscar，案子來了，就買了，只是碰巧是間以色列公司，當時，我們也沒有針對以色列有設定什麼目標。

問：台灣呢？

答：中國發展起來，對台灣當然是大幫助，兩岸貿易量大增，最不希望看到台灣及中國惡言相向，同樣民族，一樣的儒家文化，我對台灣認識不多，在中國快速發展時，台灣也跟得很快。對我一個外面的人來說，中國、台灣我根本分不出來（大笑），中國很多經濟政策是從台灣抄去的。

問：我很好奇，台灣公司從來沒出現在波克夏的考量之中嗎？

答：我們也可能會買台灣公司呀！就像我們買以色列的Iscar一樣，我們看歐洲公司也很久啦！但有買什麼嗎？我們投資是要抓住對的機會，好公司來，我們就買，但我們必須買我們瞭解的公司。有些公司會制定一些什麼收購目標或地區呀，波克夏不來這套。

問：你曾說成功投資人必須要做到十件事，具備十大檢查表，包括：注意風險等等。道理很簡單，但是什麼讓投資變得這麼難，這麼少成功的投資家？

答：兩件事讓投資變得困難，第一個是在資本主義中，你要面對殘酷的競爭，有些企業成功、有些失敗，投資這些公司，自然有風險，投資獲利就會受損傷。另外在資本主義下，大家時間都多，很多人會搶一個標的，價格就愈來愈高，容易變成一種賭博，價格一被炒高之後，怎麼投資都沒辦法了。

問：你跟巴菲特五十年夥伴關係，彼此沒有過爭吵，對我而言簡直像童話，可否用一句話，解釋為何你跟巴菲特成為這麼好的夥伴？

答：想法相近的人，就會選擇同一條路，我們太多看法一致了。

問：合夥關係在東方社會好像很難找到，大家都想當老大。

答：想當老闆的心態，也不壞，儒家文化中，由一個人創了企業，傳給兒子，但華人社會現在也出現一些大企業，並非傳子傳孫。同樣在儒家文化圈，在日本就發展出一套非常不錯的文化，員工效忠的對象不再是家族，而是企業本身，這就是日本重要的長處。我們看上比亞迪就是看上他們的企業文化，他們這樣互助合作的文化，員工的內聚力非常強，這種文化不是經由傳承的，不是上一代傳來的，是一個人從無到有創出來的，對公司的忠誠度非常高，讓我有一股日本企業的感覺，這樣的內聚力，讓比亞迪在短期間內，就表現得這樣成功，汽車製造這行，員工之間必須要這樣的合作。

問：波克夏應該由類似你和巴菲特這樣的搭檔接手嗎？而非一個獨立的經理人？

答：每一種公司有不同的經營形態，我不認為有一種經營形態可以適合不同的時代，不同的公司，應該有不同的系統，同一家公司也應該在不同的時期，用不同的經營體系。鄧小平不是說：「不管黑貓白貓，能抓老鼠的就是好貓。」波克夏對於繼承人的看法差不多就是如此。

問：可以談談最近的接班人問題？索科爾才離開波克夏。

答：我不想談接班，除了一點，就是我一點都不擔心波克夏未來經營的問題。我真的不想談這個問題，我衷心希望即使我過世二十年以後，我的家人們都還持續擁有波克夏的股份，哈哈哈！

問：你希望三十年後，人們怎麼說查理．蒙格這個人？

答：三十年後，沒人會提到我了（大笑）！就算他們對我有意見，我也聽不見啦，但我確信，世人還是會記得，波克夏是一個有趣的公司，他們用不一樣的方法經營，從小公司開始，最後變成高品質的企業，做好的產品，提供好的服務給大家，股東也享受非常好的報酬，我也非常慶幸能當巴菲特的夥伴，他賺錢不是為了炫耀，他沒有造大船、大房子，只是靜靜的將波克夏經營成巨人，他過得很簡單。

問：你也勸告年輕人要培養好的思維習慣，什麼是必備的習慣？

答：第一個就是讓自己成為值得被信賴的人，若沒人相信你，如何在社會上進步？

問：你現在還想完成什麼夢想嗎？

答：當然，即使我已經八十七歲了，還是想在入土之前做些事，我絕不會整天坐在那邊，無所事事（sit on my ass and do nothing）。覺得對社會其他人有用有幫助，能夠帶給人很大的滿足感，為何要放棄這樣的做法呢！

問：威斯科併入波克夏之後，你就不再是董事長了。

答：我這一生根本不在乎頭銜，我只要覺得能為我在乎的人做些事情，能解決一些事情，感覺自己是有用的就行了，功勞是不是我的，我不在乎。

問：你現在是大家的導師，成就又高，還會害怕嗎？你最近一次害怕是什麼時候？

答：大概是昨晚做噩夢時吧（大笑），我想噩夢都趁你睡覺的時候到，當然沒有安全感。我八十七歲了，還會做噩夢，真的是，但我昨晚真的做噩夢呀，一定是我有某種的不安全感，做噩夢就像是某種人類的防衛機制吧！世界本來就是一個不安全的地方。

【附錄三】蒙格家庭餐桌上的價值觀

大約在我十五歲時，全家去太陽谷滑雪；假期最後一天，爸爸和我冒著風雪開車出去，繞了十分鐘路去為這輛紅色吉普車加油。當時已經快來不及讓全家趕上回家的飛機，所以到加油站後，發現油箱裡還有半箱油時，我十分吃驚。問爸爸：還有那麼多汽油，為什麼要停下來？他教導我說：「查理，你要是向別人借車，別忘了加滿油後再還給人家。」

從史丹佛畢業後，我才知道當年度假時住的是瑞克．葛蘭的房子，開的也是他的車。瑞克是父親的朋友，其實就算車子汽油比他離開時少，也當然不會介意，甚至可能不會發現。但父親還是不會因此忽略公平和周到。所以那天我不僅學到如何交朋友，還學到如何維持友誼。

——小查理．蒙格（Charles T. Munger, Jr.）

我爸爸從前常把家庭餐桌當成教育子女的講壇。他最喜歡的教育工具是德育故事，講的是某人面臨道德難題，並做出正確的選擇；還有反面教材，講的是某人做出錯誤選擇，最終遭遇一連串災難，生活和事業都損失慘重。利用反面教材是他的特長，他真的很喜歡講那些結局悲慘的故事。他講的故事非常極端、非常可怕，他講完後，我們總會邊叫邊笑。就描繪各種悲慘後果並從中汲取教訓而言，爸爸是無人可及的。

他的德育故事很淺白。爸爸曾經講過一個故事，當時我們兄弟姐妹從五歲到二十五歲不等。故事說，他旗下某公司的財務主管犯了錯，造成數十萬美元損失。那人發現錯誤之後，馬上向董事長彙報。董事長說：「這是個可怕的錯誤，我們不希望你再犯。但誰能無過呢？我們可以不追究這件事。你做了正確的事，就是承認你的錯誤。如果試圖掩蓋錯誤，或者拖延一段時間再坦白，你就得離開這家公司，不過，現在我們希望你留下來。」每當又一個政府官員犯錯後，試圖掩蓋事實而不是誠實坦白時，我就會想起這個故事。

我不知道剛才為什麼要用「從前」這兩個字來形容父親在餐桌上的教育課。他年紀最大的孩子現在接近六十歲了，仍在聽取他的教導，那張餐桌現在坐滿了他的孫子孫女，他仍然用他獨特的說故事方式，讓我們能繼續和善良天使站在同一邊。有他坐在餐桌主位上，我們真是非常幸運。

——溫蒂・蒙格（Wendy Munger）

查理和母親結婚約五十年，在這段迷人而美好的時光，我經常受教於查理，下面舉兩個例子。

一、第一次就得把事情做對：這故事發生在我們住在明尼蘇達州時。當時我已到可以開車的年紀，去卡斯湖鎮接送女傭是我的任務之一。這項任務不是光開車就可以完成，我必須先開船越過卡斯湖，再開車去鎮上，然後原路折返。我每天早上的任務還包括在鎮上買報紙。有一天風雨交加，湖面上的浪很大。我吃力地到鎮上把女傭接回家，可是忘了買報紙。查理問我：「報紙在哪？」我說沒買。他停頓了一秒鐘之後說：「再去一次，把報紙買回來，以後別忘記了！」所以我只好冒著風雨回鎮上買報紙，湖面上波濤洶湧，風雨撲打著小船，當時我告訴自己，我再也不會讓這樣的事發生了。

二、一人做事一人當：每年夏天，查理的母親都會從奧馬哈開車到明尼蘇達，她在明尼蘇達時，我們有事可以用她的車，但車的鑰匙只有一副。有一次，我和幾個朋友在帆船上玩，車鑰匙從我口袋裡掉進五呎深的渾水，我只好回家坦白了。那裡是北部大森林區，根本就沒幾個鎖匠，而查理也無法容忍這種愚蠢的行為。同樣不到一秒鐘之後，他提出了解決方法：「和你的朋友潛到水底去找鑰匙，沒找到別回家。」在水底找了近兩個小時，太陽就快下山，我看到前面水草叢中奇蹟般地閃耀著金屬的光芒，終於可以回家了！

在明尼蘇達還有許多這樣寶貴的小故事，因為當時查理工作太忙了，在那兒是我們唯一可以真正與他在一起度過的時光。平時工作時，他總是天沒亮就出門，吃晚飯時才回家，接著研究標準普爾指數，然後跟華倫（巴菲特）通一兩個小時電話。

——威廉・博斯韋克（William H. Borthwick）

提到父親，讓我回憶起一個很幽默的啤酒廣告。一個時髦的男人坐在桌子旁，聚精會神地凝望著手中的啤酒，完全無視身前一頭咆哮的公牛正準備頂一個鬥牛士。即使公牛把桌子撞得飛碎開來，眼睛卻連眨都不眨。把啤酒拿走，換成上市公司的年報、建築設計圖，或者一本學術性的凱因斯傳，你就會看到父親和那支廣告的情景一模一樣：夜復一夜，他總是坐在心愛的椅子上，研讀某些東西，充耳不聞身邊孩子的打鬧、電視機的喧嘩和媽媽喊他吃飯的聲音。

即使不在閱讀，父親在高速公路途中也常常陷入沉思，要不是母親大聲提醒他正確的出口，他就會把車開到別的地方。我不知道他腦子裡在想什麼，但肯定不是某場橄欖球比賽或高爾夫球賽。父親思考時，專注到能無視外界干擾，如果你試圖在此時引起他的注意，會覺得他讓人好氣又好笑，但正是有這種能力，他才會如此成功。

——大衛・博斯韋克（David Borthwick）

我是一九六六年上的大學，非常幸運的是，那時我已深受父親的影響。在那個憤怒和激進的年代，我會穿著牛津裝，在書報亭買《華爾街日報》或《財星》，然後把它塞到腋下，大步趕去上經濟和商業課程。當年的學生若不是正在霸占院長辦公室，就是在去監獄的路上，而我則在圖書館地下室學習如何閱讀財務報表。

爸爸教我們遇事要抱持懷疑態度，甚至逆向思考，這在面對一九六〇年代末期的混亂世局時特別有幫助。多年來，瘋狂、茫然、傲慢、自滿——是他認為我們應該避免的形容詞。

在明尼蘇達，他找到一種方法把同樣的資訊灌輸給我們。他請人為我們做了「一片水上飛機」，那是用一片厚實的木板，由父親開船拖著，讓我們站在它上面。父親會突然拐彎，看我們是否能站穩；唯一避免掉進水裡出糗的方法，是不停地調節力道來保持平衡。從那時起，直到現在和將來，如果有任何念頭或行動，似乎要朝某個方向脫離我的控制，我就會感到深深的恐懼。

——莫莉・蒙格（Molly Munger）

「你的手長得很像你父親，」我們正在分享一杯葡萄酒時，我的丈夫突然這麼說。我看著他，有點震驚，倒不是因為他拿我的手和父親的手做比較，而是因為他和我心有靈犀。我之前在構思一篇關於我父親的文章，腦裡想著的恰好是他提到的這點。

我早已發現，我大兒子的手很像他外公，都是手指頭有點方，指甲床不是渾圓的，而是像茶杯。但最相似的地方是我們的手擺放的方式。父親、兒子和我在邊散步邊想事情時，都會把手放到身後，而且會如出一轍地用左手握住右腕。

「我的手到底哪個地方像我父親的手啊？」我問。「就是你的食指和大拇指形成的那個U型，」他說著做樣子給我看，「好像你們拿著東西一樣。」

父親的手能夠感知不同釣魚線的拉力。魚線繫著草綠色釣鉤或一般的老式魚鉤。他的手靠近嘴邊，用牙齒把結拉緊，然後咬斷多餘的線。他的手伸進裝魚餌的鐵桶，濕淋淋地捏住黑色的水蛭或者著名的勒羅伊牌魚餌，就是那種「保證釣到魚」的活餌。他手裡拿著黃綠色包裝的辛格爾牌點心，辣得咬一口就會帶來一陣笑聲的醬菜，和芥末花生醬三明治。

父親的手很早就起床，然後出現在報紙財經版的邊緣。他會把舊報紙揉成蓬鬆的紙團，然後扔進富蘭克林發明的木製火爐，劃火柴點燃，按壓扁桃狀的鼓風器。把火生起來後，他就會用一把紅漆已剝落的舊木柄刮鏟，在爐子上烤藍莓蕎麥餅。

但如果你玩猜謎遊戲，謎題是「查理・蒙格的雙手」，任何人回答的第一個謎底都會是「書」。無論他在什麼地方，他的雙手總是捧著一本打開的書，不是富蘭克林傳記，就是最新出版的遺傳學著作。也有人會回答「設計圖」，因為他曾設計過許多建築。

父親的手每年會在奧馬哈數千人面前的舞台上舉起。他的手指抓住可樂，拿著花生糖或者一根巧克力脆皮香草霜淇淋，或者伸進喜詩糖果盒去摸索酒心杏仁巧克力。他會雙手抱胸，搖著頭說：「我沒有什麼要補充的。」他的雙手隨著一次充滿哲理的回答而有節奏地起伏，讓體育館所有的手都鼓起掌來。

——艾米莉・歐格登（Emilie Ogden）

所有認識我父親的人都知道，他的表達方式並不總是微妙的，但他有許多發出訊息的方法，例如，打橋牌時，假如他不喜歡對手老是出爛招，就會直截了當說：「你打得像個水管工人。」但如果對孩子提供嚴肅的建議，他常會將他的意思編進某個故事，教孩子們坐下來聽，這樣就不會顯得是在責備某個特定的人。在這兩種狀況，他都表現得既坦誠又和藹——那就是無與倫比的查理。在牌桌上，他並不拐彎抹角，而是不帶惡意地挖苦對方；在餐桌上，他則用旁敲側擊來顧及孩子的感受。他實際比表面看上去微妙多了。

朋友最近談起父親時這麼說：「你爸爸坐在椅子上，看上去就像羅斯摩爾山……」我完全懂他的意思。很少有人只需坐在靠背椅上，就能讓人想起五千七百呎的高山，和四位總統的臉孔，但我父親就是這麼讓人高山仰止。蒙格家的孩子們都曾向這座羅斯摩爾山提出要求，但這座山並非有求必應。父親有時候會從喉嚨裡發出低沉的聲音，彷彿羅斯摩爾火山噴發，但很難弄清楚他的意思。還有什麼比沉默更微妙費解的嗎？

——巴里·蒙格（Barry Munger）

大家都知道父親並不是時髦的人。他說過，他的行為和觀點已經夠離經叛道，所以衣著上應該循規蹈矩一點。他說，自己對正統社會風俗的遵從和幽默感，使他儘管有時失之尖銳，但仍能和別人和睦相處。

還記得父親帶我去布魯克斯兄弟（Brooks Brothers）買第一套西裝的情形。當時這家商店仍在洛杉磯市區那座漂亮的木板建築裡營業，那時我只有約十一、二歲，父親幫我挑了一套深灰色細條紋西裝。十六歲那年又買了一套三件式西裝，在我參加辯論隊期間，我始終穿著這套衣服；參加巡迴賽時，它在碼頭幫我擋住了西北湖泊吹來的寒風。我們還買了一雙休閒鞋，直到今天還能穿。如今依然能看見布魯克斯兄弟電梯兩扇光亮的銅門。

我們也曾在倫敦的瑪莎百貨買一件棕色粗呢外套，當時父親說：「這件衣服的面料很耐磨。」他很佩服這兩家商店，因為它們都歷史悠久而且價格公道。在我父親看來，經久耐用永遠排在最前面，此外還要莊重和正統。和富蘭克林一樣，一旦養成習慣，他就不想改變。

——菲利浦·蒙格（Philip Munger）

2001 年 8 月，蒙格夫婦和家人在英國肯特郡慶祝他們結婚 45 週年。

蒙格和妻子南西在「海峽貓號」遊艇上合影，鶼鰈情深；南西已於 2010 年去世。。

這樣的鏡頭一再重現：蒙格總能在明尼蘇達州卡斯湖（Cass Lake）成功釣到大魚。

【附錄四】不那麼沉默的合夥人

水管工人是有用的，而理財經理是沒有用的，
說這句話的是華倫．巴菲特脾氣古怪的合夥人查理．蒙格。

——富比世

編者按：本文節錄自一九九六年一月二十二日出版的《富比世》報導，作者為 Robert Lenzner、David S. Fondiller。

華倫・巴菲特可能是美國當代最偉大的投資者，但他並非單打獨鬥。巴菲特從未說過其輝煌績效是獨自完成的，只因公眾形象太搶眼，乃至三十多年來，人們忘了巴菲特擁有一位不那麼沉默的合夥人，他不但是波克夏投資哲學的共同締造者，也是一位大師級人物。

「我跟任何華爾街的人談話的次數，可能還比不上跟查理談的百分之一，」巴菲特說。蒙格是典型的現實主義者，巴菲特靠他來檢驗自己的想法。「查理是世界上最優秀的快速思考者，能一下子從A想到Z，甚至在你話還沒說完之前，就已經看到一切的本質。」一九七八年，蒙格出任波克夏副董事長；一九八三年擔任威斯科金融集團的董事長；威斯科是由波克夏控股八〇%的公司。

要理解蒙格對巴菲特的影響，必須先瞭解巴菲特投資哲學的演變。「奧馬哈現象」最初純粹是葛拉漢式的——買進便宜的股票，當不再便宜時拋售。透過詳細分析上市公司的資產負債表，確定其股價是否便宜。巴菲特雖仍遵循葛拉漢謹慎分析的原則，買進股價和其資產、淨利或現金流比起來相對低廉的股票，但他卻沒有依照葛拉漢的典型做法，在股價上漲時拋售。

一錘定音式投資

許多年後，尤其是在一九八〇到九〇年代，巴菲特更為接近「一錘定音」的投資理念——買進優秀企業股票，並永久持有，或者至少在企業的根基腐朽之前持有。

波克夏在一九八八年買進可口可樂股票時，按照傳統標準，這支股票並不便宜。當時華爾街認為這支股票很優秀，但是價格已經到頂。結果自一九八八年以來，可口可樂股價又漲了六〇〇%，年均複合報酬率達到二五%；而波克夏並不曾從中取走一文錢，一股都沒賣。

一九六〇年代，美國也有些人持一錘定音的股票投資理念，他們追捧當時市場稱為「漂亮五十」的五十檔績優股，卻在一九七四年遭遇大潰敗。巴菲特和蒙格與這些人的不同之處在於，兩個人真正依循班傑明．葛拉漢的方法，做了研究功課。波克夏一錘定音選定的股票——可口可樂、《華盛頓郵報》、蓋可公司、吉列、《水牛城晚報》和德克斯特鞋業，都是在對資產負債表、社會和經濟潮流進行詳盡分析後，挑選出來的。有些股票被多數分析師認為只是很優秀，而且價格到頂，巴菲特卻視其為無價之寶，這些企業能不受通貨膨脹影響，持續成長，總而言之，是複利機器。而像雅芳（Avon）、全錄之類先聲奪人然後一路走低的股票，並沒有進入波克夏買進並永久持有的名單。

在逐漸糅合葛拉漢理論和一錘定音理論的過程中，查理．蒙格扮演了創造性的角色。巴菲特說：「班傑明．葛拉漢教我只買便宜的股票，查理讓我改變了這種做法，這是查理對我真正的影響。要讓我從葛拉漢的局限理論中走出來，需要一股強大的力量，查理的思想就是那股力量，他擴大了我的視野。」

可口可樂符合這個標準，喜詩糖果和華盛頓郵報公司也是。蒙格說：「我們打算永遠持有可口可樂股票。」永遠？在葛拉漢的投資詞典中可找不到這個詞。

瑜亮情結？

當兩人意見相持不下時，蒙格說，巴菲特會贏。如果雙方各執己見，他願意把決定權交給巴菲特。「像我這種人主見很強，哪怕是在巴菲特面前，也不會表現得很順從，儘管他比我能幹，也比我專注。」

最後這句話大致解釋了兩人的關係。蒙格十分固執，然而他願意屈居巴菲特之後。馴服強大的主見和倔強的性格，是需要高度的自律和客觀的態度。客觀的態度是很重要的，意味做決定時能不受情感、期望、恐懼、焦慮、自欺等所有純粹主觀因素的影響。很少人能做到這一點，但蒙格可以。有時對巴菲特讓步，需要——用蒙格的話來說——「客觀地看待你到底算老幾」。

這兩個人過著非常不同的生活。巴菲特到晚年才開始喜歡出席公眾場合，然而並沒有忽略他的投資。蒙格則一如既往的參加各式各樣的活動。「我曾經蹩腳地試圖模仿富蘭克林的生活。富蘭克林在四十二歲那年放棄經商，專注成為作家、政治家、慈善家、投資者和科學家，所以我也將興趣從商場上移開。」

巴菲特和蒙格本身是傑出的投資者，可是又貶低這個行業，矛盾嗎？你可以從蒙格的回答中看出，他對這個問題早已深思熟慮。

「凱因斯認為投資管理是下等行業，我贊同這個看法，」蒙格說，「大多數投資管理者只會在股市你爭我奪，而那只是零和遊戲。你會發現我的子女沒有一個是做投資管理的。華倫和我有點不同，因為我們確實管理許多企業，並投入資金。」

「凱因斯透過為母校賺錢和為國家服務來贖他的『罪』；我的贖罪方式是參加許多和投資無關的社會活動；華倫的贖罪方式則是用他的投資成功來做一位偉大的導師。我們熱愛為那些早就信任我們、在我們年輕而貧窮時就信任我們的人賺錢。」

在《富比世》雜誌看來，蒙格表現出的社會良知，是其成功不可或缺的一部分，巴菲特也一樣。這兩位複雜的老神童，就是這樣小心翼翼呵護著，以其非凡人格創造出來的複利機器。也許會有人試圖複製波克夏，但這兩位非凡的人物，永遠無法複製。

【附錄五】查理・蒙格的推薦書目

我這輩子遇到的聰明人（來自各行各業的聰明人）沒有不每天閱讀的——沒有，一個都沒有。華倫讀書之多，我讀書之多，可能會讓你感到吃驚。我的孩子們都笑話我，他們覺得我是一本長了兩條腿的書。

——查理・蒙格

編者按：推薦書單所提供之原文版出版社，為本書推薦之版本，或有其他出版社版本，故僅供參考。書單中的書，若有繁體版出版，則書名以繁體版譯名為準。

《深奧的簡潔：讓混沌、複雜到地球生命的起源》

Deep Simplicity：Bringing Order to Chaos and Complexity

約翰·葛瑞賓（John Gribbin）／藍燈書屋（Random House），2005／台灣：商周出版，2006

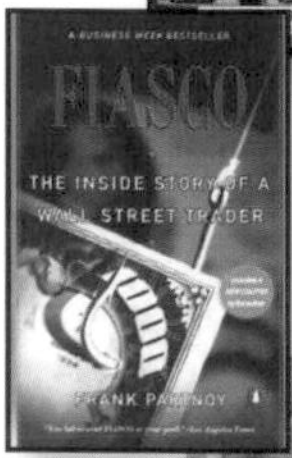

《血戰華爾街》

F.I.A.S.C.O.：The Inside Story of a Wall Street Trader

法蘭克·派特諾（Frank Partnoy）／企鵝圖書（Penguin Books），1999／台灣：時英出版，1999

《冰川時代》

Ice Age

約翰·葛瑞賓和瑪麗·葛瑞賓（John & Mary Gribbin）／邦諾書店（Barnes & Noble），2002

《蘇格蘭人如何發明現代世界：西歐最貧窮國家創造我們的世界及其中的一切的真實故事》

How the Scots Invented the Modern World：The True Story of How Western Europe's Poorest Nation Created Our World & Everything in It

亞瑟·赫曼（Arthur Herman）／三河出版社（Three Rivers Press），2002／台灣：時報文化，2003

《我的生活模式》

Models of My Life

賀伯·賽門（Herbert A. Simon）／麻省理工學院出版社（The MIT Press），1996／上海：東方出版中心，1998

《溫度，決定一切》

A Matter of Degrees：What Temperature Reveals About the Past and Future of Our Species, Planet, and Universe

吉諾·沙格瑞（Gino Segre）／維京圖書（Viking Books），2002／台灣：天下文化，2005

《安德魯·卡內基》

Andrew Carnegie

約瑟夫·沃爾（Joseph Frazier Wall）／牛津大學出版社（Oxford University Press），1970

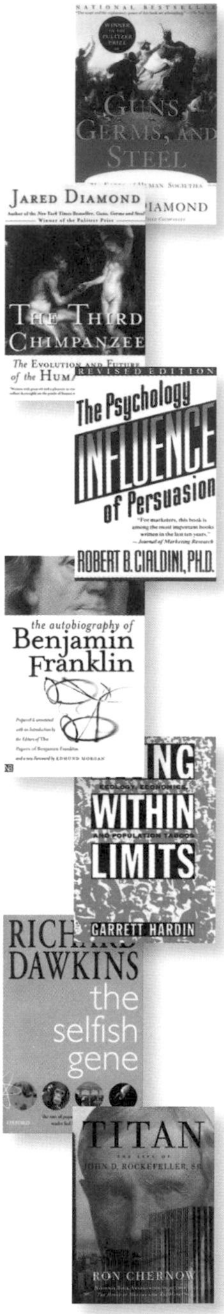

《槍炮、病菌和鋼鐵：人類社會的命運》

Guns, Germs, and Steel：The Fates of Human Societies

賈德．戴蒙（Jared M. Diamond）／諾頓圖書（W. W. Norton & Company），1999
／台灣：時報出版，1998

《第三種猩猩：人類動物的進化與未來》

The Third Chimpanzee：The Evolution and Future of the Human Animal

賈德．戴蒙（Jared M. Diamond）／佩倫尼爾出版社（Perennial），1992 年／海口：海南出版社＆三環出版社，2004

《影響力：讓人乖乖聽話的說服術》

Influence：The Psychology of Persuasion

羅伯特．西奧迪尼（Robert B. Cialdini）／佩倫尼爾出版社（Perennial），1998／台灣：久石文化，2011

《班傑明．富蘭克林自傳》

The Autobiography of Benjamin Franklin

班傑明．富蘭克林（Benjamin Franklin）／耶魯諾塔班尼出版社（Yale Nota Bene），2003

《生存在極限之內：生態學、經濟學和人口禁忌》

Living Within Limits：Ecology, Economics, and Population Taboos

加勒特．哈定（Garrett Hardin）／牛津大學出版社（Oxford University Press），1995／上海：上海譯文出版社，2006

《自私的基因》

The Selfish Gene

理查．道金斯（Richard Dawkins）／牛津大學出版社（Oxford University Press），1990／台灣：天下文化，2009

《巨人：洛克菲勒傳》

Titan：The Life of John D. Rockefeller, Sr.

朗．契諾（Ron Chernow）／溫泰奇出版社（Vintage），2004／台灣：時報文化，2000

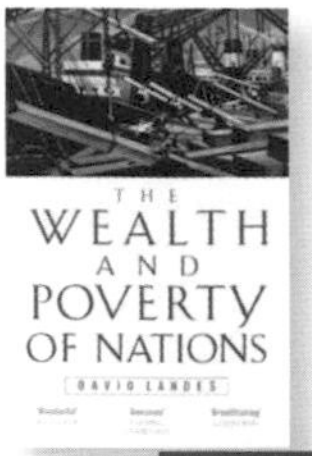

《國富國窮：為何有些國家如此富裕，有些國家如此貧窮》

The Wealth and Poverty of Nations：Why Some Are So Rich and Some so Poor

大衛．藍迪斯（David S. Landes）／諾頓圖書（W. W. Norton & Company），1998／北京：新華出版社，2010

《巴菲特核心投資法》

The Warren Buffett Portfolio：Mastering the Power of the Focus Investment Strategy

羅伯特．海格斯壯（Robert G. Hagstrom）／威立出版社（Wiley），2000／台灣：商周出版，2006

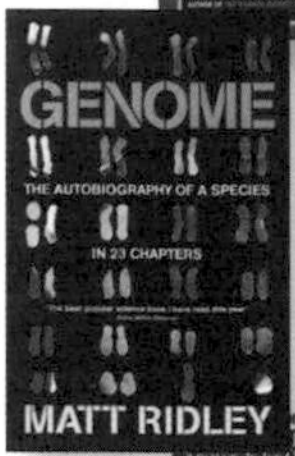

《23 對染色體》

Genome: The Autobiography of a Species in 23 Chapters

馬特．瑞德利（Matt Ridley）／哈珀柯林斯出版集團（HarperCollins Publishers），2000／台灣：商周出版，2000

《談判力》

Getting to Yes: Negotiating Agreement Without Giving In

羅傑．費雪（Roger Fisher）、威廉．尤里（William Ury）、布魯斯．帕頓（Bruce Patton）／企鵝圖書（Penguin Books），1991／北京：中信出版，2009

《三位科學家和他們的神：資訊時代的意義追尋》

Three Scientists and Their Gods: Looking for Meaning in an Age of Information

羅伯特．萊特（Robert Wright）／哈珀柯林斯出版集團（HarperCollins Publishers），1989

《十倍速時代》

Only the Paranoid Survive

安迪．葛洛夫（Andy Grove）／卡倫西出版公司（Currency），1996／台灣：大塊文化，1996

【附錄六】查理．蒙格生平及投資大事記

1924　1月1日出生於內布拉斯加州奧馬哈（Omaha）市，雙親為艾爾（Al）與托蒂．蒙格（Toody Munger）。

1941-42　進入密西根大學攻讀數學；輟學。

1943　加入美國陸軍空軍兵團，任天文士官。

1946　與南西．哈金斯（Nancy Huggins）結婚。

1948　以優秀畢業生身分從哈佛法學院畢業。在洛杉磯的他開始進入萊特＆嘉雷特（Wright & Garrett）律師事務所工作。

1949　考取加州律師執業執照。

1950　結識艾迪．哈斯金（Ed Hoskins），並與其共同創辦變形者工程公司（Transformer Engineers）。

1953　與南西．哈金斯離婚。

1955　兒子泰迪（Teddy）死於白血病。

1956　與南西．博斯韋克（Nancy Barry Borthwick）結婚。

1959　在奧哈馬的朋友戴維斯（Dr. Edwin Davis）介紹下，與巴菲特結識。

1961　與合夥人賣掉變形者工程公司。奧提斯．布斯（Otis Booth）和蒙格開始他們的第一個房地產開發案。

1962　2月1日，與傑克．惠勒（Jack Wheeler）合資成立惠勒蒙格公司。Munger, Tolles律師事務所開業，共有7名律師。其中包括後來成為美國證券交易委員會主席的Roderick Hills。巴菲特開始買進處在困境中、位於麻州的紡織廠波克夏（Berkshire Hathaway）股票。

1965　終止律師生涯，退出律師事務所工作。與巴菲特開始買進藍籌郵票公司（Blue Chip Stamps）的股票。巴菲特取得波克夏控股權。

1967　蒙格與巴菲特到紐約收購Associated Cotton Shops。

1968　蒙格與巴菲特等一群朋友到加州科隆納多市拜會葛拉漢（Benjamin Graham），討論當時衰弱不振的股市。巴菲特開始清算波克夏資產，將其轉型為控股公司。

1969　蒙格成為洛杉磯哈佛中學的校董，該校後來與西湖中學合併。共有100名成員的巴菲特合夥公司在年底結束業務。投資人有權將股份換成現金或波克夏股票。

1972　藍籌郵票公司以2,500萬美元收購喜詩糖果（See's Candy）。瑞克．葛蘭（Rick Guerin）和蒙格取得新美國基金（New America Fund）的控股權。

1973 波克夏開始投資《華盛頓郵報》，成為凱薩琳・葛拉漢（Katharine Graham）家族以外最大股東。

1974 蒙格成為哈佛西湖學校董事長直到1979年。與巴菲特收購威斯科金融（Wesco Financial）公司。

1975 辭去在惠勒蒙格公司的領導職務，該公司於1976年清算結束。從1962年到1975年，該公司的年均複合報酬率是19.8%，而同時期道瓊工業指數的年均複合報酬率只有5%。

1976 藍籌郵票公司糾紛圓滿解決，蒙格出任董事長。

1977 波克夏以3,200萬美元收購《水牛城晚報》；對大都會廣播公司（Capital Cities Communications）投資1,090萬美元。

1978 蒙格任波克夏副董事長。視力開始出現問題。

1979 威斯科收購Precision Steel Warehouse。

1980 蒙格白內障手術失敗，導致左眼失明，並引發了極其痛苦的併發症。他的右眼視力逐漸惡化，幸賴手術解決問題；後來配戴厚厚的白內障眼鏡。

1983 藍籌郵票公司成為波克夏全資子公司。收購Nebraska Furniture Mart。

1984 蒙格成為威斯科金融公司董事長暨總裁。

1985 威斯科金融保險公司（Wes-FIC）成立，總部設在奧馬哈。波克夏結束旗下所有紡織廠；收購Helzberg's Diamond Shop。

1986 蒙格與瑞克・葛蘭關閉了獲得巨額利潤的新美國基金，並將資產分派給投資人。洛杉磯每日快訊（Daily Journal）集團股票掛牌上市，蒙格出任董事長。

巴菲特和蒙格以3億1,500萬美元收購了Scott & Fetzer（圖書出版）、Kirby（吸塵器製造商）等公司；收購Fechheimer Brothers。

1987 波克夏投資7億美元買進所羅門兄弟公司（Salomon Brothers）的20%股份，巴菲特與蒙格出任該公司董事。

1989 蒙格退出美國儲蓄機構協會（U.S. League of Savings），以此抗議該協會不顧迫在眉睫的危機，拒絕支持合理的儲蓄和貸款業改革。

波克夏以13億美元投資吉列（Gillette）、美國航空（USAir）和Champion International。收購奧馬哈的Borsheim珠寶公司。

1991 所羅門兄弟公司爆發弊案，瀕臨破產，巴菲特接管所羅門9個月。收購H. H. Brown鞋業集團。

1992 收購Lowell鞋業公司和美國中部保險公司（Central States Indemnity）。

1993 蒙格首度登上《富比世》（*Forbes*）雜誌「美國四百富豪榜」。波克夏出售Mutual Savings業務。蒙格和巴菲特臨危受命，成為美國航空的董事。波克夏以價值4億2,000萬美元的股票，收購德克斯特（Dexter）鞋業公司。

1994 將大都會／美國廣播公司賣給迪士尼（The Walt Disney）公司，獲利20億美元。

1995 波克夏以23億美元收購蓋可公司（GEICO）49%股權。蒙格和巴菲特退出美國航空董事會。收購R.C.Willey家具公司。

1996 威斯科收購Kansas Bankers Surety。以16億美元收購飛行安全國際（FlightSafety International）公司。

1997 蒙格加入好市多（Costco）董事會。以90億美元將所羅門兄弟賣給旅行者（Travelers）集團，波克夏獲利17億美元。收購Star家具公司。

1998 波克夏以7億2,500萬美元收購商務飛機租賃公司Executive Jet。以5億8,500萬美元收購冰雪皇后（Dairy Queen）。以220億美元收購奇異再保（General Re）公司。

1999 波克夏收購Jordan's家具公司。波克夏當年帳面價值成長0.5%，是35年來最差的一年。

2000 波克夏收購美國債務（保險）（U.S. Liability）、Ben Bridge珠寶、Justin Industries（生產皮靴和磚塊）和Benjamin Moore（油漆）。收購MidAmerican Energy76%股權。威斯科以3億8,600萬美元收購CORT商業服務公司。

2001 波克夏收購MiTek（屋頂支架組裝商）、XTRA（拖車出租商）、Johns Manville（建築材料）、Shaw Industries（地毯製造商）87.3%股份。年報揭露37億7,000萬美元的虧損（其中25億是由與911事件相關的支出造成）。

2002 波克夏收購CTB（為家禽、豬肉、雞蛋加工業和種植業提供設備）、Garan（備受兒童歡迎的動物玩具製造商）、Pampered Chef（廚具直銷）、Larson-Juhl（相框批發）和Fruit of the Loom（內衣），以及Kern River & Northern（天然氣運輸）。銷售4億美元名為SQUARZ的新型債券，為有史以來第一支負利率債券。

2003 波克夏收購Clayton Homes（家居用品製造商）和McLane（原為沃爾瑪子公司，負責配送業務）。

2004 微軟執行長比爾·蓋茲（Bill Gates）加入波克夏董事會。

2005 波克夏收購Medical Protective集團（為醫師和牙醫提供醫療事故保險的優質公司）、Forest River（休閒汽車製造領導廠商）。波克夏以約10%吉列股份交換寶僑（P&G）股權。

2006 南西和蒙格慶祝金婚。波克夏收購：Business Wire（全球新聞稿、圖片、多媒體內容和資訊提供的領導企業）、Applied Underwriters85%股份（整合工人賠償方案業的領導者）、PacifiCorp（為美國西部六州提供服務的電力公司，金額為51億美元，為波克夏最大筆的現金收購案）、Iscar Metalworking集團80%股份（金屬切割業的領導者，收購金額40億美元）、Russell集團（名牌運動服和運動用品供應商）。

2007 波克夏持續收購多家企業。宣布和Marmon控股集團達成協議，以45億美元收購該集團6成股權，並將在未來5到6年內逐步收購其餘4成股權（Marmon集團旗下擁有超過125家製造業和服務業）。

2008 波克夏開設新的市政債券保險公司。

2011 威斯科宣布併入波克夏旗下。

2011 波克夏以135億美元買進IBM股票。97億美元收購Lubrizol（全球最大潤滑油添加劑廠商）。1.5億美元收購《奧馬哈世界先驅報》。

2012 波克夏以1.42億美元收購Media General報紙部門。子公司HomeServices of America Inc.併購Prudential Connecticut（康乃狄克州最大的房仲業者）。併購Oriental Trading Company（派對用品龍頭零售商）。

2013 子公司卡夫食品與3G Capital聯手收購亨氏食品（H.J.Heinz，著名食品供應商），其中卡夫食品出資122.5億美元，取得50%的股權。子公司MidAmerican Energy Holdings Company以56億美元收購NV Energy。

蒙格第一次批評比特幣，認為比特幣是「老鼠藥」，比特幣價格大漲後，再稱比特幣是「昂貴的老鼠藥」。

2014 波克夏收購Van Tuyl Group（美國第五大汽車經銷商，並更名為Berkshire Hathaway Automotive）、Charter Brokerage（石油業物流服務商），並以47億美元的寶僑股票從寶僑手上收購金頂電池。

2015 波克夏以4億美元收購Detlev Louis Motorradvertriebs GmbH（歐洲最大摩托車與摩托車零組件零售商），這是波克夏第一次收購德國企業。以372億美元收購Precision Castparts（飛機零件及能源生產設備製造商），這是波克夏有史以來最大的收購案。

2016 第一季以10.7億美元買進蘋果股票981萬股，這是波克夏第一次買進蘋果股票，隨後逐季增加，至年底已經持股6,120萬股。

2017 波克夏以27.6億美元買進Pilot Flying J.（北美最大旅遊中心與休息站經營者）38.6%的股權。子公司Precision Castparts收購Wilhelm Schulz GmbH（世界著名石油配管元件製造商）。以4億加幣（約3.02億美元）買進Home Capital（加拿大最大房貸供應商）38%的股權，並提供20億加幣（約15.1億美元）的貸款。以3.77億美元買進Store Capital（房地產信託公司）9.8%的股權，成為公司第三大股東。大幅減碼IBM股票，至2018年第一季全數出脫。

2018 子公司Berkshire Hathaway Energy以90億美元買下Energy Future Holdings，是2016年以來最大的收購案。第四季賣出289萬股蘋果股票，這是波克夏在2016年買進蘋果股票後第一次減碼，不過巴菲特本人並沒有賣出蘋果股票，波克夏仍舊持有2.49%的蘋果股權，而且是波克夏規模最大的股票投資，投資比重為21.5%。

2019 波克夏首度發行日圓債券，截至2023年11月已經七度發行日圓債券。

2020 第一季新冠疫情爆發，波克夏認賠出清達美航空、美國航空、西南航空及聯合航空等四大航空公司股票，巴菲特坦言投資航空股有錯。

波克夏從8月開始大舉買進三菱商事、三井物產、住友商事、丸紅、伊藤忠商事等五大商社股票。

2021 微軟在2022年1月宣布要併購動視暴雪，波克夏在12月提前布局，至2023年第三季出清，這是波克夏近年來少見的併購套利。

2022 波克夏看好能源股，從第一季起大舉購買西方石油，截至2023年底的持股已經逼近30%。

2022　波克夏第三季買進台積電，但因為地緣政治考量，持有兩季後就全數出脫。

2023　蒙格11月29日過世。

國家圖書館出版品預行編目(CIP)資料

窮查理的普通常識 / 查理．蒙格(Charles T. Munger)著；李彔，李繼宏編譯．
-- 四版．-- 臺北市：城邦文化事業股份有限公司商業周刊，2024.04
面；　公分
譯自：Poor Charlie's almanack : the wit and wisdom of Charles T. Munger
ISBN 978-626-7366-88-2(平裝)

1.CST: 蒙格(Munger, Charles T., 1924-) 2.CST: 學術思想 3.CST: 投資理論

563.52　　113004782

窮查理的普通常識（紀念典藏版）

作者	查理．蒙格
編譯	李彔、李繼宏
商周集團執行長	郭奕伶
商業周刊出版部	
責任編輯	羅惠萍、林雲
封面設計	陳文德
出版發行	城邦文化事業股份有限公司 - 商業周刊
地址	115020 台北市南港區昆陽街 16 號 6 樓
	電話：(02)2505-6789 傳真：(02)2503-6399
讀者服務專線	(02)2510-8888
商周集團網站服務信箱	mailbox@bwnet.com.tw
劃撥帳號	50003033
戶名	英屬蓋曼群島商家庭傳媒股份有限公司城邦分公司
網站	www.businessweekly.com.tw
製版印刷	中原造像股份有限公司
總經銷	聯合發行股份有限公司 電話：(02)2917-8022
初版 1 刷	2011 年 5 月
修訂初版 1 刷	2014 年 8 月
增修初版 1 刷	2019 年 4 月
四版 1 刷	2024 年 4 月
四版 9.5 刷	2024 年 7 月
定價	500 元
ISBN	978-626-7366-88-2（平裝）
EISBN	9786267366844（PDF）／9786267366851（EPUB）

Almanack
CHARLES T. MUNGER